U0145605

現象學及其效應——
胡塞爾與當代德國哲學

倪梁康◎著

謹將此書
獻給
我的導師和朋友
耿寧

現象學贈予我們以道路的可能性。

——海德格

所有現象學的都是清楚明白的；
但並非所有清楚明白的都是現象學的。

——羅姆巴赫

目　錄

上篇　胡塞爾的純粹現象學和現象學的哲學

緒　論

一、當代西方哲學主要趨向。現象學在當代西方哲學整個視域中的位置

西方哲學發展到現代，各種學說和流派的興起和衰落似乎加快了節奏。古代的柏拉圖主義和亞里斯多德主義，甚至連近代理性主義和經驗主義都延續了幾百年之久。而時至今日，一個哲學流派的廣泛影響通常不會超過三分之一個世紀。上一個世紀西方哲學中的叔本華（A. Schopenhauer）、尼采（F. Nietzsche），本世紀的柏格森（H. Bergson）主義、存在主義、現象學運動、分析哲學運動、結構主義、西方馬克思主義等等，它們在社會生活中的平均壽命都沒有超過三十年。所以，一個哲學論題、一種哲學追求作為一個「運動」出現，這是西方哲學在現代的特產。這些運動此起彼伏，而且每一個運動都有可能在消失之後再次興起。西方馬克思主義的著名代表人物恩斯特·布洛赫（E. Bloch）將這種現象稱之為「哲學之謎」：「我們只要看一下黑格爾（G. W. F. Hegel）的例子便可：他已經澈底地結束了，在上世紀的四十年代和五十年代裡，沒人知道他的名字，甚至沒人能寫對他的名字。但後來怎麼樣了呢？黑格爾幾乎無處不在。相反地，其他一些哲學家如叔本華在一段時間裡又同樣神祕地遭到貶低，另一些較小的哲學人物如史賓格勒（O. Spengler）則完全地消失了，這裡面包含著哲學本身之謎。這是如何可能的？叔本華的悲觀主義曾影響過成千上萬的人，為什麼現在沒有人再受到他的推動？這本身便是一個哲學問題。」[1] 對於今日哲學的「運動性」這一「哲學問題」，還有許多哲學家發出過類似的感嘆。

也許，當代哲學運動的興衰之謎的答案恰恰包含在當代哲學運動本

---

[1] 轉引自〈體系的時代已經結束 —— 恩斯特·布洛赫談話錄〉，載於《思維就意味著超越 —— 紀念恩斯特·布洛赫文集》，法蘭克福／美茵，1982年，第19頁。

身的特徵之中。「哲學運動」這一概念一方面表達了各種哲學思潮的起落性，另一方面則指明了這種哲學思潮的普及性。後者實際上是前者的主要前提。換言之，如果一個哲學運動「興」得不普及，那麼它必定也不會「衰」得明顯；反過來說，一個哲學運動興盛得越是廣泛，那麼它的衰落給人的印象便會越顯著。也許是由於科學技術為人們提供了現代先進傳播媒介的緣故，各種哲學思想在以往的任何一個時代中都沒有像今天（十九、二十世紀）這樣在社會生活中發揮如此普遍的影響，以至於它們的迅速衰落會引起人們的驚異；而且影響的廣泛性和影響的久遠性似乎越來越不成比例。例如：1987年至1989年，在發表維克多・法利亞斯（Victor Farias）《海德格與納粹主義》一書的法、德文本時，連德國各地的地方小報也在頻頻地、大塊地登載各種爭論文章，但到了1990年以後，「海德格事件」（der Fall Heidegger）就已經在報紙和電視上消聲匿跡，像從未發生過一樣。由此看來，西方哲學各思潮的興衰之謎與它最主要的現代特徵有關，這個特徵便是它們影響和效果的廣泛性。

　　但這裡對「哲學運動」的影響所作的分析顯然還不夠全面。「哲學運動是效果史的現象。它們掩蓋了學院哲學的不斷進程，這些學院哲學的漫長節奏與論題和學派的急快變化是不協調的。」[2] 我相信，哈伯瑪斯（J. Habermas）在說這番話時，他已經注意到，任何一門哲學學說都可以具有雙重意義上的影響和效果：它的理論（學院）效應和它的實踐（社會）影響；前者往往可以持久而深遠，後者則通常是廣泛而短暫。我們可以在二十世紀西方哲學的各個流派的發展中了解到這一事實。在這本書中，我們所要關注的主要是前一種影響。

　　按哈伯瑪斯的說法，西方哲學在二十世紀已經提供了四個最重要的「哲學運動」：（一）現象學運動；（二）分析哲學運動；（三）結構主義運動；（四）西方馬克思主義運動。撇開後兩個運動不論，現象學運動和分析哲學運動代表了歐洲大陸哲學和英、美哲學中最主要的思潮，

2　哈伯瑪斯：《後形而上學思維》，法蘭克福／美茵，1988年，第11頁。

「它們在各自的領域中留下了最深刻的痕跡。它們早已找到了自己的歷史學家並且找到了對它們自己的標準說明。」哈伯瑪斯認為，現象學運動的奠基性著作是胡塞爾（Edmund Husserl）的《邏輯研究》，分析哲學運動的奠基性著作是摩爾（G. E. Moore）的《倫理學原理》和羅素（B. Russell）、懷德海（A. F. Whitehead）的《數學原理》；而維根斯坦（L. Wittgenstein）的《邏輯哲學論》和《哲學研究》，海德格（M. Heidegger）的《存在與時間》和《關於人道主義的通信》則分別標誌著這兩個運動的轉折和突破。[3]

　　哈伯瑪斯的這一劃分還是很粗糙的。我在後面將會指出另一種劃分哲學思潮的角度。但哈伯瑪斯的劃分已足以能夠為讀者確定我們在這裡將要討論的課題在西方哲學整個視域中的位置，這個論題便是：現象學運動，並且更進一步說：胡塞爾的現象學以及它所產生的效應。

　　高達美（Hans-Georg Gadamer）在二十世紀六十年代初便認為，「撰寫一部現象學運動史」的時間已經成熟。這句話通常說來可以被理解為：現象學運動已經成為過去、已經成為歷史。我們可以在一定的距離中考察這一哲學的歷史現象。[4] 實際上，在這之前（1960年），曾留學於德國弗萊堡大學的美國現象學家H.史匹戈博（H. Spiegelberg）就已在《現象學叢書》中發表了《現象學運動——歷史導引》（海牙，1960年）一書。此後人們還作過多次有效的嘗試。高達美本人也曾寫過「現象學運動」的文章。[5] 現象學家們在這方面最有系統的一次合作在1988年紀念胡塞爾逝世五十週年時取得成效。由弗萊堡大學胡塞爾文庫漢斯一賴納·塞普（Hans-Rainer Sepp）主編的《胡塞爾和現象學運動》一書（弗萊堡，1988年）出版，該書圖文並茂，其中不僅載有高達美和一批在世著名現象學家

3　參閱哈伯瑪斯：《後形而上學思維》，第11-12頁。
4　參閱《哲學評論》第11期，1963年，第1頁；轉引自赫曼·許密茲（Hermann Schmitz）：《新現象學》，波恩，1980年，第5頁。
5　參閱高達美：《新近哲學》第一卷，《高達美全集》第三卷，圖賓根，1987年，第105-146頁。

的文章，而且還提供了大量有關現象學運動的歷史資料。而有關現象學運動的專著，則分別由幾位權威性的現象學家合作完成：關於胡塞爾及其哲學思想的論著《艾德蒙・胡塞爾——對他的思想的闡述》（漢堡，1989年）由三位著名的瑞士現象學家魯道夫・貝奈特（Rudolf Bernet）、伊索・凱恩（Iso Kern）、愛德華・馬爾巴赫（Eduard Marbach）和《胡塞爾全集》編委合作撰寫；關於現象學運動在德國進一步發展的專著由著名的女哲學家、當時的科隆大學胡塞爾文庫主任伊莉莎白・施特雷克（Elisabeth Stroeker）和著名現象學哲學家保羅・詹森（Paul Janssen）合作撰寫，題爲《現象學的哲學》（弗萊堡，1989年）；關於現象學運動在法國的發展則由著名哲學家伯恩哈特・瓦爾登菲爾茲（Bernhard Waldenfels）撰寫，題爲《現象學在法國》（法蘭克福／美茵，1987年）；現象學在各個學科以及在世界各個地區的發展和研究現狀也在B.瓦爾登菲爾茲的近作《現象學引論》（慕尼黑，1992年）中得到描述和概括。除此之外，幾十年來有關胡塞爾現象學的著述以及現象學文獻可謂汗牛而充棟，令人有目不暇給之感。哈伯瑪斯在1987年曾說：「現象學運動『早已找到了自己的歷史學家』並且找到了『對它自己的標準說明』。」這段話可以被看作是對高達美在1963年所提「爲現象學運動撰寫歷史」這一要求的一個總結性回應。

　　然而，所有這些嘗試都是對現象學運動本身發生、發展歷史的展示和反思，而不是一個哲學家或一個哲學流派本身廣義上的「效果史」或「作用史」。這與我們在前面所說的一個哲學思潮的理論效應和實踐影響是相對應的。從前一個角度上看，不僅作爲現象學運動之首的胡塞爾現象學已成爲歷史，而且整個現象學運動也已成爲過去，在某種程度上已退出社會生活。而從後一個角度來看，不但胡塞爾的現象學和由此而引發之現象學運動的影響對於歐洲大陸哲學來說始終是當下的（例如：高達美本人也強調他的解釋學以現象學爲基礎）[6]；而且甚至可以說，哲學史上任何一個

6　參閱高達美：《解釋學》第二卷，《高達美全集》第二卷，圖賓根，1986年，第446頁。

重要哲學家和哲學流派的作用都是伸手可及的。從這個意義上看，例如：認爲整個西方哲學史是對柏拉圖哲學的注釋，以及其他與此類似的說法，都具有一定的合理性。

胡塞爾的思想仍在發生著影響。這種影響是一種理論效應意義上的影響，它表現在：一方面，胡塞爾所使用的現象學方法不僅爲歐洲大陸本世紀最重要的哲學思潮——現象學運動的產生和發展提供了基礎，而且它還影響了現象學運動以後的西方哲學、心理學／病理學、美學／文學／藝術論、社會哲學／法哲學、神學／宗教理論、教育學、邏輯學／數學／自然科學，甚至經濟學等等學科的問題提出和方法操作。另一方面，無論是贊成他還是反對他，人們都無法避開他，都必須對他提出的問題作出回答。雖然認識的現象學或理論現象學始終處在胡塞爾哲學興趣的中心，但他在一生的哲學追求中所體認到的生活眞諦遠遠不侷限在理論理性領域。他所指出的其他各個思維方向也在很大程度上決定了二十世紀西方思想的發展，以至於對胡塞爾的不理解同時也就意味著對當代西方哲學，至少是對歐洲大陸哲學之認識上的狹隘性。

我們在前面談及哈伯瑪斯對當代西方哲學四個運動的劃分時，曾批評這種劃分的粗糙性，因爲它給人的感覺就好像西方哲學是由四條大小不一、各行其道的河流所組成，這種感覺在涉及各個哲學運動的相互關係和相互影響時尤爲明顯。因而，我更爲讚賞由德國哲學家和哲學史家瓦爾特·舒爾茲（Walter Schulz）所提供的另一種做法。他在《變化了的世界中的哲學》（普夫林根，1972年）一書中對西方當代哲學的各種走向進行了整體的把握。這部著作作爲對當代西方哲學的整體透視雖然在材料上已有陳舊之感，不可能展示近二十年來西方哲學的最新進程，但它對當代西方各種哲學基本趨向的理解與析出在今天仍然是準確而有效的。舒爾茲認爲，當代西方哲學由五種趨向所組成：（一）「科學化」的趨向：這一趨向表現在胡塞爾哲學、邏輯實證主義、語言分析哲學、科學哲學以及現代物理學、現代社會學、資訊理論、社會資訊理論等等哲學流派和學說之中；（二）「內在化」的趨向：這一趨向的代表人物是齊克果（S.

Kierkegaard）、胡塞爾、海德格、沙特（J.-P. Sartre）、雅斯培（K. Jaspers）；（三）「精神化」和「肉體化」的趨向：「精神化」的趨向由柏拉圖起，至黑格爾止，「肉體化」的趨向則自費爾巴哈（L. Feuerbach）和謝林（F. W. J. v. Schelling）始，而後在齊克果、叔本華、尼采的哲學中以及在舍勒（M. Scheler）、普雷斯納（H. Plessner）和格倫（A. Gehlen）的哲學人類學中得到發展；（四）「歷史化」的趨向：這種趨向一方面反映在從狄爾泰（W. Dilthey）的生命哲學、到海德格的生存哲學和高達美的解釋學哲學之發展中，另一方面也反映在馬克思（K. Marx）、孔德（A. Comte）、布克哈特（J. Burckhardt）、尼采、史賓格勒等人的哲學思想中；（五）「責任化」的趨向：這一趨向與倫理學領域有關，指明了當代西方倫理學哲學所探討的中心課題。舒爾茲的這一劃分較佳地照顧到了在各哲學流派和學說之內的各種理論可能性，較佳地勾畫了在各哲學流派和學說之間錯綜複雜的交互關係。以胡塞爾為例，顯而易見地，不僅他的「哲學作為嚴格的科學」和「面對實事本身」著名口號使他在「科學化」和「內在化」的哲學趨向中占有一席之地；而且，他後期對「生活世界」和「交互主體性」問題的關注和探討在哲學「肉體化」和「歷史化」的努力中也發揮著重大的、直接的影響；此外，我們以後將會清楚地看到，胡塞爾還間接地作用於倫理學的「責任化」趨向。胡塞爾似乎是無處不在的。

　　雅斯培的學生、瑞士巴塞爾大學著名的女哲學家讓娜·赫許（Jeanne Hersch）在她《哲學的驚異》一書中表述了許多非現象學的哲學家和哲學研究者之共同想法，她在其中坦率地說：「胡塞爾不是『我的』哲學家。對於我來說，他的哲思太令人捉摸不透，他用過多和過於複雜的語言來表述他對直接性的要求，有時我甚至不知道，這是一種深刻性呢，還是一種『模糊性』。我恨不得能將他乾脆置而不論，因為在構想這本書時已經考慮到：它可以是不完整、不連貫的。但這種置而不論的做法是不可能的：胡塞爾對當代哲學以及對各種精神科學的影響實在太明顯、太深刻了。於

是我只能盡力而爲之。」[7]赫許的這段話一方面概括了胡塞爾哲學對當代德國哲學的重要影響；胡塞爾本人已經部分地體驗到他自己思想所帶來的影響，並且他也看到了他的哲學方法爲歐洲哲學所劃定的新時代 —— 現象學的時代。胡塞爾所說的「我對未來抱有絕對的把握」[8]一語，儘管帶有一種獨斷論的樂觀主義色彩，但卻在很大程度上預見到了現象學運動變革特徵和它影響的深遠性。我們在後面展開的論述將會一再地證實這種影響。

而另一方面，赫許的這段話也表明了胡塞爾哲學的晦澀特徵和由此而帶來的理解與傳播方面之艱難。實際上，現象學研究界曾經已經多次討論過這一問題，因爲它顯然是造成現象學哲學影響大都侷限在學院哲學範圍內的主要原因之一。例如：德國現象學學會主席K.黑爾德（K. Held）教授便認爲：「由於胡塞爾是猶太人，因此他的後期著作在第三帝國不能出版，從而當人們於五、六十年代，在德國的大學內、外熱烈地討論海德格與沙特時，卻中斷了對他的思想之分析」，從而造成了哲學界對胡塞爾長時期「避而不論」，導致了「納粹主義保留下來的一個勝利」、「德國在經濟奇蹟時期文化事件中的一個恥辱」；但除了這個原因之外，「人們必須承認另一方面的因素：胡塞爾的講壇哲學之晦澀文體，從一開始就無法像存在哲學所具有那種易於把握的表述方式那樣適合於公眾討論」[9]，關於後面這點，甚至連胡塞爾本人也不否認。他曾在一封信中寫道：「如果說我的思想對人們的理解造成了巨大的困難，那麼這種情況也適用於我本人。我只能在精神新鮮、思路清晰的時間裡才能理解我的思想；而在過度工作之後，連我自己也無法把握它們。」[10]可以說，理解胡塞爾比理解其

---

7 讓娜・赫許：《哲學的驚異》，慕尼黑，1981年，第304頁。

8 轉引自阿維—拉勒蒙：〈現象學運動 —— 起源、開端、展望〉，載於《胡塞爾與現象學運動》，第75頁。

9 K.黑爾德：〈導言〉，載於《現象學的方法 —— 胡塞爾文選I》，斯圖加特，1985年，第6頁。

10 轉引自阿維—拉勒蒙：〈現象學運動 —— 起源、開端、展望〉，載於《現象學的方法 —— 胡塞爾文選I》，第75頁。

他任何一個當代哲學家都要花費更多的力氣。

　　我在這裡願意借用赫許的忠告：「但我要告誡讀者：只有當人們能夠成功地與一位哲學家一同思維（mitdenken）時，他才能理解這位哲學家。」[11] 所謂一同思維，用解釋學的術語來說，就是要進入到胡塞爾本人的思維視域中去，盡可能地將自己的思維視域包容胡塞爾的思維視域，從而做到從胡塞爾的角度出發理解和考察現象學的問題。而要進入和包容胡塞爾的思維視域所必須具備的重要前提，就是要盡可能充分地把握與胡塞爾以及與現象學運動有關的歷史材料和理論材料。

　　但歷史材料和理論材料的提供僅僅是本書的主要目的之一，另一個更為重要的意圖在於分析胡塞爾現象學的「得」與「失」。在這裡，「得」是指胡塞爾哲學在哲學史、思想史上所具有的重要地位，其中包括它所闡明之新的思維方式和思路可能性，以及它對後來的各種哲學思潮所產生的革命性、突破性影響；「失」則意味著這門哲學的侷限性（實際上也是人類思維的侷限性），它之所以被後人改造、被後人逾越的原因和理由。如果讀者在讀過本書之後能認為以上這兩個目的已經達到，我便可以允許自己認為這部書是成功的。

---

[11] 讓娜・林許：《哲學的驚異》，第304頁。

二、胡塞爾現象學與現象學運動的形成與發展

現象學與現象學運動的整個產生、發展過程可以分為三個部分：（一）胡塞爾對現象學的創立；（二）胡塞爾所領導或經歷的現象學運動三階段；（三）胡塞爾去世後的現象學運動。

（一）胡塞爾與現象學的創立

1859年4月8日，胡塞爾出生在麥倫地區一個叫普羅斯尼茲的小城鎮上。他的父親是一個布商，父母都是猶太人。在讀了幾年小學之後，胡塞爾在九歲時由父親的一個親戚帶到維也納去讀書，以便日後能進入文科中學學習。1876年，胡塞爾從維也納的文科中學畢業。他的成績不好，幾乎不能通過畢業考試。但他臨時抱佛腳，日夜超時準備，終於得以畢業。然而，恰恰是在這段畢業前的突擊準備過程中，胡塞爾對數學產生了濃厚的興趣。

1876年秋，胡塞爾開始他的大學求學生涯。在萊比錫大學，他先聽了三個學期的天文學課程，同時也聽了一些數學、物理學和哲學的講座。在萊比錫大學，胡塞爾認識了以後成為捷克斯洛伐克共和國總統（1918-1935年）的湯瑪斯·G.馬薩里克（Thomas Masaryk）。馬薩里克使胡塞爾注意到近代哲學的開端，注意到笛卡兒（R. Descartes）、萊布尼茲（G. W. Leibniz）和英國經驗主義。最重要的是胡塞爾透過馬薩里克，了解到一個幾年後對他一生的哲學道路具有決定性影響之同時代哲學家——弗蘭茲·布倫塔諾（Franz Brentano）。兩年後，胡塞爾轉學到柏林大學學習數學和哲學。在就學了六個學期之後，胡塞爾又轉到維也納，打算在那裡攻讀數學博士學位。1882年秋，他的博士論文〈變數計算理論的論文集〉獲得認可。

在維也納期間，胡塞爾繼續與馬薩里克交流。在馬薩里克的影響

下，胡塞爾開始研究新約聖經，由此而產生的宗教方面經驗使胡塞爾開始從數學研究轉向哲學研究，以便——他在四十年後所做的回顧中這樣寫道——「借助於一門嚴格哲學的科學來找到通向上帝和通向眞正生活的道路。」[12] 此後，胡塞爾又在柏林聽了數學家魏爾斯特拉斯（K. Weierstrass）一個學期的數學課。在服了一年兵役之後，胡塞爾回到維也納，跟隨布倫塔諾學習哲學。在〈回憶布倫塔諾〉一文中，胡塞爾自己曾回顧布倫塔諾對他的影響：「從布倫塔諾的講座中，我獲得了一種信念，它給我勇氣去選擇哲學作爲終生的職業，這種信念就是：哲學也是一個嚴肅工作的領域，哲學也可以並且也必須在嚴格科學的精神中受到探討。他解決任何問題時所採取的純粹實事性，他處理疑難問題的方式，對各種可能的論據之細緻而辯證的考慮，對各種歧義的劃分，將所有哲學概念都回溯到它們在直觀中的原初泉源上去的做法——所有這一切都使我對他滿懷欽佩和信任。」[13]

這一時期對胡塞爾有重要影響的另一位哲學家是卡爾・斯圖姆夫（Karl Stumpf），胡塞爾發表的最重要著作《邏輯研究》便是題獻給他的。布倫塔諾的描述心理學研究和斯圖姆夫的聲音感覺分析爲胡塞爾之現象學的建立奠定了基礎。斯圖姆夫本人也是布倫塔諾的學生，當時在薩勒河畔的哈勒大學任教。胡塞爾在維也納大學隨布倫塔諾學習了幾個學期之後，便遵照布倫塔諾的推薦於1886年到斯圖姆夫那裡準備任教資格考試。胡塞爾到哈勒時只有二十七歲，在一年的時間裡，他在斯圖姆夫那裡通過了教授資格考試。獲得任教資格的這一年也是胡塞爾結婚的一年。他的妻子馬爾維娜（Marvine）也是猶太人血統。女兒伊莉莎白（Elisabeth）、長子格哈特（Gerhart）和幼子沃爾夫岡（Wolfgang）分別於1892、1893和1895年出生。

獲得任教資格後，胡塞爾的生活與其他大學教師從外表上看並沒有很

---

[12] 引自《胡塞爾與現象學運動》，第131頁。

[13] 引自《胡塞爾與現象學運動》，第132頁。

大區別。但在胡塞爾的內心世界中，一個「哲學工作者」的第二生命已經展開。他不信任哲學中的大話和空話，要求把哲學史上的「大鈔」兌換成有效的「小零錢」；他相信哲學所具有的偉大任務，但認為只有在完全釐清了這些任務之意義內涵的起源之後，才有可能解決這些任務；他拒絕形而上學的思辨，主張在「看」、在「直觀」中了解到實事本身。可以說，胡塞爾思維的現象學特徵在他的哈勒時期已基本形成。也正是由於掌握了這種方法，他以後從心理主義向反心理主義的過渡才得以可能；並且我們在後面將會看到，這種方法最後成為現象學運動的最突出標誌。

胡塞爾的任教資格論文《論數的概念》得以付印，但未能進入書店出售。四年後，胡塞爾發表的第一部著作《算術哲學》重新採納和提出了他任教資格論文中的基本問題。在這部書中，胡塞爾試圖透過對數學基本概念的釐清來穩定數學的基礎。這種以數學和邏輯學為例，對基本概念進行釐清的做法往後持續在胡塞爾哲學研究中得到運用，成為胡塞爾現象學操作的一個中心方法。由於胡塞爾在《算術哲學》中對基本概念的釐清是在對心理行為的描述心理學分析中進行的，因而在此書發表後不久，他便受到了指責。最主要的批評來自數學家和邏輯學家G.弗雷格（Gottlob Frege），他在《算術哲學》一書的書評中指出胡塞爾把客觀的數學內涵加以心理學化。此後，胡塞爾的研究之主要興趣便在於建立「純粹的」、「本質的」或「意向的」心理學，使它成為任何一門經驗心理學的基礎。

胡塞爾本來計畫出版《算術哲學》的第二卷，但後來便因這部書的哲學起點不夠穩定而放棄了這個打算。心理主義的困境使他放棄了這個立場並開始轉向它的對立面。幾年後，胡塞爾在回顧這一轉折時說：「一系列無法避免的問題……不斷地阻礙並最終中斷了我多年來為從哲學上釐清純粹數學所做努力的進程。除了有關數學基本概念和基本觀點的起源問題之外，我所做的努力主要與數學理論和方法方面的難題有關。那些對傳統的和改革後的邏輯學之論述來說顯而易見的東西，即：演繹科學的理性本質及其形式統一和象徵方法，在我對現有演繹科學所做的研究中卻顯得模糊可疑。我分析得越深入，便越是意識到：抱有闡明現時科學之使命的當今

邏輯學甚至尚未達到現實科學的水準。……而我在另一個方向上卻糾纏在一般邏輯學和認識論的問題中。我那時以流行的信念為出發點，即堅信：演繹科學的邏輯學和一般邏輯學一樣，對它們的哲學闡明必須寄希望於心理學。因此，在我《算術哲學》的第一卷（也是唯一發表的一卷）中，心理學的研究占了極大的篇幅。我對這種心理學的奠基從未感到過完全滿意。在論及數學表象的起源，或者，在論及確實是由心理因素所決定之實踐方法的形成時，我感到心理學分析的成就是明白清晰而且富於教益的。然而，思維的心理聯繫如何過渡到思維內容的邏輯統一（理論的統一）上去，在這個問題上我卻無法獲得足夠的連貫性和清晰性。此外，數學的客觀性以及所有科學的客觀性如何去俯就心理學對邏輯的論證，這個原則性的懷疑就更使我感到不安了。這樣，我建立在流行的心理學信念——用心理學分析來邏輯地闡明現有的科學——之上的全部方法便發生了動搖，這種情況愈來愈迫使我對邏輯學的本質，尤其是對認識的主觀性和認識內容的客觀性之間的關係做出普遍批判的反思。每當我對邏輯學提出一定的問題並期望從它那裡得到解答時，它給我的總是失望，以至於最後我不得不決定：完全中斷我的哲學—數學研究，直到我在認識論的基本問題上以及在對作為科學的邏輯學的批判理解中獲得更可靠的明晰性為止。」[14]

　　因此，胡塞爾在九十年代將其主要精力放在探討邏輯學和認識論的基本問題上。他在此期間發表的一系列文章為往後的《邏輯研究》奠定了基礎。幾年後，即1900年，胡塞爾的巨著《邏輯研究》第一卷發表，題為《純粹邏輯學導引》。在這一卷中，胡塞爾反駁了當時在哲學界占統治地位的心理主義觀點，即認為邏輯概念和邏輯規律是心理的構成物之觀點；這實際上是胡塞爾本人原來所持的觀點。所以胡塞爾在《邏輯研究》的前言中曾引用歌德的話來形容他對心理主義的批判：「沒有什麼能比對已犯過之錯誤的批評更嚴厲了。」[15]

---

[14] 胡塞爾：《邏輯研究》第一卷，A V/B V。
[15] 胡塞爾：《邏輯研究》第一卷，A VIII/B VIII。

　　這些批判在當時結束了心理主義的統治，而且在今天，無論人們把邏輯定理看作是分析的還是綜合的，這些批判仍然還保持著它們的有效性。可以說，隨著這一卷的發表，心理主義這種形式的懷疑論連同有關心理主義的討論在哲學史上最終被歸入了檔案。在一年之後，胡塞爾又出版了《邏輯研究》的第二卷：《現象學與認識論研究》，它們由六項研究組成。在這六項研究中，胡塞爾透過對意識的現象學本質分析揭示了邏輯對象的觀念性，由此而試圖從認識論上爲邏輯學奠定基礎；分析的結果顯示，在一種特殊的範疇直觀中可以把握到所有觀念的、範疇的對象。這種範疇直觀便是後來被稱之爲「本質直觀」、「觀念直觀」或「本質還原」的方法。

　　《邏輯研究》一書在西方哲學史上的重要地位是確定無疑的。只要看一眼與它有關的哲學史資料和人們今天對它的評價和定論，我們便可以知道，無論是在當時，還是在九十多年後的今天，它的作用和影響在二十世紀都只有少數幾部哲學著作能夠與之比擬。也正是在《邏輯研究》所獲得廣泛而深入影響的基礎上，一個由當時最出色思想家所組成的現象學運動之勢才有可能形成。

　　直至今日，這部著作也始終被西方的哲學家們公認爲是胡塞爾現象學的最重要著作，並且被普遍看作是哲學自近代以來最重要的創作之一。其原因在於，這部著作不僅在很大程度上奠定了胡塞爾的同時代人如海德格、舍勒、尼古拉·哈特曼、沙特、梅洛─龐蒂、英加登、古爾維奇、舒茲等一大批重要哲學家的思維方向，而且它的作用已經遠遠超出了哲學領域。用比利時魯汶大學胡塞爾文庫教授、著名現象學家R.貝奈特的話來說：「這部著作的影響幾乎是無法界定的：從新康德主義、現象學基礎本體論和早期結構主義語言學，到當今語言哲學和認知心理學所提出的問題，它的影響無處不在。」[16] 所以，如果說這部著作提供了理解二十世紀西方哲學或西方思維的基礎，那麼這絕非是一種誇張。就目前而言，西方

---

[16] R.貝奈特：《哲學著作辭典》，斯圖加特，1988年，第425頁。

哲學界一方面有愈來愈多的人看到了現象學分析和當代語言分析哲學之間所具有的親和力，另一方面有愈來愈多的現象學家和非現象學家開始拒絕在胡塞爾後期思想中所形成的現象學唯心主義，在這種情況下，胡塞爾的這部早期著作所引起的興趣和關注便愈來愈大。

（二）第一期現象學運動的三個階段

隨著《邏輯研究》的發表，現象學第一次出現在公眾面前，由此而揭開了在二十世紀歐洲大陸影響最廣泛的哲學運動——現象學運動的序幕。慕尼黑的現象學哲學家阿維－拉勒蒙（E. Ave-Lallemant）將最廣義上的現象學運動劃分為兩個圓周：第一個圓周由《邏輯研究》的發表起，至胡塞爾1938年逝世止，前後三十多年，是胡塞爾本人身臨其中的現象學發展時期；第二個圓周則是指胡塞爾去世後現象學運動至今為止的發展。[17]

《邏輯研究》第二卷發表的同一年，教育部建議任命胡塞爾為哥廷根大學哲學正教授。但教育部的這一建議遭到哥廷根大學哲學教授們的抵制，最後教育部不得不為胡塞爾設立一個特別教習。職業上的這一不順利也給胡塞爾對自己能成為一名真正的哲學家之信念造成內在的危機。按W.比梅爾（Walter Biemel）的說法，「看來，這種『同行相輕』對他的觸動遠比他承認的更大。」[18]但無論如何，胡塞爾於1901年來到了哥廷根，並且在他周圍很快聚攏了一批有志於現象學的青年學者。到了1904年，現象學作為一個哲學運動已正式形成。現象學運動史上第一個圓周的第一階段可以說是從這時才真正開始。這一年，胡塞爾在慕尼黑與那裡的現象學家們相會。1905年慕尼黑現象學派和哥廷根現象學派開始進行相互交流。

從1910至1912年期間，年輕的現象學經歷了第一個繁榮期。一大批

---

[17] 阿維－拉勒蒙：〈現象學運動——起源、開端、展望〉，載於《胡塞爾與現象學運動》，第61-75頁。

[18] W.比梅爾：〈出版者序言〉，載於胡塞爾，《現象學的觀念》，《胡塞爾全集》第二卷，海牙，1973年，第VII頁。

著名的現象學文論在此期間得以發表。在由胡塞爾主編並於1913年出版的《哲學和現象學研究年刊》第一卷上，第一批現象學的代表人物得以嶄露頭角。在這批現象學家中包括有馬克斯・舍勒（Max Scheler）、亞力山大・普芬德（Alexander Pfaender）、莫里茲・蓋格（Moritz Geiger）、阿道夫・賴納赫（Adolf Reinach）、約翰・道伯特（Johanes Daubert）、狄奧多・康拉德（Theodor Conrad）、威廉・沙普（Wilhelm Schapp）等等。在《年刊》第一期上刊登的舍勒《倫理學中的形式主義與質料的價值倫理學》是這一時期除胡塞爾的著作之外最富影響的現象學經典著述。

胡塞爾本人在《年刊》第一期（1913年）上發表的《純粹現象學和現象學哲學的觀念》第一卷則公開表明他的思想已經進入到一個新的階段。胡塞爾思想的發展有其內在的必然性，這部著作是他經過六、七年深思熟慮的結果。胡塞爾1907年在哥廷根大學所做的五次講座稿〈現象學的觀念〉於1950年作為《胡塞爾全集》第二卷發表，顯示出胡塞爾在這時已經堅定地完成了他的第二次思想轉變。在發表《純粹現象學和現象學哲學的觀念》第一卷的同一年，胡塞爾在為《邏輯研究》第二版所寫的〈引論〉中有意識地強調從《邏輯研究》向《純粹現象學和現象學哲學的觀念》過渡的必然性：「《邏輯研究》是一部突破性著作，因而它不是一個結尾，而是一個開端。」[19] 但是，一方面，由於胡塞爾在《邏輯研究》第二卷用大量的篇幅來討論意識活動的因素和結構，並且自己也把現象學稱之為描述心理學；另一方面，由於胡塞爾在這些分析中大段地重複了他在《算術哲學》中所做的研究，所以許多人認為胡塞爾仍然沒有擺脫心理主義，認為他所說的「現象學」仍然是一門心理學。

因此，在《純粹現象學和現象學哲學的觀念》裡，胡塞爾在書名中便用純粹現象學來區分他以前所說的「描述現象學」。他在〈前言〉中明確地指出：純粹現象學「是一門本質上新型的，由於它原則上的獨立性而為自然思維所不易理解，從而至今才得以發展的學科」，它「不是心理學，

[19] 胡塞爾：《邏輯研究》第一卷，B VIII。

並且它之所以不能被看作是心理學，其原因不在於偶然的劃界和術語，而在於其根本的原則」。[20]胡塞爾在這裡強調「純粹現象學」不是心理學的原因有二：其一，將現象學理解爲心理學，就意味著胡塞爾在《邏輯研究》第一卷中對心理主義、人類主義的批判無效，意味著承認心理主義、相對主義的合理性，這與胡塞爾「哲學是嚴格科學」的理想是不相容的；其二，胡塞爾認爲他的現象學所要研究的對象不是人類的心理現象，而是純粹的意識；相對於人類的心理學而言，現象學應當是一門純粹的意識論，而人類意識在胡塞爾看來只是這種純粹意識的一個實在事例。

　　但第一階段現象學運動的大多數成員仍然不贊同或不理解胡塞爾的這一立場變化，他們認爲胡塞爾這一變化是向先驗唯心主義的回落，是投入到康德的懷抱中。這一次的意見分歧導致了現象學運動在兩個方向上的分化：作爲「本質現象學」的現象學和作爲「先驗現象學」的現象學。胡塞爾本人將這兩者的區別稱之爲「現象學的心理學」和「現象學的哲學」之間的區別，以此也批評了第一階段現象學運動成員（即哥廷根學派與慕尼黑學派）的不澈底性。直到1935年，胡塞爾在回憶這次分裂時仍然感到痛心：「人們這樣不理解我，我深感遺憾。自從我的哲學發生巨大變化以來，自從我內在的轉折發生以來，沒有人再與我同行。1901年出版的《邏輯研究》只是一個小小的開端——而今天人們只是根據《邏輯研究》來評價胡塞爾。但我在它出版後的很長一段時間裡都不知道該往哪兒走。我自己都不清楚，我只是不願讓所有的人都在這部書上停滯不前。它只是一條必經之路而已。」[21]

　　正是透過《邏輯研究》這條「必經之路」，胡塞爾從「現象學的心理學」邁向「現象學的哲學」。我們在後面將會看到，這個轉折至今還是現象學研究的一個熱門課題，因爲對它的評價涉及到對胡塞爾整個哲學成就

---

20 胡塞爾：《純粹現象學和現象學哲學的觀念》第一卷，〔1-2〕。
21 引自〈A.耶格施密特與艾德蒙·胡塞爾的談話錄〉，載於《艾迪斯·斯坦：通向內在寧靜之路》，阿沙芬堡，1987年，第214頁。

的評價：在胡塞爾作出其畢生的努力之後，現象學是否終究還是一門人類心理學或人類意識論？一個普遍有效的、獨立於人類意識的純粹意識論之設想是否永遠只是一個可望而不可即的虛幻？

胡塞爾在哥廷根一共居住了十五年。1916年，新康德主義代表人物里克特（R. Rickert）轉到海德堡大學哲學系去接替另一位新康德主義代表人物文德爾班（W. Windelband）的教習，並推薦胡塞爾繼承因里克特離開弗萊堡大學而空出的哲學教習。胡塞爾到弗萊堡後所做的就職講座「純粹現象學及其研究領域和方法」展現了他這一時期的現象學研究綱領。隨胡塞爾的遷居，現象學運動的中心逐漸轉向弗萊堡，由此而開始了現象學運動之第一圓周的第二階段。

與在哥廷根時期一樣，胡塞爾到弗萊堡之後，在他周圍很快便聚集了一批學生和助手，並且，從他們中間不久便產生出了現象學運動第二階段的代表人物：海德格、貝克爾、羅曼・英加登（Roman Ingarden）、艾迪斯・斯坦（Edith Stein）、格爾達・瓦爾特（Gerda Walther）、卡爾・洛維特（Karl Loewith）、阿隆・古爾維奇（Aron Gurwitsch）、漢斯・賴納赫（Hans Reinach）等等。另一些以後成為著名哲學家的人物，如解釋學哲學家漢斯—格奧爾格・高達美、生態哲學家漢斯・尤納斯（Hans Jonas）、分析哲學家R.卡納普（Rudolf Carnap）、西方馬克思主義代表人物M.霍克海默（Max Horkheimer）等等，也曾在弗萊堡聽過胡塞爾的講座或參加過胡塞爾主持的討論課。此外，在弗萊堡隨胡塞爾一同研究現象學的還有從美國、日本等地遠道而來的一批學者。當時的弗萊堡大學已成為公認的歐洲哲學中心，世界哲學界所關注的焦點。

以上提到的這些人物都在二十世紀西方哲學史上占有重要的地位，但在這批人物中間，海德格顯然是最出類拔萃的一個，他於1927年發表在《哲學與現象學研究年刊》第八期上的《存在與時間》無疑是現象學運動這一階段的最重要代表作之一。這部著作在開始時還被看作是對胡塞爾先

驗現象學進行「具體化」的嘗試[22]，但人們以後便逐漸了解到，「《存在
與時間》所說的完全是另外一種語言。」[23]海德格已經突破了胡塞爾現象
學的範圍，建立起自己的哲學框架。胡塞爾與海德格的關係問題——不僅
包括他們各自哲學理論之間的關聯，而且包括他們兩人的私人交往——始
終是二十世紀下半葉的哲學史家們之熱門討論話題。

　　至此，胡塞爾在哥廷根時期的左膀舍勒和在弗萊堡時期的右臂海德格
都已經與胡塞爾貌合神離。三位哲學家各有自己的哲學意圖和系統設想。
他們的哲學雖然都以現象學為名，但後人已經可以用「先驗的」、「本體
的」和「生存的現象學」來區分它們了。[24]

　　這裡已經可以看出，第一階段和第二階段現象學運動的另一個相似
之處在於，胡塞爾與現象學運動其他成員在現象學研究上的分歧依然存
在，海德格只是其中的一個突出例子而已。胡塞爾與其追隨者們之間的最
重要分歧仍然表現在：雖然他的追隨者們希望他同時也關注實踐現象學的
領域，但胡塞爾本人卻一如既往地堅持，現象學首先必須解決理論理性的
問題。他在這一階段中的代表作《內時間意識現象學講座》發表在1928年
的《哲學與現象學研究年刊》第九期上，由艾迪斯·斯坦整理、海德格主
編。這部著作與《邏輯研究》一樣，是胡塞爾生前發表僅有的兩部非引論
性著作，胡塞爾的現象學思維方式和操作方法以及現象學的「工作哲學」
特徵在這裡得到了充分的展現。海德格參與工作的另一篇文字是1927年胡
塞爾為《大英百科全書》所撰寫的〈現象學〉條目：胡塞爾前後四易其
稿，海德格在每一稿上都加了評論。胡塞爾此時尚未注意到，海德格在同

---

22 例如O.貝克在1929年的文章〈論美的事物的可衰性和藝術家的冒險性〉，
　以及G.米施（Georg Misch）在1931年的著作《生命哲學與現象學》中都表
　述過這一看法。

23 高達美：〈解釋學與狄爾泰學派〉，載於《哲學評論》，1991年，第三
　期，第169頁。

24 參閱阿維－拉勒蒙：〈現象學運動——起源、開端、展望〉，載於《胡塞
　爾與現象學運動》，第74頁。

一年發表的《存在與時間》已經不再是意識結構的分析，而是人的此在之分析了。

這個階段隨胡塞爾1929/30年教學活動的結束而告終。但更嚴格地說，1928年已經應當被看作是現象學運動第一圓周第三階段的開端。胡塞爾於這一年退休並推舉海德格作爲他的教椅繼承人。當時的候選人中還有著名的新康德主義代表人物恩斯特・卡西勒（Ernst Cassier），但用H.奧特（H. Ott）的話來說，他的提名不過是被胡塞爾用來「做做樣子的」。[25]另一位重要的候選人則是慕尼黑現象學派的元老、在現象學研究中也享有盛名的A.普芬德。在經過一番猶豫之後，胡塞爾最終還是在海德格與普芬德之間選擇了前者。但對於這個選擇，胡塞爾在以後的幾年裡並不是沒有感到後悔的。

第三階段現象學運動的重要代表人物與前兩個階段相比在人數上沒有很大變化，當然其中要除去1917年在第一次世界大戰中戰死的A.賴納赫和1928年因心臟病突發而病逝的舍勒。另外幾位新的代表人物則脫穎而出：將來享有盛名的德國現象學哲學家L.蘭德格雷貝（Ludwig Landgrebe），他於1923年開始做胡塞爾的私人助教，1930年離開胡塞爾到布拉格做教授資格論文並與胡塞爾保持著密切的通信聯絡；在胡塞爾最後一批學生中還要提到的有捷克斯洛伐克的著名哲學家帕托契卡（Jan Patočka），他在1977年死於「布拉格之春」運動中。日後成爲西方馬克思主義代表人物的H.馬庫色（Herbert Marcuse）和日後成爲法國存在哲學代表人物的列維納斯（Emmanuel Levinas）也是胡塞爾最後一批學生中的一員。這一階段較大的變化是許多代表人物已經逐漸離開胡塞爾而靠向海德格，也就是說，這一階段現象學運動的中心已經從胡塞爾轉到海德格。其中的例外除了蘭德格雷貝和帕托契卡以外還包括1928年成爲胡塞爾私人助教、1929年在胡塞爾那裡通過博士考試的奧伊根・芬克（Eugen Fink）和1926年在胡塞

---

[25] 參閱雨果・奧特：〈胡塞爾與弗萊堡大學〉，載於《胡塞爾與現象學運動》，第99頁。

爾那裡通過教授資格考試的F.考夫曼（Fritz Kaufmann）。他們兩人在這一時期——正如馬克斯・穆勒（Max Mueller）所說——「能夠做到，不是『投奔到』海德格那邊去，而是在胡塞爾和海德格之間構成一個具有眞正中介性的獨立之中間層。儘管如此，他們還是以另一種方式與退休了的胡塞爾建立了私人的關係。」[26] 這一時期與胡塞爾保持聯絡並且仍然敢去拜訪胡塞爾的另一位著名現象學家是阿爾弗雷德・舒茲（Alfred Schutz），他發表於1932年的《社會世界的意義構造》一書有系統地提出了社會現象學的綱領並得了到胡塞爾本人的承認，在之後成爲社會現象學的經典著作。

在這一階段中，胡塞爾現象學的作用可以概括爲：相對於德國國內其他大學而言，胡塞爾在弗萊堡大學的影響逐漸被縮小；相對於德國本身而言，他在國外的聲譽日益擴大。1928年在阿姆斯特丹的演講「現象學的心理學」，1929年在巴黎所做的「巴黎演講」；1929年正式發表的《大英百科全書》條目〈現象學〉，1931年用法文發表的《笛卡兒式的沉思》，同年在法蘭克福、柏林、哈勒的演講「現象學與人類學」；1935年在維也納的演講「歐洲危機中的哲學」，同年在布拉格的演講「歐洲科學的危機與心理學」以及在貝爾格勒發表的《歐洲科學的危機與先驗現象學》第一部分；這一系列的事實都是對這一時期特點的說明。除此之外還可以補充的是，胡塞爾在1928年被選爲「美國藝術與科學學院」的國外名譽院士，1932年被「法國倫理學和政治學學院」授予通訊院士稱號，1935年被「布拉格哲學院」授予榮譽院士稱號，1936年被命名爲「英國學院」的院士。

但這時的胡塞爾與以往相比可以說是離群索居，只有少數幾個學生和朋友還在拜訪這位具有猶太血統、但已加入基督教的哲學家，或與他保持著通信聯絡。1928年前的門庭若市與現在的門可羅雀形成鮮明的對比。據當時與胡塞爾一家交往甚密的A.耶格施密特（Sr. Adelgundis Jaegerschmid）修女回憶：「當時的胡塞爾是非常孤獨的。因爲納粹使得他的朋友圈子越

---

26 馬克斯・穆勒：〈回憶胡塞爾〉，載於《胡塞爾與現象學運動》，第36頁。

來越小，科學界也開始疏遠他。當我去祝賀他的78歲生日時，只有他一個人在。」[27]胡塞爾逝世於1938年可以說是一個幸運，否則他有可能像他的猶太女學生艾迪斯·斯世一樣死在納粹集中營的煤氣室中。在參加胡塞爾的火化儀式的人中，來自弗萊堡大學哲學系的只有一個人，並且是以私人的身分出現。「政治的歷史最終還是趕上了遠離政治思維的胡塞爾。」[28]

胡塞爾在這一階段發表的著作有1929年載於《哲學與現象學研究年刊》第十期的《形式的和先驗的邏輯》，它意味著胡塞爾在《純粹現象學和現象學哲學的觀念》第一卷中所提出綱領的完成。胡塞爾為此花費了十五年的時間。但胡塞爾與以往一樣，每一部著作的發表對他來說都意味著新的開端。自二十年代末、三十年代初以來胡塞爾所作的一系列演講的標題以及他撰寫的最後一部著作《歐洲科學的危機與先驗現象學》的標題表明，胡塞爾開始公開地探討與人類歷史、政治有關的「實踐現象學」問題。我在後面將會詳細討論胡塞爾這個新的思維方向。而另一部由蘭德格雷貝根據胡塞爾手稿整理，經胡塞爾本人審定的著作《經驗與判斷》則是胡塞爾逝世之後，才於1938年在布拉格得到出版。

現象學運動第一圓圈中的第三階段，一直延續到胡塞爾在1938年逝世以後。胡塞爾的遺稿由比利時青年范·布雷達（H. L. Van Breda）以比利時駐德大使館的免檢外交公文箱帶出德國，最後在德國邊界以外、比利時的大學城魯汶安家落戶，從而得以避免落入納粹之手。這對現象學運動史第一個圓周的結束可以說是具有象徵性的意義：現象學發源於德國，最後在國際哲學界立足。

此後，現象學發展開始進入到沒有胡塞爾本人身臨其中的第二圓周。

---

[27] 引自〈A.耶格施密特與艾德蒙·胡塞爾的談話錄〉，載於《艾迪斯·斯坦：通向內在寧靜之路》，第225頁。

[28] B.瓦爾登菲爾茲（Bernhard Waldenfels）：《現象學引論》，慕尼黑，1992年，第43頁。

（三）胡塞爾去世後的現象學發展

　　阿維—拉勒蒙曾用兩個相互對立的傾向來構畫這個圓周：「一種傾向的目的在於：將現象學所發出的原動力加以繼續展開，它從現象學所獲得的基地出發，在現象學所開啟的新角度中，不斷地穿透著科學與生活的所有領域。在這裡可以談得上應用現象學，它的區域在此期間已經有了幾乎難以估量的擴展。另一個傾向的目的則在於對現象學的清查，對現象學起源的反省和對現象學本質的把握。」[29] 阿維—拉勒蒙將這兩個傾向分別稱之為「離心的傾向」和「向心的傾向」。實際上，這兩種傾向在胡塞爾在世時就已經得到充分展露，並且，它當然也是今日現象學運動狀況的確切寫照。阿維—拉勒蒙認為：「想要繼續發展胡塞爾的課題和現象學運動的課題，就意味著要具體地詢問，這兩種傾向在現象學運動的歷史中事實上發揮了什麼樣的效應。」[30]

　　我們先看一看在胡塞爾逝世至第二次世界大戰結束的十多年裡德國現象學的狀況。在這段時間裡，哲學和現象學的發展已經無從談起。納粹對猶太學者和持不同政治見解學者的排斥和驅逐在胡塞爾生前便已開始，而後愈演愈烈。現象學在德國達到了分崩離析的地步：一些德國學者在自己的國家中採取各種方法來進行自我保護，從而勉強得以渡過嚴冬，例如高達美；另一些人則自願地與納粹為伍，一度喪失了哲學家的尊嚴和良心，例如海德格；還有一些則落入納粹的魔爪，未能等到春天的來臨，例如艾迪斯·斯坦；而更多的學者則是遠離家園，在荷蘭、美國、日本等地找到棲身之處，例如：在現象學和與現象學有關的哲學家中有H.普萊斯納、K.洛維特、M.蓋格、A.古爾維奇、A.舒茲、H.尤納斯、維爾納·馬克斯（Werner Marx），他們的命運與西方馬克思主義哲學家E.布洛赫、霍克

---

[29] 阿維—拉勒蒙：〈現象學運動——起源、開端、展望〉，載於《胡塞爾與現象學運動》，第73頁。

[30] 阿維—拉勒蒙：〈現象學運動——起源、開端、展望〉，同上書，第73頁。

海默、馬庫色、阿多諾（Th. W. Adorno）等等相似。德國現象學家和其他哲學家的流亡也有積極的一面：它使現象學和其他德國哲學在德國國外得到了傳播與發展；當然這幾乎已經超出本書所要討論的範圍，[31] 我在這裡僅舉現象學在美國的發展為例：當時美國本土的現象學代表人物主要是曾在弗萊堡留學過的馬文·法伯（Marvin Farber）和多倫·凱恩斯（Dorian Cairns），儘管他們在三十年代末已經組織了「國際現象學研究學會」並出版了《哲學與現象學研究》雜誌，但對現象學在美國的發展具有決定意義的仍然是以古爾維奇和舒茲為首的一批德國流亡學者之參與。

現象學在德語國家的復興，一直到第二次世界大戰結束後才等到機會。建立在比利時魯汶大學的胡塞爾文庫在范·布雷達的主持和蘭德格雷貝與芬克的參與下，開始翻譯胡塞爾留下的約四萬頁速記手稿，1950年出版《胡塞爾全集》第一卷，至1992年已出版至第二十八卷。用高達美的話來說，「這一系列偉大著作的出版使得人們對胡塞爾思想的哲學興趣經久不衰」。[32] 胡塞爾的這些著作與從1954年開始出版的《舍勒全集》以及從1975年開始出版的《海德格全集》一起，為現象學研究的重新復興創造了前提條件。在魯汶大學胡塞爾（總）文庫建立之後，蘭德格雷貝和芬克又在科隆大學和弗萊堡大學建立並主持了胡塞爾（分）文庫。在第二次世界大戰結束至今的幾十年裡，首先是德國和奧地利的「現象學研究學會」創立，然後是歐、亞、美許多國家的「現象學研究學會」以及「國際現象學研究學會」的建立，顯示現象學並沒有因為政治史的干擾而喪失它在思想史上的永久地位。

---

[31] 關於現象學研究和現象學運動發展的全球狀況，可以參閱瓦爾登菲爾茲在1992年出版的《現象學引論》一書，他在這部著作中對當今世界各個地區的現象學研究和現象學運動發展做了簡要的評述，其中包括：（1）德語／荷蘭語／佛蘭德語地區；（2）法語地區；（3）義大利；（4）英美地區；（5）東歐地區；（6）斯堪地那維亞地區；（7）西班牙和拉丁美洲地區；（8）印度、日本、韓國。同時，現象學在各個學科領域中的發展以及現象學與其他哲學流派的關係也在這部著作中得到了概要的闡述。

[32] 高達美：《新近哲學》第一卷，第105頁。

　　關於現象學研究在戰後德國的發展狀況，我想借用瓦爾登菲爾茲一段極爲出色的概括加以說明。

1. 在現象學的實事研究上，「得到貫徹的毋寧說是現象學在反體系方面的衝動。所以，像H.史密茲的多卷本《哲學體系》（1964-1980年）或者像海因里希‧羅姆巴赫（Heinrich Rombach）的結構本體論那樣一種對『一門無等級制的形而上學』的龐大綜合實屬罕見之事。前者將現象學的史料和經驗的史料加工成爲一門建立在身體基礎上的人類學；而後者則將發生現象學、歷史思維和存在思維轉變成爲一種包羅萬象的結構發生，以至於人類的認識被看作是一種『自然所進行的自身澄明運動之特殊形式』並且與一門《當代意識的現象學》（1980年）融爲一體。在現象學的實事研究中占據主導地位的實際上是一些細緻的研究工作，這些研究有意識地與同類的研究展開爭論，並且與人文科學、社會科學和藝術科學進行密切的學科間合作。E. W.奧爾特（Ernst Wolfgang Orth）主編的《現象學研究叢書》是對這一狀況的清楚證明，在這套叢書中，時間、語言、邏輯、交往、行爲、倫理、技術以及交互文化這些實際問題始終是最重要的討論對象。同樣重要的是在K.-O.阿佩爾（K.-O. Apel）、H.布魯門伯格（H. Blumenberg）、H.-G.高達美（H.-G. Gadamer）、M.圖伊尼森（M. Theunissen）和E.圖根哈特（E. Tugendhat）的著述中對現象學所做之或多或少批判性的闡釋。……將目光超越出自己的學科和自己的國家，這已經被證明是一種卓有成效的做法。例如：自G.布蘭特（Gerd Brand）發表其縱覽性著作《生活世界》（1971年）以來，對生活世界問題的爭論一再發生，最近又由在H.布魯門伯格所著的《生活世界與生活時間》（1986年）得到展開，它不僅得到現象學的研究，而且導致了在高達美、蘭德格雷貝、H.呂貝（H. Luebbe）、Th.陸克曼（Th. Luckmann）、R.格拉特豪夫（R. Grathoff）和B.瓦爾登菲爾茲的著作中與J.哈伯瑪斯和N.魯曼的社會理論所進行的持續辯論，並且最終甚至突破了歐洲文化的範圍。」

2. 在現象學的整體方向上，「展現出一幅豐富多彩的畫面，與英美當代

哲學和法國哲學或近或遠的關聯決定了這幅圖畫的多樣性。例如：有像格爾哈特‧馮克（Gerhard Funke）、愛麗莎白‧施特雷克（Elisabeth Stroeker）、狄奧多‧西波姆（Theodor Seebohm）、洛塔‧埃萊伊（Lothar Eley）所做的嘗試，他們試圖保持現象學的先驗輪廓，或者在形式邏輯上將這個輪廓精美化；也有像卡爾‧費里德利希‧蓋特曼（Carl Friedrich Gethmann）那樣的嘗試，他試圖在現象學和一門構造主義的原邏輯學之間進行溝通；還有像埃爾瑪‧霍倫斯坦（Elmar Holenstein）所做的嘗試，他試圖將胡塞爾的本質轉變成語言學、認知學的範疇；此外還有像維爾納‧馬克斯、奧托‧珀格勒（Otto Poeggeler）、阿洛伊斯‧哈爾德（Alois Halder）和克勞斯‧黑爾德（Klaus Held）所做的嘗試，他們試圖借助現象學來克服形而上學的歷史，試圖從現象學中獲得新的倫理和政治的動力；最後還有像伯恩哈特‧瓦爾登菲爾茲所做的嘗試，他試圖從身體性和社會性的狀況出發，用現象學來處理『他人的本己陰影』和『異者的芒刺』問題」。[33]

我們可以將這些說明看作是對後面所要深入討論的各種問題的一個簡要指南。

我們發現，並且在後面的闡述中將進一步發現，胡塞爾在世時便已經感受到，現象學在他的各個學生那裡所受到的種種改造不盡如人意；而戰後現象學的所有這些發展與胡塞爾弘揚現象學精神的原意仍然是不盡相符的。我們在這裡涉及到了現象學的「二律背反」。

縱觀現象學意識在哲學史上的作用，我們可以看到，它首先表現在對傳統學說的反叛和對直接面對實事本身的研究態度上。我認為，現象學意識在哲學史上所引起的轉變完全可以和宗教史上馬丁‧路德（Martin Luther）創立新教所帶來的轉變相比擬。他們都要求擺脫權威的中介，直接面對自己所要達到的目的──無論這中介是來自傳統，還是來自教會，無論這目的是意味著真理，還是意味著上帝。並且，正如馬丁‧路德和他

---

[33] 瓦爾登菲爾茲：《現象學引論》，第46-47頁。

的同時代人沒有意識到這個轉變所帶來的結果一樣，胡塞爾本人也沒有預見到現象學意識在哲學史上所造成的必然效應。這種效應表現在：

從一方面來看，現象學意識開拓了一種新的哲學傳統，這種傳統拒絕借助於舊的傳統，拒絕借助於以往的理論、前人的學說，而是要求直接、明見、原本地把握絕對真理自身；但不無矛盾的是，這種新的傳統並不否認自身具有幫助人們更明晰、更熟練地去「看到」絕對真理的職能，從而為人們認識真理提供一種新的工具或中介。這種「排除成見」、「面對實事本身」的態度是現象學研究之所以能夠成為一種為一大批嚴肅的哲學家所認同之哲學運動的首要原因，它意味著一種能夠維繫整個現象學運動之統一性的東西。

另一方面則很明顯，現象學意識所引起的這種轉變和突破可以一再地被重複：一旦現象學成為新的傳統，那麼它所主張對傳統的反叛遲早也會適用於自身。事實上，正是這種一再重複轉變的可能性，奠定了現象學運動後來的進一步發展以及它不斷分化的趨向。因此可以說，在現象學最初所提出的主張中便隱含著現象學運動自身分裂的前提。

當人們在現象學研究過程中過分偏好於這兩個方面中的某一方面時，其結果便是「離心傾向」或「向心傾向」的形成。如果我們用「面對實事本身」來概括現象學精神，那麼，「向心傾向」的過度發展會導致人們不是面對實事本身，而是面對胡塞爾的文本本身，或者說，「面對語詞本身」，有人也將這種傾向譏之為「胡塞爾—經院哲學」[34]，現象學精神在這裡已經喪失殆盡；而反過來說，離心傾向的過度發展同樣會毀滅現象學精神：這種傾向或者意味著對「實事本身」之存在的根本否定，或者意味著對「面對」態度之可能性的根本懷疑。

因此，展望現象學的未來，「如果現象學不願喪失自身，不願消融自身，不願放棄它自己的精神，那麼這兩個傾向就必定要進行相互補

---

[34] 參閱赫曼・史密茲（Hermann Schmitz）：《新現象學》，第5頁。

充。」[35] 正如當離心力和向心力在達到一定的平衡之後，太陽系的各個行星找到了各自的軌道，既不會無限地接近太陽，最終與其融爲一體，從而喪失自身的存在，也不會無限地遠離太陽，導致自己固有位置的失落一樣，現象學運動與胡塞爾哲學的關係也處在，並且仍應當會處在這樣一種中間位置上，即處在兩種傾向的對立與和諧之中。

---

[35] 阿維─拉勒蒙：〈現象學運動 ── 起源、開端、展望〉，同上書，第73頁。

上　篇

胡塞爾的純粹現象學
和現象學的哲學

　　這一篇將要涉及的內容在標題中已經顯示出來，它要討論的是胡塞爾的現象學——各種意義上的現象學——而非這門現象學的效應。在開始這一篇的論述之前，我們必須先引用胡塞爾在1907年對現象學所做的一個定義：「現象學：它標誌著一門科學，一種諸科學學科之間的連結；但現象學同時並且首先標誌著一種方法和思維態度：特殊的哲學思維態度和特殊的哲學方法。」[1]

　　如果我們想根據胡塞爾自己的這一定義從他的現象學概念中劃分出兩種含義，那麼這兩種含義分別可以被稱之為「作為方法的現象學」和「作為哲學的現象學」。我們在下面將要展開的第一章中所要討論的現象學概念雖然主要是與作為方法的現象學有關，但也從根本上涉及到「作為哲學的現象學」的一部分，即：先驗的現象學，或者更確切地說，先驗本質的現象學，因為這門現象學所探討的是先驗意識的本質結構，亦即「第一哲學」：它既是先驗的，又是本質的。而在第二章中，我們討論的現象學概念則主要集中在「作為哲學的現象學」的另一個部分上，即：「生活世界的現象學」。[2]

　　為了更清楚地說明本篇的目的，我們還可以用另一種標準來劃分下面兩章的內容：胡塞爾在1900年至1936年的近四十年中，幾乎每十年都提供給後人一部突破性的著作，並因此而為現象學賦予了新的意義：第一個十年中的《邏輯研究》是伴隨著「本質直觀」和「本質現象學」的觀念而產生的；在第二個十年中問世的《純粹現象學和現象學哲學的觀念》則使現象學獲得了「先驗還原」和「先驗現象學」的定義，第三個十年中的《笛卡兒式的沉思》使人們在今天有可能談論「交互主體性現象學」，第四個十年的產物《歐洲科學的危機與先驗現象學》則又意味著「生活世界的現象學」觀念的初步成熟。下面將要開始的第一章所要討論的是胡塞爾在前

1　胡塞爾：《現象學的觀念》，第23頁。
2　出於相同的理由，K.黑爾德將他所編的兩卷本《胡塞爾文選》（斯圖加特，1985/86年）分別冠之以《現象學的方法》和《生活世界的現象學》的標題。

兩個十年中（胡塞爾思想發展的早、中期）所主張的現象學方法以及現象學觀念，第二章則分析胡塞爾在後兩個十年中（胡塞爾思想發展的後期）所提出的現象學觀念。

只要我們回顧一下本世紀最重要的哲學思潮「現象學運動」，回顧一下我們至此為止對胡塞爾與當代德國哲學之間關係的論述，那麼我們基本上可以確定，「現象學的效應」首先並且主要是透過「作為方法的現象學」而得以傳播的，它是使「現象學運動」得以可能的第一前提。而在「作為哲學的現象學」這一方面，它的影響則始終是分散的，換言之，它的旗幟所具有的凝聚力相對於「作為方法的現象學」要小得多；無論是在「純粹現象學」的領域，還是在「現象學哲學」的領域，無論是在「現象學心理學」的領域，還是在「現象學美學」的領域，或是在「生活世界現象學」、「現象學人類學」、「現象學解釋學」等等領域，「作為哲學的現象學」都無法像「作為方法的現象學」那樣產生出創造一個新時代的效應。但是，我們不要忘記：胡塞爾早、中期對意識的意向性結構之分析和在後期對「生活世界」、「危機」、「交互主體性」等等問題的探討，即使沒有像他所希望的那樣創造一個新時代，也在相當大的程度上規定了我們這個時代的思維內涵。

第一章

《邏輯研究》與《純粹現象學和現象學哲學的觀念》中的「現象學」觀念

三、胡塞爾在《邏輯研究》中對意向性的現象學分析

　　兩卷本《邏輯研究》的發表，確立了胡塞爾作為現象學創立者的身分。在這部著作中，胡塞爾完成了兩個偉大的功績：一方面是他在第一卷成功地批判了當時在歐洲思想界占據統治地位的心理主義；另一方面，胡塞爾在第二卷中用他的意識分析方法開闢了一個全新的視域並以此而為「可以被稱之為關於意識一般、關於純粹意識本身的科學」[1] 之現象學奠定了基石。

　　我們在這一節中所要論述的主要是第二個方面，即胡塞爾對意識的分析。當我們在談到這項著名的意識分析工作時，最常出現的一個概念當然是「意向性」。我們首先注意胡塞爾在《邏輯研究》中對意識的意向性分析。

（一）意識行為的意向本質 —— 質料（Materie）與質性（Qualitaet）的統一

　　我們暫且不經檢驗就將胡塞爾所提出的一個重要命題作為我們的出發點接受下來。當然，隨著闡述的展開，這個出發點將會得到論證。胡塞爾的這個命題就是：客體化（objektivierend）的行為是奠基性（fundierend）的。所謂客體化的行為，是指能夠使客體顯現出來的意識行為（例如表象）。而客體化行為的奠基性則意味著，這類意識行為構成所有其他的、非客體化的意識行為（例如快樂）的基礎。因此，與胡塞爾這個命題相等

---

[1]　胡塞爾：《文章與報告（1890-1910）》，《胡塞爾全集》第二十五卷，海牙，1979年，第72頁。

值的一個命題是：非客體化的行為是被奠基的（fundiert）。[2] 這個命題在胡塞爾看來帶有普遍有效性，它意味著，任何一個簡單的或複合的意識行為「都必然地包含著客體化行為種類的行為質性」[3]，也就是說，客體化的行為毫無例外地包含在每一個意識行為中。我們可以隨意地舉出許多例子：沒有愛的客體也就無所謂愛；沒有值得快樂的東西也就不會有快樂，以及如此等等。

胡塞爾在這個問題上顯然受到布倫塔諾的影響，他在《邏輯研究》中經常引用布倫塔諾所提出的一個命題：心理現象或者就是表象本身，或者以表象為基礎。胡塞爾將布倫塔諾的這個命題改造成為這樣的一個現象學定律：「任何一個意向體驗要麼本身就是一個客體化的行為，要麼就以一個客體化的體驗為其『基礎』。」[4] 但胡塞爾所說的「客體化行為」絕不等同於布倫塔諾意義上的「表象」。毋寧說，「客體化行為」在自身之中包含著「表象」。因為，胡塞爾將客體化的行為分為兩類：「稱謂性的（nominal）客體化行為」和「論題性的（propositional）客體化行為」，

2　「奠基性」與「被奠基」這對概念在胡塞爾的意識分析中無疑占有極為重要的位置。胡塞爾本人對這對概念的解釋如下：「一個行為的被奠基並不是指這個行為——無論在哪種意義上——建立在另一些行為之上，而是意味著，就其本質，即就其種類而言，被奠基的行為只有建立在奠基性種類的行為上，它們才是可能的」（胡塞爾：《邏輯研究》第二卷，第二冊，A651/B 179）。圖根哈特（E. Tugendhat）對奠基問題也做過這樣的說明：「奠基並不意味著論證。它僅僅意味著，被奠基的構成物如果不回溯到奠基性的構成物上去就無法自身被給予。」（圖根哈特：《胡塞爾與海德格的真理概念》，柏林，1970年，第182頁。）
　　根據我自己的研究，除了客體化和非客體化之間的奠基關係以外，胡塞爾至少還確定了意識行為中其他八種類型的奠基，例如某些客體化的行為（如想像）奠基在另一些客體化行為（如感知）之中。下面我們還會接觸到其餘類型的奠基，這裡不再一一列出。
3　胡塞爾：《邏輯研究》第二卷，第一冊，A 461/B 496。
4　胡塞爾：《邏輯研究》第二卷，第一冊，A 459/B 494。

它們基本上可以與「表象」和「判斷」同義。[5] 但我們在這裡將放棄「表象」和「判斷」這對多義的概念[6]，而只運用「稱謂性的客體化行爲」和「論題性的客體化行爲」這對概念。（以下簡稱作「稱謂行爲」和「論題行爲」。）

「稱謂」與名稱或稱呼有關，「論題」則與陳述或表述有關。所以胡塞爾將那些具有這兩種性質的意識行爲也標誌爲「命名」和「陳述」。這兩者之間的關係表現爲：一方面，每一個可能的陳述都與一個名稱相對

5　胡塞爾對名稱有一個否定性的說明：「我們不應將名稱僅僅理解爲主詞，主詞只是標誌著對表象的表述。」（胡塞爾：《邏輯研究》第二卷，第一冊，A 434/B 463-464。）

6　「表象」和「判斷」這對概念在這裡會引起混亂，因爲它們在布倫塔諾和胡塞爾那裡具有本質上不同的含義。此外，表象這個概念僅在胡塞爾那裡便包含著十三種含義（參閱胡塞爾：《邏輯研究》第二卷，第一冊，第六章，第44節。）爲了較清楚地理解這對概念，我們在這裡可以做一個比較性的說明。

在布倫塔諾那裡，判斷首先是一種設定性特徵（參閱布倫塔諾：《經驗立場上的心理學》，漢堡，1955年，第二卷，第二冊，第七章，〈2〉）。判斷與表象的區別在於，同一個對象在表象中只是被單純地想像，在判斷中則得到承認或否認。同時布倫塔諾認爲，「所有判斷都以一個表象作爲前提」（同上書，第38頁）。因此，「判斷」這個術語在布倫塔諾那裡有著與胡塞爾的「設定」或「信仰」相似的作用。當然，即使如此，在胡塞爾與布倫塔諾之間仍存在著以下區別：在胡塞爾那裡，所有不設定的行爲都奠基於設定的行爲之中，也就是說，所有不設定的行爲都以一個設定行爲爲前提。

在胡塞爾這裡，表象與判斷構成一個屬質性，這個屬質性又可以劃分爲設定的質性和不設定的質性。因此，在胡塞爾這裡，既有設定的表象和判斷，又有不設定的表象和判斷。

我們可以總結說：在布倫塔諾那裡，表象和判斷之間的區別涉及到質性；而在胡塞爾那裡，這個區別則與質料有關。儘管胡塞爾在講座中有時也在布倫塔諾所賦予的意義上運用「判斷」一詞（例如參閱胡塞爾：〈被動綜合分析〉，《胡塞爾全集》第十一卷，海牙，1966年，第52-53頁），但在公開的著述中則批評這個意義是「不合適的」。（胡塞爾：《純粹現象學和現象學哲學的觀念》第一卷，〔216〕。）

應，或者說，每一個可能的表語都與一個定語相對應。這個關係反過來也同樣成立，即：每一個可能的名稱都與一個陳述相對應。[7]每一個名稱都可以轉變為一個陳述，並且每一個陳述都可以轉變為一個名稱，同時卻不必改變它的質性，至少不必改變它的屬質性（Qualitaetsgattung）。[8]例如：「藍天」這個稱謂可以轉變為「天是藍色的」這樣一個陳述；反之亦然。因此，就質性而言，在稱謂行為與論題行為之間存在著一種「類的共同性」。但另一方面，稱謂行為和論題行為在胡塞爾那裡又具有「本質區別」[9]。他認為：「在不改變其本質天性並因此而不改變其意義本身的情況下，一個陳述永遠不能作為名稱發揮作用，一個名稱也永遠不能作為陳述發揮作用。」[10]這也就是說，名稱永遠只能發揮名稱的作用，陳述也永遠只能發揮陳述的作用。

這裡我們已經接觸到胡塞爾現象學中一個重要概念：意識行為的「意向本質」。胡塞爾對意向本質的定義是：「在我們看來，質性和質料是一個行為之極為重要的、因而永遠必不可少的組成部分，所以，儘管這兩者只構成一個完整行為的一個部分，我們把它們稱為行為的意向本質仍然是合適的。」[11]這樣，胡塞爾所確定的意向本質就是由兩個成分所組成：質性和質料。我們在這裡暫且可以不去考慮，一個具體的意識行為實際上並不僅僅受到意向本質，即質性、質料之統一的規定，而且還受到其他因素的規定。

現在我們可以解釋在前面已多次出現的「質性」概念以及現在遇到的「質料」概念了。質性是指那種使表象成為表象，使意願成為意願的東西。換言之，表象的質性一旦喪失，表象也就不再是表象。「例如：如果我們將某一個體驗稱之為判斷，那麼必定有某種內在的規定性，而不是某

---

[7]　參閱胡塞爾：《邏輯研究》第二卷，第一冊，A 439/B 470。
[8]　參閱胡塞爾：《邏輯研究》第二卷，第一冊，A 445/B 477。
[9]　胡塞爾：《邏輯研究》第二卷，第一冊，A 445/B 477。
[10]　胡塞爾：《邏輯研究》第二卷，第一冊，A 443/B 475。
[11]　胡塞爾：《邏輯研究》第二卷，第一冊，A 392/B 417。

種依附在外表上的標記，將這個體驗與願望、希望以及其他種類的行為區別開來。」[12] 胡塞爾在這裡所說的內在規定性就是指「質性」。就判斷而言，在所有判斷行為中都存在著一種共性，這種共性就在於它們共同具有的質性。

　　我們在這裡再進一步：「A＝A」和「兩點之間的最短距離為直線」顯然都是判斷，顯然都具有相同的質性。但這兩個判斷是絕對不同的。使這兩個判斷得以區分開來的東西，便被胡塞爾稱之為「質料」。他認為，質料「在某種程度上是為質性奠基的（或者說，不因質性的不同而變化的）對象立義的意義（或者簡言之：立義意義）」。它包含在行為之中，「賦予行為與一個對象的連結，而這種連結是一種得到完善規定的連結，以至於質料不僅確實地規定了整個對象，而且還確實地規定了對象被意指的方式」。[13]

　　在對稱謂行為和陳述行為的劃分中，質性不產生任何作用。在這裡，質料是關鍵，「它單獨地規定了稱謂行為的統一和陳述行為的統一」。[14]

　　所有客體化行為都具有同一個屬質性。但這並不意味著，所有這類行為都只具有一個質性。在胡塞爾那樣，人們至少可以在客體化行為這個種類中區分兩個相互對立的質性：「設定的（setzend）質性」和「不設定的（nichtsetzend）質性」。胡塞爾對設定與不設定的解釋是：「前者是指在某種程度上對存在的意指；……後者則將存在置而不論」[15]。因此，「設定」這個概念與動詞的「信仰」或「存在信仰」（belief）是同義的。從理論上說，每一個客體化的意識行為都可以是設定性的，也可以是不設定的；「在這裡產生作用的是這樣一個規律，即：每一個設定性的稱謂行為都與一個不設定的稱謂行為，與一個對同一質料的『單純想像』相對應，

12　胡塞爾：《邏輯研究》第二卷，第一冊，A 400/B 426。
13　胡塞爾：《邏輯研究》第二卷，第一冊，A 390/B 415。我在下面將會解釋胡塞爾「立義」概念的含義。
14　胡塞爾：《邏輯研究》第二卷，第一冊，A 449/B 480。
15　胡塞爾：《邏輯研究》第二卷，第一冊，A 447-448/B 479-480。

反之也是如此。」[16] 這個規律同樣也適用於陳述行為，但帶有這樣一個區別：在陳述中的設定具有更為廣泛的意義。確切地說，在陳述中的設定或信仰不僅意味著將某物視之為「存在著的」，而且還意味著將某個事態視之為「真實的」。在這個意義上，胡塞爾的「設定」概念與休謨的「belief」概念是相似的：休謨的這個概念不僅意味著真實性意識，而且也意味著必然性意識。

設定的行為與不設定的行為是關於同一個質料的相輔相成之行為。例如：無論我是看見城堡，還是僅僅想像這個城堡，質料在這兩個行為中都是相同的，改變的只是行為的質性而已。

由此可見，在整個客體化行為種類的範圍之內，稱謂行為和陳述行為是透過質料的不同而相互區分開來；設定的行為與不設定的行為則是透過質性的不同而相互區分開來。最後，將客體化行為與非客體化行為區分開來的則是屬質性。

現在應當說明，為什麼一個非客體化的行為，例如喜悅，必須奠基於一個客體化的行為之中。這裡的原因在於，非客體化的行為在胡塞爾看來不具有自己的質料。使喜悅成為喜悅的質性特徵，在其內在本質中並不具有與對象的連結。但是，胡塞爾認為，「在這個本質之中建立著一個觀念規律的連結，這種連結就是：質性特徵不具有補充的『質料』就無法存在，只是隨著質料的補充，與對象的連結才得以進入到完整的意向體驗之中並因此而進入到具體的意向體驗本身之中去。」[17]對胡塞爾的這一論述，我們在這裡可以換一種說法：與對象的連結只能在質料中構造起來。但由於只有客體化的行為才具有自己的質料，也就是說，由於每一個質料都是客體化行為的質料，因此，非客體化的行為必須奠基於客體化的行為之中，並且借助於這種奠基而獲得質料。這便是客體化行為的奠基作用所在。[18]

---

16 胡塞爾：《邏輯研究》第二卷，第一冊，A 447-448/B 479-480。
17 胡塞爾：《邏輯研究》第二卷，第一冊，A 409-410/B 436。
18 胡塞爾：《邏輯研究》第二卷，第一冊，A 458-459/B 494。

　　從設定的行為向不設定的行為之過渡被胡塞爾標誌為一種變更。由於這種變更與行為的質性有關，所以胡塞爾在《邏輯研究》中將它明確地稱為「質性變更」。[19] 而那些與行為質料有關的變更，實應被稱作「質料變更」，但卻被胡塞爾簡單地稱作「變更」。

　　我們這裡應當再深入一些，並且把注意力集中到稱謂行為上。我們可以區分兩種名稱或稱謂行為，只要我們做如下的考慮：「一種稱謂行為賦予被稱謂者以存在者的價值，另一種稱謂行為則不做這類事」[20]。這也就是我們所說的設定的和不設定的稱謂行為。例如：「拿破崙」這個名稱往往帶有對其存在的設定，也就是說，我們通常相信他的存在，或者嚴格地說，相信這個人物存在過；而「魯賓遜」這個名稱則往往不帶有存在設定。當然，「不帶有存在設定」並不意味著，我們不相信他的存在，而是說，我們不關心他是否確實存在過。因此，這裡需要注意，「不設定」是指不去關心某物的存在，而不是指相信某物不存在；相信某人或某物不存在也是一種設定，即否定性的存在設定。因此，胡塞爾也把「設定」與「不設定」稱之為「執態」與「不執態」，即對某物的存在與否做出表態，或不做表態。

　　如果我們將稱謂行為加以擴展，使它不僅包括那些本身有著稱謂作用的行為，而且還包括那些帶有邏輯目的的行為，即那些充實著稱謂的意指意向之行為，那麼我們就可以將感性的、設定對象存在的感知、回憶和期待，都看作是設定的稱謂行為，而單純想像則可以被歸入到不設定的稱謂行為這一類去。

　　值得注意的是胡塞爾在稱謂行為問題上所確定的另一個事實，即：「所有簡單的行為都是稱謂性的」[21]。在胡塞爾看來，一個客體化的行為要麼是簡單的，即稱謂性的，要麼就是複合的。「簡單的」這個詞意味

19　胡塞爾在《純粹現象學和現象學哲學的觀念》第一卷中將「質性變更」改稱為「中立化變更」。（參閱胡塞爾：同上書，〔227〕，注1）

20　胡塞爾：《邏輯研究》第二卷，第一冊，A 435/B 464。

21　胡塞爾：《邏輯研究》第二卷，第一冊，A 462/B 497。

著，一個簡單行為的質料只依賴自身，除此之外不需要以其他的質料為奠基。由此可見，每一個複合的客體化行為最終都可以被還原到簡單的客體化行為上。根據胡塞爾所揭示的這種情況，我們可以將客體化的行為標誌為「奠基性的行為」，而將簡單的客體化行為標誌為「最後奠基的行為」。

這樣，在上面所提到的布倫塔諾命題「心理現象或者就是表象本身，或者以表象為基礎」實際上便接受了胡塞爾的第二個改造：任何一個意向體驗要麼本身就是一個簡單行為，要麼就以一個簡單行為為其「最後基礎」。與此相應，奠基這個概念現在至少具有這樣兩重含義，它一方面是指非客體化行為（如喜悅、意願、憎恨）在客體化行為（如稱謂、陳述）中的奠基；另一方面是指一些客體化行為（複合行為）在另一些客體化行為（簡單行為）中的奠基。[22]

以上我們跟隨胡塞爾一起對行為做了質性劃分：我們把行為分為設定的或信仰的，以及不設定的，即「單純想像的」或「中立的」[23]。這種劃分至此為止僅僅與客體化行為的整個種類有關，這個種類由於它的奠基性而可以被稱之為第一性的意向。這裡有兩個問題：首先，客體化行為所具有這種第一性的奠基作用是否依賴於它自身的設定和不設定特徵呢？胡塞爾對這個問題的回答是否定的。[24]其次，對設定行為和不設定行為的質性劃分是否超越出客體化行為的範圍之外也仍然有效？胡塞爾對這個問題的回答是肯定的，但認為需要進一步做出探討。至少有一點可以確定，質性的劃分在客體化行為這種第一性行為中是必然要進行的，在其他第二性的行為中則不盡如此。「有些第二性的行為完全需要視之為真的態度，例如喜悅與悲哀；而另一些第二性的行為則滿足於變更，例如：願意、美感等等。」[25]

---

22 參閱胡塞爾：《邏輯研究》第二卷，第一冊，A 463/B 498。
23 參閱胡塞爾：《邏輯研究》第二卷，第一冊，A 459/B 494。
24 參閱胡塞爾：《邏輯研究》第二卷，第一冊，A 459/B 494。
25 胡塞爾：《邏輯研究》第二卷，第一冊，A 459/B 494。

從以上這些對客體化行為的考察中，我們可以歸納出胡塞爾的幾個結論：1.只有客體化的行為才具有其必然的、本己的質料，並且因此而具有奠基的功能；2.只有客體化的行為才具有對設定性行為和不設定行為進行劃分的必然特徵；3.在這兩個結論之間不存在必然的關聯。

（二）充盈（Fuelle）──行為的體現性內容 [26]

然而，我們在上面已經暗示過，由質性與質料所組成的意向本質並不能構成一個具體、完整的行為，至少不能構成一個具體、完整的客體化行為。因此，胡塞爾在《邏輯研究》中曾做過一個可以被看作是補充的說明：「每一個具體、完整的客體化行為都有三個組成部分：質性、質料和體現性內容。」[27]

「體現性內容」（repraesentierender Inhalt）在胡塞爾那裡是與「充盈」這個概念同義的。[28]「充盈」這個詞與充實或直觀有關，它的同義詞還有「感性材料」（Hyle, Sinnesdaten）等等。在展開對「充盈」的分析之前，我們必須先探討胡塞爾的另一對新概念：「含義意向」和「含義充實」。這對概念與康德哲學中的一對概念相關，即：「概念」與「思維」。但這個比較並不是要說明，「含義意向」和「含義充實」這對概念與「概念」和「思維」這對概念相接近。毋寧說，在康德的「概念」與

---

[26] 胡塞爾對充盈（感覺材料＋想像材料）和立義（統攝）的劃分實際上是以笛卡兒的二元論和感覺主義為前提的。儘管胡塞爾有時也對這一觀點進行自我批判，但可以證明，他仍然將這個觀點一直保留到他的後期。

[27] 胡塞爾：《邏輯研究》第二卷，第二冊，A 562/B 90。

[28] 但我們在這裡必須特別小心，因為胡塞爾將「作為理想的充盈」區別於「表象的充盈」（參閱胡塞爾：《邏輯研究》第二卷，第二冊，A 562/B 90）。前者是意向對象本身的充盈，是「構造這個對象的各種規定性之總稱」；而後者則是屬於表象本身的規定性之總和，「借助於這些規定性，表象或者是類比地將它的對象當下化，或者是將這個對象把握為自身被給予的。」（同上）連同質性和質料一起構成具體的客體化行為之充盈，指的是後一種充盈，即「表象的充盈」。

胡塞爾的「質料」之間存在著某種相似性。「質料」、「含義」（Bedeutung）和「意義」（Sinn）在胡塞爾那裡是同義詞。[29] 我們可以將含義意向改稱爲「給予含義的」或「給予含義的意向」。

胡塞爾將意向理解爲意指（Intendieren, Bedeuten）或思想（Denken）。意識是意向的，這就是說，在意識的本質中，即在意識之質性與質料的統一之中包含著這樣一個規律，意識總是關於某物的意識。這裡值得重複一下胡塞爾的觀點：「質性特徵自在自爲地使表象成爲表象，並且與此一致地使判斷成爲判斷，使欲望成爲欲望，以及如此等等，這種質性特徵在其內在本質中不具有與一個對象的連結。但是在這個本質之中建立著一個觀念規律的連結，這種連結就是：質性特徵不具有補充的『質料』就無法存在，只是隨著質料的補充，與對象的連結才得以進入到完整的意向體驗之中並因此而進入到具體的意向體驗本身之中去。」[30] 因此，是質料才使意識與對象的連結得以可能並因此而使意識的意向性得以可能。意指這個或那個對象，這也就意味著，帶著特定的質料去朝向這個或那個對象。簡言之，意指＝給予意義＝賦予質料。

我們在這裡接觸到一個雙重的對立，這個雙重對立也被胡塞爾稱之爲在含義和直觀之間的靜態的和動態的一致性[31]：靜態方面的對立是指在質料與充盈之間的對立。胡塞爾將「充盈」也標識爲「體現性的內容」，將「質料」則標識爲「被體現的內容」（repraesentierter Inhalt）或「被展現的內容」。此外，胡塞爾還用「（在意向中的）被意指之物」來稱呼「質料」，用「（在直觀中的）被給予者」來標識「充盈」；動態方面的對立

---

29 當然，在對「含義」和「意義」的運用上還存在著細微的區別。圖根哈特已經非常敏銳地看到了這一點，他認爲通常說來，「含義」這個概念比較適合運用於表述，即適用於邏輯語言分析，而意義則比較適用於行爲，即適用於意識分析。（參閱圖根哈特：《胡塞爾與海德格的真理概念》，第36頁，注44。）

30 胡塞爾：《邏輯研究》第二卷，第一冊，A 409-410/B 436。

31 參閱胡塞爾：《邏輯研究》第二卷，第二冊，A 504/B 32。

則是指在意向和充實方面的對立。換言之，與這個對立有關的是，隨著充盈在直觀中的不斷增多而完成的意義給予和證實。

意指是一個運動，或者說，是一個過程。胡塞爾本人區分了兩種不同的意向概念：「具象地說，與瞄準的動作相對應的是射中（發射與擊中）。同樣地，與作為『意向』的某些行為（如判斷意向、欲望意向）相對應的是另一些作為『射中』或『充實』的行為。因此，『意向』這個概念非常具象地適合於前一類行為；但『充實』也是行為，因而也是『意向』，儘管它們（至少通常說來）已經不是在那種狹義上的、朝向相應的充實之意向。」[32] 因此，正如「意向的」這個形容詞在胡塞爾那裡具有「意指的」和「被意指的」這雙重含義一樣，他的「意向」概念也可以得到雙重的解釋：首先，狹義上的意向意味著「瞄準」，確切地說，它是指，行為帶著它的意義指向一個或多個對象；廣義上的意向則既包括瞄準，也包括射中，也就是說，它意味著整個行為。胡塞爾將廣義上的意向也等同於「行為特徵」，[33] 因為在這個意義上的意向「構成了『行為』的描述性種類特徵」[34] 並且規定了行為的質性。它實際上無非也就是我們在上面所說的「意向本質」[35]，因為它將質性和質料都包含在自身之中。當然，在「含義意向」和「含義充實」這對概念中所涉及到的意向是指狹義上的意向。

同樣具有雙重含義的是胡塞爾的「充實」（Erfuellung）概念。狹義上的「充實」與「失實」（Enttaeuschung）相對立。一個意向得到充實，這就是說，它在充實的過程中與直觀達到了「一致」。被展示的內容（質料）與展示性的內容（充盈）相符合。最理想的充實，或者說，一個得到最完滿充實的意向應當是這樣的：「不僅所有被展示的東西都已被意指，

---

[32]　胡塞爾：《邏輯研究》第二卷，第一冊，A 358/B 379。

[33]　參閱胡塞爾：《邏輯研究》第二卷，第一冊，A 348/B 368 和 A 358/B 379。

[34]　胡塞爾：《邏輯研究》第二卷，第一冊，A 347/B 367。

[35]　參閱胡塞爾：《邏輯研究》第二卷，第一冊，A 405/B 431。

而且所有被意指的東西都得到了展示。」[36] 與充實情況相反的是不相一致，或者說，失實的情況。一個意向的失實是以反駁的方式進行的。「直觀與含義意指『不一致』，前者與後者『發生爭執』。」[37] 我們可以這樣說，如果充實意味著認同，那樣失實便意味著分歧。展示性的內容（充盈）與被展示的內容（質料）發生分歧。

另一方面，廣義上的充實與意向相對立。它既包括狹義上的充實，也包括失實。因此廣義上的充實與一種證實有關：一個意向是透過直觀得到證實的，它可以被證實為現實、合理的，也可以被證實為不現實、不合理的。前一種情況所涉及的是狹義上的證實，後一種情況所涉及的則是失實。

這裡必須注意，胡塞爾認為，含義意向的（廣義上的）充實過程也就是認識的過程。[38]「對象的認識和含義意向的充實，這兩種說法所表述的是同一個事態，區別僅僅在於立足點的不同而已。前者立足於被意指的對象，而後者則只是要把握行為的雙方面關係。」[39] 這就是說，意向本身還不構成認識，例如：「在對單純象徵性語詞的理解中，一個意指得到進行（這個語詞意指某物），但這裡並沒有什麼東西得到認識。」[40] 胡塞爾認為，只有當一個含義意向透過直觀而得到充實時，或者說，只有當一個意向在足夠的充盈中被直觀所證實時，真正的認識才成為可能。對於我們後面的研究來說，這一點極為重要。

---

36 胡塞爾：《邏輯研究》第二卷，第二冊，A 553/B 81。
37 胡塞爾：《邏輯研究》第二卷，第二冊，A 514/B 42。
38 胡塞爾：《邏輯研究》第二卷，第二冊，A 537/B 65。
39 胡塞爾：《邏輯研究》第二卷，第二冊，A 505/B 33。
40 胡塞爾：《邏輯研究》第二卷，第二冊，A 505/B 33。

（三）立義形式 [41]

　　意指、意義給予或質料給予，這些看似複雜的概念在胡塞爾那裡實際上表達的是同一個意義。胡塞爾在《邏輯研究》中也將這些概念等同於「立義」（Auffassung）。「立義」這個概念與康德的「統覺」概念具有相似性，胡塞爾自己也將「立義」標誌為「超越性的統覺」。[42] 立義是意識活動所具有的基本特徵。如果說，我們在上面所探討的「質料」所代表的是意識活動的內容，那麼這裡就必然要回答意識活動的形式問題，這就是立義形式的問題。

　　因此，除了質料與質性的對立之外，質料與立義形式之間也存在著對立。在解釋這個對立之前，我們先舉幾個例子來釐清立義形式的作用，同時也可以釐清胡塞爾意識分析中的其他幾個要素的作用。第一個例子：有個人告訴我，他有個弟弟。我或者相信他弟弟的存在，或者對他弟弟的存在不執態，也就是說，我不關心他弟弟是否存在。在這兩種情況之間存在著質性的變化，而質料「他的弟弟」則沒有改變。第二個例子：我看見我的弟弟，然後我又看見我的妹妹。這兩次看的行為在質性上是相同的，因為我相信我的弟弟和妹妹的存在。這裡所改變的只是質料。第三個例子：我看見我的弟弟在遠處，看得不太清楚，然後他向我走來，我現在看見他在近處，看得非常清楚。儘管質性和質料相同，這兩次看的行為是不同的，因為充盈（感覺材料＋想像材料）在這裡發生了變化。第四個例子：我看見我的弟弟，並且，在他走了之後，我回憶我的弟弟。在這裡，質性和質料沒有發生變化，使這兩個行為得以區分的就是立義形式。

　　所以，與立義形式有關的問題是，「對象是符號性地，還是直觀性地，還是混雜性地被表象。感知表象、想像表象等等的差異，也屬於這類

---

[41] 這裡需要說明的是，胡塞爾在《邏輯研究》中雖然提出「立義─立義形式」這樣一個「典範」，但他後期並不認為這個「典範」具有普遍有效性。

[42] 胡塞爾：《被動綜合分析》，第17頁。

問題」。[43] 胡塞爾認為，立義形式一共有三類：符號性的、直觀性的和混合性的。直觀性的立義形式本身又可分成為兩種：感知性的和想像性的。與此相應，所有客體化的行為在胡塞爾看來都可以劃分成四種類型，即：符號意識、想像、感知和混合表象。

但一個行為是符號意識還是直觀，決定這一點不僅僅是立義形式，而且還有充盈。根據第四個例子，我們可以清楚地看到，對我弟弟的看和對我弟弟的回憶這兩種行為不僅具有不同的立義形式，而且還具有不同的體現性內容：在胡塞爾看來，對我弟弟的看建立在感覺材料（Empfindungen）的基礎上，建立在一種當下之物的基礎上，而對我弟弟的回憶則建立在想像材料（Phantasmen）的基礎上，即建立在一種當下化之物的基礎上。[44] 在這個意義上，胡塞爾解釋說，「這個（體現性的）內容或是純粹作為符號性的體現者產生作用，或是純粹作為直觀性的體現者產生作用，或是同時作為這兩者產生作用，隨這個內容的作用不同，行為或是一個純粹符號性的行為，或是一個純粹直觀性的行為，或是一個混合性的行為。」[45] 我們可以這樣來解釋胡塞爾的這個確定：有三個要素決定了一個行為究竟是符號性的、直觀性的，還是混合性的。1.立義形式──一個東西如何被立義（是符號性地，還是直觀性地等等）？。2.被立義的內容[46]──什麼東西被立義（即什麼樣的內容被立義）？。3.立義質料（即意向質料）──一個東西被立義為什麼，或者說，一個東西在什麼立義意義上被立義？

如上所述，立義形式分為三種。與此相同的是對立義質料的劃分，

---

43 胡塞爾：《邏輯研究》第二卷，第一冊，A 566/B 94。

44 這個劃分又涉及胡塞爾思想中的經驗主義殘餘，它在現象學上實際上是無法得到充分論證的。但我們在這裡無法再展開這個批判。

45 胡塞爾：《邏輯研究》第二卷，第二冊，A 562/B 90。

46 胡塞爾又將它稱之為「行為的直觀內涵」：「我們將這個在相應立義中的並連同這個立義一起之展示性的或在現性的內容稱之為行為的直觀內涵。」（胡塞爾：《邏輯研究》第二卷，第二冊，A 551/B 79）。

它也分爲三種：符號性的、想像性的和感知性的質料。與此不同的是對被立義的內容（充盈）之劃分，充盈僅僅由直觀內容所組成，也就是說，充盈只能劃分爲想像性內容和感知性內容，這也就是我們前面已經提到過的「想像材料」和「感覺材料」。[47]

我們在這裡可以引用胡塞爾的一段話來對這一節所述內容做個總結：

> 「根據至此爲止所做的思考，一個行爲與一個對象具有各種各樣的連結方式，這一說法具有以下這些本質的多義性。這種多義性涉及到：
>
> 1. 行爲的質性，……
> 2. 作爲基礎的體現（立義），它包括：
>   （1）立義形式：……
>   （2）立義質料：……
>   （3）被立義的內容……」。[48]

前面的分析是分步進行的，首先提出的是質性與質料這兩個要素的對立，而後從這個對立又過渡到質性、質料和充盈的三角形，再從這個三角形進入到最後對四個要素的劃分。胡塞爾在《邏輯研究》中所做的這些意識分析時常會顯得有些矛盾，但這只是術語的混亂所造成的假象而已，這些意識分析的結果至今仍有十分重要的影響。

在結束這一節的論述之前，還有一點需要補充說明：展示胡塞爾現象學的所有分析成果並不是此書的目的，因此我在這一節中對胡塞爾的意識分析之研究實際上只涉及《邏輯研究》中的一個部分，儘管是最爲重要的部分。確切地說，我在這裡所做的闡述在內容上受到雙重的限制：它一

---

[47] 這裡需注意：符號行爲不具有自己的充盈，因此只有借助於直觀的充盈才能成立。

[48] 胡塞爾：《邏輯研究》第二卷，第二冊，A 566/B 94。

方面侷限在胡塞爾對客體化行為之研究的範圍內。這樣做的原因很簡單：胡塞爾本人認為，質性的差異在非客體化行為中並不代表著一種必然的特徵，因而需要進行另外的（即在《邏輯研究》之外的）特殊研究；另一方面，這裡的研究還撇開了胡塞爾對客體化行為中的「陳述行為」（即判斷）的研究，而僅僅限制在他對「稱謂行為」（表象）的分析上。做這個限制的理由胡塞爾早在1894年就已提供了：「我尤其相信可以這樣認為：任何一個判斷，只要它不是建立在對直觀和體現之間的描述性和發生性關係的深入研究之基礎上，這個判斷就不可能與事實相符合。」[49]

---

49 胡塞爾：《文章與報告（1890-1910）》，第120頁。

四、現象學分析的範例：胡塞爾對感知與想像這兩種意識行為的描述分析

　　我們可以總結一下前一節的分析結果：1.所有意識行為都可以被劃分為客體化的和非客體化的這兩種意識行為。任何一個非客體化的行為都奠基於客體化的行為之中，因為非客體化的行為不具有自己的質料，從而只能依賴於客體化行為的質料而成立。2.所有客體化的行為都可以劃分為稱謂和陳述的這兩種意識行為。任何一個陳述的行為都可以被還原為稱謂的行為。3.所有稱謂的行為都可以被劃分為直觀的和符號的意識行為[50]。任何一個符號的意識行為都奠基於直觀行為之中，因為符號行為不具有自己的充盈，從而只能借助於直觀行為的質料而成立。據此，真正獨立的，或者說，最終奠基性的意識行為是直觀行為。所有其他的意識行為最後都奠基在直觀行為之中，而直觀行為卻不需要依賴任何其他的意識行為。

　　接下來，我們在這一節中將會看到胡塞爾對最終奠基性的意識行為——直觀的描述分析。[51]它們只是作為胡塞爾意識分析的實際範例被提

---

[50] 我在這裡將胡塞爾所提到的另一種意識行為，即混合型的行為忽略不計。因為在我看來，實際上所有符號的意識行為都必然是混合的意識行為，而所有直觀行為原則上都可以不是混合行為。

[51] 這些描述分析已經超出了《邏輯研究》的範圍，甚至也超出了《純粹現象學和現象學哲學的觀念》的範圍。雖然這對這裡的整個論述順序有所違背，並且與這一章的標題，即：「《邏輯研究》與《純粹現象學和現象學哲學的觀念》中的『現象學』觀念」也有所違背，但這種違背是無法避免的。因為一旦涉及具體的分析，那麼問題就不可能僅僅侷限在一兩本書或某個特定時期的範圍內，它們所涉及的內容貫穿在胡塞爾一生的思想發展之中。與此相同，在第二章中對生活世界等問題的討論也將會超出胡塞爾後期哲學的範圍。因此，第一章和第二章對胡塞爾思想早、中、（以《邏輯研究》、《純粹現象學和現象學哲學的觀念》為標誌）與後期（以《笛卡兒式的沉思》、《歐洲科學的危機與先驗現象學》為標誌）的劃分並不意味著胡塞爾在早、中期與後期思想內容的絕然割裂，而只意味著胡塞爾思維中心點的轉移。

供給讀者，它們只構成他所做的龐大而又細緻之意識分析中的極小一部分，儘管是至關重要的一部分。而想要說明關於感知和想像的現象學分析在整個現象學研究中的重要性，我們只需列出兩部著名的現象學著作標題便可：梅洛—龐蒂的《感知現象學》和沙特的《想像——想像力的現象學心理學》。

一旦經過以下這些介紹了解了胡塞爾現象學意識分析的操作過程，我們就會毫無保留贊同胡塞爾對這種分析本身所做的一個特徵描述：「這就是現象學分析的特徵：向前邁出的每一步都會提供新的觀察點，在這些新觀察點上，已被發現的東西又以新的面目顯現出來，以至於在開始時被認爲是單純而無別的東西，後來則常常會表現得極爲複雜而有別。」[52]

我們在上一節中已經提到胡塞爾對直觀行爲之更深一層的劃分：整個直觀行爲是由感知和想像這兩個部分所組成的，胡塞爾在二十年代以後又把這兩種行爲分別稱之爲當下行爲（Gegenwaertigung）和當下化的行爲（Vergegenwaertigung）。想像行爲奠基於感知之中，這一點在下面的論述中將會得到證實。因此我們從感知開始。

（一）對感知的概念定義和特徵描述

在胡塞爾那裡，感知的首要特徵表現在以下兩點：1.「完全一般地說，感知是原本意識（Originalbewusstsein）。」[53] 2.「感知是存在意識（Seinsbewusstsein）。」[54]

感知的第一個特徵主要與感知的立義形式有關，即感知性的（perzeptiv）立義形式。胡塞爾認爲，所有意識行爲要麼是原本的行爲[55]，要麼就

---

[52] 胡塞爾：《想像、圖像意識、回憶》，《胡塞爾全集》第二十三卷，海牙，1980年，第18頁。

[53] 胡塞爾：《被動綜合分析》，第4頁。

[54] 胡塞爾：《想像、圖像意識、回憶》，第286頁。

[55] 當然，在胡塞爾那裡，「original」與「originaer」並不始終是同義詞，尤其是在交互主體性的現象學研究領域中，它們具有根本不同的含義。但在這裡所涉及的課題中，胡塞爾是在完全相同的意義上使用這兩個概念。

是非原本的行為。在感性行為的領域中，原本性這個詞就意味著感覺材料[56]的特徵，感覺材料構成了感知的體現性內容，或者說，自身展示的內容。與之相反，所有其他的感性意識行為都是非原本的，它們事實上都只是一種在最廣泛意義上對感知的再造（Reproduktion）。

　　比較難以解釋的是胡塞爾對感知的另一個規定，即感知是存在意識，這個規定涉及到感知的質性。胡塞爾在這個問題上長時間猶豫不決：感知是否只能具有唯一的一個質性，即設定的質性或具有存在設定的質性，或者，是否也存在著一種不具有存在設定的感知。

　　在《邏輯研究》中，胡塞爾將感知等同於存在信仰行為（belief）並認為，一個無信仰的感知僅僅只是一種感知表象。[57]此後，在關於「事物與空間」（1907年）的講座中，胡塞爾又將感知的本質劃分為可信性和切身性。切身性是「感知本身的基本本質」，而可信性則「可有可無」。[58]由於我們可由胡塞爾的著作了解到，「切身性」這個概念就意味著「原本性」[59]或「印象性」[60]，因此可以說，感知就是原本意識這個規定是有效的，而感知是存在意識這個規定則不一定有效。換言之，在感知的本質中雖然包含著原本性，但並不包含著存在信仰。胡塞爾自己也明確地證實了這一結論：「在狹義的感知中，顯現物作為存在者出現，它被看作是現實的。在缺乏存在信仰的情況下，我們稱之為現象的東西之本質核心卻可以保留下來。」[61]但胡塞爾對這個結論的信心並無法保持很久。1908年，他想「試圖論證這樣一個觀點，這種觀念不是將存在信仰解釋為

56　「原本的」這個概念是在其最狹窄的意義上被使用，例如它不包含對本質的感知或對本質之直觀的原本性。而對「感覺材料」這個概念，我們在下面會做進一步的說明。

57　參閱胡塞爾：《邏輯研究》第二卷，第一冊，A 414/B 442。

58　胡塞爾：《事物與空間》，《胡塞爾全集》第十六卷，1973年，第16頁。

59　參閱胡塞爾：《純粹現象學和現象學哲學的觀念》第一卷，〔126〕，《被動綜合分析》，第305頁。

60　參閱胡塞爾：《事物與空間》，第23頁和第338頁。

61　胡塞爾：《事物與空間》，第151頁。

一種本己的特徵性因素，而是解釋爲『立義』本身的印象性」。[62] 在1909年，胡塞爾又在這句話旁邊加了一個注解，這個注解顯現了他在這樣「兩種觀點」之間的動搖；一種觀點是：「存在信仰是一個本己的、可分的因素，」另一種觀點是：「存在信仰是一種樣式」[63]。他當時傾向於後一種觀點，並且把存在信仰定義爲「原立義（Urauffassung）的基本樣式（Grundmudos）」。[64] 因此，感知也獲得了「存在意識」的意義，這就是說，感知是「關於存在著的對象之意識，並且是關於現在存在著的對象之意識。被感知就意味著：對象在感知顯現中顯現出來並且在一個感知設定中被設定」。[65] 如此一來，在對感知的基本規定中，原本意識和存在意識就達到了一致。

奇怪的是，胡塞爾在1910年又開始懷疑自己的結論。在這一年所寫的一篇手稿中，他首先把所有當下化行爲都分爲現時的（aktuell）和非現時的（inaktuell）當下化行爲，隨後他便問自己：「感知通常看來就是當下行爲。這裡也須區分現時性和非現時性嗎？首先，人們會說，感覺材料本身就是現時性。現時和非現時的劃分僅僅屬於作爲擬─感覺材料的當下化行爲嗎？」對這個問題，他後來加上了一個否定性的回答。[66] 這也就是說，非現時的感知是存在著的，就像在當下化的行爲中有現時的想像和非現時的想像一樣。一個非現時的感知也就是指「不帶有『存在設定』的感知，就像是在形象中（在感知形象中）生活，但不帶有任何現時性意識（即不帶有任何存在設定）。」[67]

我還可以將胡塞爾所做這些左右動搖的思考按編年史的方式繼續排列下去。例如：1912年，胡塞爾得出了一個相當可靠的結論：「素樸感知

62　胡塞爾：《想像、圖像意識、回憶》，第219頁。
63　胡塞爾：《想像、圖像意識、回憶》，第220頁。
64　胡塞爾：《想像、圖像意識、回憶》，第222頁。
65　參閱胡塞爾：《想像、圖像意識、回憶》，第286頁。
66　胡塞爾：《想像、圖像意識、回憶》，第298-299頁。
67　胡塞爾：《想像、圖像意識、回憶》，第322頁。

實際上是最素樸的意識行為。它在素樸直觀的領域中是帶有存在信仰的原現象」，「因此，存在信仰是在『立義』現象之序列中的原樣式，我們將這些立義現象稱之為一個事物的感知性顯現。存在信仰不是一種與感知並列的東西，而是在原樣式中的感知。如果我們生活在不受阻礙的感知中，那麼我們就在感知著，我們便在進行著一個感知並且同時在進行著一個存在信仰。」[68] 在1913年發表的《純粹現象學和現象學哲學的觀念》第一卷中，胡塞爾則又一次談到現時的和非現時的感知。[69]

　　胡塞爾在對這些問題的思考中所表現出來的這些動搖不定實際上關係到我們在前一節中曾提到過的「一個規律是否有效」，這個規律也就是指由胡塞爾本人在《邏輯研究》中所揭示出來那個意識行為的本質規律：所有客觀化的行為都可以劃分為具有存在設定的和不具有存在設定的意識行為，這兩種行為是相互對應的，就是說，只要有一個設定的行為，那麼必然就有一個不設定的行為與它相對應。U.梅勒（U. Melle）曾經合理地提供過一種解釋的可能性[70]，這就是回溯到胡塞爾的《邏輯研究》上去，將感知分為狹義的和廣義的感知。狹義的感知是真正的感知，是最素樸的感知，也就是同時作為原本意識和存在意識的感知，而廣義上的感知則僅僅是指那種被胡塞爾在《邏輯研究》中稱之為「感知表象」（Wahrnehmungsvorstellung）的東西；感知表象只能被看作是原本意識，而不應被看作是存在意識。它奠基於真正的感知之中，就像所有不設定的行為都奠基在設定的行為之中一樣。這種解釋的可能性還可以在胡塞爾本人那裡找到依據。胡塞爾在〈事物與空間〉的講座中曾對感知概念做過下列說明：「感知這個概念常常受到限制，以至於它排斥了真正的認之為真（當然也就排斥了真正的『感一知』），即排斥了存在信仰的特徵、排斥了可信的

68　胡塞爾：《想像、圖像意識、回憶》，第405頁。
69　參閱胡塞爾：《純粹現象學和現象學哲學的觀念》第一卷，〔71〕。
70　參閱U.梅勒：《現象學觀點中的感知問題及其演變》，海牙，1983年，第33-34頁。

存在者之特徵。」[71]

顯然，胡塞爾在感知特徵描述方面所持的基本觀點為這種解釋提供了一個極好的依據。但這種解釋並沒有解決這裡出現的問題，這個問題首先表現在兩種相互交織的區分中：一方面是將所有客體化的行為都區分為相應的設定行為和不設定行為；另一方面是將所有客體化行為都區分為當下的立義形式和當下化的立義形式。因此，儘管我們獲得了上述解釋的可能性，胡塞爾在這個問題上所表現出的動搖不定仍然是顯而易見的。這兩種相互交織的區分對胡塞爾帶來了困難，我們在胡塞爾對想像的分析中還會看到這個事實。

在術語方面還需要補充一點，即這裡所涉及的是作為素樸的和奠基性的意識行為之感知，而不是作為被反思的意識行為、作為現象學反思對象的感知。問題並不在於，一個已進行的感知可以被我們的反思加以中立化，可以在反思中成為不設定的行為。問題在於，更確切地說，胡塞爾怎樣來描述作為意識行為的感知一般。據此，將廣義上的感知，即不設定的感知解釋為感知表象，這種解釋在某種程度上是合理的，它意味著，對於胡塞爾來說，不僅存在著透過反思而「被中立化了的」感知，而且還存在著本來就是「中立化的」感知。前一種感知可以被描述為「對被中立化的感知的表象」，而後一種感知則可以被描述為「中立化的、感知著的表象」。胡塞爾的「想像表象」概念是與後一種感知相同的。這樣，「想像表象」這個概念的多義性便得到了消除。這種所謂的「中立化的感知」實際上是一種為了現象學研究而生造出來的感知行為，這就是說，這是一種在自然生活中不存在的意識行為。但我在這裡由於篇幅的關係而無法再展

---

[71] 胡塞爾：《事物與空間》，第16頁。這裡還要補充一個術語方面的說明：「感知」一詞的德文原文是「Wahrnehmen」，它的原來意義應當是「認之為真」，也就是說，這個詞本身已經帶有存在設定或真理設定的特徵。為了使「感知」概念能夠免除這種色彩，胡塞爾常常使用拉丁文的「Perzeption」來代替德文的「Wahrnehmung」。（對這個問題可以參閱胡塞爾：《邏輯研究》第二卷，第二冊，A 554/B 82。）

開對這個問題的詳細分析。

（二）感知和想像的區別

在《邏輯研究》中，胡塞爾將感知（Wahrnehmung）與想像（Phantasie）之間的區別看作是不同的立義形式之間的區別。感知所具有的是感知的（perzeptiv）立義形式，想像則具有想像（imaginativ）的立義形式。它們兩者構成了直觀立義的本質。而直觀立義又與符號立義相對立。對於感知與想像這兩種直觀的立義形式之間的區別，我們首先可以從以下幾個方面對胡塞爾的最普遍性研究結果作出概括：

1. 就充盈方面來看，儘管感知和想像都以直觀的內涵爲基礎，但感知的標誌是它所具有的感知性體現內容，而想像的標誌則在於它所具有的想像性體現內容。胡塞爾也將前者稱之爲「體現性的」（praesentierend）或「自身展示的」內容，將後者稱之爲「類比性的」或「反映性的」內容。從最嚴格的意義上來說，想像已經不能算是體現，而是一種「再現」（repraesentierend）了；唯有感知才是一種眞正的「體現」（praesentierend）。決定了感知與想像之間這一區別的實際上是這兩者各自所具有的內容，即充盈。「對外感知的展示性內容，我們可以用通常意義上的感覺材料，即狹義的感覺材料這個概念來加以定義，對外想像的展示性內容，我們則可以用感性的想像內容（Phantasma）這個概念來加以定義。」[72] ——我們在下面會對這個問題做進一步的研究。

2. 就充盈與質料之間的關係來看，在所有直觀行爲中，這兩個因素之間都有一個必然的連結。這種連結的必然性「是由感知和想像各自的特殊內涵所決定的」[73]。這就是說，我們不能將某個特定的內容隨意地統攝爲某物，隨意地賦予它以某個意義。「我們並不是完全自由地將某個內容

---

[72] 胡塞爾：《邏輯研究》第二卷，第二冊，A 551/B 79。

[73] 胡塞爾：《邏輯研究》第二卷，第二冊，A 564/B 92。

立義爲某物（在某種立義意義中對這個內容進行立義）」[74]。在純粹感知中，內容與質料必須是相同的，而在純粹想像中，內容與質料必須是相似的。換言之，在純粹感知中，有一條必然的相同性紐帶將充盈與質料連結在一起，而在純粹想像中，則又有一條必然的相似性紐帶將充盈與質料連結在一起。「區別僅僅在於，想像把內容立義爲對象的相似物，立義爲對象的圖像，而感知則把內容立義爲對象的自身顯現。」[75]

3. 就奠基問題來看，我們有必要再次強調一下感知與想像之間的奠基關係。感知作爲「體現」對於作爲「再現」的想像來說是奠基性的，後者奠基於前者之中。胡塞爾在《邏輯研究》中雖然沒有直接談到想像在感知中的奠基，但卻相當明確地暗示了這一點。在這個意義上，他說：「每一個感知都意味著對對象本身的或直接的把握」[76]；而想像所把握的「不是對象本身，也不是對象的一個部分，它只給出對象的圖像，並且，只要這圖像還是圖像，就絕不會是實事本身。」[77] 在《純粹現象學和現象學哲學的觀念》第一卷中，胡塞爾則更明確地指出，當下化行爲（想像行爲）的現象學本質在於，它們最終都要回歸到感知之上。[78]

　　在對感知和想像做出以上區分之後，我們來看胡塞爾對想像這種意識行爲的描述分析。

（三）對「想像」的概念定義和特徵描述

　　「想像」這個概念本身就已經對我們造成了一些困難，這些困難主要產生於想像這個概念所具有的的多義性中。日常意義上的想像一詞差不多意味著「幻象」（Illusion），例如當人們說「這只不過是想像而已」時，這句話意味著：這只是幻象，這不是現實，也許這就是胡塞爾在《邏輯研

---

[74] 胡塞爾：《邏輯研究》第二卷，第二冊，A 564/B 92。

[75] 胡塞爾：《邏輯研究》第二卷，第二冊，A 555/B 83。

[76] 胡塞爾：《邏輯研究》第二卷，第二冊，A 617/B 145。

[77] 胡塞爾：《邏輯研究》第二卷，第二冊，A 588/B 116。

[78] 胡塞爾：《純粹現象學和現象學哲學的觀念》第一卷，〔209〕。

究》中有時用「幻象」一詞來代替想像的原因。[79] 這種做法當然會導致誤解。因為，只要一個幻象還沒有被認作是錯覺，它就仍然是感知，它就仍然隱含著存在信仰，即相信顯現物是真實存在著的。一旦它被證明是幻象，這種存在信仰就變化成為另一種存在信仰，即對顯現物的存在之否定：被誤認為是被感知之物的東西實際上不存在。所以，幻象本身含有對存在的評判，這使它與其他不設定的行為區分開來；但它所含有的這種否定性的存在評判又使它區別於感知，因為感知始終伴隨著對其對象之存在的肯定評判。顯然，胡塞爾並不是想把想像這個概念定義為一種具有否定性存在評判的意識行為。恰恰相反，胡塞爾在《邏輯研究》中毋寧是在把想像——主要是單純想像——等同於一種不設定的行為，即認為它不具有任何對現實存在與否的執態。這正是胡塞爾對想像所作的最基本規定之一，往後他又一再地強調這個定義。

　　胡塞爾在1910年確定了在想像中所包含的兩層含義或「兩個概念」，其中的一個含義或概念被他稱之為「非現時性」。[80] 非現時性概念與「中立性」、「不執態」、「不設定」以及「質性變化」等概念在胡塞爾那裡實際上是同義的。與非現時性概念相對立的是「現時性」[81]、「立場性」、「執態」以及「設定」等概念，儘管它們彼此並不完全相等。根據胡塞爾的定義，想像行為是與所有設定的行為相對立的。想像所具有的這個含義在《邏輯研究》中就已經出現過。胡塞爾在那裡把作為不設定的想像理解為一種與設定行為相對立的「單純表象」或「單純理解」。胡塞爾在這個意義上說：「每一個具有存在信仰的行為與一個作為對立物的『單純表象』相符合，這個『單純表象』以一種與設定行為完全相同的方式，也就是說，在同一個質料的基礎上，使同一個對象成為表象，並且，它與設定行為的區別僅僅在於，它不是像設定行為那樣，將被表象的對象置於

79　參閱胡塞爾：《邏輯研究》第二卷，第一冊，A 435/B 465。
80　胡塞爾：《想像、圖像意識、回憶》，第299頁，注4。
81　我們在下面將會討論「現時性」和「非現時性」這對概念。

存在的意指之中，而是對它的存在置而不問。」[82] 這意味著，所有意識行為都可以根據它們對存在的態度而分成兩組。第一組是設定存在的行為，第二組則是想像行為。

但很明顯，想像不僅與設定的行為相對立，而且也與原本意識，即感知相對立。在這裡我們所涉及的是想像的第二個基本含義：想像是一種「當下化」或「再現」。這個含義在1910年被胡塞爾稱之為想像的第二概念。[83] 想像所具有的這個含義當然很早就已被胡塞爾所確定。胡塞爾在1904/05年冬季學期所做關於時間意識的講座中曾說過：「想像是一種可以被描述為當下化（再造）的意識」[84] ——我們在這裡暫且不去考慮胡塞爾在此後對想像和當下化這兩個概念所做的術語上的合理區分。[85] ——「因此，與感知相對立的是想像，或者說，與當下性、體現相對立的是當下化、再現。」[86] 想像在這裡是指與感知一同構成直觀的那種意識行為。它與感知相對立，因為它本身是對一種感知的「想像性變更」。正如每一個設定的行為都與一個作為「單純表象」的想像相對應一樣，每一個當下

---

[82] 胡塞爾：《邏輯研究》第二卷，第一冊，A 451/B 487。

[83] 胡塞爾：《想像、圖像意識、回憶》，第299頁，注4。

[84] 胡塞爾：《內時間意識現象學》，《胡塞爾全集》第十卷，海牙，1966年，第45頁。「當下化」和「再造」常常被胡塞爾作為同義詞使用（除這裡的引文之外還可參閱：胡塞爾，《純粹現象學和現象學哲學的觀念》第一卷，〔225〕，《想像、圖像意識、回憶》，第321、575頁等等）。圖根哈特對胡塞爾的這兩個概念曾做過一個說明：「胡塞爾在這裡運用『再造』會引起誤解，只有當想像所依據的感知是一個已過去的感知時，再造概念才是合適的。在胡塞爾那裡之所以有這個術語出現，是因為他特別在與時間意識的關聯中研究了當下化。同樣奇怪的是胡塞爾的另一個術語，即：他把所有設定性的當下化，即使是與過去無關的當下化，都統統標誌為回憶（《純粹現象學和現象學哲學的觀念》，268）。」（E.圖根哈特：《胡塞爾和海德格的真理概念》，第67頁，注77。這裡還須指出，胡塞爾的當下化概念有兩重含義：一方面是作為一個對象背面的當下化，另一方面是構成想像之本質的當下化。

[85] 參閱胡塞爾：《想像、圖像意識、回憶》，第452頁。

[86] 胡塞爾：《想像、圖像意識、回憶》，第87頁。

性的行爲都與一個作爲「當下化」的想像相對應。「每一個體驗都與一個與它相應的想像（當下化）相符合。」[87] 這樣，所有意識行爲又都可以分成兩組：當下性的行爲和當下化的行爲。

由此看來，想像這種行爲的領域一方面 —— 根據它的第一個含義——包括所有不具有存在設定的行爲；另一方面——根據它的第二個含義——它又包括當下化的設定行爲，例如回憶和期待。據此，除感知之外，所有其他的客體化行爲都應當包含在最廣義之想像行爲的領域中。換言之，在客體化意識中的每一個可能變更，無論是「質性變更」（qualitative Modifikation），還是「想像變更（imaginative Modifikation）」，都屬於想像的範疇。

然而，無論是在1910年以前還是在1910年之後，胡塞爾都沒有完全侷限在想像概念所具有的這兩個含義上。這兩個含義實際上只代表了他在對想像之定義中的主要傾向。與他對感知的思考一樣，在對想像的思考中，胡塞爾同樣顯示出一定的動搖。我在這裡不再列出他思想發展的編年表，而只想指出引起胡塞爾這種動搖的原因：一方面，胡塞爾希望能夠對想像所具有的各個含義做出進一步的規定，但在對想像概念的運用中卻不堅持已經對它做出的定義，這是一個技術方面的原因；另一方面的原因則是內容上的：胡塞爾在很長一段時間裡無法解決回憶的問題，或者說，無法解決「設定性想像」這個問題。

直到1921年至1924年之間，胡塞爾在對想像概念以及對回憶概念的規定中才獲得了一個相當清楚的立場。他在一份手稿中寫到：「想像或臆想這個詞具有兩種傾向的含義：一種含義趨向於再造（以及當下化一般），這樣，任何一個回憶都是想像；另一種含義趨向於行爲進行的方式，按照這種含義，感知性的臆想也是存在著的，而另一方面，回憶則不是臆想，不是想像。」[88] 爲了消除想像這個術語所具有的多義性，胡塞爾在這幾年

87　胡塞爾：《想像、圖像意識、回憶》，第589頁。
88　胡塞爾：《想像、圖像意識、回憶》，第575頁。

中採取的措施之一便是將「中立性變化」或「不設定」這個含義與想像概念分離開來：「『中立性變化』這個措辭適合於課題的變化，但不適合於想像。」[89] 儘管此時胡塞爾的動搖似乎尚未完全消除，它尤其表現在「感知性的想像或臆想」[90]，但事態已經變得較爲明朗：正如E.馬爾巴赫（E. Marbach）所指出的那樣[91]，想像在胡塞爾那裡歸根結底首先意味著當下化（或再造、再現、想像變更等等）。[92] 而當下化又進一步劃分爲設定的當下化（回憶、期待、眞實性想像）和不設定的當下化（單純想像），以及，再造的當下化和有圖像仲介的當下化（圖像意識）。對想像的這兩個劃分是相互交錯的。

在下面的論述中，我們將盡可能排斥想像所具有的「不設定」的含義，僅僅在「當下化」的意義上運用想像概念。

---

89 胡塞爾：《想像、圖像意識、回憶》，第591頁。所謂「課題變化」，在胡塞爾那裡是指研究者的目光從直向到反思轉變。可以說，在廣義上的物理學科學和廣義上的心理學科學之間存在著這樣一種「課題的變化」。對於心理學來說，課題的變化不僅意味著研究內容的改變，而且意味著研究興趣的改變，物理學研究之自然對象的存在不再是心理學關注的對象，因而課題的變化同時也是一種形式的對存在之「不設定」。

90 在這句話後面還有兩句話，但胡塞爾在寫完之後隨即又將它們刪掉了。這兩句話是這樣的：「想像必須擴大爲感知性的和再造性的想像；每一個體驗都具有它的似—變更（Als-ob-Modifikation）。並且每一個課題都與一個似—課題相對應。」在這句話的旁邊胡塞爾又加注說：「是的，有感知性的想像這種東西嗎？！」（參閱胡塞爾：《想像、圖像意識、回憶》，第591頁。）

91 參閱馬爾巴赫：〈出版者引論〉，載於胡塞爾：《想像、圖像意識、回憶》，第XXX頁，以及R.貝奈特等：《艾德蒙·胡塞爾——他的思想介紹》，漢堡，1989年，第134頁。

92 想像是否是一種不設定，胡塞爾在這個問題上的猶豫和動搖肯定與我們在上面提到過的問題有關，即：是否存在著不設定的感知，也就是說，是否存在著所謂的感知表象。

（四）胡塞爾為劃分感覺材料和想像材料所做的努力

感性直觀由感知和想像構成，因為感知和想像都具有直觀內涵。但是它們相互又有所區別，因為感知所具有的內涵是感覺材料，即體現性的、自身展示性的內容，而想像所具有的是再現性的內容，即類比性的或反映性的內容。胡塞爾在《邏輯研究》中已經做出了對感覺材料和想像材料的基本劃分，但沒有對這兩種材料各自的特性做出細微的描述。此外，對於胡塞爾來說，這兩種材料之間的關係在這一點上是明確的，即：想像材料是一種再造性的感覺材料[93]，是一種想像—感覺材料[94]。在這個意義上，實際上也是在休謨的意義上，胡塞爾後來也曾把感覺材料和想像材料分別稱之為印象和觀念。[95]

胡塞爾所得出的這些結論使他逐漸偏離他的老師布倫塔諾的立場。布倫塔諾在他的講座[96]中聲稱，感知和想像具有本質的共同性，甚至具有同一性，他認為，不可能透過某個因素來將感知和想像劃分成兩種本質不同的意識行為種類。他承認在感覺材料和想像材料之間存在著一定的差異，這些差異阻止我們隨意地將感知轉變為想像，或將想像轉變為感知。但在布倫塔諾看來，這些差異毋寧說是一些間接的差異，例如在強度、易逝性、隨意可變性等等方面的差異。[97]因為隨著強度的增加或減弱，感覺材

---

93 胡塞爾：《邏輯研究》第二卷，第一冊，A 468/B 504。
94 胡塞爾：《邏輯研究》第二卷，第二冊，A 498/B 26。
95 胡塞爾：《想像、圖像意識、回憶》，第81頁。
96 參閱布倫塔諾：《感性論基本原理》，伯爾尼，1959年。關於這個講座對於胡塞爾思想發展的重要意義，胡塞爾自己在一份講座稿曾做過一個說明：「我要感謝我天才的老師布倫塔諾，對這些問題（即感知、想像、感覺材料、圖像意識、回憶等等問題）的研究最初受到他的啟發。他在八十年代中期就已經在維也納大學開過一次令我難忘的題為『心理學和感性論問題選論』的討論課。在這個（每星期兩小時的）討論課上，布倫塔諾的努力幾乎全部集中在這個任務上，即：在與感知表象的比較中對想像表象進行分析釐清。」這個說明轉引自R.波姆（R. Boehm），〈出版者引論〉，載於胡塞爾：《內時間意識現象學》，第XV-XVI頁。
97 胡塞爾：《想像、圖像意識、回憶》，第72-87頁。

料與想像材料可以輕而易舉地相互過渡。因此，布倫塔諾認為：「從許多可靠的論述中可以看出，在想像表象之內有一個層次順序，而在最生動的想像表象與感覺材料之間已經沒有任何區別了。同樣地，每一個人自身都可以體驗到，在直觀性的完善程度增強或減弱的同時，並且正是透過這種增強和減弱，想像表象與感覺表象也以相應的程度相互接近或疏遠。例如清晰的回憶。」[98] 所以，布倫塔諾主張，在感覺材料和想像材料之間，並且因此在感知和想像之間，不存在一條分界線。

在布倫塔諾的這種經驗論立場中可以看到休謨的深刻影響。他們兩人都將質的差異最終還原為量的差異。作為本質論者的胡塞爾當然不能同意這一立場。在《邏輯研究》發表後的幾年裡，確切地說，在1904年至1905年期間，胡塞爾花費了很大精力來探討對感覺材料和想像材料的本質劃分。

胡塞爾在這一時期對感覺材料和想像材料的劃分企圖首先表現在這樣兩個方面：一方面，胡塞爾試圖透過特徵描述來突出感覺材料與想像材料的區別。以下這些引文證明了胡塞爾所做的努力：「想像材料是一種非獨立之物，它必定帶有對非原初之物的統覺特徵；感覺材料是一種獨立之物，它必定帶有對原初之物、對當下之物的統覺特徵。」[99]「感覺材料可以說是不允許人們將它視為是關於某物的一個單純圖像。它本身就是實在的標記，所有實在都必須用它來衡量，它就是第一性的、現時的當下。……而想像材料，即想像的感性內容，則表現出自身是非當下的，它不允許人們將它看作是當下的，它從一開始就帶有非實在的特徵，它的首要作用就在於被看作是另一種不同於實在的東西。」[100]

很明顯，上面這些論述沒有得到深入的分析，它們與其說是直觀描述，不如說是一種武斷的主張，這類違背了現象學方法的論述在胡塞爾那

---

[98] 胡塞爾：《想像、圖像意識、回憶》，第79頁。

[99] 胡塞爾：《想像、圖像意識、回憶》，第168頁。

[100] 胡塞爾：《想像、圖像意識、回憶》，第80頁。

裡實際上是非常罕見的。它們恰恰證明，胡塞爾的兩種直觀材料可分論在現象學上是無據可依的。即使是他幾年之後在《純粹現象學和現象學哲學的觀念》第一卷中所做的說明也不能使人信服：「人們必須學會看到這樣一個意識區別，即：想像材料並不是一個單純的、蒼白的感覺材料，按其本質來說，想像材料是關於相應的感覺材料之想像；此外，無論有關的感覺材料之強度、內容充盈等等怎樣被淡化，感覺材料也不能變成想像材料。」[101] 我認為，胡塞爾的「立義─立義內容」典範，即統覺─直觀材料（感覺材料＋想像材料）這個典範本身就是經驗主義的殘餘，因此他在對這個問題的現象學研究中陷入窘境是不足為奇的。

但我在這裡不能再展開對這個問題的分析。

我們可以把胡塞爾對感覺材料與想像材料之間的區別所做的描述分析總結一下，確定出這兩者有以下幾個不同的特性：

1. 感覺材料的原初性，想像材料的非原初性。
2. 感覺材料的實在性，想像材料的非實在性。
3. 感覺材料的印象性，想像材料的再造性。
4. 感覺材料的現時性或當下存在，想像材料的非現時性或當下化存在，以及如此等等。

僅僅依據以上這些確定，我們還不能說，胡塞爾對布倫塔諾的有關論述做出了根本性的突破。因為問題並不在於，在感覺材料和想像材料，以及在感知和想像之間是否有區別——布倫塔諾也不否認有區別[102]——而是在於，在這兩者之間是否有一條明確的分界線，是否存在著本質性的差異。

為了證明這一點，胡塞爾另一方面試圖連結相應的立義形式來解釋感覺材料和想像材料的區別：「如果是一個感覺材料被立義，那麼它必然是

---

[101] 胡塞爾：《純粹現象學和現象學哲學的觀念》第一卷，〔227〕。
[102] 例如：布倫塔諾認為：「想像表象是一種與感知表象相似的表象，但它又不是感知表象。它越是與感知表象相似，就越是配得上想像表象這個名稱。」（《感性論基本原理》，第72頁。）

以感知立義的形式被立義，……如果是一個想像材料被立義，那麼它必然是以想像立義的形式被立義。」[103]「感覺材料的本質在於，對它的直接立義必然是以絕對體現的方式進行……；想像材料的本質在於，對它的直接立義只能是以再現的方式，即以一種變更了的立義之方式進行。」[104] 然而，即使對胡塞爾持批評態度的人能夠將這些論斷作為事實接受下來，這些論斷也不足以釐清在感覺材料和想像材料之間的本質區別。因為，只要有人再問及建立在相應的立義內容基礎上的感知立義與想像立義本身的區別，那麼胡塞爾就會陷入這樣一個循環論證的困境：感覺材料和想像材料的區別建立在感知立義和想像立義的區別之基礎上；感知立義和想像立義的區別則又建立在感覺材料和想像材料的區別之基礎上。

由此看來，為了區分感覺材料與想像材料，胡塞爾首先必須能夠做到明確區分感知和想像行為。只是透過對時間意識的分析，他才做到了這一點。

---

[103] 胡塞爾：《想像、圖像意識、回憶》，第164頁。

[104] 胡塞爾：《想像、圖像意識、回憶》，第107頁。胡塞爾猶豫了很久才得出這個結論。這段引文書寫於1904/05年。幾年後他又再次詳細地考慮了這個問題，他先寫道：「現在我也可以『在想像的基礎上』具有存在信仰。也就是說，作為立義之基礎的不是感覺材料，而是變更了的材料，一個想像材料的複合。立義本身可以是印象性的，另一方面同樣也可以是非印象性的，這要看我所具有的是回憶還是想像。」然後他又補充說：「似乎這一切都是確切的。」（同上書，第221頁）但他立即又產生懷疑：「是否能夠以此為出發點：想像材料可以受到印象性的立義，並且它也可以受到想像的立義（一個立義—想像）？」這時他似乎已經得出了一個最終的答案：「毫無疑問，這是不行的。」（同上）然而奇怪的是，大約在1902年左右，胡塞爾又重新撿起了這個老問題：「我們是否可以說，感覺內容可以受到印象性的立義，但它們也可以受到再造性的立義。也就是說，感覺內容可以與真正想像性的立義意向交融在一起，這種意向是指存在信仰的意向或再造性意向，並且是指擬—存在信仰的意向。我早已了解到這是錯誤的。」（同上書，第444頁）以後他又刪除了這段文字。——顯然，我在這裡所再現的只是胡塞爾在這個問題上的主要傾向。而在涉及到現實—想像的問題時，胡塞爾還表現出更多的動搖和猶豫，這裡不再一一討論。

（五）胡塞爾透過時間意識分析對感知和想像所做的劃分

　　胡塞爾將意識標誌爲「河流」或「意識流」。他認爲這河流的「源頭」是一個「原印象」（Urimpression）[105]，這「原印象」是與感知相等同的[106]。原印象不斷地過渡到「保留」（Retention），「保留」也被胡塞爾稱之爲「第一性的回憶」。[107]「在我們沿著河流或隨著河流行走時，我們獲得一連串不斷插入的保留。」[108] 這就是說，在原印象之後，一個保留緊接著原印象，下一個保留又緊接著這個保留，如此不斷地連接下去。保留對原印象的這種連接在胡塞爾看來不是一個保留對另一個保留的取代，而是原印象本身的一種變更。換言之，一個原印象轉變爲一個映影（Abschattung），這個映影隨後又轉變成映影的映影，如此繼續下去。這顯現是一個原印象的「強度」不斷地和「急劇地削弱」[109]的過程：「隨著變更的進行，削弱也在連續地進行，最後削弱到無法覺察的程度。」[110] 人們當然可以將這個「源頭」重新喚回到意識中來，也就是可以將這種原印象當下化。但它這時已不再是「現在─意識」或原印象，也不是「第一性回憶」，而是「第二性回憶」，即通常意義上的回憶了。[111]

　　現在要回答的問題是，印象與重新回憶之間的分界線在哪裡。印象不可能是一躍而轉變成爲回憶的，因爲在這兩者之間還存在著保留。「保留」這個概念只能透過一種否定性的限制來加以規定：在意識中，它不是印象，因爲它不再是現在，不再是當下；它也不是回憶，因爲它仍然還包含在印象所具有的原本性之「暈」（Hof）中。但這種說法不應當引起人

---

105 參閱胡塞爾：《內時間意識現象學》，第29頁。
106 參閱胡塞爾：《內時間意識現象學》，第31頁。
107 參閱胡塞爾：《內時間意識現象學》，第35頁。
108 胡塞爾：《內時間意識現象學》，第31頁。
109 胡塞爾：《內時間意識現象學》，第35頁。
110 胡塞爾：《內時間意識現象學》，第35頁。
111 參閱胡塞爾：《內時間意識現象學》，第35頁。

們的誤解，它並不意味著保留是從印象到回憶的過渡。[112] 胡塞爾認爲，這裡「談不上從感知到想像的不斷過渡」。[113] 因此，回憶並不是一種對變更的變更。

由此可見，只要能夠確定「第一回憶」（保留）和「第二回憶」（想像）之間的本質區別，那麼印象（感知）和當下化（想像）之間的區別也就可以得以明瞭。胡塞爾認爲，在保留和回憶之間有以下區別：

「保留是一種『遺留』意識，回憶則是一種再造意識」。[114] 我們以聲音爲例：在保留中的聲響是已經過去的、剛才聽到的聲響。在回憶中的聲響則是重複的，即被再造出來的聲響。已過去的聲音和被再造的聲音顯然不是同一回事。前者剛剛過去而不再是當下，後者則在當下化的意義上是當下的。一首名曲的餘音繚繞和對這首名曲的回憶當然大相徑庭。因而，胡塞爾將保留稱之爲印象的映影，它區別於作爲再造的回憶。[115] 我們還可以更仔細地思考這個問題：保留與前展（Protention）──胡塞爾也將它稱之爲「第一性的期待」[116]──共同構成一個圍繞在印象周圍的時間域（「暈」）。與之相反，回憶本身就是一個被當下化的印象，在這個印象周圍也以當下化的方式存在著一個由保留和前展所構成的「暈」。由此我們可以得出結論：回憶所「構造」的（或者更確切地說：所再構的）是一個「持續的對象」[117]，而保留則不構造這種對象，既不以原本的方式，也不以再造的方式。因爲在印象中的意向僅僅朝向那個在印象中構造起來的對象，而不朝向它的由保留和前展所構成之「暈」。換言之，在「暈」中沒有對象，因爲在「暈」中沒有東西與我們相對立。我們只能在

---

[112] 因此，我認為，「第一性」和「第二性回憶」這兩個術語會引起誤解，所以是不合適的。

[113] 胡塞爾：《內時間意識現象學》，第47頁。

[114] 胡塞爾：《內時間意識現象學》，第46頁。

[115] 胡塞爾：《內時間意識現象學》，第47頁。

[116] 參閱胡塞爾：《內時間意識現象學》，第39頁。

[117] 胡塞爾：《內時間意識現象學》，第36頁。

我們意向朝向之處發現對象。

　　這樣，胡塞爾便在相當明確的程度上證明了一個他想證明的命題，即：在感知和想像之間不存在一個過渡區、一個既此亦彼的中間地帶；它們是兩個本質不同的區域。這個研究結果對胡塞爾是有利的，這使他能夠在不放棄其經驗主義殘餘立場的情況下，繼續進行他證明下列命題的嘗試[118]：感覺材料是感知立義的內容，想像材料是想像立義的內容。

---

[118] 但我們可以看到，這個嘗試已經沒有什麼意義了，因為它本來是作為達到某個目的的手段而存在，而現在這個目的已經經由其他途徑被達到了。

五、「本質直觀方法」及其形成與發展

　　在前兩節中所展示的，是胡塞爾現象學意識分析的結果，它涉及到意識活動中的本質要素以及這些要素之間的本質關聯，涉及到意識的本質結構。這些分析結果不僅在當時影響了一大批思想家，從而爲現象學運動的形成奠定了基石，而且在以後的不斷發展中作用於心理學領域，直接地推動了「格式塔心理學」的產生和發展。

　　在這一節中，我們將研究的目光轉向這種意識分析的方法本身。胡塞爾早期意識分析方法的最顯著標誌在於它的「本質直觀」的特徵。本質直觀的方法可以說是唯一一種貫穿在胡塞爾整個哲學生涯中的方法。從前現象學的《算術哲學》，到描述現象學的《邏輯研究》，最後到先驗現象學的《歐洲科學的危機與先驗現象學》，本質直觀的方法始終是胡塞爾哲學研究分析的堅實依據。無論是在胡塞爾一生對此方法的操作運用中，還是在胡塞爾運用這種方法所得出的結果中，我們都很難發現這種方法本身曾產生過何種變化，但我們可以明顯地看到胡塞爾對這種方法所做的理解和論述的變化。

　　在《邏輯研究》時期，即1900年前後，胡塞爾已經對近代哲學的傳統做了突破。這裡所說的近代哲學傳統是指在認識論中的這樣一種看法，即認爲直觀只能將個體之物作爲自己的對象，而觀念之物或一般之物要經過抽象才能被我們所獲得。胡塞爾與之相反地提出「觀念化的抽象」這一概念。這樣，在胡塞爾那裡，直觀便分成兩種基本類型：個體直觀和觀念直觀。在個體直觀中，個體對象被構造出來，它們爲我們發現觀念對象提供了基礎。但這並不是說：觀念的對象以某種方式「隱藏在」個體對象之中。胡塞爾常舉紅紙爲例：紙張的大小、顏色等等是個體的，從它們之中無法獲得一般之物，因爲一般之物並不「藏在」它們之中。但是，我們能夠以對個體對象的直觀爲出發點，轉變自己的目光，使它朝向觀念對象。

「我們對紅的因素進行觀察，但同時進行著一種特殊的意識行為，這種意識行為的意向是指向觀念、指向『一般之物』的。」[119] 這就是說，這個目光是指向感性感知或感性直觀的被給予之物的，但它並不指向紙的紅色，也不指向這種紅的程度，而是指向紅本身。在進行這種目光轉向的時候，紅本身原原本本地、直接地被給予我們。「於是我們便直接把握了紅本身的特殊統一；這種把握是建立在一個對某個紅的事物之個別直觀的基礎上的。」[120]

　　一方面，我們不是在被給予之物、即感性材料中「發現」這個一般之物，因而不同於實在論；另一方面，我們也不是在這種特殊的意識活動中「創造」這個一般之物，而是「發現」它，發現這個被普通人容易理解為虛無的非時空之觀念，因而又不同於唯名論。所以，胡塞爾所說的抽象，「不是指在對一個感性客體的某個非獨立因素進行突出提取這種意義上的抽象，而是一種觀念化的抽象，在這種抽象中，不是一個非獨立的因素，而是它的『觀念』，它的一般之物被意識到，它成為現時的被給予。」[121]

　　在1906年所做的題為「現象學的觀念」的五次講座[122]中，胡塞爾同樣也描述了本質直觀的進程。——這裡我們不去考慮本質直觀與先驗還原順序上的差異。[123]——他概括地寫道：「我具有關於紅的一個或多個個別直觀，我抓住純粹的內在，我關注現象學的還原。我截斷紅在被超越地統攝時所意味著的一切，如意味著我桌上一張吸墨紙的紅等等，現在我純粹直觀地完成一般的紅或特殊的紅之思想的意義，即從這個紅或那個紅中

---

[119] 胡塞爾：《邏輯研究》第二卷，第一冊，A 221/B 223。

[120] 胡塞爾：《邏輯研究》第二卷，第一冊，A 221/B 223。

[121] 胡塞爾：《邏輯研究》第二卷，第二冊，A 634/B 162。

[122] 該講座稿即以後作為《胡塞爾全集》第二卷出版的《現象學的觀念》。

[123] 關於本質直觀和先驗還原的順序問題可以參閱：倪梁康，〈胡塞爾：通向先驗本質現象學之路〉，載於《文化：中國與世界》，第二輯，1987年，北京，第236-337頁。

直觀出之同一的一般之物;現在個別性本身不再被意指,被意指的不再是
這個紅或那個紅,而是一般的紅。」[124] 這裡只需注意這一點:胡塞爾在
這裡仍然堅持他在《邏輯研究》中所提出的主張,即認為原則上可以透過
唯一的一次直觀而把握住本質。

在《純粹現象學和現象學哲學的觀念》第一卷(1913年)中,胡塞
爾似乎也沒有改變他的這一主張。他認為本質直觀的特徵在於:「它以
個體直觀的一個主要部分,即以一個個體的顯現,一個個體的可見存在
為其基礎」[125] 除此之外,胡塞爾認為在個體直觀和本質直觀之間便只
存在著相似性,甚至存在著「澈底的相同性」,因為「本質直觀也是直
觀,正如觀念對象也是對象一樣。」[126] 經由目光的轉向,人們可以從一
種直觀過渡到另一種直觀。[127] 因此,胡塞爾直到《純粹現象學和現象學
哲學的觀念》第一卷為止仍然堅持這樣一個見解,本質直觀必須以一個或
幾個經驗、一個或幾個個體直觀為基礎。因此,胡塞爾例如在《邏輯研
究》中常常談到「一般性意識在個體直觀上的建立,[128] 在《純粹現象學
和現象學哲學的觀念》第一卷中也常常談到「作為本質把握之基礎的個別
直觀」。[129]

實際上,本質直觀的問題在《邏輯研究》和《純粹現象學和現象
學哲學的觀念》第一卷中都不能算是一個特別重要的課題。真正對本質
直觀做出詳細論述的是胡塞爾在1927年夏季所做的「現象學的心理學」
的講座[130]。胡塞爾在這個講座中把本質直觀稱之為「把握先天的天然

---

[124] 胡塞爾:《現象學的觀念》,第56、57頁。

[125] 胡塞爾:《純粹現象學和現象學哲學的觀念》第一卷,〔11〕。

[126] 胡塞爾:《純粹現象學和現象學哲學的觀念》第一卷,〔10、11〕。

[127] 胡塞爾:《純粹現象學和現象學哲學的觀念》第一卷,〔10〕:「經驗的
和個體的直觀可以轉變為本質直觀(觀念直觀)」。

[128] 胡塞爾:《邏輯研究》第二卷,第二冊,第52節。

[129] 胡塞爾:《純粹現象學和現象學哲學的觀念》第一卷,〔125〕。

[130] 該講座稿即以後作為《胡塞爾全集》第九卷出版的《現象學的心理學》。

方法」。[131] 由此，本質直觀的理論經歷了一個重要的變化：「變更」（Variation）被看作是「透過想像來擺脫事實之物的關鍵步驟」[132]。胡塞爾在這裡所運用的「變更」、「變項」（Variant）、「常項」（Invariables）等等概念本身就表明，胡塞爾已經放棄了原先的觀點，即認為可以透過目光的轉向而從一個個體的直觀過渡到一個本質直觀上去；取代這個觀點的是胡塞爾的一個新主張：為了進行本質直觀，僅僅依據一個個體直觀是不夠的，因為既然要進行變更，我們就必須要有幾個個體直觀，否則「變更」就無從談起。這種新的本質直觀理論又被稱之為「本質直觀的變更法」，它的具體進行過程是這樣的：

在素樸的經驗，例如對一張紅紙的感知，為我們提供了一個出發點，一個「前像」（Vorbild）之後，想像便在以後的操作中發揮主導作用。我們可以根據這個經驗進行自由的想像，也就是說，可以創造出任意多的「後像」（Nachbild），即任意多的「變項」。譬如我們設想各種各樣的事物，在此同時關注這些事物中那個紅的因素，它在「前像」中已經引起我們的興趣。這個紅的因素是在「後像」中的共同之物，或者說，是在變項中的常項，它就意味著一般的紅，即紅的「理型」。[133] 我們當然也可以按照《邏輯研究》的術語將這整個過程稱之為「觀念直觀抽象」的過程，即把它看作是從各種變項中抽象出常項的過程，或者說，從現實之紅的事物中抽象出紅的可能性之過程，但是，不可否認的是，新的抽象方式束縛在幾個個別直觀的進行這個條件上。

對於胡塞爾來說，關於本質直觀的這些新舊理論當然不僅僅只是把握普通意識對象的方法，確切地說，把握意識對象本質的方法，而且它主要是一種把握意識行為本質的方法，胡塞爾也把它稱之為「內在的本質

---

[131] 參閱胡塞爾：《現象學的心理學》，《胡塞爾全集》第九卷，海牙，1968年，第9節。

[132] 胡塞爾：《現象學的心理學》，第72頁。

[133] 對「自由變更法」本質結構的較為詳細之分析可以參閱倪梁康：〈胡塞爾：通向先驗本質現象學之路〉，第252-259頁。

把握」的方法。[134] 用胡塞爾的話來說:「如果我們在完全的明晰性、完全的被給予性中直觀到『顏色』是什麼,那麼被給予之物便是一個『本質』,並且,如果我們在對一個一個的感知進行觀察時,在被給予性中純粹地直觀到『感知』自身是什麼,那麼我們也就直觀地把握住了感知的本質。直觀,直觀意識伸展得有多遠,相應的『觀念直觀』或『本質直觀』便伸展得有多遠。」[135] 正是在這個意義上,胡塞爾在《純粹現象學和現象學哲學的觀念》第一卷中將「現象學」定義為「對內在意識形態的純粹描述本質論」。[136]

但胡塞爾在《現象學的心理學》中所論述「自由變更方法」的確與本質直觀的方法是同一的嗎?我們首先在阿隆·古爾維奇(A. Gurwitsch)那裡可以找到一個啟示:他認為在胡塞爾的早期著作中,自由想像的變更法已經出現,但胡塞爾只是「用它來對付一些特殊問題,而並沒有提出這種方法的一般原則。」[137] 在以後的《經驗與判斷》和《現象學的心理學》中,胡塞爾才對這種方法「做了詳盡的說明」。[138] 在這裡我們提出這樣一個問題:是否可以說,自由變更法在胡塞爾那裡始終就是一個被用來解決特殊問題的方法,而不能被看作是整個本質直觀的方法?

如前所述,胡塞爾本人將自由變更的方法理解為一種使本質之物能夠擺脫事實之物的方法。但這種說法相當含糊。至少我們可以看到,事實與本質之間的對立具有雙重意義:事實可以是指感性的(個體的)事實,本質則可以是指個體的本質,也可以是指類本質或本質一般性。如果我看見一個紅的物體,我可以立即透過目光的轉向而把握住作為本質之物的紅。我在這裡無須進行幾個個體直觀,因而「變更」在這裡並不是一個必要的前提。至於這個作為本質的紅是一個個體的本質,還是一個本質一般性,

---

[134] 胡塞爾:《純粹現象學和現象學哲學的觀念》第一卷,〔148〕。
[135] 胡塞爾:《文章與報告(1911-1921)》,第32頁。
[136] 胡塞爾:《純粹現象學和現象學哲學的觀念》第一卷,〔114〕。
[137] 古爾維奇:《意識領域》,柏林,1974年,第156頁。
[138] 古爾維奇:《意識領域》,第156頁。

這要根據實際的情況來決定。

　　舍勒正是在這一點上對胡塞爾做了修正：他指出，「一個本質本身」「既不是一個一般之物，也不是一個個體之物」[139]，只有當「我們與本質出現於其中的對象發生關係」時，這個本質的一般含義和個體含義之間的區別才成為問題。[140] 如果我對一個對象只具有唯一的一次感性直觀，並由此出發而且進行本質直觀，那麼我所獲得的便是這單個對象的本質。因此，在舍勒看來，一個本質「可以構成一個個體對象的本質，同時卻不必因此而不再是本質。」[141]

　　從舍勒的這些修正中可以看出，只有當人們透過幾個個體直觀的進行而想把握住作為本質一般性，作為類本質的本質時，運用自由變更的方法才會具有一定的意義。這意味著，我們不使用本質變更的方法也可以對一個單個的對象進行本質直觀。[142] 因此，我們可以說，自由變更的方法並不構成本質直觀方法的全部，或者說，並不構成本質直觀方法的本質。

　　同樣的情況也適用於反思的或內在的本質直觀。例如我僅僅經歷過一次幻覺。我在反思這個以往的幻覺是進行本質直觀，由此而獲得幻覺的本質，或者說，獲得幻覺的本質要素和這些要素之間的本質相關。我在這裡不可能提供，也不需要提供幾個幻覺的變項。對此，舍勒合理地指出：「有些本質僅僅表現在一個個體對象那裡，而在其他所有對象那裡都不具備，即使是這些本質的先天關聯也是可以想像的。」[143]

　　這只是舍勒對胡塞爾本質直觀理論所做的一個技術性修正，儘管這一修正與他對胡塞爾本質理論的原則性批評不無關聯。我們在下一節中將會

---

[139] 舍勒：《倫理學中的形式主義與質料的價值倫理學》，《舍勒全集》第二卷，伯爾尼，1966年，第68頁。

[140] 舍勒：《倫理學中的形式主義與質料的價值倫理學》，第68頁。

[141] 舍勒：《倫理學中的形式主義與質料的價值倫理學》，第68頁。

[142] 也許正是出於這個原因，古爾維奇將本質直觀稱之為「一個不是十分幸運的表述」。（古爾維奇：《意識領域》，第156頁。）

[143] 舍勒：《倫理學中的形式主義與質料的價值倫理學》，第73頁。

討論這個原則性的批評，在這裡我們先關注胡塞爾的本質直觀。

胡塞爾本質直觀的特徵在於，除了在各自對象的不言自明之差異以外，它與傳統的感性直觀相比還有以下兩個不同之處：

（一）在《邏輯研究》中，胡塞爾雖然談到一般性的感知，或者說，「超感性的感知」[144]，但在《現象學的心理學》中我們已經看到，自由的變更首先應當是在想像中進行的。這裡產生出一個問題：我們所描述的先天直觀究竟屬於感知，還是屬於想像？在個體直觀中，感知和想像的區別是很明顯的，前者是對一個對象的原本性把握，後者是對一個對象的影像性把握；感知和想像作為第一性和第二性層次一同構成個體直觀的整體。如果我們將本質直觀與個體直觀做一比較，我們會很容易產生出這樣一個想法，在把握先天對象的過程中，原本與影像的差異不產生作用；而從意識活動的角度來看，這也就意味著，感知和想像的差異在本質直觀中不產生作用。

在《純粹現象學和現象學哲學的觀念》第一卷中，胡塞爾已經考慮到這個問題，他認為，在個體直觀和一般直觀之間存在著一種奠基的和類比的關係：「一般性意識作為一種直觀的，但又是類比的直觀建立在個體直觀的基礎上」[145]。這時，對於一般性意識來說，這個作為基礎的個體直觀是一個感知，還是一個想像；這個作為類比物的個體直觀對象是一個被看到（感知到）的對象，還是一個被回憶或被想像的對象，這都是無關緊要的。

由此看來，我們可以說，胡塞爾所用的「一般感知」或「一般想像」這些術語與其說是表達了本質直觀或一般意識這個意識行為的特徵，不如說是表達了作為類比物，或者作為出發點的個體直觀之行為的特徵。我們在這裡還可以得出第二個結論：本質直觀屬於一個與個體直觀不同的範疇。因為當我們說我們看到紅，那麼我們所指的不是在感性感知意義上的

---

[144] 胡塞爾：《邏輯研究》第二卷，第二冊，A 616-619/B 144-147。

[145] 胡塞爾：《邏輯研究》第二卷，第二冊，A 636/B 164，也可參閱A 634/162。

看，而是一種精神的或觀念的看；而且，當我們在本質直觀中將某物稱之
爲「原本地被給予」時，這個某物雖然可以是直接被給予的，但卻並不
是在那種個體感知事物所具有的「生動性」（Leibhaftigkeit）意義上直接
被給予。從這點上看，我們可以理解，爲什麼胡塞爾也把本質直觀稱之爲
原本給予著的意識行爲。[146] 不言而喻，始終與原本性有關的明見性這個
概念在本質直觀中也獲得了一種與個體直觀的明見性不同之意義。胡塞爾
對明見性的定義爲：「對眞理的體驗」，或者說，「最完善的統一綜合行
爲」。在這個角度上，胡塞爾也把嚴格意義上的明見性稱之爲「對眞理的
相即性感知」。[147] 從這個定義中，我們至少可以讀出：一方面，明見性
以原本的被給予方式爲依據；另一方面，明見性的客觀相關物就是「眞
理的存在，或者也可以說是眞理」[148]。而現在，觀念的存在又具有什麼
樣的明見性，從而使它自己區別於個體直觀的明見性呢？胡塞爾認爲，
如果個體直觀的明見性是「斷然的明見性」（assertorische Evidenz）[149]，
那麼本質直觀的明見性就可以被標誌爲「確然的明見性」（apodiktische
Evidenz）[150]。

　　（二）使胡塞爾本質直觀區別於傳統之感性直觀的第二個特點在於：
在對本質的把握中，存在設定與存在的不設定也不產生作用。胡塞爾自己
在《純粹現象學和現象學哲學的觀念》第一卷中明確地強調過這一點。他
認爲，純粹本質可以在對存在進行設定的直觀中，也可以在對存在不作設
定的直觀中得到演示。

　　「據此，我們可以從相應的經驗直觀出發，但同樣也可以從非經驗

[146] 參閱胡塞爾：《純粹現象學和現象學哲學的觀念》第一卷，〔39〕等等。
　　胡塞爾在這裡儘管仍然使用「生動性」這個概念，但他自己在這個概念上
　　加了引號。
[147] 胡塞爾：《邏輯研究》第二卷，第二冊，A 594/B 122。
[148] 胡塞爾：《邏輯研究》第二卷，第二冊，A 594/B 122。
[149] 我又將它譯作「事實可靠的明見性」。
[150] 我又將它譯作「本質可靠的明見性」。

的、不設定此在的、毋寧說是『純臆想性的』直觀出發，原本地把握住本質本身。」[151] 在《現象學的心理學》中我們也可以找到相同的思想：「我們考慮將一個經驗作爲出發點。顯然，一個純想像，或者說，一個對象一直觀地浮現在這種純想像中的東西也可以產生相同的作用。」[152] 如果進行本質直觀的人對在作爲基礎的個別直觀中之對象的存在（Existenz）不感興趣，而只對透過本質直觀而把握到的本質之存在（Essenz）感興趣，那麼本質直觀同時也就意味著對個體對象之存在設定的揚棄。胡塞爾將這種狀況稱之爲「本質還原」。

胡塞爾將確切意義上的本質還原標誌爲一種「從心理學的現象向純粹『本質』，或者說，在判斷思維中從事實性的（『經驗的』）一般性向『本質』一般性」的還原。[153] 根據胡塞爾的這一定義，本質還原的概念應當是一個比本質直觀概念更爲廣泛的概念。更確切地說，本質還原不僅僅涉及到與「本質直觀」有關的一般對象，而且還涉及到與「本質判斷」有關的一般性事態。[154]

本質還原概念的提出至少伴隨著兩個問題：首先，被還原的是什麼，就是說，在還原時被排斥的是什麼？其次，還原到什麼上去，也就是說，在還原之後留存下來的是什麼？第二個問題在某種程度上已經得到了回答：本質還原後留存下來的是本質或本質一般性。而對第一個問題的回答實際上也只要對前面的論述做一個補充概括便可：本質直觀可以不去關心感知和想像的區別，不去關心存在設定和不設定的區別。爲了把握一個一般對象，本質直觀既可以以一個設定存在的感知爲出發點，也可以以一個不設定存在的想像爲出發點。但事實上這裡所關係到的不是一種可能性，

---

[151] 胡塞爾：《純粹現象學和現象學哲學的觀念》第一卷，〔12〕。

[152] 胡塞爾：《現象學的心理學》，第73頁。

[153] 胡塞爾：《純粹現象學和現象學哲學的觀念》第一卷，〔4〕。

[154] 所謂事態，是指對象的狀況或對象之間的關聯，因而，事態，無論是個別的還是一般的，都奠基於相應的對象之上；同樣地，判斷，無論是個別的還是一般的，都奠基於相應的直觀之上。

而是一種必然性，即：即使我們在進行本質直觀是可以從一個設定存在的感知出發，我們也必須不去顧及那些作爲出發點的個體對象之存在，而僅僅朝向一般本質的存在。斷然的明見性，即個體對象的存在在本質直觀中完全不產生作用，失去其全部有效性。正是在這個意義上，胡塞爾把本質還原也稱之爲「對個體存在的本質排斥」。[155]

但是，如果更仔細地對這種排斥進行考察，那麼我們會發現，它並不是將個體的存在一勞永逸地判爲無效。本質還原作爲所有本質科學所共用的方法儘管表明，這些科學作爲本質存在的科學不對實在存在做出確定，但另一方面還有這樣一種可能性，即：在對本質認識進行運用的情況下，經驗的現實將再次被涉及到，被重新視爲有效。對此，胡塞爾在《純粹現象學和現象學哲學的觀念》第一卷中強調說：「在關於個體一般的本質判斷與對個體之物的存在設定之間的關聯是非常重要的。本質一般性被轉用於一個具有此在設定的個體之物上，或者，被轉用於一個不確定的、一般性的、個體領域中（這些個體也被經驗爲是此在著的）。任何一種例如將幾何學眞理『運用』在（被作爲現實而設定的）自然情況中的做法都服從於這一規律。」[156] 出於這一理由，我們可以將本質還原稱之爲一種對個體的和經驗的存在所進行之「暫時性」排斥。在這一點上，本質還原區別於先驗還原，因爲先驗還原的目的是恆久的，它是要創立一種現象學家的「新的習性」。[157]

---

[155] 胡塞爾：《純粹現象學和現象學哲學的觀念》第一卷，〔119〕。

[156] 胡塞爾：《純粹現象學和現象學哲學的觀念》第一卷，〔15〕。

[157] 胡塞爾：《純粹現象學和現象學哲學的觀念》第一卷，第二冊，第642頁。

六、胡塞爾從本質現象學向先驗現象學的必然過渡

隨著對胡塞爾思想論述的展開，我們在這一節中必然要接觸到一個在胡塞爾哲學中至關重要的問題，即胡塞爾從《邏輯研究》時期的「本質現象學」向《純粹現象學和現象學哲學的觀念》時期的「先驗現象學」之過渡。這個過渡被現象學史家們稱之爲胡塞爾一生思想發展中的第二次轉折。

無論後人對胡塞爾的這個過渡評價如何，它在當時對於胡塞爾本人來說是勢在必行的，或者說，具有一定程度上的邏輯必然性。這裡涉及到一系列的問題，我們可以從現象學研究領域和研究方法這兩個角度出發來分析這種過渡的必然性。

（一）心理主義批判澈底化的必要性與現象學領域整體化的必然性

在《邏輯研究》發表後不久，人們便對此書第一卷和第二卷的內容產生過疑問。海德格在初讀《邏輯研究》時也曾表述過這方面的懷疑：「這部著作的第一卷發表於1900年，它證明關於思維和認識的學說不能建立在心理學的基礎上，以此來反駁邏輯學中的心理主義。但在次年發表的、篇幅擴充了三倍的第二卷中，卻含有對意識行爲的描述，這些行爲對於認識構成來說是根本性的。因而這裡所說的還是心理學。……由此看來，隨著他對意識現象所進行的現象學描述，胡塞爾又回到了恰恰是他原先所反駁的心理主義立場上去。」[158]

當然，胡塞爾在《邏輯研究》第一版發表時的思想還不十分成熟，這從第一版和第二版的差異中可以看出，因而他的闡述在某種程度上導致了

---

[158] 海德格：〈我的現象學之路〉，載於《面對思維實事》，圖賓根，1969年，第81頁。

上述這類想法的形成。在《邏輯研究》的「第二版前言」中，有兩點需特別注意：1.胡塞爾認為，「導引」的第一版「無法完全把握『自在真理』的本質」，「『自在真理』的概念過於單一地偏向於『理性真理』」；2.胡塞爾指出，《邏輯研究》第一版的第二卷「未能充分顧及到『意識活動』與『意識對象』之間的區別和相應關係」，「只是片面地強調了意識活動的含義概念，而實際上在某些重要的地方應當對意識對象的含義概念做優先的考察。」[159]

　　儘管如此，胡塞爾思想發展的整個脈絡是不難把握的：在《邏輯研究》第一卷所做的心理主義批判中，胡塞爾一方面指出心理主義的最終結果是懷疑論，另一方面則說明心理主義的根本問題在於混淆了心理學的對象——判斷行為和邏輯學的對象——判斷內容，因而，對於心理主義來說，判斷內容的客觀性「消融」在判斷行為的主觀性之中，換言之，「真理消融在意識體驗之中」，這樣，儘管心理主義仍在談論客觀的真理，「建立在其超經驗的觀念性中之真理的真正客觀性還是被放棄了。」[160]這裡需注意胡塞爾對真理概念的規定：真理是建立在超經驗之觀念性中的東西。因此，胡塞爾在這裡所反對的是心理主義用體驗的經驗實在之主觀性來取代在觀念可能性意義上之真理客觀性的做法。但他並沒有因此而否認意識體驗、判斷行為的「真理」可以具有客觀性。恰恰相反，胡塞爾一再強調的意識行為與對象的「相即性」，這也就是在傳統哲學意義上的「事物與知性的一致」。甚至他還批評心理主義者說：「這些人相信能區分純主觀的純客觀的真理，因為他們否認有關自身意識體驗的感知判斷具有客觀性特徵：就好像意識內容的為我的存在並不同時也是自在的存在一樣；就好像心理學意義上的主觀性與邏輯學意義上的客觀性是相互對立的一樣！」[161]以為意識內容的為我的存在並不同時也是自在的存在，這種

---

[159] 參閱胡塞爾：《邏輯研究》第一卷，B VIII-B IX。

[160] 參閱胡塞爾：《邏輯研究》第一卷，A 128/B 128。

[161] 參閱胡塞爾：《邏輯研究》第一卷，A 116/B 116，注①。

做法取消了意識對象所依據的客觀之觀念可能性，取消了自在的、客觀眞理，這是心理主義的過失之一；主張心理學意義上的主觀性與邏輯學意義上的客觀性相互對立，這種做法又抹煞了意識行爲所依據的客觀之觀念可能性，取消了意識行爲的自在、客觀眞理，這是心理主義的過失之二。只要我們看到，判斷行爲的眞理客觀性和判斷內容的眞理客觀性完全可以達到一致，因爲它們都是獨立於經驗實體的觀念可能性，那麼心理主義的謬誤便不會再有市場。胡塞爾在《邏輯研究》第十一章中所陳述的便是這個思想：「一方面是實事之間的關聯，這些實事意向地關係到思維體驗（現實的和可能的思維體驗）；另一方面是眞理之間的關聯，在這種關聯中，實事的統一本身獲得其客觀有效性。前者與後者是一同先天地被給予的，是相互不可分開的。」[162] 可以說，作爲認識行爲的實事構成純粹心理學這門本質的（或先天的、觀念的）科學之對象，作爲認識對面的眞理構成最廣泛意義上之純粹物理學這門本質的（或先天的、觀念的）科學之對象。而對所有這些觀念可能性的形式進行研究的學說就可以被稱之爲「純粹邏輯學」，它「最普遍地包含著一般科學可能性的觀念條件」[163]。在《邏輯研究》第一版第二卷中，胡塞爾甚至偏重於研究判斷行爲的眞理客觀性，偏重於純粹心理學的研究，這也就是他後來所說的對意識活動之含義概念的「片面強調」所在。但這裡所說的「純粹心理學」已經不是指有關人的實在心理本質之學說，而是一門關於純粹意識活動的觀念可能性之學說，一門「現象學的心理學」了。

胡塞爾對《邏輯研究》第一版的反思是在十三年之後，這期間他的思想已由「本質現象學」發展到「先驗現象學」。顯然是在先驗現象學的立場上，他才認爲，在《邏輯研究》第一版中，「自在眞理」的概念過於單一地偏向於「理性眞理」，「意識活動的含義概念」相對於「意識對象的含義概念」得到了過多的強調。因爲在《邏輯研究》第一卷發表後的

---

[162] 參閱胡塞爾：《邏輯研究》第一卷，A 228-229/B 227-228。
[163] 參閱胡塞爾：《邏輯研究》第一卷，A 254-255/B 254-255。

六、七年中，關於「構造」的想法就已趨成熟，「對象在意識中的構造」問題已經進入胡塞爾思想的中心。在這種情況下，他對《邏輯研究》第一版的上述感覺便不足爲奇了。胡塞爾這時所考慮的不僅僅是意識活動的觀念性或客觀性，而且更主要地是作爲意識活動之結果的意向對象的觀念性或客觀性。這樣，借助於先驗還原的方法，一個包容整個意識活動（意識的實項內容）和意識對象（意識的意向內容）於一身的先驗觀念主義體系便建立了起來。知性與事物的一致性在先驗現象學中表現爲在意識之中意識活動與它所構造的意向對象的相即性。主觀性和客觀性的對立則表現爲心理體驗的經驗實在性與純粹意識的觀念可能性之間的對立。從這個角度上來看，胡塞爾這時倒比《邏輯研究》第一版第二卷更像是回到了心理主義的立場，以至於他這時所主張的看起來恰恰便是他原先在《邏輯研究》第一版第一卷中所反對的，即：「存在在意識中消融」，「客觀性在現象中顯現出來」[164]；以至於科隆大學胡塞爾文庫主任伊莉莎白‧施特雷克教授甚至問道：「先驗現象學本身是否終究還是一門心理學，即一門對心理之物的構造所做的先驗研究，並且最後是對先驗意識之自身構造的先驗研究？」[165] 當然，在經過上述對胡塞爾思維發展的反思之後，我們可以看出，他的思路不是一種回復，而是一種向更高層次的邁進，或者至少可以說是一種向更高層次邁進的企圖：由《邏輯研究》第一版第一卷（1900年）對判斷行爲和判斷內容兩者的觀念可能性或客觀性的強調，到《邏輯研究》第一版第二卷（1901年）對意識活動之觀念可能性的關注和偏重，最後達到在與《純粹現象學和現象學哲學的觀念》（1913年）處於同一層次的《邏輯研究》第二版（1913年）中對一種構造著意識對象的意識活動所具有之先驗觀念性的主張。這時的「純粹」概念不只是指相對於經驗事實而言的觀念性，而且還意味著相對於實在世界而言的先驗性。胡塞爾這

---

[164] 轉引自W.比梅爾：〈出版者前言〉，載於胡塞爾：《現象學的觀念》，第VIII頁和第X頁。

[165] I.施特雷克：〈現象學與心理學——它們在胡塞爾哲學中的關係問題〉，載於德國《哲學研究雜誌》，第37卷，1983年，第19頁。

時才達到了他所希望達到的澈底性：一種絕對的觀念主義，一種澈底的反心理主義和反人類主義（反種類懷疑主義）。

「存在在意識中的消融」意味著意向性與構造問題的結合，「自在之物」或「物理事物」和「現象的不明原因」[166] 被排斥在現象學的討論範圍之外；但這並不意味著現象學研究領域的縮小，恰恰相反，它意味著這個研究領域的擴大。在《邏輯研究》中，胡塞爾的意識分析還侷限在意識活動的範圍內。因此可以說，在《邏輯研究》中，「意向性」雖然已被提出，但它此時並不具有哲學的意義，它並沒有解決任何哲學問題。毋寧說，意向性僅僅意味著一個在本質直觀中觀察到的結果：所有意識都是關於某物的意識；朝向對象是意識的最普遍本質。換句話說，意向性代表著意識的最普遍結構，就像非意向性是物質自然的普遍本質一樣。只有當胡塞爾自1907年開始將意向性概念與構造概念結合在一起時，它們才表明一個哲學命題的提出。所以，我們在上面雖然曾引用過胡塞爾對現象學的一個定義，即：現象學「可以被稱之為關於意識一般、關於純粹意識本身的科學」，但這個定義實際上並不是胡塞爾在《邏輯研究》時期對現象學的定義，而是胡塞爾在1907年完成向先驗現象學的轉變之後對現象學做出的新規定。在這裡所說的「意識一般」或「純粹意識本身」不僅僅是指意識中的意識活動，而且還包括作為意識活動之結果的意識對象部分。原先的（在《邏輯研究》中的）具有主動性的心理本質和具有被動性之物理本質的二元現在（在《純粹現象學和現象學哲學的觀念》中）被一個先驗的一元所取代：先驗的構造（意識活動）與被構造的結果（意識對象）。我們也可以用一個德文詞來概括它：transzendentale Konstruktionsleistung，它既可以被譯作「先驗的構造功能」，也可以被譯作「先驗的構造成就」，因為Leistung一詞在德文中便包含「功能」和「成就」這兩種含義，它恰當地反映了意識的意向性（構造）能力及其結果。意向性已經不再僅僅意味著「朝向性」，而且還意味著「創造性」。這樣，哲學的大全要求同時也

---

[166] 參閱胡塞爾：《純粹現象學和現象學哲學的觀念》第一卷，第52節。

得到了滿足。

因此，胡塞爾在《邏輯研究》和《純粹現象學和現象學哲學的觀念》之間完成的轉變，不僅僅意味著對一個新方法的提出，即「先驗還原方法」的提出，而且還意味著向一個新領域的擴展，即向「意識對象」領域的擴展。換言之，胡塞爾的這一轉變不僅涉及到現象學的研究方法，而且涉及到現象學的研究對象和研究領域。

（二）「現象學反思」哲學化的必然性與「現象學還原」先驗化的必然性

現在我們從方法的角度來考察胡塞爾思想第二轉折的必然性，這個考察相對於前一個考察要複雜得多。

從我們在前一節所做的對「本質直觀」方法之分析中可以看出，在這個方法的內涵中顯然已經包含著「反思」的意義，這是使現象學本質直觀區別於其他科學（如純粹數學）本質直觀的東西。當我們所要面對的「實事」是指意識活動，而非在自然科學意義上的自然客體或社會科學意義上的社會客體時，反思在這裡便是一個必不可少的前提。所謂反思，是指我們的意識目光不是向我們在日常生活中所做的那樣，直向地面對空間事物，包括動植物、自然、人、社會、世界以及如此等等，而是反過來朝向我們意識本身的活動。我們在這裡可以用胡塞爾常舉的一個例子來說明這個問題：在日常生活中，以及在自然科學的研究中，我們可以說：「天是藍的」；而在反思中，我們則應當說：「我看見，天是藍的。」在這裡，「看」是意識活動的一種類型，即視覺性的感知。它在這個陳述中是我們所要關注的對象，它是確定無疑的；而我看到的事實（藍天）則是可以懷疑的，並且在這個陳述中是無關緊要的——這個特徵適用於所有反思。

胡塞爾在《純粹現象學和現象學哲學的觀念》第一卷中特別強調現象學方法的反思性質。他把純粹現象學的創立稱之為是一種「觀點（Einstellung）的改變」[167]。這種觀點的改變意味著：當我們開始進行真正的反思時，我們就不再立足於素樸的自然觀點之上，而是進入到哲學的（現象學的）觀點之中了。直向的思維方式和反思的思維方式因而在胡塞爾看來是劃分兩種不同的觀點，即自然觀點與哲學觀點的根本標準。前者與我們日常面對的世界和對這個世界的存在信仰有關；後者則與我們在哲學態度中向自身的回返有關。

但是，這裡應當首先指出，胡塞爾在《邏輯研究》中所運用的反思與他在《純粹現象學和現象學哲學的觀念》中強調的反思並不是完全相同的一回事。

胡塞爾之所以在《純粹現象學和現象學哲學的觀念》開始特別強調現象學的反思性，這與他在這期間完成的向先驗現象學之突破密切相關。如果胡塞爾在《邏輯研究》中僅僅探討意識活動的本質結構，並且把對意識對象的問題留給最廣義上的物理科學去研究，那麼現象學就只能是一門與廣義物理學相對立的廣義心理學。至多現象學可以自詡：相對於物理學來說，它應當是一門奠基性的科學，但傳統的二元論問題卻仍然無法得到解決。胡塞爾在《邏輯研究》之後所面臨的處境因而是和笛卡兒相同的：笛卡兒雖然證明了思維是比存在更為清晰的東西，關於心的科學因而也比關於物的科學更具有奠基性，但他也沒有辦法避免二元論的結局。

解決二元論的一條可能出路在於，擴大反思的範圍，將廣義物理學的領域也包含到廣義心理學的領域中來。這時，廣義的心理便不再僅僅是作為心理－物理二元中的一元，而應被理解為胡塞爾意義上的「意識一般」或「純粹意識本身」，它將作為心理的意識活動與作為意識活動之結果的意識對象都包容在自身之中。於是，關於「意識一般」或「純粹意識本身」的科學便成為一門大全的哲學，原先相互對立的「自然反思的心理學」和「自然直向的物理學」現在作為一個前哲學的維度被納入到更高的哲學反思維度中來。這正是胡塞爾在《純粹現象學和現象學哲學的觀念》

---

[167] 胡塞爾：《純粹現象學和現象學哲學的觀念》第一卷，〔93〕等等。

第一卷中的做法。

因此，在《邏輯研究》中並未得到特別強調的現象學反思性在《純粹現象學和現象學哲學的觀念》中卻明確地突出出來，它被胡塞爾稱之爲是「對意識一般的認識方法」，它包含著「所有內在本質把握的方式和內在經驗的方式」並且在哲學研究中具有「絕對的權利」。[168]

但我們在這裡顯然已經涉及到了兩種反思。現象學哲學的反思和現象學心理學的反思。對現象學哲學反思的本質分析將是下一節所要解決的任務。在這一節中，我們要將注意力集中在現象學哲學反思與其他反思的區分上。如果清楚地理解了這種區別，我們也就清楚地把握了胡塞爾「先驗還原方法」的眞實意義，從而也就把握了胡塞爾從本質現象學向先驗現象學過渡的眞實意義。

我們首先考察一下現象學心理學與其他心理學的異同。它們的首要共同點顯然在於所有心理學都具有的反思性，例如：在反省心理學中，心理學家對自身心理狀態的反思是前提，在心理分析學或心理—病理學中，病人對自身心理狀態的反思是前提等等，而使現象學心理學的反思區別於其他心理學反思的則有兩個方面：首先，現象學心理學的反思是本質直觀的反思，它在反思中所要把握的是心理的本質結構；其次，現象學心理學的反思是一種對心理現象的相關物不做存在設定之狀況下進行的反思，簡言之，它是一種不設定的反思。我們在下面會對此進行詳細的分析。

現在的問題是，在現象學心理學的反思與現象學哲學的反思之間的異同又是什麼呢？它們的共同之處很明顯，其一，它們都是在本質直觀中進行的反思，無論本質現象學還是先驗現象學，換言之，無論現象學的心理學還是現象學的哲學，它們都是本質科學，因而都運用本質直觀的方法；其二，它們都是在不設定中進行的反思，它們都把目光放在心理或意識上面，不去關注物理或自然的存在。因此，胡塞爾常常用「現象學的反思」這個名稱來概括這兩種反思的共性。但如果對不設定這個概念做進一步的

---

[168] 胡塞爾：《純粹現象學和現象學哲學的觀念》第一卷，〔147-150〕。

分析，我們就會發現，現象學心理學的反思與現象學哲學的反思是有很大差異的：現象學心理學反思對存在不做設定的狀況又被胡塞爾稱之爲「中立性的變化」。他認爲，現象學心理學的操作是在「中立性變化」的情況下進行的；而現象學哲學反思對存在不做設定的狀況則被胡塞爾稱之爲「先驗現象學的還原」，現象學哲學的操作是在這種「先驗還原」的條件下進行的。[169] 這樣，我們便涉及到了在現象學心理學反思與現象學哲學反思之間最重要的區別。

所謂「不設定」（Nichtsetzung），最籠統地說，是指對存在的懸擱。在胡塞爾那裡，我們至少可以找到四種不設定的類型：[170]

1. 在單純想像中的不設定。這種不設定也被胡塞爾稱爲「擬—設定」（quasi-Setzung）。例如：我想像我在月球上散步。當我沉浸在這種想像中時，我彷彿相信周圍的一切都是眞實的。但只要我在某種程度上從這想像中脫身出來，我就不會再堅持原先的相信。因此，從嚴格意義上說，這種「彷彿—相信」既不是一種對存在的設定，也不是一種對存在的不設定，因而在胡塞爾看來只能是「擬—設定」。但在術語上，胡塞爾仍然將它歸入不設定的範疇。

2. 對存在的不感興趣。這是中立性變化的一種，即自然的中立性變化。我們之所以稱它爲自然的，這是因爲這種不設定與前一種不設定一樣，是我們在日常生活中經常經歷的，即使沒有心理學或現象學，這種不設定在我們的自然生活中也會發生；而所謂中立性變化，則是與胡塞爾在

---

[169] 參閱胡塞爾：《想像、圖像意識、回憶》以及《純粹現象學和現象學哲學的觀念》第一卷，第二篇，第四章。

[170] 這四種不設定的類型按順序可分別參閱胡塞爾：《想像、圖像意識、回憶》，第359頁，第574頁，第589頁，《純粹現象學和現象學哲學的觀念》第二卷，第二冊，第642頁至645頁，《純粹現象學和現象學哲學的觀念》第一卷，第二篇，第四章。這裡沒有將本質直觀中的「本質還原」列入不設定的範疇，因為我認為，本質還原中對事實存在的排除不是一種不設定，而只是一種不關注而已。對此的具體分析可以參閱本書第4節的結尾部分。

《邏輯研究》中所說的「質性變化」意義相同，它意味著一種對存在問題的不關心、不執態，保持中立。舉例來說，我在聽一個人講故事，我努力想聽懂他講的是什麼故事，但我並不對他講的故事之真實與否感興趣。我們可以看到，兒童們在聽童話時往往是抱著相信的態度，成年人在這時則大都不做存在設定。

3. 不想或不能對存在感興趣。這是中立性變化的另一種，也是上面曾提到過與現象學心理學有關的那一種。它不屬於自然的中立性變化，因為它已具有方法論的意義。所謂方法，在這裡是指一門科學為了達到某個目的而必須採取的手段。所以這種不設定是有意識地進行的，它是一種不想設定或不能設定。此外，這種不設定與前兩種不設定的區別還在於：它是在反思中進行的。反思中的不設定具有自己的特徵：當我在反思我的意識行為時，我並不是不設定這個行為的不存在，而是不設定這個行為中所包含之對象的存在。例如：在反思我對藍天的感知之同時，我不去詢問藍天是否真實存在，但感知行為卻是明白無疑地存在著的。這裡還要補充一個術語方面的考證結果：胡塞爾本人在1924年以後便不再使用「中立性變化」這個概念，而用「心理學的還原」這個新術語取而代之。

4. 先驗現象學的還原[171]，也可簡稱為「先驗還原」。它與第三類的不設定相比至少在這兩點上是一致的：一方面，它們都是非自然的，即方法上不設定；另一方面，它們都是在反思中進行的不設定。因此，在這裡所歸納的四種不設定中，只有後兩種與方法有關。更確切地說，第三種

---

[171] 這是一個為許多現象學研究者所熟悉的「不設定」類型。我在這一節中不想再對這一方法做出進一步的描述或評價。關於胡塞爾所設想之通向先驗現象學的三條可能途徑及其本質結構的較為詳細分析可以參閱凱恩：「艾德蒙‧胡塞爾哲學中通向先驗現象學還原的三條道路」，載於比利時《哲學雜誌》，第24期，1962年，第303-349頁；還可參閱倪梁康：〈胡塞爾：通向先驗本質現象學之路〉，載於《文化：中國與世界》，第二期，第262-276頁。

不設定與現象學心理學的方法有關；第四種不設定與現象學哲學的方法有關。

如此一來，在「現象學心理學」的反思與「現象學哲學」的反思之間的差異，被歸結到了在於「現象學心理學的還原」與「先驗現象學的還原」之間存在的區別之上。

在胡塞爾的研究中，中立性變化與先驗還原密切相關顯然是一個確定無疑的事實。但他一開始並沒有想要對這兩者之間的關係做出規定。在《純粹現象學和現象學哲學的觀念》第一卷中，他認為「中立性變化」（即「現象學心理學的還原」）與「先驗還原」是「非常相近的」[172]。但他以後顯然又放棄了這個觀念，因為在他自己保存的那一冊《純粹現象學和現象學哲學的觀念》第一卷上，胡塞爾在這句話的旁邊又用筆加上了一個「不」字。[173] 對這個「不」字，我們在字面上可以做兩種解釋：它或者意味著命題A：中立性變化與先驗還原不僅僅是「非常相近的」，而且根本就是相同的，甚至是同一的。或者，這個「不」意味著命題B：中立性變化與先驗還原並不是「非常相近的」，而是完全不同的，並且彼此是互不相干的。這兩種解釋的可能性都可以在胡塞爾的論述中找到各自的充分論據。因為，如前所述，在這兩種不設定的類型之間，不僅存在著一系列的共同性，也存在著一系列的差異性。

我在這裡不準備展開對命題A的論證，而只想將筆墨集中在命題B上，因為我認為它相較於命題A更符合胡塞爾的意向。對我來說，問題並不在於在中立性變化與先驗還原這兩者之間是否有差異，而是僅僅在於它們之間的區別究竟有多大。

我們首先注意胡塞爾在1929年為了修改《純粹現象學和現象學哲學的觀念》第一卷而寫下對這部書的批判性反思。胡塞爾在這裡最清楚地表達

---

[172] 胡塞爾：《純粹現象學和現象學哲學的觀念》第一卷，〔223〕。

[173] 胡塞爾：《純粹現象學和現象學哲學的觀念》第一卷，第二冊，海牙，1976年，第510頁。

了他區分這兩種方法操作的意向。[174] 胡塞爾談到「兩方面的純粹化」或「兩方面的純粹性」[175]，這是指「現象學—心理學的還原」和「先驗—現象學的還原」[176]：「如果現在我們詢問純粹化的還原，它是使內在經驗成爲純粹經驗的必然措施，那麼我們就會涉及到某種對存在設定、對存在之物之意指的『排斥』和『判爲無效』，它應當並且必須在雙重的方向上得到實施」[177]。儘管這兩種還原都是一種普遍的懸擱（Epoche），它們都意味著排斥世界和關於世界的信仰，還原到純粹意識體驗上去，但很明顯，胡塞爾在這裡所說的「兩方面純粹化」意味著對世界和世界信仰的排斥有兩種，「兩方面的純粹性」則意味著最後還原於其上的純粹意識體驗也有兩種。

　　實際上，胡塞爾在此之前已經有過對於這個劃分的論述。在1923/24年所做的《第一哲學》講座中，他就認爲，心理學還原與先驗還原之間的區別首先在於，先驗還原是「一種絕對的並且澈底純粹的無興趣性」，而心理學的還原只是一種「相對的無興趣性」[178]。在胡塞爾1929年對《純粹現象學和現象學哲學的觀念》第一卷所做的修改中，這個思想得到了一定的展開：「必須始終注意，作爲現象學的心理學家……只是爲了達到純粹地把握我的心理這個目的，我才從方法上排斥那些與我的心理一同有效的、超越出這個心理的，但又在這心理中被意識到的現實實在，而世界仍然作爲存在著的世界在暗中保持著它的有效性。原因在於，對於作爲心理學家的我來說，我的純粹意識生活的領域始終作爲實在世界的一個抽象—方法析出的層次而保持其有效性；這個實在世界不僅包含著我的純

---

174 我們在下面很快會看到，胡塞爾在二十年代便具有這個意向。
175 胡塞爾：《純粹現象學和現象學哲學的觀念》第一卷，第二冊，第646頁。
176 胡塞爾：《純粹現象學和現象學哲學的觀念》第一卷，第二冊，第643頁。
177 胡塞爾：《純粹現象學和現象學哲學的觀念》第一卷，第二冊，第645頁。
178 參閱胡塞爾：《第一哲學》第二卷，《胡塞爾全集》第八卷，海牙，1959年，第142-143頁。

粹心靈，而且還包含著其他人以及他們的純粹心靈。」[179] 現象學—心理學的還原因而不是對世界的澈底排斥，它最終還是建立在普遍的世界信仰之基礎上。也就是說，在進行了這個還原之後，世界信仰仍然在暗中發揮作用，因為現象學的心理學家最後還是將他的研究對象理解為是「他的」或「人的」心理。也可能正是出於這個理由，胡塞爾才時常將中立性變化與否定、懷疑等等一些信仰式（Glaubensmodalitaeten）放在同一個層次上。[180] 我們因此可以確定在先驗還原和心理學還原之間的第一個原則區別，即：先驗現象學家可以以將「先驗純粹的主體性」作為自己的研究對象，而現象學的心理學家只能以「心理純粹的主體性」為研究課題。[181]

與先驗還原和心理學還原之間的第二個原則區別有關的是胡塞爾的另一段話，這段話絕不是僅僅對上面論述的重複：「我們再來看一下現象學—心理學還原的特徵，它被理解為是一種習慣性的觀點。這是因為，實在的世界和在習慣的已有的日常生活中一樣仍然是存在著的、仍然是基礎，正如它對於所有實證科學來說是存在著的、是基礎一樣，對於心理學來說，特別是對於一門純粹心理學來說也是如此。不斷流動著的世界經驗，包括物理的和心理物理的經驗，始終還在發揮著它們的效用。儘管這種『外在的』經驗被判為無效，甚至在普遍的純粹心理學中普遍地被判為無效，儘管任何一個關於世界的素樸判斷和科學判斷因此而都受到懸擱——看起來完全就像在先驗還原中所發生的那樣——，但這種方法在這裡的意義卻僅僅在於抽象地朝向心理之物，它只是一種方法上的手段，人們可以用它來把心理之物作為普遍的、具有特殊本質的關聯提取出來，使這些心理之物成為一種純粹性，一種自身封閉的純粹『心理現象』。與此相反，先驗懸擱的特徵則在於，現象學家自始至終在一種普遍的意志中將普遍的世界經驗以及所有其他在世界存在中的有效性，無論是現時的

---

[179] 胡塞爾：《純粹現象學和現象學哲學的觀念》第一卷，第二冊，第648頁。
[180] 參閱胡塞爾：《事物與空間》，第151頁。
[181] 參閱胡塞爾：《純粹現象學和現象學哲學的觀念》第一卷，第二冊，第642頁。

還是習慣的有效性，都判為無效。隨之，一種普遍的習性便得以形成，它使得人們不可能再去保持任何一種與世界有關的存在有效性，這樣，作為現存有效之判斷基礎的世界萬物對於先驗現象學家來說是完全不存在的。」[182] 胡塞爾的這段論述表明，在先驗還原和心理學還原之間的第二個原則區別與方法有關：先驗還原雖然也和心理學還原一樣，被胡塞爾稱之為「通道方法」[183]，但它和心理學還原又是不同的，它不僅開闢了一條通向一個特定領域的道路，而且它還意味著一種新習性的形成以及對這個習性的堅持，這個習性與心理學，包括現象學的心理學以及現象學—心理學的還原所具有的自然觀點習性是在澈底的意義上不相同的。

　　被胡塞爾稱之為新習性或新觀點的先驗現象學習性首先是透過它的構造特徵而區別於自然習性。換言之，對於具有先驗習性的現象學家來說，「作為現存有效之判斷基礎的世界萬物」的「完全不存在」並不意味著「世界萬物」的完全消失；毋寧說，這種「完全不存在」是指對世界萬物之存在的重新發現，即發現它們只是在意識中被構造出來的東西。這一點，胡塞爾在他提出其先驗哲學的構想時便已強調過。我們可以這樣進行比較，現象學的心理學家將對象（客體）的客體性置而不論，並且同時將目光集中在主體性上；而與此不同的是，先驗現象學家則試圖將客體性解釋成為一種在先驗的主體性中構造出來的產物。

　　因此，我在這裡可以得出如下的結論：中立性變化（心理學還原）與先驗還原顯然是有區別的，這個區別在我看來最重要的是在於：後者是對前者的澈底化。具體地說，在對自然的世界意識之置疑問題上，中立性變

---

[182] 胡塞爾：《純粹現象學和現象學哲學的觀念》第一卷，第二冊，第649頁。
[183] 瓦爾登菲爾茲對「通道方法」曾做過這樣的解釋：「人們常常說，現象學是一種方法。這種說法只有在以下的意義上才是確切的：方法在這裡不是指一種可以運用於先已有實事的中性工具，而是一條通向實事的通道。」（瓦爾登菲爾茲：《現象學引論》，第30頁）這裡的「實事」既可以是「純粹的主體性」，也可以是「先驗純粹的主體性」。在這個意義上，現象學—心理學的還原和先驗現象學的還原都是一種「通道方法」。

化無法達到先驗還原所達到的那種澈底性。由此而造成的結果有兩方面：一方面，儘管中立性變化也是一種中立化的目光轉向，但它並不像先驗還原那樣意味著「對自然的問題方向的澈底改變」[184]；另一方面，經過中立性變化而獲得的主體性也僅僅是純粹的主體性，而不是那種只有經過先驗還原才能獲得的先驗純粹主體性。

我們可以看到，在這一節中所做闡述的主要目的在於證明這樣一個論點：無論從對象領域方面來看，還是從操作方法方面來看，都可以表明，胡塞爾從《邏輯研究》時期的現象學心理學向《純粹現象學和現象學哲學的觀念》時期的先驗現象學之過渡是達到他哲學之澈底性的一條必由之路。除非胡塞爾放棄對哲學「最終論證」的努力，放棄對哲學作為嚴格科學之理想的追求，否則，他思想中這第二個轉折的發生就和第一個轉折發生一樣，是必然的。

但是，這個轉折是否意味著胡塞爾的哲學努力和追求從此達到了目的，贅餘下的工作就是在已有的堅實基礎上構造體系大廈呢？我在下一節中將試圖對這個問題做出回答。

---

[184] 這也是我對L.埃萊伊（L. Eley）的批評，因為他將中立性變化的特徵描述為「對自然的問題方向之澈底改變」（參閱L.埃萊伊：《先驗現象學與社會系統論》，弗萊堡，1972年，第66頁）。他的這一描述顯然適合於先驗現象學的還原，但不適合於現象學—心理學的還原（中立性變化）。

七、現象學反思的反思

在對胡塞爾的現象學方法做出上述闡述之後，我在這一節中想要證明這樣一個命題：儘管胡塞爾對現象學反思方法做了如此澈底的加工，用這種方法所把握到的東西也並不像胡塞爾所期望的那樣是作為最終根據的「原初的意識被給予性」。因為現象學的反思，無論是現象學心理學的反思，還是先驗現象學的反思，本身都含有這樣一個問題：在反思與被反思之物之間有一條不可逾越的鴻溝，我們可以將它稱之為一種在反思觀點和直向觀點之間存在著的「對話的間域」，正是它才使得對「原初性」的把握成為幻想。

下面我們可以透過對現象學反思的分析來觀察這條不可逾越的鴻溝究竟是怎樣的。在這裡，現象學反思既是指現象學心理學的反思，也是指先驗現象學的反思。

根據我們在前一節中對現象學的反思操作之分析，這種操作的基本特徵可以歸結為以下幾點。

（一）現象學的反思是一種不設定的反思，或者說，一種質性變化的反思

我們把現象學反思首先定義為不設定的反思。進一步說，這種現象學的反思一方面表現為一種課題的改變：現象學家的目光不再朝向意識對象，而是朝向意識行為本身。例如：我的興趣不在於確定我所聽到的東西是否在和如何在，而在於我的聽和我怎樣聽。實際上，所有以意識行為為課題的研究都必須在反思中進行。另一方面，現象學的還原（中立性變化，即現象學心理學的還原）與先驗還原（亦即先驗現象學的還原）又區別於普通的反思性研究，這種區別在於：現象學反思自身表現為一種不設定的、中立性的反思。不應忘記，中立性的做法僅僅是對在意識行為中構

成的意識對象之存在而言；換言之，是意識行為中的意識對象之存在被設為無效。但在反思中本身又成為對象的意識行為之存在並未被取消。這就是說，在我對意識行為進行反思的時候，我相信這個被反思的意識行為是存在的。我想提醒大家注意胡塞爾所說的兩種信仰：內在的信仰和超越的信仰[185]；它們分別是指對內在的存在和超越的存在之信仰。我在這裡所說的「反思中的不設定」，並不意味著擺脫了所有的立場[186]或所有的信仰，而只意味著排除了超越的信仰。可以把現象學的反思與自然的反思作一比較。在現象學的反思中和在自然的反思中一樣，我們都以意識行為為對象並因此而具有雙重信仰：一方面是對被反思的意識行為之存在設定。這種信仰被胡塞爾稱為內在的確然性，它具有「絕對的權利」[187]。顯然內在的確然性也可以變式。[188]例如：我在對一個回憶進行反思時可能會懷疑：這是我的回憶呢，還僅僅是我的想像？我的回憶是正確的嗎？我在反思也會做出否定：例如：我剛才所具有的不是感知，而是幻覺，如此等等。但是，作為整體、作為基式[189]的內在確定性是永遠不會消失的。就是說，意識行為的一般存在是不會受到懷疑、受到否定的。

另一方面，被反思的意識行為本身是在一定的「信仰式（Glaubens-modus）」中進行的。例如我看到一個老人或聽到一種響聲。然後我回顧（反思）我的看和聽。在通常情況下，對被看見的東西（老人）和被聽見的東西（響聲）之信仰在自然反思的過程中仍保留在意識行為裡面。簡單

---

[185] 參閱胡塞爾：《純粹現象學和現象學哲學的觀念》第一卷，第38節、第77節。《現象學的觀念》，第5頁、第35頁等等。

[186] 「立場（Position）」在胡塞爾那裡以及在許多現象學家（如：沙特）那裡都是與「設定（Setzung）」相同，與「不設定」相對的一個概念。

[187] 參閱胡塞爾：《純粹現象學和現象學哲學的觀念》第一卷，〔150〕。

[188] 「變式」（modalisieren），即：信仰式的變換。胡塞爾認為每種信仰都有不同的方式，如懷疑、猜測、估計、否定等。參閱胡塞爾：《經驗與判斷》，漢堡，1985年版，第21節。

[189] 「基式」（Grundmodus），即：基本的信仰式。這種基式始終保留在我們的意識活動中，它可以通俗地被稱之為：我相信，總有某物存在著。

地說，在進行自然反思時，我既相信我的看和聽存在著，或者說，我相信它們發生過；我也相信，被看見和被聽見的東西存在著，或者說，我相信它們存在過。

　　與自然反思相反，在現象學的反思中只有一個信仰在發揮效用；而另一個信仰，即對超越的對象的信仰被排除了，或者說，被中立化了。超越的信仰仍然還在，但不再具有活力。有關還原的論述已經很多，因而我在此不需再做進一步的解釋。值得注意的僅僅在於：在反思的過程中，內在的信仰始終在發生著效用。它原則上無法被中立化；這裡姑且不去考慮這一點：如果人們在現象學的反思中進行本質直觀的話，那麼對被反思的個體意識行為之〔事實〕可靠[190]的存在信仰是可以被取消的。但是對意識行為之本質的〔本質〕可靠[191]之信仰從原則上說是不會失去效力的。這是現象學觀點中唯一的一個信仰行為。它是內在的和本質可靠的。在康德的意義上它已經不再是信仰，而是知識了。[192]

---

[190] 「事實肯定」或「事實可靠」來源於德文中「assertorisch（斷然的）」一詞，胡塞爾用它來表示個體存在的確然性。參閱胡塞爾：《純粹現象學和現象學哲學的觀念》第一卷，第137節；《被動綜合分析》，第48頁等等。

[191] 「本質肯定」或「本質可靠」的概念是相對於「事實肯定」或「事實可靠」而言，源於德文「apodiktisch（確然的）」，胡塞爾用它來表述本質存在的確然性。參閱胡塞爾：《純粹現象學和現象學哲學的觀念》第一卷，第137節；《被動綜合分析》，第48頁等等。

[192] 這裡有必要對康德的「信仰」觀做一簡單的陳述：康德常常使用「視之為真」（Fuerwahrhalten）這個概念。但這個概念在他那裡比在胡塞爾那裡所具有的意義更廣，後者是將「視之為真」與「信仰」等同使用的。在康德看來，「視之為真」意味著一種判斷，某物根據這種判斷被想像為真：這種判斷因而是主觀的。它的對立面是真實（Wahrheit）或真理，真實具有認識的客觀特徵。「視之為真」在康德那裡既包含「意見」，也包含「信仰」。與胡塞爾不同，康德從不把這兩個概念看作是同義詞：「意見」是一種「既在主觀上、也在客觀上不充分的視之為真」，而「信仰」則是一種「僅在主觀上充分，同時在客觀上不充分的視之為真」。（《康德全集》，第三卷，柏林，1911年，第532頁。）除了「意見」與「信仰」之外，「視之為真」中還包含著第三個因素，即「知識」。「知識」意味

（二）現象學的反思是一種再造 [193] 的反思，或者說，一種影像性變化的反思 [194]

有一個重要的問題尚待解答：反思行爲本身屬於哪種意識行爲 [195]？

著「既在主觀上、又在客觀上充分的視之爲真」（同上）。康德在這裡所說的「主觀」是指「對自己而言」，「客觀」是指「對任何人而言」（同上）。整個「視之爲真」被康德定義爲「我們理智中的一種特性，它雖然建立在客觀理由的基礎上，但也訴諸於判斷者情感中的主觀原因」（同上書，第531頁）。在「視之爲真」中處於「意見」和「知識」之間的「信仰」構成康德哲學中的一個特殊題目。在「信仰」的範圍之內，所有的信仰又在兩個方向上各劃分爲四組：

1. 教義信仰、倫理信仰、歷史信仰和實用信仰；
2. 理性信仰、經驗信仰、理論信仰和實踐信仰：

理性信仰

	教義信仰	倫理信仰	
理論信仰			實踐信仰
	歷史信仰	實用信仰	

經驗信仰

在這裡，有關我們的論題所須注意的是：康德認爲，哲學屬於先天科學，這種科學不能含有「意見」。在哲學中必須「或是知道，或是不知」（同上書，第495頁）。所有的哲學知識都是先天的，因而必須是知識。「『意見』因此永遠只屬於經驗科學」（同上）。因此，康德與胡塞爾一樣，都力圖建立一門作爲科學或知識學的哲學。

[193] 「再造」（Reproduktion）在胡塞爾那裡是與「原造」（Produktion）相對的概念。「原造」意味著當下的把握，即感知；「再造」則是指對原造的再現或當下化。所有非原本的把握都是或多或少的再造，如回憶、想像、符號意識等等。

[194] 「影像性變化（imaginative Modifikation）」是胡塞爾早期（即《邏輯研究》時期）所使用的一個概念，它相當於他後期使用的「當下化」或「再造」的概念。

[195] 正如我們在第三節中已經提到過的那樣，胡塞爾在《邏輯研究》中將所有意識行爲分成三類：「感知的（perzeptiv）」、「影像的（imaginativ）」和「符號的（signitiv）」（參閱胡塞爾：《邏輯研究》，第二卷，

它是一種感知性行為（當下性行為），還是一種影像性行為（當下化的行為）？

　　胡塞爾本人常常把反思標誌為「內在感知」[196]，但他並不否認反思也可以在想像或當下化中進行。「因而我可以在想像中、在再造中（再造地）進行所有這些我在印象中（in der Impression）進行的行為。我可以在再造中對感知、對感知中的信仰等等進行反思，我可以在它之中進行單純的想像、從事單純的觀察，例如觀察一幅畫，如此等等。所有這一切都是在再造中進行的」[197]。胡塞爾的這個描述實際上也適用於我在這裡所進行的考察，這個考察本身就是在現象學反思中進行的。例如：剛才所談的看到一個老人或聽到一種響聲，這都不是真實的感知，而只是我的想像而已，這個想像把我以往的看和聽的感知當下化了。所以毫無疑問的是，現象學的反思可以在想像中，或者說，可以在再造中進行。

　　有問題的地方僅僅在於：現象學的反思是否也可以在感知中進行？我們所理解的感知是一種對對象之直接的、當下的和原本的把握。如果我們說，對感知本身的反思也是一種感知，那麼就會出現這樣一個問題：被反思的感知與反思著的感知是否是同一個意識行為，它開始把目光朝向前方（對象），爾後又轉回到自身？對這個問題的回答必須是否定的，因為在這種目光的轉變同時，即使不去考慮意識行為的質性變化，這行為的質料至少也有了改變。因此，被反思的感知與反思性的感知不是一個而是兩個

第二冊，A 566/B 94），在《純粹現象學和現象學哲學的觀念》第一卷中，胡塞爾又用一對新的概念來概括所有的意識行為：「當下的（gegenwaertigend）」和「當下化的（vergegenwaertigend）」；圖像意識和符號意識都被他列入「當下化的行為」之中（參閱胡塞爾：《純粹現象學和現象學哲學的觀念》第一卷，第99節）。

[196] 參閱胡塞爾：《純粹現象學和現象學哲學的觀念》第一卷，第77頁至第79頁，尤其參閱第95頁，在這裡胡塞爾明確地說：「體驗的存在方式就在於，它們原則上可以透過反思而被感知到。」此外，對這個問題還可以參閱胡塞爾：《想像、圖像意識、回憶》，第191頁、第307頁等等。

[197] 胡塞爾：《想像、圖像意識、回憶》，第350頁。

不同的意識行為。於是，現在要提的問題便是：這兩個意識行為是同時進行的呢，還是先後進行的。第一種情況意味著，我們同時進行兩個現時的關注行為：一個是在單純之感知中的關注行為（例如關注地看一個人），另一個是在反思性之感知中的關注行為（關注我對一個人之關注的看）。但這種情況已被證明是不可能的。早在謝林那裡，我們便可以讀到：「自我不能在直觀的同時又去直觀直觀著的自身。」[198] 梅洛—龐蒂也說：「所有跡象都顯示，神經系統無法一次做兩件事」[199]。確實，當一個人在關注他自己的發怒時，他的怒火實際上已經消散了。由此看來，我只能將後一種情況視為唯一的可能，即：被反思的感知和反思性的感知只能是先後進行的。於是，我可以得出這樣的結論：現象學的反思只能是再造性的，就是說，首先要完成一個意識行為，然後我們才能將目光朝向它，即透過再造而使這個行為當下化，成為反思的對象。使這個已完成的意識行為再次顯現在反思中的過程因而必須被定義為「再造性的」。

所以，現象學的反思——與任何一種反思一樣——不是反思性的直觀，更不是像胡塞爾所說的「內在感知」，而只能是反思性的再造，只能是一種「後思」（Nach-Denken）。[200]

人們只能在再造中進行反思，這實際上是一個痛苦的認識。因為這意味著，我們所反思的任何一個體驗都不再是原本的體驗了，它們都已是變化過了的體驗，因為它們是透過再造而出現在反思之中的。換言之，現象學的研究不是以原本的體驗為對象，而是以變化過了的體驗為對象。[201]

---

[198] 謝林：《謝林選集》，法蘭克福／美茵茲，1985年，第一卷，第471頁。

[199] 梅洛—龐蒂：《行為的結構》，德文版，柏林，1976年，第23頁。

[200] 實際上，當英國經驗主義者們談到「reflection」後於「sensation」的問題時，他們已經或多或少地涉及了這裡所提出的問題，但他們並沒有深入地考察這個問題所導致的結論。

[201] 我們在I.凱恩和B.瓦爾登菲爾茲那裡已經可以發現他們對這個問題的關注：凱恩將反思標誌為一種考察，「這種考察並不只是偶然地在它反溯於其上的那個行為之後進行的，同時也不能在這個行為之中進行，就是說，這考察不是偶然地成為反思，它從本質上是一種反思：它只能在向一個行為的

這個結論可以說是與海德格的主張殊途同歸。它們都顯示胡塞爾用來把握原本性的方法與他所嚮往的原本性理想相隔有距。

　　顯然，胡塞爾本人在1913年已經受到了這方面的批評，並且看到了這種由反思而形成的變化。在這一年發表的《邏輯研究》第二版中，他加入了這樣一段話：「對心理行為之任何內在描述的可能性，以及更進一步說，現象學的本質論之可能性原則上受到一種困難的威脅，人們已多次論述過這種困難，它表現在：當人們從素樸的行為進行向反思的觀點，或者說，向反思的行為進行過渡時必然會改變素樸的行為。我們應當如何正確評價這種變化的方式和範圍，甚至，我們究竟能否知道——無論它是作為事實還是作為本質必然性——這種變化？」[202] 胡塞爾本人沒有回答這一問題。同樣地，在同年發表的《純粹現象學和現象學哲學的觀念》第一卷中，他以對「憤怒」這個意識行為的反思為例指明，在反思中出現的憤怒已不是原本的憤怒了，它毋寧說是一種已消散了的憤怒；它透過反思在內容上已有了迅速的變化。[203] 此外，胡塞爾還強調了這種變化的一般性，他認為：「每一種『反思』都具有意識變化的特徵」。[204] 關於這個變化，胡塞爾隨後又說：「這裡所說的變化是指：任何一個反思本質上都產生於觀點的改變，這種觀點的改變使得一個已有的體驗，或者說，使一個體驗材料（未被反思的體驗材料）發生某種變化，這種變化恰恰是以被

回溯中才能考察到它所考察的東西」。（I.凱恩：《哲學的觀念與方法》，柏林，1975年版，第22頁。瓦爾登菲爾茲也說：「作為反思的自身感知從本質上來說須以一個未被反思的意識為前提，這個意識本身而後受到反思。自身感知本身不是一種原初的，而是一種變化過了的意識方式」，（B.瓦爾登菲爾茲：《對話的間域》，海牙，1971年版，第66頁。）他將未變化的意識方式——自然的意識方式——與反思的、變化過了的意識方式之間的關係稱之為「反思與生活之間的基本對立」。（同上）

202 參閱胡塞爾：《純粹現象學和現象學哲學的觀念》第一卷，〔130〕。
203 胡塞爾：《邏輯研究》第二卷，第一冊，B10。
204 胡塞爾：《純粹現象學和現象學哲學的觀念》第一卷，〔148〕。

反思意識（或者說，被意識之物）的方式進行的」。[205] 但胡塞爾仍然未對這種變化做出進一步的規定。實際上，我在這一節開始時提到的反思與被反思之物之間的鴻溝正是與這種「改變」或「變化」密切相關的：一個事物在自然狀態中和在被反思的狀態中是不一樣的。

我認為，上述這種「變化」在現象學反思的情況中首先具有兩種含義：一方面它意味著質性的變化，即：帶有信仰的行為在被反思時信仰不再有效。這種變化是現象學反思所要求的，但並不是對所有的反思來說必然的，它可以出現，也可以不出現——這是我在第一點中所討論的問題。另一方面，這種變化意味著再造性的變化，這種變化在任何一個反思中都是不可避免的——這是第二點所得出的結論。我在下面第三點中要指出由反思引起的第三種變化，即有意性變化。

（三）現象學的反思作為回憶性反思或作為有意性變化

現象學反思作為再造性反思的定義尚不精確。我曾說過，現象學的反思是一種對被再造的意識行為，或者說，對被當下化之意識行為的不設定反思。在進一步的考察中，人們還可以將這些在反思中被再造的意識行為分成兩組：自然進行的意識行為和人為原造的意識行為。就是說，如果我們想要對某個意識行為進行反思，例如對一個感知行為，那麼我們只有兩種選擇：一是我們必須回憶以往所進行過的一個感知行為，對它進行反思；二是我們當場進行一個感知行為，或者說，當場生造（原造）一個感知行為，然後對它進行反思。這兩組意識行為的共同點僅僅在於，它們都必須在反思中以被當下化、被再造的形式顯現。

由於這兩組意識行為一組是自然進行的，一組是人為原造的，因而我們可以看到它們之間有進一步的重要差異產生：

1. 自然進行的意識行為來自於我們以往的經驗，而藝術原造（人為原造）的意識行為則取決於我們當下的意願。從這方面看，第一種情況所

---

[205] 胡塞爾：《純粹現象學和現象學哲學的觀念》第一卷，〔149〕。

涉及的是在反思中設定的再造，即：有關的意識行為現實地發生過，現在又在反思中被再造（回憶）出來；相反地，第二種情況所涉及的則是一種藝術原造，它可以是設定的，也可以是不設定的，就是說，我可以相信它們真實地發生過，也可以不相信。

2. 第一組意識行為的數量有限，而第二組意識行為的數量則可以無限。確切地說，我們不能反思任意多的自然意識行為，但我們可以原造任意多的藝術的意識行為進行反思。

3. 在我看來，這兩組意識行為之間最重要的區別在於：第一組意識行為所涉及的是一種素樸的、自然的和無意的意識行為，而第二組意識行為則是有意識地、為了現象學考察的緣故而進行的。因而，在兩組意識行為之間存在著一種變化，我將這種變化稱之為「有意性變化」（Bewusstheitsmodifikation）。

儘管存在著這些差異，這兩組意識行為還是共同構成了現象學研究的必要前提，這種研究企圖透過不設定的反思和觀念直觀來把握所有意識行為的一般本質。更確切地說，如果我們想把握一個意識行為的本質，我們就不能放棄第二組臆構性的、藝術原造性的反思。除非我們僅僅侷限在個別的意識行為上而不去考慮它們的本質。因為，根據胡塞爾的自由變更法理論（本質還原法），一個意識行為的本質只有透過對同一類行為的無限多的變更才能得以把握。

這裡產生出一個嚴重的問題：後補性地進行的意識行為——即我們為現象學研究而進行那些藝術原造的意識行為——與那些被再造的、在以往以自然方式進行的意識行為並不相同。與後者相比，前者經歷了那種「有意性變化」；它們不再是自然的意識行為，而是藝術進行的意識行為了。

這個簡單的事實將導致我們第二個痛苦的認識，即：所有這些有意地（藝術地）進行的意識行為，在它們成為現象學反思性研究的對象之前，都必須經歷雙重的變化：它們必須被有意地原造出來（有意性變化），然後又被再造於反思之中（再造性變化）。

這種有意性變化在某些意識行為那裡幾乎是無法被覺察到的：我可以

以回憶的方式反思我以往曾有的某個感知並研究這個感知行為，或者，我現在就有意地去感知某物，然後我將精神的目光投回到剛剛進行的感知行為本身上去。我可以有保留地說，這兩種感知——以前自然進行的和現在有意進行的——看起來幾乎是一樣的。它們是否真的完全一致，則要在深入研究後才能確定。

而在另一些意識行為那裡，這種有意性變化則發揮著相當大的影響。胡塞爾自己在舉「憤怒」為例時便承認，憤怒不像感知那樣「可以隨時透過隨意的實驗而產生出來」[206]。而如果我們將以往完全無意識地做出的一個單純想像與我們現在有意地進行的一個單純想像加以比較，我們便可以發現這裡有一個明顯的區別：在有意進行的單純想像中，我們在努力效仿自然進行的單純想像，我們努力地去進行那種「擬—相信」[207]。（例如：我有意地想像我在月球上漫步，擬—相信這一切都是真的，竭力想沉浸到這個想像中去。）不可否認，自然進行的單純想像是自然的，雖然它有可能因為進行時間的遙遠而有所淡漠；[208] 而藝術進行的單純想像則雖然清新，卻在身後留下藝術努力的痕跡；單純想像不再單純，因為有意性或多或少地吸引了想像者的關注力，使他無法單純地沉入到想像中去。

有意性變化所造成的影響更明顯地表現在幻覺的情況中。在這裡我們原則上只能訴諸於以往的經驗。如果我們從未經歷過幻覺，我們當然可以試圖原造出任意多的幻覺來，但這些有意原造的幻覺將會被染上如此多的有意性變化之色彩，以至於我們無法再將它們看作是幻覺，而毋寧須將它們看作是臆構了。

同樣的情況也適用於錯感知（Trugwahrnehmung）。對錯感知的研究

---

[206] 胡塞爾：《純粹現象學和現象學哲學的觀念》第一卷，〔130〕。

[207] 「擬—相信」或「擬—信仰（quasi-Glauben）」，指包含在「單純想像（Blob-Phantasie）」中的那種信仰，等同於我們在第5節中曾提到過的「擬—設定」。

[208] 或者，如胡塞爾所說：「有所消散（verraucht）」。參閱胡塞爾：《純粹現象學和現象學哲學的觀念》第一卷，〔130〕。

只能依據於我們以往的經驗，因為原則上不可能原造出任意多的錯感知。

假如現象學家之反思的目的僅僅在於個別直觀，那麼上面的情況對他不會造成很大的損失。但現象學家是以對各種意識行為的本質直觀為己任的。對於反思性的本質直觀來說，剛才所確立的事實意味著兩種可能性：本質直觀或者不去考慮有意性變化，但這如我們以上所見並不總是可能的；或者，本質直觀必須放棄對自由想像——自由變更的偏好。[209] 正是在這個意義上我談及問題的嚴重性。我們在對單純感知、單純想像、錯感知、幻覺等意識行為進行研究時所遇到的困難實際上幾乎毫無例外地都植根於此。

從以上分析中，我想得出這樣一個結論：當人們，例如海德格或高達美，指責胡塞爾的對意向性之反思不是原本性把握時，這種指責本身具有現象學的根據，也就是說，它可以在現象學上得到論證。

---

[209] 與此有關的是「自由變更」方法所含有的問題，對此可以參閱我在本書第五節中的論述。

第二章

《笛卡兒式的沉思》與《歐洲科學的危機與先驗現象學》中的「現象學」觀念

八、對胡塞爾後期歷史哲學趨向的各種評述

　　熟悉胡塞爾思想、個性、風格的人都不會奇怪，為什麼在胡塞爾那裡，純粹理論現象學占有首要的位置。用保羅・利科（Paul Ricoeur）的話來說，「人們完全可以將他稱作是一個非政治性的人，他受的教育、他的愛好、他的職業以及他對科學嚴格性的偏好都決定了他的非政治性。」[1]利科所說的「非政治的」一詞基本上等同於「非歷史的」、「非社會的」、「非藝術的」、「非宗教的」……，一言以蔽之，「非人類現實的」。與這些概念相對的概念則是「先驗的」或「純粹的」。就像純粹數學家一樣，如果條件允許，純粹現象學家也可以做到在某種程度上「不食人間煙火」。可以理解，胡塞爾在1906/07年期間完成的向先驗現象學之突破帶有某種必然性：它是胡塞爾追求最終根據、最終論證的必然結果。

　　胡塞爾的這一追求顯然與他的學生們，即以海德格為首的一批弗萊堡青年現象學學者的期望不相符合。但他們仍暗存希望：最根本的希望當然在於胡塞爾能改變他對先驗層次的理解；即使這一希望無法實現，那麼他們仍希望這位現象學反思分析的大師至少能夠著重關注一下其他一些與現實較為貼近的領域，用現象學的方法釐清一些長期以來困擾著人們的問題，從而對人類生活的此在做出像對純粹意識一樣令人信服的解釋。

　　最多表露出這一希望的是海德格，他在1919/20的馬堡講座《現象學的基本問題》中就將目光朝向人類社會的現實問題，朝向「自身世界」、「周圍世界」和「共同世界」，並對胡塞爾的「生活世界」加以運用。海德格強調，「胡塞爾並沒有在受到批評的《純粹現象學和現象學哲學

[1] P.利科：〈胡塞爾與歷史的意義〉，載於《胡塞爾》・赫曼・諾亞克（Hermann Noack），達姆斯塔特主編，1973年，第231頁。

的觀念》第一卷上固步自封：胡塞爾的現象學處在開放的發展之中」。[2]
在《存在與時間》中，我們就可以讀到海德格的說明：「E.胡塞爾對『人
格』的研究至今為止尚未發表。對這個問題的基本態度已經在〈哲學作
為嚴格的科學〉一文中得到表明，這項研究在《純粹現象學和現象學哲
學的觀念》第二部分中得到更深入的推動。這部著作的第一部分把『純
粹意識』的問題看作是研究所有實在的構造之基礎。第二部分提供了詳
細的構造分析，並分三篇探討：（一）物質自然的構造。（二）動物自然
的構造。（三）精神世界的構造（與自然主義觀點相對立的人格主義觀
點）。……在完成這項首次工作之後，胡塞爾對這一問題的探討更加深
入，並且在他的弗萊堡講座中陳述了這些研究的根本部分。」[3] 其他的學
生也不例外，「英加登就曾相信並聲稱，胡塞爾在〈關於時間問題的伯爾
瑙手稿〉中探討個體性問題」。[4] 更有一些抱負著拯救人類之使命的熱血
青年希望透過胡塞爾的現象學來實施他們的理想，高達美回憶當時的情景
說：「在第一次世界大戰以後的幾年裡，弗萊堡大學在哲學系的學生中聲
名顯赫。『現象學』一詞聽起來既十分神祕，又充滿希望。1920年，我曾
作為馬堡的大學生參加了一次討論，這個討論是在一批想改造世界的人中
進行的，每個時代的大學生中都有這樣的人。當時的國家倉夷滿目、破敗
不堪，而西方沒落的口號俯拾皆是。有許多拯救歐洲的建議被提出來，
許多人名被提到，如斯特凡·格奧爾格（Stefan Georg），如馬克斯·
韋伯（Max Weber），也有卡爾·馬克思、奧托·馮·吉爾克（Otto von
Gierke）、齊克果（S. Kierkegaard），而在最後，有人堅定地說，只有現
象學才有能力拯救歐洲。我第一次聽到這個詞，至少是第一次聽到這個詞

2　參閱珀格勒：〈現象學的哲學概念之危機（1929）〉，載於《爭論中的現
　　象學》，Ch.雅默（Ch. Jamme）、O.珀格勒主編，法蘭克福／美茵，1989
　　年，第258、259頁。

3　海德格：《存在與時間》，圖賓根，1979年，第47頁。

4　珀格勒：〈現象學的哲學概念之危機（1929）〉，載於《爭論中的現象
　　學》，第259頁。

被這樣強有力地說出。因此，在完成博士考試之後，我們這些人自然就踏上了去弗萊堡的道路。」[5]

然而這只是這些年輕的現象學家們和大學生們的一廂情願。在三十年代之前，胡塞爾並沒有表現出有改變自己的看法和做法的傾向。胡塞爾現象學與現實的關聯與其說是一個包含在胡塞爾現象學自身之中的意向，還不如說是一個存在於其他人想像之中的希望。正如珀格勒所指出的，「他（胡塞爾）無法容忍他的學生過多地把歷史現象、甚至把神學關係移到前臺；他認為，現象學應當是普遍的，它涉及數學和自然科學，同樣也涉及歷史和神學，但作為先驗的現象學，它必須保持它澈底的奠基作用。」[6]實際上胡塞爾始終沒有發表海德格所預告的《純粹現象學和現象學哲學的觀念》第二卷；他在〈關於時間問題的伯爾瑙手稿〉中所談的也只是時間客體的個體性，而不像英加登所期望的那樣是人類生存意義上的個體性。同樣地，在二十年代的胡塞爾那裡，我們也沒有發現像青年學生們所具有的那種歷史使命感。

但令人意想不到的是，在胡塞爾與海德格的關係破裂許多年之後，胡塞爾於1936年在「歐洲科學的危機與先驗現象學」的講座中公開地對「人類歷史」和「人類危機」的問題做出論述和研究，並由此而展開了一門可以說是現象學之「歷史哲學」的可能性。如果現象學陣營在當時尚未分裂，海德格學派一定會舉雙手贊同胡塞爾的這一「轉向」。然而在以後的現象學家們看來，儘管胡塞爾對人類歷史問題的關注在哲學史上具有重大意義，但胡塞爾哲學本身的不一貫性卻由此而表露出來。法國現象學家利科就曾對胡塞爾的轉向表露過他的驚異：「這位天生不熟悉政治活動的思想家出乎意料地闡述了關於人類普遍危機的意識，他不再僅僅只談論先驗的自我，而是談論歐洲人，談論他們的命運，他們可能的墮落以及他們必

---

[5] H. G.高達美：〈回憶胡塞爾〉，載於《胡塞爾與現象學運動》，第13頁。

[6] 珀格勒：〈現象學的哲學概念之危機（1929）〉，載於《爭論中的現象學》，第259頁。

然的再生，並且，他把他自己的哲學也放到這個歷史之中，他這樣做是因爲他堅信，這門哲學對歐洲人負有責任，唯有這門哲學才能向歐洲人指明復興的道路。這位現象學家並不滿足於思考歷史和在歷史中思考，而且他還發現了一個令人驚異的任務：像蘇格拉底和笛卡兒那樣，建立一個新的時代。」[7]利科雖然沒有批評胡塞爾的不一貫性，但卻認爲胡塞爾的這一做法是出於現實環境的壓力：「當時咄咄逼人的德國政治局勢構成了胡塞爾這一整個思維努力的背景。」「無論如何，危機意識在納粹時代是胡塞爾歷史責任感的實際起因。」[8]另一位法國現象學家梅洛─龐蒂則認爲胡塞爾的這種做法是自相矛盾的，這種矛盾表現在：「現象學是本質研究，它教導說，所有問題都可以透過本質規定而得到解決，即：例如透過對感知本質的規定，對意識本質的規定──但現象學同樣是一門哲學，它將所有本質都回置到生存中去，並且要求在『事實性』中理解人和世界。現象學是先驗哲學，它爲了理解自然觀點的命題而將這些命題判爲無效──但它又是這樣一門哲學，這門哲學教導說，在所有反思之前，世界在一種非外化的當下中『就已經在此』存在著了，這門哲學的目的無非在於對這種自然的世界連結進行研究，以便最終能夠提供一種哲學的規章制度。現象學的目的在於成爲一門『嚴格的科學』──但它卻可以說是一種對『生活』的空間、時間、世界的思考。現象學是一種按照所有經驗本身對這些經驗進行直接描述的企圖，它不去顧及發生心理學和因果性解釋的問題──但胡塞爾在他最後的著述中卻談到『發生現象學』，談到『構造現象學』。」[9]原先人們曾把這種矛盾看作是被誤認爲是統一的現象學陣營之中的一個矛盾，即胡塞爾哲學傾向與海德格哲學傾向之間的矛盾，但自胡塞爾本人在三十年代的轉向以來，這個矛盾似乎成了胡塞爾哲學本身所包含的矛盾了。所以梅洛─龐蒂問道：「如果區分胡塞爾和海德格的現象

7　利科：〈胡塞爾與歷史的意義〉，載於《胡塞爾》，第231頁。

8　利科：〈胡塞爾與歷史的意義〉，載於《胡塞爾》，第232、233頁。

9　梅洛─龐蒂：《感知現象學》，德文版，柏林，1966年，第3頁。

學，就能夠解決這些矛盾嗎？但《存在與時間》本身的產生便是因為胡塞爾所做的一個提示，它無非是一種對『自然的世界概念』或『生活世界』的一種釋義，正如胡塞爾本人在他生命的後期也把這種釋義作為現象學的第一課題一樣，因此，這種矛盾重又出現在胡塞爾本人的哲學中。」[10]

必須指出，無論這兩位法國哲學家在現象學方面具有多麼深厚的造詣，無論他們對現象學在法國的傳播和發展具有多麼巨大的貢獻，他們對胡塞爾後期轉向的理解都很難說是確切的。這並不是一個批評，而只是對一個客觀事實的確定：利科和梅洛—龐蒂的評論分別寫於1949年和1945年，由於當時胡塞爾的許多手稿尚未得以發表，例如構成《歐洲科學的危機與先驗現象學》第三部分的手稿、關於《交互主體性的現象學》的手稿等等，因此，在對胡塞爾後期研究課題變化的問題上，他們都只注意到這個變化的外部現象，而沒有看到這個變化在胡塞爾思想發展中所具有的內在必然性。應當受到批評的是哈伯瑪斯，他在八十年代仍然認為：「正是由現代科學的結果所導致的危機才將胡塞爾從他的客觀主義之世界遺忘性和自我遺忘性中拽了出來。」[11]

將胡塞爾的哲學研究課題變化歸咎於或歸功於時代危機狀況的外來壓迫，這種做法若想得到合理的論證，首先必須提供這樣一個證明：胡塞爾危機意識的形成不會早於時代危機狀況的產生，因為前者按此做法應當是後者的結果。利科就認為，「可以猜測，胡塞爾是從1930年開始將他自己的哲學與歷史，更確切地說，與歐洲精神的歷史連結在一起。」[12]然而從今天可以讀到的胡塞爾手稿來看，早在二十世紀的二十年代，胡塞爾便已經提出了「科學危機」和「哲學危機」的概念和問題。哲學人類學家威廉·E.彌爾曼（Wilhelm E. Muehlmann）甚至認為胡塞爾對這個問題的關注要更早些：他「用他那敏銳的目光清楚地認識到：與危機密切相關的是

---

10 梅洛—龐蒂：《感知現象學》，第3頁。

11 哈伯瑪斯：《後形而上學思維》，第92頁。

12 利科：〈胡塞爾與歷史意識〉，載於：《胡塞爾》，第231頁。

對人類認識能力的絕望以及在世界觀中向非理性主義的突變趨向，並且，他並不只是在關於『歐洲科學的危機』（1936年）的論著中才認識到這一點，而是至遲在1910年時便已認識到了這一點」。[13] 如果彌爾曼的這一說法確切，那麼胡塞爾對人類歷史和人現實問題的關注就顯然是走在了時代危機之前──不僅走在三十年代透過納粹主義而預示的第二次世界大戰和理性危機之前，而且走在由第一次世界大戰所帶來的歐洲歷史危機之前。[14]

我們今天應當能夠確定這樣一個事實：胡塞爾危機意識的產生與其說是由於外在危機狀況的壓迫，不如說是出於一種理論家在面對理論危機時所產生之在現實問題上的超前意識。如果我們在這裡要談因果關係的話，那麼不是外在危機導致胡塞爾提出危機問題，而是胡塞爾在現實危機產生之前就已經看到了外在危機將會是一個必然的結果。指出這個事實的首先不是一位諳熟胡塞爾思想的現象學家，而是一位哲學人類學家──彌爾曼。彌爾曼將胡塞爾的「持久的意義」歸納為六點：

（一）他有力地反駁了心理主義、人類主義、歷史主義和懷疑論的相對主義。

（二）他揭示了作為客觀主義的古典─自然科學方法的問題史。

（三）他發掘出作為主─客體之間的運動概念之連續的「意向性」範疇。

（四）他創造出一種可以把握現象的「現象學還原」方法。

（五）他回返到了已被人們遺忘了的、作為科學之意義基礎的生活世界。

（六）他克服了主─客體的分裂。[15]

胡塞爾的這六項功績在彌爾曼看來並不是相互孤立的。他認為，胡塞爾自《邏輯研究》以來對懷疑主義、相對主義的批判就是他危機哲學和生活世界哲學的前形態。儘管胡塞爾在《邏輯研究》中令人信服地揭示了心

---

[13] 威廉・E.彌爾曼：《人類學史》，威斯巴登，1986年，第153頁。

[14] 胡塞爾的幼子沃爾夫岡於1916年死於這次戰爭。如果說胡塞爾曾經經歷過外在危機的壓迫，那麼這應當是第一次。

[15] 彌爾曼：《人類學史》，第152頁。

理主義的最終結局是懷疑論的相對主義，並因此而結束了心理主義在哲學史上的統治地位，但胡塞爾此後仍然一再地在各種流行的學說中發現相對主義的各種表現形式，不斷地感受到懷疑論相對主義持續增長的力量。胡塞爾預見到這種不斷增長的勢力最終將導致一種文化的價值相對主義。胡塞爾對這種文化相對主義的批判在三十年代之前僅僅是一種對它的理論論據的批判，而在三十年代，胡塞爾的這一批判已經是面對作爲這種文化相對主義之結果的殘酷現實而發，他希望能夠透過復興認識與理性來最終戰勝相對主義及其惡果。[16]

　　由此可見，即使胡塞爾在後期對現實的關注也是他在理論理性方面思考的延續。承認胡塞爾迫於外在的壓力或危機而做出課題上的轉向，實際上也就承認了胡塞爾在思維方式上的不一貫性，這是對胡塞爾思維歷程的一個錯誤理解和解釋。彌爾曼的揭示已經在縱的方向上，即從胡塞爾思想發展的歷史連貫性上指出了這一點。除此之外，後來的一些現象學哲學家又在橫的方向上，即透過對胡塞爾方法體系的考證而對此做出更明確的論證。例如凱恩在1979年便已確定：「胡塞爾在方法上把生活世界的問題看作是通向先驗還原的一個通道。」[17]瓦爾登費爾茲在1985年得出與此相同的結論：「生活世界在胡塞爾那裡不是一個直接描述的對象，而是一個具有方法目的的回問對象，透過這種回問，人們可以重新把握住生活世界的在先被給予性。」[18]施特拉塞爾在他遺世之作《矛盾中的世界》（1992年）中則再次強調：「生活世界的問題是通向先驗懸擱的一個通道。」因此，「胡塞爾對生活世界的興趣絕不等於對他先驗觀念主義的背離。」「對於胡塞爾來說它首先是一種方法上的轉變。他不再採取《純粹現象學

16　彌爾曼：《人類學史》，第153、154頁。

17　凱恩：〈生活世界作為客觀科學的基本問題和作為普遍的真理和存在問題〉，載於《艾德蒙‧胡塞爾哲學中的生活世界與科學》，E.施特雷克（Elisabeth Stroeker）主編，法蘭克福／美茵，1979年，第78頁。

18　瓦爾登菲爾茲：《在生活世界的網中》，法蘭克福／美茵，1985年，第16頁。

和現象學哲學的觀念》第一卷的做法,即根據一種自由的意志決定來選擇懸擱的思維方式,而是首先回答在世界視域之內湧現出來的問題」。[19]這裡所說的「在世界視域之內的問題」就是「危機」的問題和「生活世界」的問題。(我們在這裡暫且可以把「生活世界」定義爲「自然態度中的世界」。)胡塞爾後期所循的這條思路基本上是對他早期在《現象學的心理學》中所展示之通向先驗還原的意向心理學道路之延續和擴展。

據此,我們可以大致地把握住胡塞爾後期爲何關注歷史、人類問題這一做法的實質原因:它更主要地是出於理論和方法的需要,而不是出於實踐和現實的興趣。胡塞爾自己在《歐洲科學的危機與先驗現象學》已經證實了這一點,這部著作的第三部分標題是:〈從生活世界出發通向先驗現象學之路〉。此外,在闡明對先驗現象學就是在先驗還原之中對「生活世界」的關注和課題化之後,他強調說:「當然,在我們現在的(先驗現象學的)課題領域中,我們也不具有任何一種將某個人類實踐付諸實施的興趣,因爲這些人類的實踐始終還建立在已經存在著的世界之基礎上,它仍然對它所從事的事物之眞實存在或不存在發生興趣。」[20]因此,我們可以借用黑爾德的話來概括胡塞爾對生活世界的理解:「生活世界」對於胡塞爾來說「是一個科學批判的概念而不是社會哲學的概念」。[21]

與「生活世界」問題有關的是「先驗交互主體性」的問題。可以確定,除了「生活世界」的問題之外,胡塞爾在後期,即自二十年代以來,探討得最多的另一個問題是「交互主體性」的可能性以及它們的先驗功能。[22]所謂「交互主體性」的先驗功能問題,簡單地說,就是先驗自我在

---

[19] 施特拉塞爾:《矛盾中的世界──關於一門作為倫理基礎哲學的現象學之想法》,多德雷赫特,1992年,第69頁。

[20] 胡塞爾:《歐洲科學的危機與先驗現象學》,《胡塞爾全集》第六卷,海牙,1962年,第159頁。

[21] 黑爾德:〈導言〉,載於《生活世界的現象學──胡塞爾文選II》,斯圖加特,1986年,第34頁。

[22] 這一研究結果可以參閱雅默:〈用超理性主義來反對非理性主義〉,載於:《爭論中的現象學》,第66頁。

構造出先驗的事物和由這些事物所組成的自然視域之後，如何再構造出他人以及由他人所組成的社會視域之問題。與對「生活世界」問題的探討不同，對這個問題的探討可以說是胡塞爾思想內在發展的一個必然結果。胡塞爾後期一方面對他早期所開闢幾條通向先驗現象學的道路不甚滿意，認為它們對非哲學的讀者來說過於深奧和困難，因而試圖用與人的自然本性較為切近的「生活世界」來構造一條新的通道；另一方面，他也不想在他本人已達到的先驗自我論之現象學中停滯不前，因為先驗自我論「只是最底層的先驗現象學，而不是完整的先驗現象學，一門完整的先驗現象學顯然還包含著由先驗唯我論通向先驗交互主體性的進一步途徑」。[23] 這就是胡塞爾後期在關注「生活世界」的同時也探討「先驗交互主體性」問題的關鍵原因。應當說，胡塞爾後期將這兩個問題一起當作中心問題來研究，這種做法並不具有必然性。換言之，即使胡塞爾後期沒有對「生活世界」發生興趣，「先驗交互主體性」仍然是他必須解答的問題。

　　當然，與胡塞爾的其他重要哲學概念，如意向性、明見性、本質等等概念相同，「交互主體性」的概念在胡塞爾那裡也具有「世間的」和「先驗的」兩層含義。胡塞爾在1925年至1928年期間為《大英百科全書》所撰寫的〈現象學〉條目中曾把「交互主體性」分為「純粹—心靈的交互主體性」和「先驗的交互主體性」。胡塞爾認為，它們兩者相互對應，處於這樣一種奠基關係之中：「只要純粹—心靈的交互主體性服從先驗的懸擱，它就會導向與它平行之先驗的交互主體性」，相對於「純粹—心靈的交互主體性」而言，「先驗的交互主體性是具體、獨立的絕對存在基礎，所有超越之物都從這個基礎中獲取其存在意義」。[24] 根據胡塞爾的這種劃分，「純粹—心靈的交互主體性」便與人類的「生活世界」有關，它屬於「心理學的現象學」（本質心理學）的研究範圍，它與「先驗的交互主體性」

---

[23] 胡塞爾：《笛卡兒式的沉思》，《胡塞爾全集》第一卷，海牙，1973年，第12頁。

[24] 胡塞爾主編：《現象學的心理學》，第294、295頁。

問題的關係是「心理學」對象與「先驗哲學」對象之間的關係。

而「先驗交互主體性」與「先驗自我」之間的關係則涉及「第二哲學」與「第一哲學」之間的關係：「完整的現象學可以分成兩部分：一方面是作為『第一哲學』的本質現象學（或普遍本體論），另一方面是『第二哲學』，即關於事實整體的科學，或者說，一門綜合地包含著所有這些事實的先驗交互主體性之科學。」[25] 根據這種劃分，我們可以把胡塞爾「第一哲學」的概念理解為「先驗自我論」或「先驗本質論」，把「第二哲學」的概念理解為「先驗交互主體論」或「先驗事實論」。這兩者之間的奠基關係在於：「第一哲學構成第二哲學的方法整體，它在其方法論證中只與其自身有關。」[26] 這就是說，第一哲學自身可以成立，而第二哲學的成立還需依據於第一哲學。

由此可見，「生活世界」對於先驗現象學來說是一個（先驗哲學）學科之外的問題，而「先驗交互主體性」則是一個（先驗哲學）學科之內的問題。

今天有很多人將胡塞爾這兩個問題混為一談，[27] 然而這種混淆必須以否定或放棄胡塞爾的先驗還原為前提；也就是說，如果我們撇開胡塞爾的先驗哲學意向不論，刪去胡塞爾在「交互主體性」概念前面所加的「先驗」這個定語，只去研究他的「心理學的現象學」，那麼，「純粹─心靈的交互主體性」與「生活世界」可以說是密切不可分的：「純粹─心靈的交互主體性」是「生活世界」中人與人之間理解、互通、交往的前提。儘管胡塞爾本人也認為，這種對「生活世界」以及「純粹─心靈交互主體性」的研究與先驗現象學研究相比具有「理論上的等值性」[28]，但他最終所要達到的目標始終是先驗現象學。在他那裡，「先驗的交互主體性」是在研究「先驗自我」之後他所要探討的首要課題，是對他的先驗哲學思想

---

25 胡塞爾：《現象學的心理學》，第298、299頁。

26 胡塞爾：《現象學的心理學》，第299頁。

27 我們在後面所要討論的哈伯瑪斯和舒茲那裡可以發現這種傾向。

28 胡塞爾：《現象學的心理學》，第294頁。

之必然展開；而「生活世界」問題的提出原初只是一個「副產品」，只具有教育方法，即引導讀者進入先驗領域的意義。

　　據此，我們可以提出對哈伯瑪斯的第二個批評。他認為，「胡塞爾認識到，以往被哲學傳統視為虛無的日常意見和行為的實踐是奠基性的層次，並且，他將自然的生活世界引入到先驗的發生中來，直到這時，創造著意義的先驗還原—自我（Ur-Ich）的單數才成為一個問題。」[29] 這顯然是顛倒了胡塞爾哲學中「生活世界」和「交互主體性」問題（一）在邏輯發展上，（二）在時間順序上的先後關係。前者我們在前面已經做了陳述；而對後者的證明更為簡單：胡塞爾對交互主體性問題的研究開始於1905年，遠早於他對生活世界問題的提出和探討。

　　我們在這裡之所以首先強調「生活世界」與「先驗交互主體性」在胡塞爾整體哲學設想中所占有的不同位置，這是因為「生活世界」和「先驗交互主體性」在胡塞爾的理論思考中代表著兩個不同的方向，我們完全可以說，在它們之間隔著一個先驗還原。嚴格地看，「生活世界」在胡塞爾先驗現象學中是經驗的實在，因而是應當受到排除的東西，它與先驗還原所要還原的東西有關；「交互主體性」在先驗現象學中則是先驗的本質，因而是應當受到嚴密論證的東西，它與先驗還原所要保留的東西有關。更嚴格地說，胡塞爾本人會接受後人對他某些思想的「先驗交互主體性現象學」之規定，卻不會接受「生活世界交互主體性現象學」這個稱號。因為「生活世界」是在進行先驗還原之前的一個過渡階段，而「先驗交互主體性」則是在進入先驗層次後先驗現象學的進一步展開。根據這種情況，我們在這裡實際上應當將「生活世界」和「交互主體性」的問題分開討論。但是，由於這兩個問題所具有的「現象學效應」幾乎不可分割，所以我們不得不放棄分開論述的打算。很遺憾，我們可以明顯地看到，在胡塞爾哲學的意圖與他哲學的效應之間有很大的距離：「生活世界」問題即使在胡

29　哈伯瑪斯、魯曼：《社會理論還是社會技術論》，法蘭克福／美茵，1979年，第176、177頁。

塞爾後期也只是一個用來達到目的的手段或途徑，然而它所引起的思考要超出胡塞爾哲學中的其他基本概念，「不僅現象學家，而且現代哲學中語言哲學和馬克思學派的代表人物都受到胡塞爾這一思維動機的影響，並結合這一動機而發展出他們自己的觀念。」[30]

最後我們還要補充的是資料方面的說明：我們對「生活世界」和「危機」問題研究的主要依據將主要來自作爲《胡塞爾全集》第六卷的《歐洲科學的危機與先驗現象學》，它既包括胡塞爾生前發表的這篇文字的第一、二部分，也包含當時未發表且篇幅較第一、二部分長出近一倍的第三部分和附錄。對這部著作，正如芬克所言，「可以在各種角度上進行考察和閱讀」，「胡塞爾的歷史構想在這部著作中最明顯和最急迫地得到表述」。[31]關於「交互主體性」問題的第一手資料則主要來自《笛卡兒式的沉思》，尤其是第五項沉思。爲了回答對他哲學唯我論的指責，胡塞爾在這裡第一次有系統地提出「典型之人類環境的構造問題，即每個人、每個人類集體之文化環境的構造問題」。[32]此外，由凱恩主編的三卷本《交互主體性的現象學》（《胡塞爾全集》第十三、十四、十五卷）也爲我們全面地、歷史性地提供了胡塞爾在這方面思想發展的充分說明。

30　施特拉塞爾：《矛盾中的世界——關於一門作為倫理基礎哲學的現象學之想法》，第69頁。

31　芬克：〈世界與歷史〉，載於《胡塞爾與近代思維》，L. H. 范·布雷達、J. 塔米諾（J. Taminiaux）主編，海牙，1956年，第149頁。

32　胡塞爾：《笛卡兒式的沉思》，第160頁。

九、胡塞爾的「生活世界」概念

　　胡塞爾對「生活世界」的分析是與我們前面所說的「危機」問題密切相關的，它們代表著胡塞爾「歷史哲學」的思維方向。[33] 當我們在這裡像利科、芬克以及許多其他哲學家一樣，用「歷史哲學」這個概念來概括胡塞爾在這兩個問題上的哲學意圖時，「歷史哲學」這個概念已經在一定程度上包含著黑格爾哲學所賦予它的意義。黑格爾對他的「歷史哲學」基本定義是：「對歷史進行的哲學探討」，或者，「對歷史進行的思維考察」。[34] 如我們在前一節已經指出過的那樣，黑格爾之所以強調對歷史進行「哲學的探討」或「思維的考察」，是因為他所理解的「歷史哲學」不是一種像通常意義上的歷史學所做那種對歷史事實的單純複述，而是意味著思維對歷史所進行的加工。黑格爾的這種歷史哲學觀不僅表現在他的歷史哲學中，而且也表現在他的哲學史思想中。在黑格爾那裡，人類的歷史以及作為人類思維史的哲學史都只不過是「絕對理念」自身展開的過程史。

　　胡塞爾在這方面與黑格爾具有相當程度上的一致性：他對哲學史和人類史的理解都建立在他的先驗現象學觀念之基礎上：所有在先驗現象學之前的哲學史都僅僅是「第一哲學」的「前史」，而作為自然世界概念的「生活世界」同樣也只是構成「先驗哲學領域」的「前沿」。先驗現象學觀念的提出，在哲學史上意味著第一哲學的產生，在人類的觀念上意味著一次態度上的變革——從自然態度向哲學態度的轉變。

　　「生活世界」這個概念在二十年代之前就被胡塞爾零星地使用過。

---

[33] 哈伯瑪斯也看到了這個事實：「胡塞爾已經將他對生活世界的分析與危機問題連結在一起。」（哈伯瑪斯：《後形而上學思維》，第92頁。）但如前所述，哈伯瑪斯不能由此而得出這樣一個結論，即：由現代科學的結果所導致的危機才使胡塞爾開始注意「生活世界」的問題。

[34] 黑格爾：《世界史哲學講演錄》，第一卷，萊比錫，1944年，第1頁。

到了二十年代，這個概念在胡塞爾那裡獲得了中心的意義，它成為一個根本問題的名稱。[35] 我們在前一節中曾對「生活世界」做過一個大致的定義：在自然態度中的世界。但是，如果我們在這裡想對胡塞爾的「生活世界」概念給出一個較為確切的定義，那麼這種企圖很有可能會是徒勞的。胡塞爾自己也從未對「生活世界」做出過明確的規定。南斯拉夫的現象學家A.帕采寧（Ante Pažanin）曾經抱怨說，「不僅是我，而且……就連胡塞爾本人也不具備對生活世界能做出恰當規定的概念。」[36] 當然，我們可以根據胡塞爾各種有關這個概念的闡述而逐漸地領悟胡塞爾在這個概念上的用意。在此之前，我們在術語方面還需做一補充：在胡塞爾的哲學概念中，與「生活世界」（Lebenswelt）同義的還有「周圍世界」（Umwelt）和「生活周圍世界」（Lebensumwelt），它們所表達的都是與我們直觀視域有關的東西。「生活世界」的構造過程，也就是我們在前面已經闡述過之「世界視域」在空間和時間上的形成過程。

　　「生活世界」的最基本含義當然是指我們各人或各個社會團體生活於其中的現實而又具體之環境。如果我們希望對此含義做出進一步的分析，那麼在胡塞爾對「生活世界」的理解中，有四個方面首先要引起我們的注意。

　　第一，「生活世界」是一個非課題性的世界。這裡的「非課題性」與「自然態度」有關，它是指我們在自然的觀點中直向地面對現實世界，將現實世界的存在看作是一個毋庸置疑的、不言自明的前提，不將它看作問題，不把它當作課題來探討。用胡塞爾的話來說，「生活世界是一個始終在先被給予的、始終在先存在著的有效世界，但這種有效不是出於某個意圖、某個課題，不是根據某個普遍的目的。每個目的都以生活世界為前

35　這一研究結果可以參閱伊索‧凱恩：〈生活世界作為客觀科學的基本問題和作為普遍的真理和存在問題〉，載於《艾德蒙‧胡塞爾哲學中的生活世界與科學》，第68頁。

36　A.帕采寧：〈後期胡塞爾的真理與生活世界〉，載於《胡塞爾與近代思維》，第107頁。

提，就連那種企圖在科學眞實性中認識生活世界的普遍目的也以生活世界爲前提」。[37]

　　胡塞爾在這段話中已經涉及到「生活世界」的第二個特徵：它是一個奠基性的世界。在這點上，「生活世界的自然態度」與「客觀科學的態度」和「哲學的反思態度」得到區分，後面的兩種態度都在某種程度上將現實世界作爲課題來探討。但所有對「生活世界」的探討都必須以「生活世界」本身的存在爲前提。因此，「生活世界」的態度要先於其他的態度並構成其他態度的基礎，或者說，其他的態度都奠基於「生活世界」的態度之中。「只要我們不再陷身於我們的科學思維，只要我們能夠覺察到我們科學家是人，並且是生活世界的一個組成部分，那麼整個科學都與我們一起進入到這個——主觀、相對的——生活世界之中。」[38]

　　這裡我們又接觸到「生活世界」的第三個特徵：它是一個主觀、相對的世界。它是「始終在不斷相對運動中爲我的存在之物的整體」。[39] 我們可以把這個特徵稱之爲「生活世界」的視域特徵。「生活世界」隨個體自我主觀視域的運動而發生變化。這似乎是一個必然的事實：每個人的「生活世界」是各不相同的，因而「生活世界」的眞理是相對於每個個體而言的眞理。

　　這個特徵與「生活世界」的最基本特徵密切相關，這也就是它們的第四特徵：「生活世界」是一個直觀的世界。胡塞爾曾把「生活世界」稱之爲「原則上可直觀到的事物之整體」，[40]「直觀」在這裡意味著日常的、伸手可及的、非抽象的。正因爲它是一個直觀地被經驗之物的世界，因而隨經驗主體的不同而具有相對性：它可以是相對於一個個體的人而言的世界，也可以是相對於一個集體的人而言的世界。

　　據此，我們可以將「生活世界」定義爲一個「非課題性的、奠基性

37　胡塞爾：《歐洲科學的危機與先驗現象學》，第461頁。
38　胡塞爾：《歐洲科學的危機與先驗現象學》，第133頁。
39　胡塞爾：《歐洲科學的危機與先驗現象學》，第462頁。
40　胡塞爾：《歐洲科學的危機與先驗現象學》，第130頁。

的、直觀的、主觀的世界」。後面對「生活世界」的分析可以說基本上是對這個定義的展開。這種展開主要在兩個方向上進行：（一）「生活世界」與「科學世界」的關係；（二）「生活世界」與「哲學世界」的關係。

很明顯，「生活世界」一方面與哲學的態度相區別，另一方面與科學的態度相區別。這種劃分可以使人聯想起舍勒的三種事實說：自然的事實、科學的事實和純粹的事實，而與三種事實相對應的是三種態度：自然的態度、科學的態度和現象學的態度。儘管我們在內容上不能將胡塞爾的三種態度說或三個世界說等同於舍勒的三種態度說或三種事實說，然而它們之間在形式上的相互影響卻是顯而易見的。

我們從「生活世界」的第一個特徵入手：它是一個非課題性的世界：作為自然的人，我們始終生活在這個世界之中，但我們並不把這個世界作為一個普遍的課題來探討。我們可以說是沉湎於「生活世界」之中。但有一天我們甦醒過來，我們開始將這個世界視為一個問題或一個課題。胡塞爾認為，甦醒的方式有兩種，或者說，將這個世界課題化的基本方式有兩種：一種是以科學態度為出發點，一種是以哲學態度為出發點。[41]

我們可以把前一種方式稱之為科學意識的甦醒，把後一種方式稱之為哲學意識的甦醒。

從歷史上看，科學意識的甦醒要早於哲學意識的甦醒。胡塞爾認為，這「不是由於偶然的原因，而是出於合乎本質的原因」。[42] 這種合乎本質的原因在於，科學意識雖然離開了直觀、經驗的基礎，超越出主觀—相對的經驗世界之上，並且試圖克服「生活世界」的主觀—相對性，以把握客觀性、建立客觀科學世界為自己的任務和使命；但科學意識仍然直向地

---

41 胡塞爾：《歐洲科學的危機與先驗現象學》，第38節：「兩種可能將生活世界課題化的基本方式：素樸—自然的直向態度以及一種澈底反思性態度的觀念，即對生活世界和生活世界客體的主觀被給予方式的『如何』（das Wie）進行反思的態度」（第146-151頁）。

42 胡塞爾：《歐洲科學的危機與先驗現象學》，第146頁。

朝向已有的客體，直向地生活到世界視域之中去。因此，這種甦醒是「在一種正常的、不中斷的持續性中，在一種綜合地貫穿於所有行為的統一性中」完成的。[43] 所謂「不中斷的持續」和「綜合的統一」首先是指：在自然生活中的有效性在科學世界中依然有效，在科學世界中產生的新有效性仍然以自然生活中的舊有效性為前提；「生活世界」所具有的這種有效性來源於「生活世界」的「形式上最普遍的結構」：「一方面是事物和世界，另一方面是事物意識和世界意識」，[44] 這兩者的存在構成了「生活世界」的最根本有效性。而所有客觀科學世界的有效性都以這種基本有效性為前提。

其次，這種「不中斷的持續」和「綜合的統一」還意味著：「科學世界」中產生的新有效性必須不斷地回溯到「生活世界」的舊有效性上去。舒茲曾舉「地心說」和「日心說」為例來說明舍勒哲學中「自然事實」和「科學事實」的區別。這個例子對於劃分胡塞爾的「生活世界」和「科學世界」也可以有說明作用：「地心說」是完全依據我們的直觀而得出的結論；「日心說」則已經建立在科學的觀察、計算、預測、證明的基礎上，但它所提供的最後結論仍然需要透過直觀來驗證。離開直觀的「生活世界」，任何科學論斷都是無法證實和證偽的，而且也是無意義的。望遠鏡和顯微鏡等等是科學對視覺的延伸，音波、超音波檢測儀等等是科學對聽覺的延伸，計算機、電腦等等是科學對直觀判斷能力的延伸……，無論科學進行的過程有多麼複雜，它們的結果最終都必須在「生活世界」中以平凡的方式顯現給直觀。因而，科學意識的甦醒只能說是一種態度上的改變，或者說，是一種對舊態度的深化和極端化，而不是一種觀念上的突破或態度上的革命。「生活世界」與「客觀—科學世界」的區別因而表現在：「生活世界是原初明見性的王國」，而自然科學中的「客觀世界」

---

43 胡塞爾：《歐洲科學的危機與先驗現象學》，第146頁。
44 參閱胡塞爾：《歐洲科學的危機與先驗現象學》，第37節。

僅僅被胡塞爾稱之為「原則上無法直觀到的、『邏輯的』亞建築」。[45]因此，儘管「生活世界」帶有相對性、主觀性的特徵，然而，「這種主觀、相對之物的作用並不在於提供一條無關緊要的通道，而是為所有客觀證明提供對理論─邏輯存在有效性的最終論證，也就是說，它是作為明見性的泉源、證明的泉源在發揮作用。……現實生活世界的存在之物作為有效的存在者是一個前提。」[46]簡言之，「生活世界」的主觀性是「客觀─科學世界」之客觀性的最終依據。

「生活世界」與「科學世界」的最根本區別因而可以歸結為兩點：其一，「科學世界」超出了「生活世界」的直觀、主觀、相對的視域，將自己顯現為一種超主觀、超相對的客觀性；其二，「科學世界」的基礎又建立在「生活世界」的直觀視域之上。凱恩和黑爾德都曾在這個意義上合理地對胡塞爾的「生活世界」概念做出說明：「儘管客觀科學的邏輯亞建築超越了直觀的主觀生活世界，但它卻只能在回溯到生活世界的明見性時，才具有它的真理性。」[47]「儘管近代科學家所從事的是一個在其無限性中超越了自然認識實踐的所有直觀視域之世界，他與這個無限性有關的認識卻仍然始終回縛在一個顯現於非科學世界之直觀視域中的世界上。這個世界便是生活世界。」[48]這是對「生活世界」與「客觀世界」相互關係的一個十分恰當之概括。

科學意識的甦醒意味著一種從「生活世界」的主觀相對性中脫身出來的企圖，這種企圖不可能成功，因為科學意識沒有意識到本身的立足點就在「生活世界」之中。如果科學意識果真意識到了這一點，那麼它就可以被看作是另一種從「生活世界」的沉湎中甦醒的方式了，這便是哲學意

---

[45] 胡塞爾：《歐洲科學的危機與先驗現象學》，第130頁。

[46] 胡塞爾：《歐洲科學的危機與先驗現象學》，第129頁。

[47] 凱恩：〈生活世界作為客觀科學的基本問題和作為普遍的真理和存在問題〉，載於《艾德蒙‧胡塞爾哲學中的生活世界與科學》，第75頁。

[48] 黑爾德：〈導言〉，載於《生活世界的現象學──胡塞爾文選II》，第50頁。

識的甦醒。實際上，我們上面對「生活世界」與「客觀世界」之間關係的分析就是在清醒的哲學意識中做出的，它是一種反思性的分析，而「生活世界」和「客觀世界」的特徵就在於，它們是非反思的，或者說它們是直向的。

　　哲學意識的甦醒比科學意識的甦醒要困難得多，因為它帶來「一種突破了素樸生活之常規性的轉折」，「一種自然生活態度的整體變化」。[49]這裡的「哲學」概念已經獲得了一種嶄新的意義，它不是指在哲學史上出現過的各種哲學觀點或學說，這些觀點和學說在胡塞爾看來都沒有與科學意識區別開來，因為它們或多或少帶有「普遍的實證科學」的特徵。相對於自然態度而言，新意義上的哲學態度則是在另一個層次上，或者用康德的話來說，在另一個維度上的思考。在這裡，現實世界的存在不再被視為前提，不再被視為有效；相反地，它被看作是問題，被作為課題而受到探討。胡塞爾認為，這種哲學意識的甦醒就意味著「先驗還原」或「先驗懸擱」的提出。它意味著一種「普遍的懸擱」：先驗現象學家的任務「並不在於研究：事物、世界的實在性究竟是怎樣的（它們的現實之事實存在以及現實的本質存在所具有的特徵、狀況、關聯等等），也不在於研究：當我們從整體上考察世界時，這個世界究竟是怎樣的，哪些東西作為先天的結構合規律性或根據事實的『自然規律』一般地包含在這個世界之中——我們不把這類問題當作我們的課題。也就是說，我們排除所有的認識，我們排除所有關於真實存在的確定，排除所有那些對於行為生活的實踐來說是必需的直言判斷真理（情況真理）之確定；我們也排除所有的科學，無論真科學還是偽科學，排除這些科學對所謂『自在的』、『客觀真實的』世界的認識」。[50]只有在這種態度的徹底變化發生之後，「我們才能研究，作為自然生活之基礎有效性的世界以及自然生活的所有意圖和財富是什麼，並且與此相關，自然生活和它的主體性最終是什麼，也就是純

---

[49] 胡塞爾：《歐洲科學的危機與先驗現象學》，第147、151頁。
[50] 胡塞爾：《歐洲科學的危機與先驗現象學》，第159頁。

粹作爲主體性，作爲有效性而發揮著作用的主體性最終是什麼。」[51]

從歷史上看，不可否認，將「生活世界」課題化，對「生活世界」進行反思，這種要求原初帶有實踐的目的和意義：因爲把握了「生活世界」的本質，也就意味著把握了近代科學的最終基礎。對「生活世界」的認識因而是回答自然科學如何可能這個問題的關鍵。康德的《未來形而上學導引》曾明確地表述過批判哲學在這個方向上的意圖。胡塞爾的《歐洲科學的危機與先驗現象學》在胡塞爾哲學中的地位完全可以與康德的《未來形而上學導引》相比擬，它們都具有實踐或實用的目的，這種實踐目的必須透過這樣兩個層次來達到：（一）由於「客觀─科學世界」的基礎建立在「生活世界」之中，因此，對前者的認識必須依賴於對後者的把握。（二）對「生活世界」的確切認識又必須透過在「哲學態度」中進行的反思才能獲得。

但在這裡必須重申我在這一部分的「引論」中所強調的一個事實：即使在《歐洲科學的危機與先驗現象學》，胡塞爾也仍然把理論上的意向放在首位。推動「生活世界」這個課題的動機儘管「原初是產生於釐清實證科學成就的要求之中」，但胡塞爾認爲，「我們已經從這個動機中擺脫了出來」，「生活世界」的課題已經「成爲一項獨立的任務」。[52] 換言之，胡塞爾對「生活世界」這個課題的探討不是爲了，或者說，首要不是爲了解釋實證科學的可能性，而是爲了在先驗的態度中去發現純粹意識及其相關物的本質結構，對「生活世界」的探討可以將我們引向先驗的領域。與人有關的「生活世界」只是作爲先驗分析的出發點，才成爲先驗哲學的課題，一旦進入到先驗哲學的領域之中，作爲具體生物的人及其「生活世界」立即便遭到排斥──理論的意向和實踐的意向在胡塞爾這裡始終是涇渭分明的。

時至今日，在胡塞爾對「生活世界」所做的這些規定中，「生活世

---

51 胡塞爾：《歐洲科學的危機與先驗現象學》，第159頁。
52 胡塞爾：《歐洲科學的危機與先驗現象學》，第151頁。

界」與「客觀─科學世界」的關係問題是主要引起人們注意的方面。相反地，「生活世界」所具有的另一方面功能，即作為通向「先驗現象學」的通道，作為「先驗現象學」的反思對象，卻往往成為人們批判的話題。我們也可以這樣說，對「生活世界」的探討在今天主要是出於各種實踐的目的，包括解釋實證科學之可能性的目的。理論的意向卻已經不再引起人們的興趣。這種狀況也表現在哈伯瑪斯的「社會生活世界」哲學中，表現在他對待胡塞爾「生活世界」思想的態度上。

十、胡塞爾的「交互主體性現象學」

　　「交互主體性（Intersubjektivitaet）」這個術語在今天的西方哲學中首先意味著一個社會哲學的概念。例如：在哈伯瑪斯的哲學中，它構成人們對家庭、集體、民族、社會、國家等等研究的出發點或前提。在他那裡，主、客體之間的關係不再是一個首先需要解決的問題。作為中心課題的是主體與主體之間的聯繫與交往。因此，哈伯瑪斯往往在同樣的意義上使用「交互人格（Interpersonalitaet）」、「交互行為（Interaktion）」等等概念。

　　但「交互主體性」的概念最初是作為哲學本體論和認識論的範疇而被提出的。我們可以把所有認識論的問題歸結為兩個方面：一是認識主體與認識客體的關係問題；二是認識主體與其他認識主體的關係問題。如果主體與客體的關係構成自然本體論的基本課題，那麼主體與其他主體的關係問題便構成社會本體論的基本課題。這裡所說的主體與其他主體的關係問題也就是指「交互主體性」的問題或「主體間」的關係問題。從另一個角度來看，「交互主體性」同時又意味著一種處在主體性與客體性之間的有效性或存在。如果主體性意味著一種對單個主體而言的自為有效性或自為存在，客體性意味著一種對客體而言的自在有效性或自在存在，那麼「交互主體性」則意味著一種對一個以上的主體而言的共同有效性和共同存在。

　　因此，在「交互主體性」這個問題上，至少有從兩個方面進行考察的可能性：從一方面來說，「交互主體性」意味著相對於自我而言的他我、他人，就是說，它又涉及到「我」與「你」或「我」與「他」的關係問題：對於一個主體來說，客體是一個「他物」，一個在我之外、與我相對的客體；而別的主體則是「他人」，一個在我之外、與我相對的另一個主體；這裡的問題不在於傳統的認識論問題：我作為一個主體是否以及為

什麼能夠認識客體？而是一個新認識論問題：我作為主體是否以及為什麼能夠認識另一個主體？另一個主體的存在如何對我成為有效的事實？這是第一個層次上的「交互主體性」問題。從另一方面來說，「交互主體性」又涉及到「我」與「我們」的關係。這裡的問題在於：為什麼有些東西對我有效卻不對我們大家（你和他等等）都有效，從而可以被認作是「主觀的」？相反地，為什麼另一些東西對我有效並且同樣也對我們所有人（你和他等等）都有效，從而可以被認作是「客觀的」？在這裡，正如他物的存在已經被設定一樣，他人的存在也已經被肯定，已經不再成為問題。「交互主體性」所涉及的是兩個以上的主體之間的共同性和它們溝通的可能性。這是第二層次上的「交互主體性」問題。

　　從這些簡單的介紹中便可以看出「交互主體性」問題在本體論和認識論中可能具有的重要地位。而在胡塞爾的先驗現象學中，「交互主體性」問題也與此相應地包含以上這兩方面的含義，對它的研究也與此相應地具有兩個目的。

　　我們在前面已經指出，「交互主體性」問題的提出，首先並不意味著要去論證對所有主體而言之客觀性的同一，而是意味著先驗現象學從「單個的主體」向「複數的主體」，從「唯我論的自我學」向「交互主體性現象學」擴展的意圖；它構成先驗現象學在自身之最終論證（Letztbegruendung）過程中的一個必要階段。交互主體性理論的提出，可以使先驗現象學擺脫「唯我論」或「自我論」的假象。——這是胡塞爾的「先驗交互主體性現象學」的目的之一。

　　其次，胡塞爾的「交互主體性」概念是指一種在各個主體之間存在著的共同性（或共通性），這種交互主體的共同性使得一個「客觀的」世界先驗地成為可能。在這個意義上，胡塞爾的「交互主體性」與康德

之「客體性」的第二個含義是相同的──對所有主體而言的有效性，[53]
而「客體性」概念在胡塞爾那裡的意義則可以被定義為「交互主體的可
涉性」。胡塞爾對「身體（Leib）」經驗以及建立在這種經驗中的「共現
（Appraesentation）」或「同感（Einfuehlung）」進行了大量的現象學分
析，並在這種分析中闡述了先驗的交互主體性。「先驗的交互主體性」表
明：在每一個本我中都隱含著他人；並且正是由於這種隱含，客觀世界的
意義才被構造出來。對交互主體性的把握也就是對異我之物（非我）的經
驗，這是在精神世界的奠基序列中的第一個層次；在這個層次之上的是作
為交互主體構造結果的「生活世界」層次；而在生活世界層次之上的又是
通常意義上的客觀世界之層次，追求客觀有效性（在康德客觀概念的第一
個含義上之客觀有效性）的自然科學便是處在這個層次上。第三個層次奠
基於第二層次之上，第二層次又奠基於第一層次之上。因此，對交互主體
性的研究在胡塞爾看來是一種把握「原本性」的企圖，即把握客觀世界的
「原本構造」的企圖，這種把握應能夠為諸如「生活世界」、「客觀科
學世界」、「社會世界」、「文化世界」等等這樣一些與人類的現實存在
有關的世界提供本質說明。──這是胡塞爾「先驗交互主體性現象學」的
目的之二。

　　必須再次強調，這兩個目的的性質是不能等同的，前者是理論現象
學的範疇，後者是實踐（實用）現象學的範疇；前者的任務是描述性的，
後者的任務是說明性的。前者使先驗現象學不僅從客體的構造分析過渡到
其他主體的構造分析，而且使先驗現象學從單個主體擴展到複數的主體；

---

53 康德的「客體性」概念首先被運用於「物自體」，「客觀」是物自體的特
　　徵；其次，「客體性」是指對所有（人類）主體以及對可能的經驗對象而
　　言的有效性。康德在《未來形而上學導論》中曾用一句話來說明「客觀
　　性」這個概念的兩個含義：「客觀的有效性與（對每一個人而言的）必然
　　的普遍有效性，這是兩個可以互換的概念，並且，雖然我們不知悉自在的
　　客體，但是，如果我們將一個判斷看作是普遍有效的，從而也看作是必
　　然的，那麼我們也就把它理解為是客觀有效性了。」（《康德全集》第三
　　卷，第164頁。）

後者則為人類的「生活世界」、「社會世界」、「客觀世界」的形成提供了說明。因此，今天在社會哲學中活躍起來的「交互主體性」和「生活世界」概念只與胡塞爾「交互主體性」分析的第二個目的，即實踐的、說明人類歷史、社會現象的目的有直接的關係。在這個意義上，我們可以確定，「交互主體性」概念對於胡塞爾來說是一個先驗哲學和理性批判的概念，而不是社會哲學的概念。

　　顯而易見，在對「交互主體性現象學」的研究上，胡塞爾付出過巨大的心血，而且，他在這個問題上所面臨的巨大困難也是不言而喻的。同時，「交互主體性」問題的錯綜複雜也造成後人在這個問題上的理解障礙，用胡塞爾的話來說：「在這個研究內涵的奇特性和雜亂性中，現象學任務展示出它們的多面性和困難性。」[54] 美國哲學家M.懷特在《分析的時代》一書中就曾坦率地承認，對於被胡塞爾稱之為「交互主體性」的東西，「本書作者不十分了解，不能詳加說明」，同時他又指出，這種情況「不只是本書作者，同時也是較老一輩、較為博學和對加括弧較為訓練有素的哲學家所共有的過失」，儘管懷特承認，或者至少可以說，儘管他相信，「我們對這些曖昧事物的結構運用『無前提』的方法進行考察，可望達到最深奧的哲學真理。」[55]

　　然而，無論對這個問題的探討和解決具有多麼大的困難，它都是先驗現象學所必須完成的一項工作，我們在某種程度上可以說，它是一項事關現象學成敗的工作。用黑爾德的話來說：「交互主體性」這個問題，「對於胡塞爾來說具有特別突出的意義，因為只有回答了這個問題才能阻止現象學的失敗」；因為「只要我尚未在對構造的分析中證明，一個對所有人來說共同的、在狹義上的『客觀』世界是如何可能的，那麼，這門不僅是由我獨自一人『唯我論』地來從事的，而且還應當與許多人一起共同來從

54　胡塞爾：《笛卡兒式的沉思》，第123頁。
55　懷特：《分析的時代》，中譯本，北京，商務印書館，1981年，第100頁。

事的先驗現象學就始終還懸在空中」。[56] G.倫普（G. Roempp）在1992年的新作《胡塞爾的交互主體性現象學》一書中又一次強調：「在先驗現象學的論證方案中包含著主體複數化問題的內在發生，因此，現象學顯然面臨一個十分艱巨的任務。但只有在這個問題得到回答之後，現象學才能將其唯我論的開端發展成爲對我們的知識之可能性和形態的理解，一種有能力滿足哲學要求的理解。」[57] 這裡所說的哲學要求是指哲學成爲哲學的一個前提條件，即哲學必須是一門大全要求的、具有整體化能力的學說。[58] 現象學只有在回答了「交互主體性」的問題之後，才有權利聲稱自己是一門哲學，是一門「現象學的哲學」。

胡塞爾對「交互主體性」及其先驗功能問題的分析和解答首先從「原初性還原（primordiale Reduktion）」或「原初性抽象」這個概念開始。這種還原與胡塞爾通常所說的「先驗現象學的還原」既有相同之處，也有相異之處。M.圖伊尼森（M. Theunissen）認爲，「原初性還原在某種程度上是對笛卡兒—現象學還原的重複，因爲笛卡兒—現象學還原是對原初性還原的隱蔽之預告。」[59] 我們在進一步的分析中將會看到原初性還原與胡塞爾的其他還原方式之區別所在。

在《笛卡兒式的沉思》中，胡塞爾概括地闡述了「原初性還原」的

---

[56] 黑爾德：〈導言〉，載於《生活世界的現象學——胡塞爾文選II》，第32頁。

[57] 倫普：《胡塞爾的交互主體性現象學》，多德雷赫特，1992年，第10頁。

[58] R.斯佩曼（R. Spaemann）曾這樣表述哲學的這種大全要求：「每一門哲學都會提出實踐上的和理論上的大全要求。不提出這種要求，也就意味著不從事哲學。」（斯佩曼：〈哲學家們的爭吵〉，載於《哲學有何用？》，H.呂貝（H. Luebbe）主編，柏林，1978年，第96頁。）哈伯瑪斯也在一定程度上贊同這一主張。（例如可以參閱哈伯瑪斯：《道德意識與交往行爲》，法蘭克福，1983年，第24頁。）

[59] M.圖伊尼森：《他人》，柏林，1965年，第56、57頁。圖伊尼森在這裡所說的「笛卡兒—現象學還原」是對「在笛卡兒道路上進行的先驗現象學還原」這個表述的簡稱，它意味著胡塞爾所提出的先驗現象學還原三種主要方式中的一種。對這個問題的詳細論述可以參閱本書第3節。

基本特徵：「爲了正確地進行操作，在方法上的第一個要求是：我們首先在先驗的普遍領域中進行一項特殊的懸擱。我們現在將所有可疑的東西從我們的課題範圍中排除出去，這就是說，我們不去考慮所有那些與陌生主體有直接或間接關係的意向性之構造成就，而是將範圍限制在這樣一些現時的和可能的意向性之整體關聯上，在這些意向性中，自我是在它的本己性之中構造出自身，構造出與它不可分割的，即屬於它的本己性的綜合統一。」⁶⁰簡單地說，胡塞爾對這個還原的理解是排除所有那些在先驗構造中對我來說陌生的東西，還原到我的先驗的本己領域上去；被排除的是對我而言的「陌生之物（das Mir-Fremde）」，被保留下來的是對我而言的「本己之物（das Mir-Eigene）」。先驗的唯我論因而是胡塞爾爲先驗交互主體性分析所設定的一個阿基米德之點。黑爾德將這個被設定的阿基米德之點稱之爲「先驗的魯賓遜」，它意味著「意識史上的一個無其他主體的階段」。⁶¹他認爲，「胡塞爾必須在方法上以這樣一個魯賓遜的體驗視域爲出發點，這個魯賓遜從未聽說過其他的主體和其他主體

---

60 胡塞爾：《笛卡兒式的沉思》，第124、125頁。
61 黑爾德：〈交互主體性的問題與現象學的先驗哲學之觀念〉，載於《現象學研究的角度》，U.克萊思葛斯（U. Claesges）、K.黑爾德主編，海牙，1972年，第49頁：「處在意識開端上的是一個先驗的魯賓遜」。
　　但這裡必須注意的是，黑爾德的這個說法近來遭到批評。倫普在《胡塞爾的交互主體性現象學（1992年）一書中寫道：「我們認爲，黑爾德在這裡將一種發生構造的觀點強加在胡塞爾的意向中，這是不合理的。關於陌生主體性的可經驗性之現象學所要做的工作在於把握住這種現象的結構，它們使人們能夠理解對陌生的自爲存在之經驗。但這裡完全沒有必要來談論這種結構在意識中的發生形成。此外，這種做法會在很大程度上降低胡塞爾哲學的先驗要求」。（倫普：《胡塞爾的交互主體性現象學》，第37頁。）簡單地說，對他人的經驗或陌生經驗本身結構的發生形成是一回事，爲了闡述這個結構的目的而採取的還原和展開方法是另一回事；前者與結構本身形成的時間順序有關，後者則只是對此結構之闡述的邏輯順序。我們必須避免將這兩者混爲一談。

對世界的看法。」[62] 其他的主體和其他主體對世界的看法對於本己的自我來說是陌生的，也是可疑的。因爲，只要回想一下笛卡兒普遍懷疑的結果：我思（cogito），我們便可以理解，這裡的我思是指「自我」在普遍懷疑或先驗還原之後所能把握之最確定無疑的東西。「思（cogito）」是以第一人稱的形式進行的，儘管「我（ego）」在這個拉丁文的動詞「思（cogito）」中並沒有直接地表現出來。而他人以及他人的思維在還原的過程中則作爲不確然的東西而遭到排斥，它們在先驗交互主體性的分析中不能成爲前提，不能受到任何方式的運用。

對這個阿基米德之點的把握意味著一個開端，在這裡，「本己之物」和「陌生之物」、「內在之物」和「超越之物」、「原本之物」和「非原本之物」得到劃分。剩下的問題是，我如何從本己的、內在的體驗領域出發，透過意向性而超越出這個領域，構造出他人或其他的主體，並進一步構造出對於我這個主體和其他主體來說共同的社會世界、精神世界、文化世界以及如此等等。

在胡塞爾對時間意識、感知和想像所做的現象學分析中，他已經成功地描述了意識的意向性本質，描述了一個客體如何在意識活動中被構造出來：構造的過程也就是一個自我超越出本己的（原本的）領域而達到陌生（意向）領域的過程。「意識總是關於某物的意識」這個命題因而可以被改寫爲「意識總是在構造著它的對象（客體）」。[63] 現在，在對交互主體性問題的分析中，意識所具有的一種特殊構造功能成爲中心的課題，這個特殊的構造功能是指：一個單個主體的意識如何能夠從自身出發並且超越出自身而構造出另一個主體。這裡須注意：被構造的對象不再單純是一個客體，一個他物；而且它同時還是一個主體，一個他人。胡塞爾本人這樣來闡釋「他人」作爲意識對象的特殊性：「我經驗到他人，他們現實地

---

62 黑爾德：〈導言〉，載於《生活世界的現象學──胡塞爾文選II》，第32頁。

63 關於意向性和先驗構造的問題可以參閱本書第6節的詳細論述。

存在著，具有可變的、一致的經驗多樣性；並且，他們一方面是作為世界客體被我經驗到，而不僅僅是作為自然事物。他們作為在他們各自具有之自然身體中的心理管理者被經驗到。他們與身體奇特地交織在一起，作為心理─物理的客體存在於這個世界之中。另一方面，他們同時又作為對於這個世界而言的主體被我經驗到，這些主體在經驗著這個世界，經驗著我所經驗著的同一個世界，並且同時也在經驗著我，就像我在經驗著他們一樣。」[64] 顯然，對「他人」的經驗或構造較之對單純「他物」的經驗或構造要複雜得多。

但是，胡塞爾堅信，儘管「他人」這個意識構造物具有特殊性和複雜性，對它的分析仍然可以依據於對「他物」的構造分析方法，他像在以往一樣，仍然「堅定不移地首先回溯到原本意識與非原本意識的區別上，其次回到感知的基礎體驗上」。[65]

我們可以回顧一下在前面已經論述過一個內容：胡塞爾對意識整體結構層次的把握可以大致分為三步：（一）其他所有意識行為（如判斷、評價、愛和恨等等）都以客體化的意識行為（如看、聽、回憶等等）為基礎，因為在客體透過客體化的行為被構造出來之前，任何一種無客體的意識行為都是不可想像的（例如無被愛對象的愛等等）。（二）在客體化行為本身之中，感知又是所有其他客體化行為的基礎，任何客體的構造最終都可以被歸溯到感知上，即使是一個虛構的客體也必須依據起源於感知的感性材料。（三）在感知本身之中，我們又可以劃分出原本意識和非原本意識：例如：當桌子這個客體在我意識中展現出來時，我看到桌子的這個面是原本地被給予我的，它是當下被給予之物；而我沒有看到的桌子背面則是非原本地被給予我的，它是共同被給予之物。以上這些劃分也是胡塞爾在對交互主體性的分析中所把握的原則。

---

64 胡塞爾：《笛卡兒式的沉思》，第123頁。
65 黑爾德：〈導言〉，載於《生活世界的現象學──胡塞爾文選II》，第34頁。

與「他物」或客體在意識中的構造一樣，「他人」或其他主體在意識中的構造也必須回溯到感知之上。整個過程可以分成以下幾步：「他人」首先是作為一個軀體（Koerper）被我感知到、經驗到，這個軀體也由當下被給予之物（我看到的人之軀體的這個面）和非當下之物（我未看到的人之軀體的其他各個面）所組成。「他人的軀體」對我顯現出來，這意味著我已經完成了一次統攝。這個統攝與對一個自然事物的統攝（例如對一個動物、一個木乃伊的統攝），沒有什麼不同。它也是一個超越內在的過程，即一個將內在的感覺材料綜合為一個超越的意識對象之過程。這時，我在我的原初性領域中僅僅知道這是一個軀體，一個具有物質性的東西；但還不知這是「他人」的軀體，即具有一個其他自我的軀體，一個具有精神性的東西。胡塞爾把後一種意義上的「軀體」稱之為「身體（Leib）」：「每一個自我都有一個身體」，[66] 身體「不僅僅只是一個事物，而且是對精神的表達，它同時又是精神的器官」。[67]

我之所以能夠把一個自然事物理解為一個「軀體」，即承認他人的肉體存在，並且進而把一個「軀體」理解為一個「身體」，即承認其他自我的存在，意識中的「聯想」能力在這裡有著雙重的關鍵作用。「某物引起對某物的回憶」是聯想的基本形式，它使意識有可能進行雙重的超越：

首先，顯現給我的這個陌生軀體透過它的「舉止」、它的「行為」而使我聯想起我自己的軀體。我的軀體實際上是先於其他的軀體被意識活動構造出來的東西，否則聯想便無從談起。而我的軀體具有一個特殊性：它同時也是我的身體；它是我的自我之居所，是我的精神性之器官。這樣，在眾多被感知到的軀體中，首先只有我的軀體同時也是身體；「這是唯一的一個不僅僅只是軀體的身體」。[68] 換言之，在進行第二次聯想之前，

---

66 胡塞爾：《交互主體性的現象學》，第二部分，《胡塞爾全集》第十四卷，海牙，1973年，第243頁。

67 胡塞爾：《純粹現象學和現象學哲學的觀念》，第二卷，《胡塞爾全集》第四卷，第96頁。

68 胡塞爾：《笛卡兒式的沉思》，第128頁。

只有我的軀體具有自我，其他的軀體都可以說是沒有自我和靈魂的行屍走肉。

　　其次，既然在我的軀體中包含著自我，那麼在其他的軀體中必定也包含著其他的自我。這樣，「他人軀體」便被賦予「他人身體」的意義。這個從「軀體」到「身體」的過程是意識在構造「他人」的過程中所進行的第二次統攝，第二次意義給予（立義）。胡塞爾將這個統攝稱之爲「結對（Paarung）」。它的進行過程是這樣的：

　　我由其他的軀體而聯想到我自己的軀體，因爲我的軀體同時也是我的「身體」。我的「身體」是某種處在「這裡」的東西。可以說，在我的身體中，我始終存在於「這裡」。無論我到哪裡，這個身體的「這裡」都一直隨我流浪，它是我始終無法放棄的絕對空間關係點，它「具有其中心之『這裡』的被給予方式」。[69]相對於我的身體—軀體的「這裡」而言，任何一個其他的軀體對我來說都是「那裡」，「具有『那裡』的方式」。[70]

　　我的軀體在「這裡」，另一個軀體在「那裡」，並且，這兩個軀體是相似的。這個相似性意識可以引發我的想像力：那裡那個軀體的顯現方式「使我回憶起我的軀體之外表；如果我在那裡的話，它會是什麼樣的」。[71]在胡塞爾所說這種想像情況中實際上包含著兩種想像的可能性，或者我們也可以用胡塞爾自己的話來說：在我之中引起了兩種「權能性」（Vermoeglichkeit）的動機：（一）實在的想像。我首先可以在期待中想像，我以後也可以運動到另一個軀體現在所處的位置上去，並且我在那裡可以表現出它所表現的那些舉止；儘管我具有實現這一想像的能力，但是，我當下是連同我的身體軀體一起處於「這裡」，而不是「那裡」。（二）虛構的想像。我現在就可以在想像中將自己置於那另一個軀體的舉止之中，並且設想，我是在「那裡」。這樣，我當下就已經以一種虛構

---

[69]　胡塞爾：《笛卡兒式的沉思》，第146頁。

[70]　胡塞爾：《笛卡兒式的沉思》，第146、147頁。

[71]　胡塞爾：《笛卡兒式的沉思》，第147頁。

的、「彷彿（als ob）」的形式處於「那裡」。

這兩種想像的可能：實在的和虛構的想像可以相互補充，共同發揮作用。透過這兩種想像力，我有可能在那裡那個軀體的舉止後面認識我自己之軀體的本質。這就是說，我不僅可以賦予那個軀體以「軀體」的意義，而且可以賦予那個軀體以「身體」的意義。也就是說，隨著我的自我之想像力變化，一個新的統覺得以成立：首先在兩個軀體舉止的「結對聯想」[72] 的基礎上，其次在我的身體意識之基礎上，我將這個其他軀體的舉止理解為一個陌生之自我的顯現，理解為一個他人身體的行為。這樣，對我而言，他人的存在便原本地構造起了自身。胡塞爾將這個構造性的統攝過程稱之為「相似性統覺」、「類比的統覺」或「聯想統覺」等等，這些概念所表達的是同一個含義。[73] 如前所述，胡塞爾在早期曾用「賦予靈魂」（beseelen）以及「活化」（beleben）的概念來形容「立義」和「意義給予」的過程：一堆死的感覺材料透過統攝而被構造成一個意識對象，這個意識對象由此而作為我的對立面站立起來。現在我們可以看到，「賦予靈魂」或「活化」這兩個概念實際上更適合於對作為「他人」，而不是作為「他物」之意識對象的立義：一個軀體透過立義而被賦予靈魂，被活化，成為一個對立於我的、具有同樣靈魂本質或自我本質的他人。

當然，必須注意，這個他人的自我與我的自我之間的同一性只是一種想像的或虛構的同一性，因此他人的實在自我與我的實在自我永遠不會相同一。正如在想像與感知之間有根本區別一樣，在虛構的自我與實在的自我之間也有天壤之別。黑爾德對這個區別有過一個出色的概括：「我從根本上說永遠不具有將共同當下的被給予方式變成一個由我自己進行的被給予方式的可能性（權能性）：那裡的那個軀體對於那另一個自我來說是作為它的身體而被給予的，這個情況儘管對我來說是共同當下的，但我卻永遠無法成為那另一個自我，就是說，這另一個軀體永遠無法作為我的身

---

72 胡塞爾：《笛卡兒式的沉思》，第147頁。
73 胡塞爾：《笛卡兒式的沉思》，第138頁，第140、141頁等等。

體被給予給我，即：它對我來說永遠無法成為我的絕對之『這裡』；它對於我來說始終在『那裡』。所以，胡塞爾交互主體性理論的各個主體最終只是作為『他人』而相互發生關聯，因為他們在世界中的此在被束縛在他們身體的絕對『這裡』之上，並且也因為這些身體同時作為軀體永遠無法同時占據『那裡』。這裡便是陌生經驗之原真的泉源所在。」[74] 因此，儘管我構造並設定了他人的存在，儘管我可以設想和同感這個存在的本質，但「他人」對我來說永遠是在或大或小程度上的「陌生人」，是不同於「我」的「他」，是不同於「本己自我」的「陌生自我」。

只需稍稍回顧一下「他人」被構造的整個過程，或者說，其他陌生主體被經驗的整個過程，我們便可以把握出這樣四個「統攝階段」，我們也可以用胡塞爾較為偏愛的術語「立義層次（Auffassungsschichten）」來稱呼它。[75]

（一）自我對自身軀體的統攝。

（二）自我對自身身體的統攝。

（三）自我對他人軀體的統攝——第一聯想，低層次的聯想。

（四）自我對他人身體的統攝——第二聯想，高層次的聯想。

對「他人身體」的統攝和認同也就意味著對在我的自我之外其他自我的構成與存在的統攝和認同。至此，對我來說，一個與我的「周圍世界」（自然）有關的「共同世界」（社會）便得以形成。

最後，在這裡還要補充以下兩點：

（一）胡塞爾在現象學描述中對各個立義階段的劃分是出於分析的目的，具有方法的目的。實際上，這些單個的「階段」只是在構造功能的關聯中才具有作用，並且，構造功能只有在其統一性中才能使陌生之主體性的可經驗性得以理解。因此這種劃分並不意味著在

---

[74] 黑爾德：〈導言〉，載於《生活世界的現象學——胡塞爾文選 II》，第36-37頁。

[75] 例如可以參閱倫普：《胡塞爾交互主體性的現象學》，第50頁。

現實的統攝過程中，自我先去感知一個人的軀體，然後賦予這個軀體以身體的特徵，然後透過同感將「給予靈魂」解釋成一個先驗主體性的身體。我們沒有必要將交互主體性統攝的發生過程等同於對這個過程的邏輯分析和陳述。

（二）與構造他人或其他主體的整個過程相逆的是還原的邏輯進行過程。先驗的還原首先排斥對他物的有效性和存在的設定，包括對他人身體（共同經驗、陌生經驗）和他人軀體（共同的、外部的客觀世界）的存在設定；其次，先驗還原也要排斥對自己的軀體存在之設定，因爲它是客觀世界的一部分。在這些還原之後贅餘下的「現象學殘餘」是自我的本己經驗，它是現象學的最終依據。

對於胡塞爾在「交互主體性」方面研究所得出的結果，當代哲人所持的一個基本評價是認爲這個研究沒有達到胡塞爾預期的目的。例如：哈伯瑪斯認爲：「胡塞爾本人（在《笛卡兒式的沉思》中）曾試圖從自我的單子論成就中推演出主體之間的交互主體關係，這些主體在它們視線的相互交疊中得以相互認識並且構造出一個共同的世界視域，但這個嘗試失敗了。」[76] 魯曼則乾脆批評說：「交互主體性」根本就不是一個概念，而是「一個尷尬的用語，它表明，人們無法再堅持主體，無法再規定主體」；它是一個悖謬的概念，其作用僅僅在於，「在一個以意識的主體性爲開端的理論中引入某些從這個理論出發無法被思考到的東西」。[77]

即使在現象學哲學家本身的陣營內部，持這種觀點的人也占極大多數。例如：黑爾德就贊同海德格的看法，認爲胡塞爾對「交互主體性」先驗功能問題之論證雖然「極爲細微」，但卻是「極有問題的」和「可疑的」，「因爲現象學的研究更多地表明，人們原本可以說是忘卻自身地在一個共同的自身中生活，他們從這種共同性中脱身出來之後才作爲他人或

---

[76] 哈伯瑪斯、魯曼：《社會理論還是社會技術論》，第176、177頁。

[77] 魯曼：〈交互主體性還是交往行爲：社會學理論構成的不同出發點〉，載於《哲學文庫》，第54期，1986年，第42頁。

者甚至作爲他物而相互相遇。」[78]《爭論中的現象學》（1989年）也撰文論述道：「自《交互主體性的現象學》三卷本（《胡塞爾全集》第十三、十四、十五卷）問世以來，更多的公衆可以看到，胡塞爾是在何等重要的程度上、以何等持續了幾十年之久的恆心和毅力在探討著『其他的本我（alter ego）』的問題。但大量的材料也表明了這個問題的複雜性：因爲不僅胡塞爾的學生，而且胡塞爾本人也覺得，對『他人』這個現象所對他帶來的問題，他的解決是不能令人滿意的。無論他怎樣努力用『先驗的單子共同體』的設想來消除人們對他一再所做的先驗唯我論之指責，他最後仍然沒有根據他的笛卡兒前提達到這樣一個目的，即：將本我與其他本我事實地、共同地並列在一起。」[79] 雅默的這個批評實際上是說，胡塞爾在先驗交互主體性問題上所作的努力即使不是徒勞的，也是失敗的。並且，雅默認爲：「正是這個『先驗自我論』的缺陷才導致了在胡塞爾以後的現象學家那裡產生出改造他的理論之關鍵性動機，並且也導致他自己不斷地做出各種『更原初地』思考他人問題的嘗試。進一步得到發展的現象學加強了這種趨勢，因爲它將理性解釋成爲在具體生活中的意義構成。」[80]

　　雅默在這裡所說之胡塞爾以後的現象學哲學發展趨勢以及它所產生的巨大效應，正是我們在下面所要論述的課題之一。但胡塞爾在交互主體性問題的分析上是否眞的陷入了不可自拔的困境？胡塞爾以及現象學哲學發展趨勢是否應當被看作是胡塞爾的這一困境的必然結果？如果我們有能力回答這個問題，那至少也是在對這個發展趨勢做出考察之後，而不是在這之前。

　　無論如何，這裡必須指出：胡塞爾在交互主體性分析上所做的努力

---

[78] 黑爾德：〈導言〉，載於《生活世界的現象學——胡塞爾文選II》，第35頁和第33頁。

[79] 雅默：〈用超理性主義來反對非理性主義〉，載於《爭論中的現象學》，第8頁。

[80] 雅默：〈用超理性主義來反對非理性主義〉，載於《爭論中的現象學》，第8頁。

以失敗而告終，對這個較為普遍的結論還有不同的看法。例如：主編胡塞爾《交互主體性現象學》三卷本（1973年）的瑞士現象學家凱恩就認為，初讀《笛卡兒式的沉思》一書時，他曾認為胡塞爾在這部著作中無法達到他所預期的目的，但在主編過這三卷本手稿之後再讀《笛卡兒式的沉思》，他便可以很有把握地說，胡塞爾已經解決了交互主體性的問題；與此相同，主編《笛卡兒式的沉思》一書的施特拉塞爾也指出：凱恩主編的胡塞爾《交互主體性現象學》三卷本為人們提供了全面和重新理解胡塞爾的可能，這些著作表明：「所有那些關於我們這位偉大哲學家的流行看法都是不切實的。胡塞爾既不是邏輯主義者，也不是實存主義者。他既不僅僅是孤獨的意識生活之細膩分析家，也不僅僅是一個認識構成物的仔細描述家。……所有這些看法都建立在一些零碎印象的基礎上，這些印象與胡塞爾事業的某些部分以及他思想發展的某些階段有關。但這些印象都無法把握住這位偉大哲學家所真正關切的東西。誰想要確證一下胡塞爾思維努力的整個範圍，他就必須花力氣仔細閱讀這三卷著作，它們展示了胡塞爾『交互主體性現象學』的發展。」[81] 近期發表的、由G.倫普所著的《胡塞爾的交互主體性現象學》（1992年）正是在這個方向上所做的努力。他為自己提出的任務是：「根據胡塞爾關於交互主體性問題的遺稿整理出一門哲學的理論，它可以超出歷史的興趣而獲得有系統的意義」。[82] 在對胡塞爾的交互主體性方面的努力進行了深入的研究之後，倫普得出這樣的結論：「在陌生主體性的可經驗性現象學中得到分析的構造關聯不僅展示了哲學的可能性條件，而且也使哲學的要求得到合法化，這個要求便是：在絕對主體性的自身闡釋中獲得對一般主體性的明察，因為任何一個對陌生主體性的經驗，只要它可以成為有意義的課題，就都始終依賴於絕對自我的自身陌生化功能。由於他人只能『從我出發』而成為課題，因此，任何

---

81 施特拉塞爾：〈艾德蒙・胡塞爾的社會本體論基本思想〉，載於《哲學研究雜誌》，第29期，1975年，第33頁。

82 倫普：《胡塞爾的交互主體性現象學》，第IX頁。

一種將其他主體作為課題來研究的做法都帶有一種普遍性的標誌，這種普遍性是連同陌生主體性的可經驗性一起被構造出來的。在這種構造關聯的基礎上，胡塞爾有權主張：哲學所提出的那種超越於所有文化之上的要求是合法的，哲學『對於整個理性人類以及任何一個普遍的理性人類』都具有意義。」[83]

　　儘管倫普的這一研究結果與目前主導的和流行的對胡塞爾後期哲學之解釋正相反對，但他對胡塞爾交互主體性問題的分析是深入而紮實的，甚至可以說是前無古人的，因此，我們有理由相信，他的工作為我們更準確地理解胡塞爾的後期思想及其意義提供了新的可能。

---

[83] 倫普：《胡塞爾的交互主體性現象學》，第215-216頁。

下　篇

現象學在當代德國
哲學中的效應

　　在對胡塞爾現象學本身做了上述分析和評價之後，我們在這一篇中所要達到的目的在於展示這門現象學自產生以來對德國哲學的影響。在第八節中我們已經提到哲學人類學家彌爾曼對胡塞爾之「持久的意義」的歸納，[1]這實際上也就是對胡塞爾現象學在現代西方哲學中所具有各方面效應的概括。正是因爲具有這些持久的效應，我們今天只要談起現象學，自然就會聯想到胡塞爾「哲學作爲嚴格科學」的理想、面對實事本身的哲學態度、現象學還原（本質直觀、先驗還原、原初還原）的哲學方法，聯想到胡塞爾對意向性分析研究領域的指明和在這些研究中所獲得的成果，他對生活世界相對於客觀世界而言所具有之奠基性的指明，以及如此等等。這些效應在當代德國哲學中幾乎處處可以感受到，無論現象學是以方法的形式體現在各種流派之中，還是作爲一個被繼承和發揮的課題，或是作爲一個被批判的對象在各個學說受到廣泛的討論。

　　我們這裡的論述不可能包括所有處在胡塞爾現象學影響之下的德國哲學發展趨向，而只能涉及到當代德國哲學中最具有代表性的四個人物：M.海德格、H.-G.高達美、M.舍勒和J.哈伯瑪斯。

---

[1] 這裡所說的「持久的意義」是指胡塞爾在其一生的哲學奮鬥中：
　　（1）有力地反駁了心理主義、人類主義、歷史主義和懷疑論的相對主義。
　　（2）揭示了作爲客觀主義的古典—自然科學方法的問題史。
　　（3）發掘出作爲主—客體之間的運動概念之連續的「意向性」範疇。
　　（4）創造出一種可以把握現象的「現象學還原」方法。
　　（5）回返到了已被人們遺忘了的、作爲科學之意義基礎的生活世界。
　　（6）克服了主—客體的分裂。
　　參閱彌爾曼：《人類學史》，第152頁。

第一章

胡塞爾的現象學與
海德格的基礎本體論

　　胡塞爾與海德格的關係，歷來是當代哲學家們所關注的焦點。這種關係與柏拉圖和亞里斯多德之間的關係有相似之處：與柏拉圖和亞里斯多德在古代哲學中所發揮的作用一樣，胡塞爾與海德格在當代西方哲學中具有舉足輕重的影響力。但同時必須承認，海德格對待胡塞爾的態度與亞里斯多德對待柏拉圖的態度有很大的差異。因為，在海德格那裡，他本人的政治—歷史觀在他對胡塞爾的態度以及在他的學術研究中有著相當大的作用。[1]

　　我們在這裡對胡塞爾與海德格之間關係所做的探討不打算涉及政治—歷史方面的因素，也可以說，我們不打算探討胡塞爾與海德格的私人關係，[2]儘管這也是非常重要的一個研究課題。我們的研究將主要集中在他

---

[1] 關於海德格的政治—歷史觀與他的整個哲學思想的關係問題可以參閱由 G.施內貝格（G. Schneeberger）主編的《海德格追讀——關於他的生活與思想的資料》（伯爾尼，1962年），雅斯培所著的《哲學自傳》（慕尼黑，1977年）中關於海德格的一節（第92-111頁）以及維克多·法里亞斯的著作《海德格與國家社會主義》（德文版，法蘭克福／美茵，1989年）等等。此外也可參閱哈伯瑪斯在《海德格與國家社會主義》中對海德格政治—歷史觀的評價：「粗魯的反美主義、對亞洲的厭惡、對希臘—德國本質所受之過多的拉丁影響之反抗、陌生恐懼症和多情的家鄉抒情詩——所有這些陰暗的因素都給人同一個印象，無論它們是赤裸裸地亮相，還是偽裝成荷爾德林粉墨登場。」（哈伯瑪斯：〈海德格——著作和世界觀〉，載於維克多·法里亞斯：《海德格與國家社會主義》，第37頁。）

[2] 海德格對待胡塞爾的態度，世人已有許多記載與論述。而有關胡塞爾對海德格的態度之資料，則較為少見。對這個問題，胡塞爾和海德格的共同弟子、弗萊堡大學哲學系教授馬克斯·穆勒（Max Mueller）曾回憶說：「胡塞爾從未談論過海德格的政治態度，但有幾次在談到海德格的哲學思想時他說過：『在曾屬於我這個圈子的人中，海德格也許是最偉大的一個。』他很長時間都在考慮是否讓普芬德來弗萊堡接替他的教椅，但海德格在深刻性和原本性方面無疑要超過普芬德。『因此我必須給海德格優先。』」「當我問胡塞爾，他現在向『生活世界』問題——這個問題在其歷史—事實的『時或性』中已超出了先驗現象學方法的界限——是否可以說是受到海德格的『反作用』影響，胡塞爾回答說：『他讓我留下深刻印象，但從未影響過我。』我從未聽胡塞爾說過對海德格人格的一句微詞。」（馬克斯·穆勒：〈回憶胡塞爾〉，載於《胡塞爾與現象學運動》，第38頁。）

們兩人的哲學思想之理論淵源關係上，集中在他們兩人哲學思想的共性、差異以及發展、繼承之必然性和偶然性這些問題上。

　　海德格本人並不否認胡塞爾哲學對他的深刻影響，他甚至一再地強調這種影響。在海德格發表《存在與時間》的初期，很多人都認爲，海德格仍然是在胡塞爾所劃定的問題範圍內活動。胡塞爾的另一位學生、著名哲學家奧斯卡·貝克爾在1927年（即《存在與時間》發表的這一年）紀念胡塞爾七十誕辰的文集中曾指出過在胡塞爾先驗現象學和海德格基礎本體論、解釋學的現象學之間的密切相容性：「誰要是把胡塞爾的現象學與所謂『心理主義的』和『人類主義的』事實解釋學作爲相互陌生，甚至相互敵對的學說對立起來，誰就在最大的程度上誤解了胡塞爾現象學的意向，至少是誤解了自1913年《純粹現象學和現象學哲學的觀念》發表以來之胡塞爾現象學的意向。」[3]他認爲，現象學之解釋學的意向與先驗現象學的意向根本沒有矛盾的地方，前者只是對後者基本意圖的「具體化」，是對後者未加規定之一些視域的進一步確定。[4]此外，可以被看作是胡塞爾和海德格學生的高達美雖然認爲海德格與胡塞爾是兩個根本不同的哲學發問方向，但他也承認：「想要標出海德格是從哪一點出發與胡塞爾的先驗唯心主義相對置，這實際上是一件很不容易的事情。我們甚至必須承認，海德格《存在與時間》一書的設想並沒有完全擺脫先驗反思問題的領域。基礎本體論的觀念、它以有關『存在』的此在爲根據而作的論證以及它對此在的分析，它們起初給人的印象是：它們事實上僅僅標誌著在先驗現象學之內的一個新問題維度而已。」[5]

3　奧斯卡·貝克爾：〈美的事物之衰敗性和藝術家的冒險性。在美學現象領域中的本體論研究〉，載於《胡塞爾紀念文集》，圖賓根，1929年，第39頁。

4　奧斯卡·貝克爾：〈美的事物之衰敗性和藝術家的冒險性。在美學現象領域中的本體論研究〉，載於《胡塞爾紀念文集》，圖賓根，1929年，第39頁。

5　高達美：《解釋學》第二卷，第260頁。

　　誠然，隨著時間的推移，人們已經越來越清楚地意識到在胡塞爾與海德格之間存在著的深刻「代溝」。但這並不表明，胡塞爾哲學與海德格哲學之間的內在關聯性或內在的貫通性由此而遭到了否定。很多人，包括胡塞爾的助手、著名哲學家（在1991年去世）路德維希·蘭德格雷貝，畢生都相信：不僅狄爾泰（W. Dilthey）和胡塞爾，而且胡塞爾和海德格，以至於整個歐洲大陸的哲學聯同其大背景的起點最終都可以綜合爲一。[6]

　　上面的這些論述當然不是爲了提出這樣一個命題，即：海德格的哲學僅僅是對胡塞爾哲學的繼承、延續和進一步展開。如果我們能夠這樣說，那麼我們同樣也就可以說，亞里斯多德的思想只是對柏拉圖的繼承和發展而已，這兩種說法的荒謬性都是不言而喻的。我們所做的這些論述之目的僅僅在於指出對胡塞爾與海德格之間關係問題研究的困難性。如高達美所說，這個問題的困難性在於：我們如何能夠分析出，在追隨胡塞爾的進程中，海德格究竟是在哪一「點」上開始偏離開胡塞爾的思考方向。我之所以要強調這是一個「點」，是因爲胡塞爾與海德格的分歧最終可以回溯到作爲一門學說之單元的概念上。對胡塞爾與海德格差異的把握，必須落實到作爲概念的「點」上。這不僅是我們在對胡塞爾與海德格之間關係的闡述中所要依據的原則，也是我們在後面對其他論題所進行之探討的原則。我們這裡也許可以借用一句胡塞爾常說的話：「別總是大鈔，我的先生們，而是要小零錢，小零錢！」[7]

6　參閱O.珀格勒：〈現象學哲學概念的危機（1929）〉，載於《爭論中的現象學》，第258頁。

7　轉引自高達美：〈現象學運動〉，載於《新近哲學》第一卷，第107頁。

十一、胡塞爾與海德格的哲學觀

可以確定，以胡塞爾為中心的第一期現象學運動之瓦解是由胡塞爾和海德格之間關係的破裂所導致的。[8] 破裂的明朗化發生在1929年。但兩人關係的疏遠則可以向前追溯得更早些。從許多跡象來看，胡塞爾與海德格的關係在二十年代之前還稱得上親密無間，至少在胡塞爾這方面的感覺是如此。據雅斯培回憶，1920年春，他曾與妻子一同在弗萊堡逗留數日。恰逢胡塞爾六十一歲生日（4月2日），他和海德格一起去參加胡塞爾的生日慶祝會。當時，胡塞爾的妻子還稱海德格為「現象學的孩子」。但雅斯培已敏銳地觀察到：當他談到他一個一流的女學生到弗萊堡想師從於胡塞爾，卻被胡塞爾拒之門外這件事時，海德格積極地加入到雅斯培這一邊來。用雅斯培的話來說：在海德格這方面已表現出一種「在反對抽象秩序之權威的過程中兩個青年人之間的團結性」。[9]

這種反對所謂「抽象秩序」的態度在雅斯培那裡從一開始便表現得無遮無掩。雅斯培在1932年所寫的三卷本《哲學》一書中曾明確地表示說：對胡塞爾〈哲學作為嚴格的科學〉（1910年）這篇文章，他是「帶著反感」閱讀的。這篇文章反而「使他明白了」，哲學不是嚴格的科學。他認為，他「理解了，這裡很明顯已達到了這樣一個地步，在這裡，由於要求哲學是一門嚴格的科學，所以，哲學一詞的崇高意義被取消了。就胡塞爾是一位哲學教授而言，我覺得他是最天真地和最澈底地背叛了哲學。」[10] 作為客體、作為賓語的哲學（Philosophie）在雅斯培那裡只是「古代形而

8　對這一問題的詳細論述可以參閱德國波鴻魯爾大學哲學系教授奧托‧珀格勒博士所著的〈現象學哲學概念的危機（1929）〉一文，載於《爭論中的現象學》，第259-276頁。

9　參閱卡爾‧雅斯培：《哲學自傳》，慕尼黑，1977年，第92-93頁。

10　雅斯培：《哲學》第一卷，柏林，1973年，第XVII頁。

上學家一個偉大而富於創造性的幻想」，人們所能眞實地從事的僅僅是作爲活動、作爲謂語的哲學（Philosophieren）而已。[11]

與雅斯培不同，海德格對胡塞爾哲學觀的拒絕則給人「猶抱琵琶半遮面」的感覺。只是根據近幾年發表的《海德格全集》和其他資料，我們才可以比較有把握地得出海德格離經叛道的確切時間。

海德格在1919年4月24日寫給胡塞爾的女兒伊莉莎白・胡塞爾的信中便表明：他反對的是「那種傲慢不拘的、從根本上說是啟蒙式的說教，它把當下的生活和所有過去的生活都固定、死板、單一地砸在同一塊平板上，於是在這裡一切都變得可預測、可控制、可劃定、可約束、可解釋。」[12]

這裡已顯露出海德格對傳統意義上的「理論」、對胡塞爾「哲學作爲嚴格科學」理想的抵制。同年，在講座中，尤其是在爲雅斯培的著作《世界觀的心理學》所寫的書評中，海德格還把「事物經驗」或「理論」稱之爲「Entlebnis」。[13] 我們在這裡需要注意：胡塞爾哲學的一個中心概念「體驗（Erlebnis）」一詞中含有「leb（生活）」這個詞根，而海德格生造的「Entlebnis」一詞是與「體驗」相對的，它也含有「leb」的詞根；從這個意義上看，「Erlebnis」的前綴「er」是指「經歷」，「體驗」一詞因而在這裡可以是指「經歷生活」；而「ent」則表示「去除」的意思，所以「Entlebnis」這個詞我們不妨譯作「脫離生活」或「去除生活」。這裡隱含著海德格對胡塞爾的一個批評：當胡塞爾把體驗作爲本質直觀的對象，試圖排除此在、排除事實性的東西，把握作爲先驗可能性的體驗本質和本質連結（本質結構）時，活生生的生活也就被排斥掉、被去除掉了。

---

[11] 此處可以參閱漢斯・薩尼爾（Hans Saner）：《雅斯培》，漢堡，1970年，第140頁。

[12] 載於德國《抉擇》，第223-224期（1988），第6頁。

[13] 海德格：《現象學與先驗的價值哲學（1919）》，法蘭克福／美茵，1987年，第86頁，第100-101頁；《路標》，法蘭克福／美茵，1978年，第19頁。

歌德的名言「理論都是灰色的，生活的樹才常青」[14] 在這裡似乎又一次得到印證。海德格後期的一個弟子、弗萊堡大學哲學教授威廉·馮·赫曼（W. von Herrmann）為了說明海德格和胡塞爾的差異，曾在課堂上回憶海德格當年所做的一個比喻：現象學的分析可以坐在書桌前進行，例如：面對一個茶杯，我觀察它的映射、它的顯現、它的被給予，我反思我對它的感知等等；這並無不可。然而這顯然是理論哲學家的做法。理論哲學家的意向往往脫離了生活。我們在日常生活中通常不會對一個杯子的映射等感興趣。我之所以在進教室時關注到這張椅子，是因為它擋住了我的去路。哲學應當探討的不多不少就是這種與日常生活中的興趣有關的東西。胡塞爾的另一位學生H.賴納（H. Rainer）也說過同樣的話：「在胡塞爾看來，我們所有真正的認識都來源於（原本地自身給予著的、廣義上的）直觀。而海德格則解釋說，我們並不是透過一種『盯視』而經驗到，例如：什麼是一張桌子或一張椅子，而是在將它作為一個『在手之物』而與它打交道時（例如：坐在它旁邊或坐在它上面）才經驗到它。」[15]

　　而胡塞爾這方面則似乎對自己與海德格的隔閡反應遲鈍。雖然根據海德格的回憶，在二十年代初，當海德格尚未去馬堡，而是還在弗萊堡作為講師講授胡塞爾的《邏輯研究》時，胡塞爾就已經抱著一種「寬容的、但從根本上說拒絕的態度在觀察著」海德格的工作；[16] 但只是在《存在與時間》（1927年）發表了一年之後，也就是胡塞爾在七十壽辰時得到海德格《存在與時間》的贈本之後，胡塞爾才開始他的——用羅曼·英加登的話來說——「海德格研究」，並且開始覺察到海德格的「背叛」。甚至連學生們也常常在議論「胡塞爾正教與它最新變調曲之間的對立」。[17] 與胡塞

14　歌德：《浮士德》，第一部，第四場。

15　《真理與證實》（第四屆國際現象學研討會文獻），H. L.范·布雷達（H. L. Van Breda）主編，海牙，1974年，第93頁。

16　海德格：〈我的現象學之路〉，載於《面對思維的實事》，圖賓根，1976年，第82頁。

17　伊曼努爾·列維納斯：〈胡塞爾—海德格〉，載於《胡塞爾與現象學運動》，弗萊堡，1988年，第27頁。

爾當時比較接近的H.賴納曾回憶說：「胡塞爾在1926年便已從海德格那裡得到了《存在與時間》的校樣。他當時對我說這是一部重要的著作，並沒有持批評的態度。直到1928年他才抱怨說，海德格在這部書中雖然有兩處對他表示贊同，並引用了他的話，但在其他的地方卻常常不指名道姓地向他發起論戰。從這時起，我開始注意到胡塞爾和《存在與時間》之間的內在分歧。」[18] 而與此有關的第一次見諸於文字之表述是在胡塞爾於1929年12月2日寫給羅曼・英加登的信中：「你問我，深入的『海德格研究』結果如何？我已得出結論，我無法將這部著作納入到我的現象學之範圍中來，而且很遺憾，我不僅必須在方法上完全地拒絕這部著作，而且在本質上以及在實事上也必須拒絕它。為此，我更加要重視《笛卡兒式的沉思》這本書的德文版，將它作為我的一部有系統的『主要著作』來完成。」[19] 胡塞爾對海德格《存在與時間》的最主要批判在於，胡塞爾認為這部著作由於無視先驗現象學的還原而陷於心理學和人類學不能自拔。[20] 與此密切相關，在1930年所寫的〈《純粹現象學和現象學哲學的觀念》後記〉一文中，胡塞爾與海德格針鋒相對地將哲學的觀念定義為一種「冷靜的、在最澈底的科學精神中進行之工作」。[21] 此外，我們在胡塞爾另一篇未發表的手稿中還可以找到胡塞爾在這一時期（1920-1930年）對哲學概念的一個最簡明扼要之定義：哲學就是一種「朝向絕對認識的意向」。[22]

我們有理由認為，胡塞爾與海德格的分歧最初起源於他們的哲學觀。

只要胡塞爾把哲學理解為科學，進一步說，只要胡塞爾把哲學理解成為基礎科學、理解成為亞里斯多德意義上的「第一哲學」，只要他致力於把先驗現象學建立成一門本質科學（本體論）或觀念科學，那麼，

---

[18] 《真理與證實》（第四屆國際現象學研討會文獻），第93頁。

[19] 胡塞爾：《致羅曼・英加登的信件集》，海牙，1968年，第59頁。

[20] 此處可以參閱伊索・凱恩：〈出版者引論〉，載於胡塞爾：《交互主體性的現象學》第一卷，海牙，1973年，第XXV頁。

[21] 胡塞爾：《純粹現象學和現象學哲學的觀念》第三卷，第138頁。

[22] 胡塞爾手稿，B II19，第15頁。

奠基的思想便是自然而然的。「奠基」在這裡意味著用「一個系統完善了的理論統一」為經驗的、事實的科學提供最終的依據，這個理論統一在胡塞爾看來是一些在觀念上封閉的、本身以一個基本規律（根據規律「Grundgesetz」）為最終根據（規律根據「Gesetzgrund」）之各種規律的系統統一。這個理論體系在《邏輯研究》時期是一門以意識活動和意識對象之本質結構的純粹邏輯學之領域[23]，自《純粹現象學和現象學哲學的觀念》之後便是一門既先驗又本質的現象學之領域。在這個意義上的哲學透過它對本質結構的分析和把握而為其他所有科學提供了最終的基礎。因此，從這點上看，我們可以把握胡塞爾對哲學的兩個基本規定：（一）確切地說，狹義上的哲學，即第一哲學或先驗現象學應當是一門與人類生活的此在無關的、探討先驗意識的本質結構之學說；否則它便不是現象學，而是心理學或人類學了，這正是海德格的存在現象學或此在現象學所處的境地。（二）但這門先驗現象學對於所有科學來說又是必不可少的，因為它提供了最根本的、奠基性的本質分析和本質結構分析，這是所有此在科學（或者說世俗科學）和事實科學的最終依據。先驗現象學與其他科學的關係被波鴻魯爾大學的哲學教授伯恩哈特・瓦爾登費爾茲博士歸納如下：「1.客觀的事實科學，如歷史學，已經在一般性的結構中運動。2.觀念化的科學，如數學和數學物理學，起源於直觀性結構。3.人文科學，如心理學，儘管本身是對主體性和交互主體性結構的研究，但只要它們進行的是這種研究而不是進行歸納―實驗性的操作，它們就得從現象學的分析中借用這些結構」。[24] 因此，先驗現象學應當是對第一原理的把握，是處在人類認識的金字塔頂端之科學，是一門亞里斯多德和笛卡兒意義上的「第一哲學」。胡塞爾確信，先驗現象學所提供的認識不是相對於人類而言的現實知識，而是關於純粹可能性的絕對知識。

23　參閱胡塞爾：《邏輯研究》第一卷，A 232/B 232。
24　瓦爾登費爾茲：《在生活世界的網中》，法蘭克福／美茵，1985年，第18頁。

　　然而這不也是哲學的初衷，或者說，哲學的初衷之一嗎？「哲學」在古希臘蘇格拉底學派哲學中的最早定義雖然是「熱愛智慧」而不是「擁有知識（科學）」，並且，如果我們把「智慧」理解為「思維的方式」，把「知識」理解為「思維的結果」，那麼，雅斯培對哲學的理解（即：Philosophieren）要更切近這個詞的原意。他也是從「哲學」一詞的希臘詞源中尋找他對這個概念的定義根據：「這個詞的意義一直保留至今：哲學的本質不在於掌握真理，而在於尋找真理。」「哲學就意味著：在途中（auf-dem-Weg-sein）。它的問題要比它的回答更根本些，而每一個回答都會成為新的問題。」[25] 他認為獨斷論者常常背叛了哲學。但是，我們不要忘記，赫拉克利特在蘇格拉底之前已經把「愛智慧的人（哲學家）」定義為「研究事物本性的人」，並認為「智慧就在於熟悉那駕馭著一切的明察」。[26] 將哲學建立成一門科學，一門為所有科學提供基礎的知識學或科學學，這不正是從柏拉圖到笛卡兒、康德的先哲們所追求之理想或夢幻嗎？柏拉圖認為哲學是對存在之物或永恆之物的認識；亞里斯多德將哲學視為對事物的原因和原則之研究；笛卡兒把哲學看作是對明白清楚、確定無疑的真理之把握；康德斷定哲學不是意見或信仰，而是知識……如此等等。他們都是在某種意義上想透過哲學而達到對一個絕對真理體系的認識。因此，當雅斯培在指責胡塞爾「取消了哲學一詞的崇高意義」，從而「背叛了哲學」時，他忽略了一個事實，在哲學史傳統中占主導地位的恰恰是胡塞爾所追求的那個理想。「背叛」一詞，無論人們是褒義地、還是貶義地理解它，因而都更適合於海德格的和雅斯培自己的哲學特徵。同樣地，無論我們以哪一種價值尺度來評價傳統，胡塞爾的哲學追求更明顯地反映出傳統的延續。胡塞爾還是一個傳統意義上的哲學家，尤其是他在1906-1907年完成了向先驗現象學的突破，並在1913年的《純粹現象學和

---

25 雅斯培：《哲學引論》，柏林，1962年，第14頁。
26 參閱《前蘇格拉底思想家》（希文／德文），雅普·曼斯費爾德選編／翻譯，斯圖加特，1987年，第249、257頁。

現象學哲學的觀念》中第一次公開表露了這個突破之後，他將現象學，如海德格在1963年所合理地指出的那樣，「有意識地、堅定地轉入到了近代哲學的傳統之中」。[27]

相反地，海德格則更主要地在現代人這裡找到知音。可以說，在胡塞爾與海德格的哲學觀之爭中，現代人更主要地是站在海德格一邊。胡塞爾和海德格的學生、當今著名哲學家洛維特在回憶第一次世界大戰後的哲學氣氛時說：「人們很快便對他（胡塞爾）關於向純粹意識進行『還原』的學說失去了興趣，而年輕的哲學家（海德格）所提出那些激動人心的問題卻越來越吸引我們。」[28] 從這以後，海德格的影響逐漸超越出胡塞爾，

---

[27] 海德格：《面對思維的實事》，第81-82頁。

[28] 洛維特對胡塞爾與海德格的評價當然不侷限在這一句話上。為了避免產生誤解，我在這裡有必要將他的回憶完整地提供給讀者。整篇文字載於卡爾·洛維特所著的《從黑格爾到尼采》一書（蘇黎世／紐約，1941年，第5頁）在〈謹將此書獻給艾德蒙·胡塞爾，以示懷念〉的獻詞後，洛維特又加了一個說明：

「在這部書的寫作期間，我收到了胡塞爾在弗萊堡逝世的消息。弗萊堡是一座可愛的城市，它有著赭紅色的明斯特教堂，地處黑森林的茵綠山脈之中，又緊靠著萊茵河。我的大學生涯就是在這座城市裡開始的，當時我剛從戰場上歸來，便與一批還在尋找著自己生活道路的坦誠青年們一起，開始在胡塞爾和海德格身邊進行學習。在二十年之後的今天，如果我問自己，我從胡塞爾那裡學到了什麼，那麼回答幾乎不會使他本人感到滿意。人們很快便對他關於向純粹意識進行『還原』的學說失去了興趣，而年輕的哲學家所提出那些激動人心的問題卻越來越吸引住我們。但儘管如此，人們還是要感謝這位年邁的哲學家。是他用他那出色的方法分析、陳述中的冷靜清晰、人的科學修養之嚴格性教會了我們在一個內在與外在的組成部分都土崩瓦解的時代中牢牢地站住腳跟，他迫使我們不去說大話，迫使我們在對現象的直觀中檢驗每一個概念，迫使我們在對他的問題做出回答時不是付出大鈔，而是付出有效的『小零錢』。他是一位像尼采在《查拉圖斯特拉》中所描述的『精神的良心』。我永遠無法忘記，在人們因害怕法國部隊的占領而紛紛躲避，學校教室空空如也的那些日子裡，這位研究最細微事物的偉大學者仍然繼續闡述著他的思想，那麼冷靜和自信，就好像科學研究的嚴肅性不能為世界上任何事物所干擾。最後一次見到胡塞

成為二十世紀的主導學派，並在一定的程度上或多或少地規定著德國各個哲學流派的思維方向。西方馬克思主義的代表人物恩斯特・布洛赫曾宣告：「體系的時代已經結束。」[29]同時，他不無讚賞地評價海德格說：「海德格有時甚至可以做到不需要體系。」相反地，他批評胡塞爾的現象學是一種「脫離此在」的知識之典範，「此在被加上了括弧」，它像數學一樣，「人為地遠離開所有反映著它的實在關係」。[30]他認為，胡塞爾把表象行為、思維行為的意向結構看作是本原性的東西，然而，「所有意向行為都建立在追求、欲望、意圖的基礎上。『興趣（「Interesse」，也可譯作「利益」）』是所有意向行為的最終基礎，它才真正是與人最切近的東西。」[31]馬丁・布伯對胡塞爾的批評顯然也是在同一個方向上：「胡塞爾，這位現象學方法的創造者……自己從未對人類學的問題本身做過探討。」[32]雖然胡塞爾試圖用對純粹意識結構的本質分析來為人類意識能力提供本質根據，然而，「人所特有的本質只有在活生生的關係中才能得到直接的認識。」[33]布伯認為，在這個方向上的兩個努力表現在海德格和舍勒用現象學方法中所做的嘗試中。[34]高達美在他撰寫的〈現象學運動〉一

爾是在政變後不久，他在他的住所中深居簡出，我在那裡所感受到的仍然是那種為智慧服務之精神所具有的自由，它不受那些無所不及的時間摧毀力之束縛，這個印象一直被我保留到今天。——弗萊堡大學對胡塞爾的逝世置之不理，而胡塞爾教椅的後繼人（海德格）對他的『敬意與友誼』（《存在與時間》中海德格致胡塞爾的獻詞）的證明就是：他一言不發，或者，他一言也不敢發。」

洛維特在第二版中（蘇黎世／紐約，1950年）刪去了這篇對獻詞的說明文字。

[29] 《思維就意味著超越》，卡蘿拉・布洛赫／阿德爾貝特・萊夫主編，法蘭克福／美茵，1982年，第21頁。

[30] 恩斯特・布洛赫：《希望的原則》，第一卷，法蘭克福／美茵，1959年，第265頁。

[31] 恩斯特・布洛赫：《希望的原則》，第一卷，第79頁。

[32] 馬丁・布伯：《人的問題》，海德堡，1982年，第85頁。

[33] 馬丁・布伯：《人的問題》，第168頁。

[34] 馬丁・布伯：《人的問題》，第85頁。

文中也客觀地評價說：「儘管現象學運動在寧靜而封閉的大學教室中奠定了一種接近實事的新關係，引起了對『前科學的』生活世界的新興趣，但『哲學作爲嚴格科學』的口號卻並不能滿足公眾的世界觀要求。」[35] 雅斯培則從他的哲學史反思中獲得反對「第一哲學」理想的論據：「哲學思維並不像科學那樣具有進步過程的性質。我們當然比希波克拉底這位希臘醫生要向前邁進了一步。但我們幾乎不能說，我們比柏拉圖更進了一步。只是就他所運用的科學認識材料而言，我們比他更進一步。而在哲學活動本身之中，我們也許還無法再次達到他所達到的那個地步呢。」[36] 雅斯培所指出的這一事實也就是人們常常談論的所謂「哲學的醜聞（Skandal der Philosophie）」。的確，哲學在其幾千年的努力中沒有提供任何一種可以爲所有哲學家都能接受的認識，但承認這一醜聞並不意味著哲學在這種批評面前繳械投降。恰恰相反，在雅斯培的這一姿態中實際上隱含著兩方面的批評：他一方面在諷刺哲學的門外漢們在提出「哲學的醜聞」這一口號時根本沒有理解哲學的天性正是在於不斷地提出新的發問和提供新的觀察點，而不在於提供答案和觀察結果；另一方面他指責所有廣義上的實證主義思想家們在力圖克服這一醜聞時混淆了科學與哲學的本性，從而實際上把自己降到了與哲學門外漢所處的同一個層次上。可以說，現代人比以往更爲坦然地對待「哲學的醜聞」這一事實，並且比以往更爲漠然地對待那種克服「哲學的醜聞」的徒勞努力。因此，當胡塞爾在1906-1907年期間終於度過了內在的危機，克服了體系的不完善和不澈底性，帶著他的先驗還原方法而滿懷信心地走向他的先驗現象學時，早期現象學運動的追隨者們，包括哥廷根學派和慕尼黑學派的代表人物，卻紛紛失望地遠離他而去。

　　如果在理論思維獨立發展中也存在像法國人所說「時代感覺」或像德國人所說「時代精神」這樣一種東西的話，那麼，綜上所述，我們可以肯

---

[35] 高達美：《新近哲學》，第一卷，第110頁。
[36] 雅斯培：《哲學引論》，第9、10頁。

定，現代的「時代感覺」或「時代精神」是某種與體系哲學無緣的東西。

由此可見，胡塞爾和海德格之間的分歧首先起源於傳統哲學與現代哲學的興趣差異，其次起源於近代哲學和現代哲學的「代溝」，[37] 儘管這個分歧與他們兩個各自的氣質與個性也不無關聯。[38]

---

[37] 我們早已熟悉「理性主義」和「非理性主義」這兩個對傳統哲學和現代哲學的一般定義，它們指明了自謝林、叔本華、尼采以來的哲學趨向對整個傳統哲學的反動。但用這兩個術語來概括胡塞爾和海德格哲學的差異似乎有失偏頗。至少胡塞爾這方面已經看到傳統理性主義的危機，同時又不滿意非理性主義的解決方式；他的現象學毋寧說是一種克服理性主義和非理性主義的「超理性主義」嘗試。黑爾德敏銳地看到了胡塞爾現象學的這一特點：「在胡塞爾對生活世界的思索中包含著對現代科學精神的澈底批判。然而奇特的是，這個批判並不是從根本原則上否定科學。恰恰相反，在胡塞爾看來，問題在於對作為科學和作為科學一般基礎之哲學的更新。所以，他對生活世界的思索可以有助於防止那種如今日趨常見的對科學與文明之厭倦不至於轉變為某種為年輕人所容易接受的、浪漫主義的、向完全前科學和前技術世界的回返。」（K.黑爾德：〈導言〉，載於《生活世界的現象學——胡塞爾文選 II》，第5、6頁）對這個問題的詳細論述還可以參閱克里斯多夫·雅默：〈用超理性主義反對非理性主義——胡塞爾對神祕的生活世界之洞見〉，載於《爭論中的現象學》，第65-80頁。

[38] 我們可以說，胡塞爾的人格和氣質體現了理性，一種不斷地試圖超脫現實生活而朝向無限的理性精神，在他那裡顯示出一種明確的單一性。如果說，在海德格的人格和氣質中可以發現某些與胡塞爾相對立的東西，那麼這並不是指，在海德格那裡占統治地位的是某種與理性相悖的東西，而毋寧說，在海德格個性中所表露的是某種與單一性相悖的特徵。

W.比梅爾認為，海德格的個性中不僅包含著理性精神，而且還包含著生活激情。他用「思維的生存」來描述海德格思想和人格中的理性與激情的統一，主張思維和生活、理性和激情都不應當只有一個終極目標：「我們已經習慣於理性與激情、精神與生活之間的古老對立，以至於我們比較難於想像一種激情的思維，在這種思維中，思維與活的存在成為一體。海德格本人在一次關於亞里斯多德的講座中曾省去了普遍的生平介紹，而用一句簡明扼要的話表述出思維與活的存在成為一體之狀況：『亞里斯多德出生、工作並死去』。儘管我們在事後可以認識到，出生、工作、死去，這是整個哲學得以可能的條件。但值得懷疑的是，如果沒有海德格的思維生存，我們能否、尤其是在我們這個世紀能否了解到這一點。」（比梅爾：《海德格》，漢堡，1973年，第14-15頁）

　　但如果我們在這裡的打算不只是在於泛泛地談論胡塞爾和海德格在哲學觀上的整體分歧，而且還在於具體地闡述這種分歧對以後哲學發展的影響，那麼我們就必須區分構成這個分歧的三個要素：

（一）對哲學作為絕對科學這個理想的追求與摒棄——哲學是否可以把握和表述絕對的真理，或者用胡塞爾的話來說，哲學是否能夠把握那個第一性的先驗層次。

（二）對活的此在之排斥與關注——哲學是否應當把人的問題作為哲學的第一性問題來討論。

（三）對體系、奠基思想的信念與懷疑——「抽象的秩序」能否為具體的生活提供最終的根據。

　　我認為，胡塞爾與海德格的所有差異和分歧最終都可以還原到這三個要素上。具體地說，海德格對胡塞爾先驗本質現象學的改造主要表現在兩個方向上：一是把先驗意識的現象學改造成為「存在現象學」或「此在現象學」；二是把本質直觀的現象學改造成為「現象學的解釋學」。在這兩個方向上的企圖都與上面的分歧有關。

如果我們能夠撇開海德格和胡塞爾一生中各自的經歷和表現不論，那麼這種說法無疑是令人信服的。海德格似乎用他的思想與生活指出了一個平凡的真理：理性應當是生活的理性；生活應當是理性的生活。然而，在對待納粹的態度上，首先是在對待他老師胡塞爾的態度上，海德格與其說是表現出一種理性與生活、思維與生存的統一，不如說是證明了這兩者在他那裡的分裂。當然，我在這裡無意否認那個平凡的真理，我只是懷疑海德格本人是否證明過、或者能證明這個真理。

十二、胡塞爾的「直觀」、「立義」與海德格的「理解」、「釋義」

　　細心的讀者會注意到，在前面引用胡塞爾致英加登的信中，胡塞爾首先強調：在方法上「完全」不能接受海德格的《存在與時間》。但海德格本人在這部著作的第二章中，即在方法論一章的第7節，卻明確地表明《存在與時間》「這項研究所依據的現象學方法」。[39]即使在這兩位哲學家的關係破裂之後，即使海德格在後期著作中不提或很少提到現象學方法，海德格自己也從未否認過胡塞爾現象學與自己的哲學在方法上的淵源關係。由此看來，我們根據這些事實所能得出的第一個印象應當是：胡塞爾所說的方法是指「現象學（先驗）還原的方法」；而海德格所說的現象學方法則是指那種由胡塞爾開發，並被他首先運用在細緻入微的意識分析上之「本質還原方法」。

　　至於這種印象是否正確，對這個問題我們只有在進行了較為深入的研究之後才能回答。與這個問題相等值的是另外兩個問題：胡塞爾的現象學究竟如何在方法上影響了海德格的哲學發問？海德格所奏的究竟是什麼樣的「現象學變調曲」？

　　雅斯培在1912/13年有關心理病理學的論著中以及在1919年的《世界觀的心理學》中就已經一再地在「理解心理學」的意義上解釋「現象學的心理學」。[40]海德格最初對「理解」概念的提出是否與雅斯培的「理解」

---

39 參閱馬丁・海德格：《存在與時間》，圖賓根，1979年，第27-40頁。
40 參閱雅斯培：〈假感知──心理病理學中的現象學研究方向〉（1912），《普通心理病理學》（柏林，1913）等等。雅斯培對現象學方法的理解是：「我們必須摒棄一切傳統理論，摒棄一切心理學構造或關於腦顱活動的唯物主義神話；我們必須純粹致力於我們在其現實的此在中所能理解、把握、區別和描述的東西。」（雅斯培：《心理病理學文集》，柏林，1963年，第316頁。）

概念有關，以及在何種程度上與後者有關，我們目前還無法得知，至少從
海德格自己的論述中無法得知。無論如何，在1919年，當海德格在信、書
評和講座中開始表露出他對胡塞爾哲學的抵制時，他已經同時在對現象學
的方法作出自己的「理解」和「解釋」：「唯有現象學的批判標準才是理
解的明見和明見的理解，是在本質中自在和自為的生活。現象學的批判不
是反一駁，不是反一證，而是去理解被批判的命題，理解這些命題的意義
起源在哪裡。批判就是聽出真正的動機。」[41]海德格在這裡所說的「現象
學批判」，就其宗旨來看，還沒有偏離康德和胡塞爾的「理性批判」的初
衷，可以說，它仍然是指對認識如何可能問題的探討。但在對這種批判方
式的說明中，海德格卻已經加入了他自己的東西：批判是對被批判之物的
理解（Verstehen）。「理解」概念的被提出，同時也標誌著海德格「現象
學的解釋學」思想的形成。[42]

　　如果海德格在這裡把「理解」本身理解為「最完善的無前設性和對
自身的絕對反思性明察」[43]，那麼他就並沒有離開胡塞爾的立場。然而，
海德格之所以選擇「理解」一詞，這其中已經隱含著對胡塞爾的反駁。當
胡塞爾在傳統的笛卡兒真理意義上[44]提出真理就是明見性，明見性就是明

41　海德格：《現象學與先驗的價值哲學（1919）》，第126頁。
42　海德格在這次講座中第一次提出「現象學的解釋學」這個觀念。（參閱海
　　德格：《現象學與先驗的價值哲學（1919）》，第131頁。）
43　這是胡塞爾對現象學操作的基本規定。全文是：「由於事關原則，因此
　　這裡更重要的問題在於：現象學就其本質而言必須提出這樣的要求，它
　　要求成為一門『第一』哲學，並且它必須為所有須待進行的理性批判提
　　供手段；因此它要求最完善的無前提性和對自身的絕對反思性明察。它的
　　最獨特之本質在於，最完善地釐清它自己的本質，從而也最完善地釐清它
　　的方法原則。」（胡塞爾：《純粹現象學和現象學哲學的觀念》第一卷，
　　〔121〕。）
44　笛卡兒的真理觀建立在「明白、清楚的感知」或「明察、明見」的基礎
　　上。「所有那些被我明白、清楚地感知到的東西都是真實的。」「所有那
　　些被我清楚地明察到的東西，都不可能對我提出任何相反的理由使我再去
　　懷疑它」。（笛卡兒：《第一哲學沉思錄》，第五沉思，第69-71頁。）

察時，他顯然指的不是「理解的明見」或「明見的理解」，而是「直觀的明見」或「明見的直觀」，一種能夠直接把握實事本身的明見性。也就是說，這種明見性的最主要特徵應當是直觀，即一種「直接地把握到」。而在「直接地把握到」這個概念中顯然包含著「無前設性」、「無成見性」、「面對實事本身」（亦即無間隔性）的意義。但我們可以看到並且還將會看到，無論是在1919年提出「現象學的批判是理解」的命題中，還是在1927年問世的《存在與時間》中，海德格的「理解」概念都不具有上述含義。相反地，在《存在與時間》，主要是在第32節對「理解（Verstehen）」與「釋義（Auslegen）」這兩個概念的說明與發揮中，海德格得出了與胡塞爾完全相反的結論，從而也使「現象學的解釋學」這一觀念得以充實。他從「現象學的解釋學」角度對這兩個概念的論證主要是透過對「無成見性」或「無前設性」這個理想的分析來展開的。

　　我們可以分以下幾步來考察海德格的論證：

（一）第一個層次是「理解」。「理解」是一個生成的過程。在這一節的一開始，海德格便陳述了一個命題：「此在作爲理解籌劃著它的朝向可能性之存在。這種理解著可能性的存在本身是一種『能夠存在』，因爲這些可能性作爲開啟的可能性反沖到此在之中。理解的籌劃具有形成自身的本己可能性。我們將理解的這種形成稱之爲釋義。理解在釋義的過程中有所理解地獲取被理解者。理解在釋義中不是成爲某種它物，而是成爲它自身。」[45] 我們可以從兩個角度來考察海德格這段寓意豐富的話：從存在現象學上說，一方面，此在籌劃著自己的存在；另一方面，存在的可能性又反作用於此在。而從現象學的解釋學上則又可以說，一方面，理解是獲取被理解者的過程；另一方面，理解的過程也是自身形成的過程。因此，既然此在就是理解，那麼此在理解存在的過程也就是自身的籌劃與被籌劃、形成與被形成的過程。理解（此在）與被

---

45 海德格：《存在與時間》，第148頁。

理解者（存在）的關係是一種相互依存，或者說，是一種相互依
賴而生成的關係。[46]

（二）第二個層次是「釋義」。「釋義」是對已被理解之物的釋義。「釋
義」作為「理解的形成」在海德格那裡是一種第二層次的活動。
海德格對「釋義」與「理解」的關係規定是：「釋義建立在理解
之中，而不是理解透過釋義而產生。」[47] 釋義因而是對已被理解
的『世界』之釋義。海德格在這裡的原文是：「環視（Umsicht）
在發現著，這就是說，已被理解的『世界』在被釋義。」[48] 這個
陳述主要是針對自然觀點而言：我們自以為在發現著世界，實際
上，我們所發現的世界就是我們已理解的那個世界；但這個陳述
同時也針對胡塞爾的現象學觀點有效：我們自以為在原本地構造
著世界，實際上，我們構造的世界是我們已理解了的世界。這句
話的含義會隨這裡闡述的展開而進一步明瞭。據此，「釋義不是
獲得對被理解者的知識，而是把在理解中被籌劃的可能性加工出
來。」[49] 當我們在進行「釋義」時，我們所釋義的只是明確被理解
了的東西。如果用胡塞爾的語言來表述，那麼「理解」是奠基性
的，「釋義」是被奠基於理解之中的。

（三）所有的「釋義」都具有「作為（Als）」的結構，但這種結構又
有別於陳述所具有的「作為」結構。「明確地被理解的東西具
有『某物作為某物（etwas als etwas）』的結構」，[50] 「這個『作
為』構成了一個被理解之物的明確性結構；它構造出釋義。」據
此，我們可以說，在海德格那裡，「釋義」是一種已經明確化了

---

46 實際上，一旦理解被標誌為形成、生成的過程，那麼我們離黑格爾和狄爾
泰意義上的「歷史的理解」也就相距不遠了。

47 海德格：《存在與時間》，第148頁。

48 海德格：《存在與時間》，第148頁。

49 海德格：《存在與時間》，第148頁。

50 海德格：《存在與時間》，第149頁。

的「理解」，或者說，是一種「理解著的釋義」。[51] 當然，「釋義」所具有的「作爲」與「陳述」所具有的「作爲」結構又不同，前者是後者的基礎，換言之，前者比後者更爲「原初」：「陳述不能否認它自身從本體論上起源於理解的解釋。我們將環視地理解著的釋義所具有的原初『作爲』稱之爲生存論—解釋學的『作爲』，將它區別於陳述所具有那種表述性的『作爲』。」「並不是在課題的陳述中才浮現出這個『作爲』，而是這個『作爲』在課題的陳述中才被說出來；正因爲『作爲』是可說出的東西，並且在先地處於此，所以它才有可能被說出來。」[52]

（四）所有的「理解」都具有「在先（Vor）」的結構，它可以具體地被劃分爲「在先的擁有」、「在先的看到」、「在先的把握」。「將某物作爲某物的釋義本質上透過在先的擁有、在先的看到、在先的把握而被奠基。釋義永遠不是一種對一個現存之物的無前提之把握。如果我們將準確的文本注釋看作是一種特別具體的釋義，一種常常喜歡以『在此』的東西爲依據之釋義，那麼，這種『在此』的東西首先就是釋義者之不言自明的、無可爭議的先見（Vormeinung, 也可譯作『在先的意見』），在每一個釋義的出發點上都必然地包含著這種先見，它隨著釋義的進行已『被設定』，也就是說，它在在先的擁有、在先的看到、在先的把握中已在先地被給予了。」[53] 這段話的第一句是指：在先的擁有、在先的看到、在先的把握是任何一個釋義的基礎。從這點上看，任何釋義都不可能是「無前設的（voraussetzungslos）」、無成見

---

51 參閱海德格：《存在與時間》，第151頁，第158頁。在區分了「理解」和「釋義」的奠基關係之後，海德格自己也將常常這兩個概念並列使用，例如：「理解—釋義著的」，「有所理解，有所釋義」（同上書，第149頁），以及如此等等，可以說，它們共同構成現象學解釋學所要把握的第一基礎性課題，正如直觀作爲感知和想像的統一在胡塞爾那裡構成。

52 海德格：《存在與時間》，第158頁、第149頁。

53 海德格：《存在與時間》，第149頁。

的（vorurteilslos, 也可譯作「無在先判斷的」）。這也正是海德格在第二句中得出的結論。由於釋義建立在理解之中，所以任何「理解」都具有「在先」的特徵，換言之，任何「理解」都先於「釋義」。

我們可以概括地說，將某物作為某物陳述出來，這種陳述的基礎是將某物釋義為某物，而釋義又奠基於在先的理解之中。在海德格所確定的這兩個奠基情況中，第一個奠基也可以在胡塞爾那裡找到；[54] 第二個奠基則是海德格的「創見」。

在闡述了這些本質要素和它們之間的本質關係之後，海德格自然要提出並回答這樣一些問題：如何領會這個「在先」？如果我們說這是形式「先天」，是否也就領會了這種「在先」？為什麼理解會具有這樣一種（在先的）結構？如此等等。對這些問題的回答在某種程度上是我們下一節所要討論的課題，因為它們已經或多或少地進入到「存在現象學」的領域之中。在這些問題中，只有兩個是屬於我們在這一節中所必須回答的問題：「理解所具有的『在先』結構與釋義所具有的『作為』結構處於什麼樣的關係之中？這種情況是否排除了一種原初分析的可能性？」[55]

我們不妨回過頭來看一下胡塞爾的純粹意識分析，也許這會使我們更好地理解海德格的用心所在。

在胡塞爾原本性意識分析中，我們可以發現有一個與海德格之「釋義」相近的概念：「立義（Auffassen）」。[56] 胡塞爾在早期著作中通常使

---

54 參閱胡塞爾：《邏輯研究》第二卷，第一項研究「表述與含義」和第五項研究「獨立含義與不獨立含義之間的區別和純粹語法的觀念」。這兩項研究對海德格早期含義、語言學說的影響明晰可見。可以說，海德格的教授資格論文〈鄧·司各脫的範疇與含義學說〉便是有系統地以胡塞爾的這兩項研究為依據的。

55 海德格：《存在與時間》，第150-151頁。

56 可以參閱胡塞爾：《邏輯研究》第二卷，第二冊，B 381；《純粹現象學和現象學哲學的觀念》第一卷，〔75、172、203〕；《想像、圖像意識、回憶》，第222頁等等。

用的一個模式是「立義─立義內容」。所謂立義內容，是指我們原初具有的感覺材料，它是我們意識體驗的實在內容；而立義則是指我們意識活動的功能，胡塞爾將它稱之為意識體驗的意向內容。意識活動之所以能夠構造出意識對象，是因為意識活動具有賦予一堆雜多的感覺材料（立義內容）以一個意義，從而把它們統攝成為一個意識對象的功能。因此，意識的最基本意向結構就在於：將某物立義為某物（Auffassen von etwas als etwas）。前一個某物是指尚未被立義的感覺材料，如各種對顏色、長度、硬度等等的感覺；後一個某物是指被立義後的對象，如這個東西、這張桌子等等。可以說，「立義」是統覺（Apperzeption）這個拉丁文外來詞的德語同義詞。[57] 我在這裡以及在我的其他現象學譯文中之所以將它譯作「立義」，是因為在這個詞包含著兩層含義，它的前綴「auf-」是「向上」的意思，「fassen」具有「把握」、「理解」的意思；它們的複合所給人的感覺是：雜亂的感覺材料透過意義的給予而被統一，從而一個統一的對象得以成立並對我顯現出來。胡塞爾在這個意義上也把這種立義的過程稱之為「賦予靈魂（beseelen）」或「活化（beleben）」的過程。[58] 胡塞爾對意識的這種原本性分析表明，意識原初是如何在自身中構造出意識對象，然後又把這個對象看作是外在於意識的、自在的客體。在客觀對象被構造之後，隨著感知、想像、回憶等體驗活動的不斷進行，自我的視域得到擴大，以致有一個整體客觀世界以及有一些以這個客觀世界為研究課題的客觀科學最終得以產生，或者說，最終在意識中被構造出來。

而在海德格所選用的「釋義（Auslegen）」一詞中也包含兩個部分：前綴「aus-」具有「從……出來」的意思，「legen」則意味著「放置」。

---

[57] 參閱胡塞爾：《被動綜合分析》，第17頁：「我們在這個意義上把立義稱之為超越的統覺，它標誌著意識的功效，這個功效賦予感性素材的純內在內涵，即所謂感覺素材或原素素材（hyletische Daten）的純內在內涵以展示客觀的『超越之物』的功能。」。

[58] 參閱胡塞爾：《純粹現象學和現象學哲學的觀念》第一卷，〔75、172、203〕。

這個詞的最基本含義是「陳列」、「展示」，轉義後也可指「解釋」、「注解」。在海德格那裡，將某物解釋爲某物（Auslegen von etwas als etwas）也具有賦予意義的功能[59]，因而這裡譯作「釋義」。「釋義」這個詞與「立義」一詞給人感覺完全不同：「立義」是透過意義的給予而使一個以前不曾有的東西立起來、顯現給我，因而這是原初、原本的活動。而「釋義」則是把一個原先已有的東西釋放出來、展現給我，因而這不可能是原本、原初的活動。

　　據此，我們可以說，「立義」這個概念所要表明的是透過反思所把握到的一種意識功能之絕對的「原初性」和「無前設性」；而「釋義」這個概念所標誌的恰恰是與此相對立的東西：絕對的「在後性」或「有前設性」。於是，在胡塞爾那裡作爲第一性先驗層次的先驗意識構造到海德格這裡便成爲第二性的東西，取而代之的是相對於「釋義」而言奠基性的理解。「現象學中的『原初性』不是一個『外在於歷史或超越於歷史的觀念』，毋寧說它帶有現成的結果，即帶有那種具有澈底破壞性的『在先工作』。」[60]這樣，胡塞爾所主張那種直觀的「最完善的無前設性」和「絕對的無先見性」便遭到來自海德格的最明確反駁：「所有的『視』原初都建立在理解之中，由於指明了這一點，純粹直觀的優先地位便被取消了」，「『直觀』與『思維』這兩者都已經是遠離理解這個源頭的衍生物了。即使是現象學的直觀也建立在生存論的理解之中。」[61]以後的解釋學代表人物更爲甚之，他們不僅像海德格那樣否認胡塞爾所把握到的那個先驗層次是「無前設的」和「無先見的」，而且確信「無前設性」和「無先見性」根本就是一個不切實際的幻想。但這已經不是本節所能探討的內容了。

　　德國波鴻魯爾大學哲學系教授奧托・珀格勒認爲：「胡塞爾、舍勒、

59　參閱海德格：《存在與時間》，第151頁。
60　奧托・珀格勒：〈海德格對現象學概念的新規定〉，載於《現象學研究》第九卷，《現象學概念的最新發展》，弗萊堡，1980年，第132頁。
61　海德格：《存在與時間》，第147頁。

海德格和貝克——當然還有其他人——恰恰在對這個先驗層次的特徵描述上無法達到一致，這一點在當時必定愈來愈清楚地表現出來，並且正是它才導致了現象學的哲學在1929年的分崩離析。」[62]

僅就海德格對現象學的改造而言，那麼這裡的問題很明顯。第一，海德格否認胡塞爾所把握的那個理論意向性是先驗的原初性層次或絕對的無前設性層次，因爲在這個層次之前就有一個「在先」的結構在發揮作用。第二，海德格認爲，具有「在先」結構的「理解」或「此在」是更原初的層次，因而這才是哲學所要探討的最根本課題。

與第一個問題密切相關的是海德格的目的之一，即：把現象學改造成爲一門理解的科學，一門現象學的解釋學（eine phaenomenologische Hermeneutik）。而對第二個問題作出回答的是海德格的目的之二，即：把現象學改造成爲一門存在現象學或此在現象學。

---

[62] 奧托・珀格勒：〈現象學哲學概念的危機（1929）〉。，載於《爭論中的現象學》，第259頁。

十三、胡塞爾與海德格各自的現象學概念

　　作爲整個現象學運動之口號並被胡塞爾現象學引以爲自豪的「無前設性」和「無成見性」似乎已遭到了否定，而且這種否定是來自現象學陣營本身，來自一位諳悉現象學方法的大師。如果這是事實，那麼胡塞爾的「面對實事本身」的理想便不復存在，由胡塞爾和海德格的分裂所導致的便不只是第一期的現象學運動之瓦解，而是整個現象學運動的解體了。但簡單的哲學史知識已經告訴我們，事實並非如此。於是問題在於，在否認了胡塞爾的「無前設性」和「無成見性」之後，海德格對現象學的繼承表現在哪裡？事實上正是這種繼承，才使現象學運動成爲二十世紀影響最廣泛的哲學運動。

　　著名的女哲學家和政治學家、胡塞爾和雅斯培的學生漢娜‧鄂蘭在〈馬丁‧海德格八十壽辰賀詞〉一文中曾扼要地回答了這個問題。「胡塞爾和他『面對實事本身』的號召……首先是爲舍勒，稍後又爲海德格提供了某種依據。這裡的共同之處在於 —— 用海德格的話來說 —— 他們能夠『在一個被傳授的對象和一個被思考的實事之間』做出區分（海德格：《來自思維的經驗》，1947年），並且，對他們來說，被傳授的對象是無關緊要的。」[63]

　　在某種程度上可以說，海德格自己在《存在與時間》中已對這段話做過解釋。

　　在《存在與時間》的第7節〈此項研究的現象學方法〉[64]中，海德格沿用了一系列胡塞爾現象學中的中心概念。在這一節中，他還對胡塞爾表

---

[63] 漢娜‧鄂蘭：〈馬丁‧海德格八十壽辰賀詞〉，載於《墨丘利》第十期，（1969），第893-902頁。轉引自W.比梅爾：《海德格》，第11-12頁。

[64] 這一節由三個部分組成：A.現象概念；B.邏各斯概念；C.現象學的前概念。參閱海德格：《存在與時間》，第27-38頁。

示感激：「下列研究只是在胡塞爾所奠基的基礎上才成為可能，正是他的《邏輯研究》才使現象學得以突破。」[65]

海德格與胡塞爾使用的都是現象學的方法，這是一個公認的事實。而這種表達上的共同性在何種程度上意味著內涵上的同一性，這就是我們所要探討的問題。在我們討論海德格對胡塞爾的繼承時幾乎是必然要涉及他對胡塞爾的修正。所以，馮‧赫曼正確地指出，海德格在這一節中的論述有雙重含義：一方面海德格在胡塞爾的意義上說話，另一方面則用胡塞爾的話來反駁胡塞爾並論證自己的合理性。[66]只有具體地分析出這種雙重性，這一節所面臨的問題才能得到解答。

海德格在這一節的開端上便強調：「現象學這個術語首先意味著一個方法概念」，[67]它不是指哲學的探討對象，而是指哲學研究的探討方式、哲學研究的如何進行。現象學因而不是一門與本體論、認識論或倫理學相並列的學科，因為它不具有與這些學科研究領域相並列的研究領域。這些學科中的任何一個都可以把自己稱之為「現象學的」，只要它們將自身在方法上理解為「現象學的」。實際上，海德格的這一定義不僅反映出當時現象學運動的主要狀況，而且也預言了未來現象學運動的基本傾向。例如：現象學運動的重要成員舍勒在他的哲學活動中便很少運用名詞「現象學」，而是往往運用形容詞「現象學的」來標誌自己的學說。現象學對他來說首先是一種進行方式，它應當揭示所有行為相關物的全部直觀內涵。[68]海德格的論證是在同一個方向上：真正的現象學部分並不是胡塞爾所探討之意識行為的意向結構，而是探討這一結構的方法。哲學思維借助

65　海德格：《存在與時間》，第38頁。

66　對這個問題更為詳細的論述可以參閱F-W.馮‧赫曼：《胡塞爾與海德格的現象學概念》，法蘭克福／美茵，1981年。這篇文字基本上是筆者對這個二重性問題所做陳述的原始依據。

67　海德格：《存在與時間》，第27頁。

68　參閱埃貝哈德‧阿維—拉勒蒙：〈舍勒的現象概念和現象學經驗的觀念〉，載於《現象學研究》第九卷，《現象概念的最新發展》，第93-94頁。

於現象學方法而發現了這一意向性事態。在這個意義上，如果說海德格的此在學說發現了人的存在結構，那麼這種發現雖然也是透過現象學方法而完成的，但此在學說卻不是眞正現象學部分，不是眞正意義上的現象學。

由於現象學首先是一個方法概念，因此，如果海德格說，《存在與時間》的研究是以現象學方式進行的，那麼這就意味著：這種研究「既不爲自己規定一個『立場』，也不爲自己規定一個『方向』，因爲現象學既不是前者，也不是後者，並且只要它自身是自明的，它就永遠不可能成爲這兩者。」[69] 現象學不是立場，不是方向，這是指現象學不包含任何前設和成見，它強調的是自明性。海德格的這個說法一方面依據亞里斯多德的主張，即自明性是充足的理由，以往的知識、經驗不是充足的理由；但另一方面他更主要地是在重申胡塞爾的思想：在《邏輯研究》第二卷的引論中，胡塞爾將現象學方法的無立場性和無方向性表述爲「無前提性原則」。[70] 在《純粹現象學和現象學哲學的觀念》第一卷中，胡塞爾批評以往一些哲學家是「立場哲學家」，並且這樣描述他自己的現象學所特有之基本態度：我們的「出發點先於所有的立場，即：以直觀的，並且先於所有理論思維的自身被給予之物爲出發點，以所有人都可以直接看到的並且可以直接把握到的東西爲出發點」[71]。所以，海德格這些論述的第一層意思是與胡塞爾所理解的現象學特徵相吻合的。包括他對現象學的定義，即現象學首先是一種方法，我們也可以在胡塞爾那裡找到相同的論述：「現象學：它標誌著一門科學，一種諸科學學科的連結，但現象學同時並且首先標誌著一種方法和態度：特殊的哲學思維態度和特殊的哲學方法。」[72]

總而言之，海德格對現象學的第一層理解是與胡塞爾的現象學觀不矛盾的。現象學是一個方法概念，是指對對象的探討方式，不是一個在內容

---

[69] 海德格：《存在與時間》，第27頁。

[70] 胡塞爾：《邏輯研究》第二卷，第一冊，第七節〈認識論研究的無前設性原則〉，A 18/B 19。

[71] 胡塞爾：《純粹現象學和現象學哲學的觀念》第一卷，〔38〕。

[72] 胡塞爾：《現象學的觀念》，第23頁。

上確定了的立場和方向。

然而，我們還可以從海德格對無立場性、無方向性的強調中讀出他的第二層含義。在這層含義上，他與胡塞爾的分歧隱蔽地顯露出來。他用這個含義暗示讀者：《存在與時間》的研究並不是胡塞爾現象學意義上的現象學著作。這層含義與第一層含義在邏輯上並不相互矛盾，而且看起來反而是對第一層含義的深化：如果現象學作為方法在內容上獨立於所有哲學立場和方向，那麼它必定也獨立於胡塞爾所賦予現象學的那些特徵，獨立於胡塞爾所規定的現象學哲學所探討對象的問題區域。如果一個理論、一種方法是無前提的，那麼它也應當不以自身為前提。胡塞爾在他的現象學操作中當然是以無立場、無方向為出發點的，他只關注直接的被給予之物或自身被給予之物。然而，運用現象學方法所直觀到的對象和對象區域在進一步的研究中顯現出來，這就是意識生活和意識體驗，這是作為哲學的現象學所具有之自明的和唯一的對象。因此，現象學此後也成為一個在方法上和內容上確定了的立場，成為一門在課題上有了確定方向的哲學，首先是成為關於純粹意識體驗的現象學，爾後成為關於先驗意識生活、先驗主體性的現象學。如果海德格在《存在與時間》裡主張由胡塞爾首先創立的現象學方法（這是第一層含義），那麼他必定也要使讀者了解，他並不因此而表述由胡塞爾已採納的現象學立場，也不表述其他已有的現象學方向，例如：馬克斯‧舍勒的現象學方向（這是第二層含義）。正如胡塞爾以現象學的名義要求擺脫所有傳統的立場和方向一樣，海德格也以同樣的名義要求獨立於已有的現象學。所以，海德格在第七節的結尾說：「現象學的本質並不在於現實地作為哲學『方向』。比現實性更高的是可能性。對現象學的理解僅僅在將它作為可能性來把握。」[73] 也就是說，作為方法

---

73 海德格：《存在與時間》，第38頁。即使在這裡，海德格表面上也仍然沒有越出胡塞爾現象學的範圍。因為我們在胡塞爾那裡也可以讀到：純粹現象學作為本質科學「不與現實有關，而是與觀念的可能性和與涉及這種可能性的純粹規律有關」。──胡塞爾：《文章與報告（1911-1921）》，《胡塞爾全集》第二十五卷，多德雷赫特，1987年，第79頁。）海德格仍然是在雙重的意義上說話：在胡塞爾的意義上和在反胡塞爾的意義上說話。

的現象學之實質是一種可能性，作爲哲學的現象學只是這可能性所展示之諸現實中的一種現實而已。

現象學方法是一種無立場、無方向、無前設的方法，或者說，是一種排除了立場、方向、前設的方法，這是對現象學方法的消極定義。對現象學方法的積極定義則在於：它要求回到實事本身。在《邏輯研究》中，胡塞爾便提出：「我們要回到『實事本身』上去。我們要在充分發揮了的直觀中獲得明見性：這個在現時抽象中被給予之物與語詞含義在規律表述中所指之物是眞實而現實的同一體」。[74] 在《純粹現象學和現象學哲學的觀念》第一卷中，胡塞爾又說：「理性地或科學地對實事作出判斷，這是指，朝向實事本身，或者說，從泛論和意見回到實事本身上去，在實事的被給予性中探討它們並且擺脫所有非實事的成見。」[75]

在《邏輯研究》的那段引文中，除了「回到實事本身」的警句之外，還出現了「明見性」這個術語。這兩者是一致的。反思的直觀朝向實事本身，達到直觀的被給予性，這就是說，在反思的直觀中使實事明見地被給予。實事本身是直觀明見的。把握直觀明見的實事，這就是現象學方法的原則。在《純粹現象學和現象學哲學的觀念》第一卷中，胡塞爾把這個原則稱之爲「所有原則的原則」[76]，在《笛卡兒式的沉思》中，他又把「明見性的原則」稱之爲「第一方法原則」。[77] 我們可以把現象學方法的原則概括爲：我排除所有不明見的東西，只把握明見的、自身被給予的東西。可以說，這個原則也就是廣義上的現象學還原之原則。因爲還原一詞所指的就是一方面對某種東西的排斥（對不明見的前設、成見、立場和方向的排斥）；另一方面向某種東西的集中（向明見的、自身被給予的實事本身之集中）。

---

[74] 胡塞爾：《邏輯研究》第二卷，第一冊，A 19/B 19。

[75] 胡塞爾：《純粹現象學和現象學哲學的觀念》第一卷，〔35〕。

[76] 胡塞爾：《純粹現象學和現象學哲學的觀念》第一卷，第24節。

[77] 胡塞爾：《笛卡兒式的沉思》，《胡塞爾全集》第一卷，海牙，1973年，第56頁。

在這方面，海德格強調他與胡塞爾的一致性。也就是說，當現象學概念只涉及形式時，海德格與胡塞爾並無衝突。因此，如果我們回溯到在第二節開始時我們所提出的問題上去，即：如果我們問：海德格是否像胡塞爾所說的那樣缺乏「現象學還原」的概念，那麼，根據這一節至此為止的分析，我們對這個問題的回答應當是否定的。因為我們看到，海德格至少在形式上已把握了現象學的原則。當然，當現象學概念涉及到內容、涉及到具體的研究對象時，海德格的背離便顯示了出來。這種背離主要表現在對「實事」或「明見性」的理解上：我們應當回到什麼樣的「實事」、什麼樣的「明見性」上去？這裡我們又一次面臨這個問題：是胡塞爾的「直觀的明見和明見的直觀」，還是海德格「理解的明見和明見的理解」。[78]

海德格認為，一旦現象學概念接觸到實事，接觸到研究對象，它便去除了形式（entformalisiert），而成為有內容的現象學概念。這種去除形式的活動可以在兩個方向上進行：

（一）朝向存在者的方向：存在者在海德格那裡是指廣義上的事物：「在存在者的整體中包含著各種不同的區域，它們可以被揭示出來，並且被劃分成特定的實事範圍。這些實事範圍本身，例如歷史、自然、空間、生命、此在、語言如此等等，可以在相應的科學研究中成為課題性研究的對象。」[79] 現象學如果以這些存在者為對象，那麼它便去除了形式而成為通俗的現象學概念，這也就是實證科學的現象學概念──關於病理現象、心理現象、物理現象、生命現象等等的學說。所以海德格說：「任何對就其自身而展示

---

[78] 這雖然是一個重複的問題，但我們解答這個問題的意圖卻具有不同的側重：第一次提出這問題時，我們的目的在於說明海德格對胡塞爾現象學的改造之一，即：現象學的解釋學；這一次提出這問題則主要與海德格的第二個改造意圖有關：把意識現象學改造成為此在現象學。

[79] 海德格：《存在與時間》，第9頁。

自身之存在者的指明」都可以被稱之爲「現象學」。[80]這個意義上的現象學是關於作爲存在者的現象之學說。

（二）朝向存在者之存在的方向：現象學如果不以存在者爲研究對象，而是以存在者的存在爲研究對象，它便去除了形式而成爲「現象學的現象學概念」，[81]亦即哲學的現象學概念了。這個意義上的現象學所探討的是作爲存在者的存在和作爲這個存在之意義的現象。

我們在這裡要做一術語上的簡化：如果我們撇開海德格的「去除了形式的現象學」和「未去除形式的現象學」這對概念，而用「內容現象學」和「形式現象學」來替代它們，那麼我們可以說，在形式現象學方面，海德格與胡塞爾是一致的；在內容現象學方面，海德格劃分了「實證科學的內容現象學」和「哲學的內容現象學」，劃分的尺度是對現象概念的不同理解：作爲存在者的現象和作爲存在的現象。

存在與存在者的差異和相互關係是海德格哲學的中心問題。我們在這一節裡不準備展開對這個問題的分析，因爲這一節的目的在於精確地考察：在對現象學的理解和實施上，海德格與胡塞爾的一致性究竟能夠延伸到哪一步爲止，這也就意味著，海德格與胡塞爾的分歧究竟從哪一步開始產生。

想要達到這一目的，我們在這裡只需特別注意這樣兩點：一是海德格對「現象」的定義；二是海德格對「學」的定義。

希臘文的「現象（Phaenomen）」在海德格那裡有兩個含義：1.自身展示（sich zeigen）——就其自身展示自身；2.虛現（scheinen）——不就其自身展示自身。第一個含義是原生的，第二個含義是衍生的。

德文的「現象（Erscheinen）」（我們這裡譯作「顯現」）在海德格

---

[80] 海德格：《存在與時間》，第35頁。海德格在這裡表現出的一個術語運用上的混亂或不幸：他仍將作爲存在者的現象概念稱之爲「形式的現象概念」（還可參閱第31頁）。但我們可以將它忽略不計，因爲這個混亂並不會對我們這裡的論述造成根本的干擾。

[81] 海德格：《存在與時間》，第35頁。

那裡也有三個含義：1.自身不展示，但自身報到（sich melden）；2.報到之物自身（das Meldene selbst）；3.在顯現中隱蔽著的某物之「報到性發射（meldende Ausstrahlung）」。[82]

海德格認為，「現象」的兩個含義「在開始時與人們稱之為『顯現』的東西完全無關。」[83]但在進一步的考察中，「現象」和「顯現」的關係在他看來是這樣的：「儘管『顯現』不是並且永遠不會是在現象意義上的自身展示，顯現卻只有根據某物的自身展示才是可能的」，「顯現……本身是奠基於現象之中的」。[84]

前面說過，海德格意義上的哲學現象學是以存在者的存在為探討對象。這裡的問題在於：存在者和存在，誰是現象，誰是顯現？「現象學究竟在什麼樣的意義上能夠是『關於』現象的『科學』？[85]

在對存在者的規定中，海德格用了「就其自身展示自身」一詞，存在者因而是自身展示意義上的現象；它的特徵是「開啟的」、「無蔽的」。我們可以將它與第一個含義上的「現象」同義使用。對它的探討是實證科學的內容現象學之課題。而存在，按海德格的說法，它「總是某個存在者的存在」，但它是「不可定義的」。[86]海德格有時也不否認它是某種可以自身展示自身的東西：「現象學的現象概念所指的是作為自身展示之物（das Sich-zeigende）的存在者之存在，這個存在的意義、它的各種變異和衍生。」[87]但他更基本的觀點在於：存在不是自身展示之物，而是一種隱蔽的，但在自身展示之物中透過某種方式可以被呈獻出來的東西。它須以自身展示之物為基礎，但本身卻不是自身展示之物。因此，可以理解，存

82　海德格：《存在與時間》，第30頁。我們在這裡略去了海德格所確定的「顯現」第四個含義：「顯現」與「現象」同義。
83　海德格：《存在與時間》，第30頁。
84　海德格：《存在與時間》，第30頁。
85　海德格：《存在與時間》，第31頁。
86　海德格：《存在與時間》，第9頁、第4頁。
87　海德格：《存在與時間》，第35頁。

在總是存在者的存在，是在存在者之中的存在，但存在本身不是存在者。即使海德格本人在第7節中沒有明確地劃定「現象」、「顯現」、「存在者」、「存在」這四個說法的相互關係，我們仍可以得出一個雖然籠統、然而可靠的結論：第一個意義上的「現象」，或者說，「自身展示之物」是存在者；第三個意義上的「顯現」，或者說，那個隱蔽在「顯現」中的東西是存在。隨之，實證科學的現象學與哲學的現象學各自的對象便也得以區分：前者是自身展示自身的存在者，後者是隱蔽著的存在。

　　剩下的問題就是：現象學在什麼樣的意義上是關於「顯現」（第三個意義上的顯現，即：存在）的科學。「科學」或「學說」起源於希臘文的「邏各斯」。海德格對「邏各斯」的基本解釋是「讓看（讓人看到）」。[88] 因此，從德語詞義上對現象學的解釋是：「現象學是存在者的存在之科學」；[89] 而從希臘文詞義上對現象學的解釋就是：「讓人從自身展示之物本身出發，如它從其本身所展示的那樣來看它」。[90] 這兩種解釋並不矛盾，但海德格似乎認為，後一種解釋更直接地揭示了現象學與「面對實事本身」口號之間的必然關聯：現象學可以說就是「讓人看到實事本身」。[91] 而哲學現象學與實證科學現象學不同的地方在於：它的目的不是要讓人看到自身展示之物，而是要讓人看到在自身展示之物中的「隱蔽之物」、「非開啟之物」。所以，嚴格意義上的「讓看」是與「去蔽」同義的。[92]

　　這實際上已經暗示了哲學相對於實證科學所具有的特殊困難性。確切地說，實證科學的內容現象學並不像海德格所說的那樣，有權獲得現象「學」的稱號，因為它們所討論的是「自身展示之物」、「開啟之物」、「無蔽之物」，所以，「去蔽」，即嚴格意義上的「學」或「讓看」也就

88　海德格：《存在與時間》，第32頁。
89　海德格：《存在與時間》，第37頁。
90　海德格：《存在與時間》，第34頁。
91　參閱海德格：《存在與時間》，第34頁。
92　參閱海德格：《存在與時間》，第32-33頁。

無從談起。

　　「去蔽」問題在胡塞爾哲學中也以不同的方式表現出來。[93] 可以說，「去蔽」在胡塞爾這裡也意味著「面對實事本身」，但它更主要地是在「轉向」意義上的「去蔽」。「現象」和「顯現」的差異在胡塞爾的現象學中不存在，它們毋寧說是同義詞：「根據顯現（Erscheinen）和顯現物（Erscheinendes）之間的本質之相互關係，現象（Phaenomen）一詞有雙重意義。現象實際上叫做顯現物，但卻首先被用來表示顯現本身」。這樣，現象學也就具有雙重含義：「認識現象學是有雙重意義的認識現象之科學，是關於作為現象、顯示、意識行為的認識之科學，在這些認識中，這些或那些被動地或主動地顯現出來、被意識到；而另一方面是關於作為如此顯示出來的對象本身之科學。」[94] 現象學的對象據此可以這樣來規定：從意識活動的角度來說，現象學的研究對象是意識活動和透過意識活動構造出來的意識對象；從意識對象的角度來說，現象學的研究對象是現象（被給予性）及其在意識中的顯現（被給予方式）。與此相一致，胡塞爾在一份未發表的手稿中對現象學做了這樣的規定，現象學的「最高概念＝思維（cogitatio），它的最終差分＝例如某個具體的感知現象」。[95]

　　在這個意義上的現象學和現象明顯區別於自然的實證科學及其對象。自然的實證科學所探討的是在直向的、自然的思維中展示自身的東西；

---

[93] 「去蔽」在胡塞爾那裡就是對原本性、原初性的把握，這與海德格的想法沒有原則上的矛盾。巴塞爾大學女哲學教授、雅斯培的學生讓娜‧赫許博士曾經在評論馬克思和佛洛德時指出：「這兩位思想家認為，他們所做之研究的科學特徵在於，這種研究指明了幕前的、可見的、可明確說出的東西就是掩蔽、欺騙或自欺，並以此方式而展示出被遮蔽的、真實有效的實在。」「對於這兩位思想家來說，與那些在清楚的意識中被故意呈現出來的東西相比，被遮蔽的東西始終是更為真實的。」（讓娜‧赫許：《哲學的驚異》，慕尼黑，1981年，第246頁）這段描述同樣適合於對胡塞爾與海德格哲學的評價。

[94] 胡塞爾：《現象學的觀念》，第14頁。

[95] 胡塞爾手稿，B II19，第89頁。

哲學現象學探討的則是某些只能在反思的目光中才能得以顯露的東西。胡塞爾所提出的一個中心觀念就是：哲學思維之所以區別於科學的、自然的思維，是因為它是一種反思的態度，對於自然態度來說隱蔽著的東西，在哲學的態度中得到去蔽。自然科學把握的是清楚性，哲學所把握的是明見性。清楚性往往不含困難，因為它素樸、幼稚；明見性應當是自明的，是對意識本質的明晰直觀，但卻由於反思作為新維度超出了自然的維度而帶來理解和操作上的困難。因此，胡塞爾指出：「所有困難的根源，都在於現象學分析所要求的那種反自然的直觀方向和思維方向。我們不是去進行那些雜多的、相互交疊的意識行為，從而素樸地將那些在其意義中被意指的對象設定並規定為存在著的，或者以這些對象作為假設的開端，由此推出一定的結論，如此等等；而是要進行『反思』，即：使這些意識行為本身和其內在意義內涵成為對象。在對象被直觀、被思考、被理論地思維並在某種存在變式中被設定為現實的同時，我們不應把我們的理論興趣放在這些對象上，不應按照它們在那些行為意向中所顯現或生效的那樣將它們設定為現實，恰恰相反，那些至今為止非對象性的行為才應當成為我們所要把握、所要理論設定的客體；我們應當在新的直觀行為和思維行為中去考察它們，分析、描述它們的本質，使它們成為一種經驗思維或觀念直觀思維的對象。」[96] 在某種意義上可以說，自然之物是無蔽的（可以在直向的目光中受到考察），對它的直觀無須去蔽；被反思之物是有蔽的（只能在反思的目光中受到考察），對它的直觀必須去蔽。這是胡塞爾的主張，所以他一再強調哲學的態度是反思的態度。

　　綜上所述，如果我們想把握胡塞爾和海德格各自現象學概念的相同之處，那麼至少有一點是明確的，即：兩人都主張哲學的態度不同於自然（或自然科學）的態度，我們還可以再進一步地將這一點分成兩個方面：（一）他們都強調哲學態度相對於自然態度的深刻性和原本性，（二）他們都強調哲學態度相對於自然態度的困難性。

---

[96] 胡塞爾：《邏輯研究》第二卷，第一冊，A 10/B 9。

　　因此，在「面對實事本身」這個哲學態度方面，海德格並沒有背離胡塞爾。只是當問題涉及到「面對什麼樣的實事」和「怎樣面對實事」時，也就是說，當問題涉及到「什麼是現象」和「怎樣學」時，矛盾才顯示出來。海德格在第7節中沒有把「現象」標誌為「意識活動和在意識活動中構造出來的意識對象」，而是把它標誌為「在存在者之中的存在」；同樣，他沒有把「學」看作是「反思的直觀描述」，而把它看作是一項「釋義的行當（das Geschaeft der Auslegung）」，[97] 並且由此而引出他的「此在現象學」和「現象學解釋學」之故事。

　　讀完《存在與時間》的第7節，大多數細心的讀者會領悟到海德格的第一層用意：海德格對胡塞爾現象學的贊同，只是在「形式現象學」之第一層次上的贊同；而一旦進入到「內容現象學」的階段，差異便顯示出來：胡塞爾的「內容現象學」以純粹意識活動以及在這種活動中被構造出來的意識對象為研究課題；海德格的「內容現象學」則以在存在者之中被遮蔽著的存在；這似乎是兩門形式上相同、層次上並列、僅僅在研究方向和研究內容上具有偶然差異的現象學哲學。如果我們具有這種印象，那麼海德格用對「現象學」概念雙重意義的提示所要達到的目的便已達到了：他使我們了解到他的現象學是一種與胡塞爾不同的現象學。

　　但這並不能說是海德格在關於他與胡塞爾關係的陳述中所要達到的終極目的。這個終極目的毋寧說是讓讀者在更深一層的意義中了解到他的這一主張，即：他的「內容現象學」較之於胡塞爾的「內容現象學」更有權利採納作為「形式現象學」的現象學方法。當然，對這一主張的提示已經超出《存在與時間》第7節的論述範圍。我們可以注意他在第31節中的一段話：「唯有存在與存在結構才能夠成為在現象學之意義上的現象，只有在獲得了關於存在與存在結構的鮮明概念之後，我們才能夠對〔本質直觀〕這種看的方式做出決定。」[98] 這就是說，海德格並不是像我們在讀完

97　海德格：《存在與時間》，第37頁。
98　海德格：《存在與時間》，第147頁。

《存在與時間》第7節以後一般以為的那樣，把他的「內容現象學」看作是一種在掌握了「形式現象學」之後，對一個與胡塞爾的研究領域不盡相同，但相並列的新哲學領域之開闢。他的更深一層含義實際上在於：是他的「內容現象學」所特有的內容決定了它與「形式現象學」的必然一致性；簡言之，是內容決定了形式。而既然「唯有存在與存在結構才能夠成為在現象學之意義上的現象」，那麼胡塞爾的「純粹意識活動以及在這種活動中被構造出來的意識對象」便不能成為在現象學意義上的現象，它們作為「內容現象學」的研究對象便不具有與「形式現象學」相一致的必然性。

因此，我們可以說，在海德格對現象學概念的雙重解釋後面，還隱藏著他分化和改造現象學的雙重用心。

如果我們回到本節開始時所引用的海德格命題上去，即：現象學運動成員的共同之處就在於能夠區分「被傳授的對象」和「被思考的實事」，並且還在於能夠排斥前者而僅僅關注後者，那麼我們在了解了海德格的上述現象學觀念之後便可以得出一個結論：現象學運動的特色一方面在於否定性，另一方面在於肯定性。所謂否定性是指與「內容現象學」有關的「被傳授的對象」；而肯定性則是指與「形式現象學」有關的對「被思考的實事」之關注態度。這種在關注之態度的形式統一性並不意味著「被思考的實事」的內容一致性，海德格和其他現象學運動成員的例子甚至迫使我們得出恰恰相反的結論。由此看來，所謂現象學精神，就是一種敢於面對實事進行創新的精神。換言之，一個敢於堅持自己的主張，敢於對現象學權威進行否定的人，反而代表了真正的現象學精神。當然，這裡的前提應當是並且必須是：（一）自己所「思考的實事」與現象學權威所「傳授的對象」是不一致的；（二）自己所「思考的實事」比現象學權威所「傳授的對象」更接近真理。海德格在《存在與時間》第7節對現象學的解釋中便或多或少地隱含了這兩個前提。

十四、胡塞爾與海德格的「本體論」與「形而上學」設想

　　我們在前兩節中至此爲止所論述的問題都與胡塞爾和海德格的方法論和認識論分歧有關。在這一節中，我們則要探討海德格從本體論上對胡塞爾現象學的改造企圖。這個改造的意向顯然與海德格與胡塞爾在以下問題中的不同理解相關聯：哲學所應研究的對象是什麼？怎樣理解哲學的本體論？

　　我們首先來看一下胡塞爾的「本體論」概念和與其相對立的「形而上學」概念：

　　（一）胡塞爾的「本體論」概念：在胡塞爾所使用的術語中，「本體論」這個概念在廣義上基本上是與本質科學、觀念科學、先天科學同義的，即：本體論是關於純粹可能性的科學，例如：純粹數學、純粹幾何學、純粹物理學等等；[99] 而狹義上的「本體論」則往往被胡塞爾用來標誌作爲本質科學的先驗現象學。

　　當然，這個概念隨胡塞爾的思想發展而有過一定的歷史變化。在1900/01年出版的《邏輯研究》中，胡塞爾曾借用J. v.克里斯（J. v. Kries）的術語把觀念科學或理論科學稱之爲「名稱論的」科學，同時把「與同一個個體對象或同一個經驗種屬」有關的具體科學，如地理學、天文學等等，稱之爲「本體論」的科學，[100] 因而，我們可以說，胡塞爾在這一時期基本上將自己的「純粹邏輯學」或「描述現象學」看作是與本體論相對

---

[99] 關於「本質」、「觀念」、「先天」、「可能性」以及「理型」、「範疇」等等概念在胡塞爾哲學中的相同和相近含義，可以參閱倪梁康：〈胡塞爾：通向先驗本質現象學之路〉，載於《文化：中國與世界》第二期，北京，三聯書店，1987年，第244-245頁。

[100] 胡塞爾：《邏輯研究》第一卷，A 234-235/B 234。

立的學說。他事後曾表示說：「我當時（在《邏輯研究》中）沒敢採用本體論這個由於歷史的原因而令人厭惡的表述，我把這項研究（「部分與整體」）稱之為『對象本身的先天論』的一部分，它也就是被A. v.邁農（A. v. Meinong）簡稱為『對象論』的東西。與此相反，我現在則認為，時代已經變化，可以重新起用本體論這個舊的表述。」[101]

　　這個「變化了的時代」是指1913年。在這年發表的《純粹現象學和現象學哲學的觀念》第一卷中，胡塞爾賦予本體論以積極的涵意，並且用它來陳述自己的現象學性質。本體論在這裡被劃分為「形式的本體論」和「質料的（區域的）本體論」。「所有建立在區域的本質中之綜合真理構成區域本體論的內容」，「形式的本體論則與區域的（質料的、綜合的）本體論處於一個系列」，它是一門「與質料本體論相對立」，與思維意指的形式邏輯學相同一的科學。[102] 如果我們寧可用一些比較熟悉的現象學概念來替代這些令人感到生疏的術語，那麼我們可以說，所謂「形式本體論」和「質料本體論」無非就是關於「意識活動（Noesis）」和「意識對象（Noema）」的本質論。胡塞爾自己在此書結尾處也這樣說：「我們在進一步細緻的闡述中將會理解，所有那些對形式本體論和與它相聯接的範疇論——關於各個存在區域和存在範疇之劃分，以及與之相應的各個實事本體論之構造的學說——是現象學研究的主要標題。與它們相符合的是意識活動－意識對象的本質關聯，它們必須得到有系統的描述，它們必須在可能性和必然性方面得到規定。」[103]

　　用「形式本體論」和「質料本體論」來表述現象學研究，這無論是從本體論一詞的詞源上看，還是從胡塞爾本人對現象學研究的規定來看，都是不矛盾的。因為，本體論的希臘文原意是「關於存在的學說」。而在現象學還原排除了對「物自體」之存在的興趣之後，胡塞爾所理解的「存

---

[101] 胡塞爾：《純粹現象學和現象學哲學的觀念》第一卷，〔23、24〕。

[102] 胡塞爾：《純粹現象學和現象學哲學的觀念》第一卷，〔31、112〕。

[103] 胡塞爾：《純粹現象學和現象學哲學的觀念》第一卷，〔280〕。

在」就是「先驗意識」，[104] 更確切地說，「存在」在胡塞爾那裡是指在先驗意識中的意識活動和透過這種意識活動被構造出來的意識對象。如果說被構造的對象是本體論課題中的質料部分，那麼構造的活動，即意識的意指、統攝，便構成本體論的形式部分。當然，「形式本體論」和「質料本體論」所探討的不是意識活動和意識對象的事實存在，而是它們的先驗本質存在。「體驗的領域越是嚴格地受其先驗本質構造的規律制約，在這個領域中的意識活動和意識對象方面可能的本質形態就越是確定受到規定……這裡所說這種雙方面的可能性（本質的存在）就是絕對必然的可能性，就是在一個本質體系的絕對確定之構架中的一個絕對確定的成分。」[105] 因此，意識活動和意識對象這兩方面的「本質存在」便構成了現象學這門哲學本體論的研究內容。「在以同樣的方式顧及到意識活動和意識對象這兩個意識層次的情況下，對構造問題做出全面的解決，這項工作是與一門完整的理性現象學相等值的，這門現象學包括所有形式的和質料的形態，既包括非正常的（消極理性的）形態，同時也包括正常的（積極理性的）形態。」[106] 據此，我們可以說，當問題涉及到狹義的本體論，即哲學的本體論時，胡塞爾對它的理解不多不少就是關於先驗意識的本質論。在1925年期間，胡塞爾直接將先驗現象學稱作「本體論」[107]它也就是胡塞爾常說的第一哲學。

---

[104] 參閱胡塞爾：《純粹現象學和現象學哲學的觀念》第一卷，〔141〕：「透過現象學的還原，先驗意識的領域對我們產生出來，它在某種意義上是『絕對』存在的領域。這是所有存在的原範疇（或者用我們的話來說：是原區域），所有其他的存在區域都植根於這個原範疇，在本質上都與它相關，因而在本質上都依賴於它。」胡塞爾也一再區分「作為意識的存在」，即「內在之物的存在」和作為「實在的存在」，即「超越之物的存在」（同上書，〔76、80〕），但前者才是哲學本體論的對象，後者是實證科學意義上的本體論對象。因而受現象學還原的排斥。

[105] 胡塞爾：《純粹現象學和現象學哲學的觀念》第一卷，〔280〕。

[106] 胡塞爾：《純粹現象學和現象學哲學的觀念》第一卷，〔323〕。

[107] 胡塞爾：《現象學的心理學》，第296頁。

如果我們希望將這裡的結論與前面的論述連結起來而又不至於陷入混亂，那麼我們最好是這樣來概括胡塞爾的現象學概念：現象學作為一種方法、一種「形式」與它最初產生時所提出的要求有關：它要成為一種澈底新型的、致力於無成見性的哲學方法。而當現象學在胡塞爾那裡不僅成為方法，而且還成為哲學時，即：——按亞里斯多德的古老定義——成為對所有存在之物的存在的詢問、——按海德格的新近解釋——成為「去除了形式」的內容現象學時，它就在胡塞爾那裡接受了構造分析的形態，將「先驗意識」作為自己的研究對象。於是，「存在」獲得了「先驗意識」的特徵，與現象學在內容上有關的便是「意識活動」和「意識對象」。對作為現象學研究內容的「存在」或「先驗意識」做形式和質料上的進一步劃分，便產生出了現象學的內部分工：「形式本體論」和「質料本體論」。

實際上，胡塞爾在《邏輯研究》和《純粹現象學和現象學哲學的觀念》第一卷中，主要探討的是「形式本體論」，它以〈純粹邏輯學〉、〈形式—語義的意識活動學（Noetik）〉、〈一般意識活動學〉、〈意識功能學〉等等標題下出現；「質料本體論」或「區域本體論」則是《純粹現象學和現象學哲學的觀念》第二卷的首要課題，它由〈物質自然的構造〉（關於物質自然的區域本體論）、〈動物自然的構造〉（關於動物自然的區域本體論）和〈精神世界的構造〉（關於精神世界的區域本體論）所組成，儘管胡塞爾生前並沒有認為，這些研究已經成熟到可以發表的程度。

（二）胡塞爾的「形而上學」概念：早在《邏輯研究》中，胡塞爾就已將「關於『外部世界』的存在和自然的問題」標誌為「形而上學的問題」而加以排斥。[108] 當時胡塞爾主要是從本質科學與事實科學的區別出發，主張作為本質科學的純粹現象學不以經驗的事實科學為出發點，不探討經驗的事實科學所提出的問題，但卻為經驗的事實科學提供本質根據。

---

[108] 胡塞爾：《邏輯研究》第二卷，第一冊，A 20/B 20。

「作為對觀念本質和對認識思維之有效意義的一般闡述，認識論雖然包含著這種一般問題，即：有關那些原則上已超越出對其認識之體驗的事物性、實體性對象的知識或理性猜測是否可能以及在何種程度上可能，這些知識的真正意義必須依據哪些準則；但認識論並不包含這種經驗方面的問題：我們作為人是否確實能夠根據事實地被給予我們的材料來獲得這種知識，認識論更不包含將這種知識付諸實現的任務。」[109] 這種觀點的依據是胡塞爾早期從事的數學科學相對其他自然科學所具有的典範性，是胡塞爾將哲學「數學化」，從而建立起一門「普遍數學」的理想。

在1906/07年完成了向先驗現象學的突破之後，胡塞爾便把「形而上學」問題與現象學的「懸擱」、「還原」和對「成見」的排除連結在一起，胡塞爾這時所要達到的目的就在於：「將所有論證都回溯到直接的現有性上，由此而構造出一門『無理論的』、『無形而上學的』的科學」[110]，亦即純粹本體論或先驗本質的現象學。胡塞爾在這裡已經對亞里斯多德傳統意義上的「形而上學」做了巧妙的反轉：亞里斯多德的「形而上學」是真正意義上的哲學，而「物理學」是一門以自然為對象的自然論。經過胡塞爾的解釋，本真的「形而上學」恰恰是關於實在自然的「物理學」、一門有關「物自體」的學說，即關於超越的自然之科學；而本真的哲學則是關於純粹內在意識本質的「本體論」。

無論是從《邏輯研究》對形而上學的定義來看，還是從《純粹現象學和現象學哲學的觀念》對形而上學的定義來看，「形而上學」在胡塞爾那裡都是一個與觀念本體論相對立的概念。如果哲學要討論的是觀念本體論（存在論）問題，那麼它要排斥的恰恰應當是形而上學（超存在論）的

[109] 胡塞爾：《邏輯研究》第二卷，第一冊，A 20/B 20。
[110] 胡塞爾：《純粹現象學和現象學哲學的觀念》第一卷，〔66〕。

問題。[111]

　　所以，珀格勒認爲，當海德格於1929年7月在弗萊堡大學作爲胡塞爾唯一認可的教椅繼承人，而舉行了題爲〈什麼是形而上學〉的就職講座時，「胡塞爾必定是爲此大吃了一驚：這裡爲何會把形而上學作爲問題來探討？」[112]

　　而在海德格這方面，情況很明顯：形而上學與本體論（存在論）在某種程度上是同義的。[113]

　　（一）海德格的「存在論」概念。我們通常了解海德格對「本體論」這個概念的解釋：「本體」是指「存在」。因而我們不無合理地將海德格的「本體論」譯作「存在論」，[114] 它是關於存在的學說。在1929年發表的〈論根據的本質〉一文中，海德格對這個概念做了以下的注釋：「如果人們今天將『存在論』和『存在論的』作爲某些流派的標語和稱號來運

---

[111] 高達美把這個意義上的形而上學也稱之爲「實體本體論」，並合理地指出：「胡塞爾認爲自己是整個形而上學的對立面」。（《真理與方法》，第261頁）當然，胡塞爾本人偶爾也在康德的意義上將「形而上學」等同於「關於先驗事實的科學」（參閱胡塞爾：《純粹現象學和現象學哲學的觀念》第一卷，〔5〕。），但他更主要地是在上述消極的意義上運用「形而上學」這個概念。因此，我在〈胡塞爾：通向本質現象學之路〉一文中（參閱《文化：中國與世界》第二期，北京，1987年，第284-286頁。）把「第二哲學」與「形而上學」並列使用，雖有根據，但卻會造成讀者理解上的混亂，所以是不妥當的。

[112] 參閱O.珀格勒：〈現象學的哲學概念危機（1929）〉，第259頁。

[113] 當1939年薩西亞·帕斯威格（S. Passweg）發表他的著作《現象學和本體論──胡塞爾、舍勒、海德格》一書時，他在〈前言〉中曾對這部著作的術語做了一個說明：「就像那些以亞里斯多德著作爲依據的現代作家們常常所做的那樣，此書也將本體論與形而上學視爲同一。」（S.帕斯威格：《現象學和本體論──胡塞爾、舍勒、海德格》，萊比錫，1939年，第3頁）這種做法顯然不妥。因爲根據我們以上的分析，對「本體論」和「形而上學」這兩個概念不加區分，這也許不妨礙人們對海德格和舍勒的討論，但卻肯定不適用於對胡塞爾學說的闡述。

[114] 參閱海德格：《存在與時間》，中譯本，北京，三聯書店，1987年，第4頁，注①。

用，那麼他們對這兩個詞的使用是非常外在的，並且，他們誤認了這裡所含的問題。他們錯誤地以為，存在論作為對存在者存在的發問就意味著相對於『觀念論』之『觀點』而言的『實在論』之（素樸的或批判的）『觀點』。存在論的問題與『實在論』毫無關係，因為，能夠在其先驗的發問之中、並且隨著這個發問而為存在論所做的明確奠基方面邁出了自柏拉圖和亞里斯多德以來的關鍵性之第一步的人，恰恰就是康德。僅僅透過向『外在世界的實在性』的進入，人們還不會處在存在論的方向上。而『存在論』──在通俗哲學的意義上──毋寧說是指──這正是那種無可救藥的混亂之所在──那種必須被稱之為存在者的東西，也就是指一種態度，即認為：存在者就是它本身，就是它是什麼和怎樣是。但存在的問題在這裡還沒有被提出，更不用說在這裡獲得一門存在論可能性的基礎了。」[115] 海德格的這段話表明，存在論不是對存在者、外在的實在世界之發問，至少它不僅僅是對存在者和外在的實在世界之發問，而是對存在者的存在之發問。

（二）海德格的「形而上學」概念。在《存在與時間》中，海德格一開始便聲稱：「我們這個時代雖然把重新肯定《形而上學》視為一個進步，但關於存在的問題今天還是被人們遺忘了。」[116] 稍後，海德格再次強調：「在本書開始時就已指出，關於存在之意義的問題不僅沒有得到解決，沒有得到充分的提出，而且還被忘卻了，無論人們對《形而上學》抱有多少興趣。」[117] 我在這裡之所以對「形而上學」加以書名號，是因為從各方面看，海德格在這裡以及在此書其他各處所說的「形而上學」更主要地是指亞里斯多德的那部同名著作，而不是指由此而產生的、常常也被人稱之為「哲學」的「形而上學」這門學科。[118] 但無論海德格在哪一種

---

[115] 海德格：〈論根據的本質〉，載於《艾德蒙・胡塞爾紀念文集》，圖賓根，1974年，第78頁，注①。

[116] 海德格：《存在與時間》，第2頁。

[117] 海德格：《存在與時間》，第21頁。

[118] 也可參閱海德格：《存在與時間》，第39頁。

意義上運用「形而上學」，他所要陳述的都是：存在問題是第一性的問題，對這個問題的探討既可以說是本體論（存在論），也可以說是形而上學。當「存在論」不是面對有形的存在者，而是朝向無形的存在時，它同時也就是關於形而上之物的學說。因為，一方面，海德格的「存在」不是一個抽象的、懸在空中的臆想，而是隱蔽在存在者之中的東西；「在人們對存在者的所有把握中，就已包含著對存在的理解。」[119]海德格在這裡的意向比較明確：存在者雖然不是本體論的研究對象，但也不是本體論所要絕對排斥的東西。從我們以上對胡塞爾的介紹來看，這可以說是海德格對胡塞爾的反抗之一，因為胡塞爾一再要求排斥對實在世界（存在者）的前設。而另一方面，「『存在』不應被理解成存在者」，因為「『存在』不是一種像存在者那樣的東西」，[120]它毋寧是一種「超越」出存在者之上的東西。[121]下面我們將會看到，這可以說是對胡塞爾的反抗之二。與此相應，如果關於存在者的科學是亞里斯多德意義上的「物理學」，即關於實在的、有形的自然實證科學，那麼關於存在的學說，即存在論，就應當是關於隱蔽在存在者之中，同時為存在者提供依據的存在之學說，因而在某種意義上是超越之物，即超越出存在者（有形之物）之上的無形之東西，[122]而關於這種存在的學說就是亞里斯多德意義上的「形而上學」。

---

[119] 海德格：《存在與時間》，第3頁。

[120] 海德格：《存在與時間》，第4頁。

[121] 海德格：《存在與時間》第38頁：「存在和存在結構超越出任何一個存在者和任何一個對存在者的可能存在規定之上。存在就是絕對的超越。」「作為超越之存在的一切展開都是先驗的認識。現象學的真理（存在的展開狀態）乃是先驗的真理（veritas transzendentalis）。」

[122] 海德格在〈什麼是形而上學〉一文中也將「存在」標誌為「虛無」：「『純粹的存在和純粹的虛無是同一樣東西。』黑格爾的這個命題是合理的。存在與虛無同屬於一個整體，但這並非是因為——從黑格爾的思維概念來看——這兩者在不可規定性和直接性方面相互一致，而是因為存在本身只是在此在的超越性中才顯露出自身。」（海德格：〈什麼是形而上學〉，法蘭克福，1949年，第36頁。）

　　此後在海德格的其他著述中，形而上學的這個意義越來越清楚地表現出來，例如：在「什麼是形而上學」（1929年）的弗萊堡就職講座中，在「康德與形而上學問題」（1929年）、「形而上學導論」（1935年）的講座中，以及在更後的《林中路》和〈關於人道主義的通信〉的文字中，海德格都是在這種積極的哲學意義上運用形而上學的概念。W.比梅爾因此而合理地評論說，「海德格是在嘗試著，在向原初的前一形而上學家之回溯中把握住作為整體的西方形而上學之命運。」[123]

　　從胡塞爾和海德格對「本體論（存在論）」和「形而上學」的不同規定中，我們可以進一步把握住他們兩人的現象學哲學之異同，它們涉及到三個基本概念：「超越（transzendent）」、「先驗（transzendental）」、「存在（Sein, Essenz）」。

　　胡塞爾所說的「超越」，是指意識超越出「內在的被給予性」，即超越出它的內在，從而構造出外在的「自在之物」，[124] 這是我們自然觀點

---

[123] W.比梅爾：〈胡塞爾的大英百科全書──條目和海德格的注釋〉，載於《胡塞爾》，達姆斯塔特，1973年，第315頁。──對形而上學在海德格哲學中的位置的最好說明可以參閱海德格本人在1935／36年題為「形而上學的基本問題」講座中的一段出色論述：海德格在這裡首先引用了柏拉圖在他的對話中所敘述的一個關於泰勒士的故事：泰勒士抬頭望著天上的雲，卻沒有注意腳下而掉到了井裡。這時一個女傭便取笑他，說他那麼急著要去知道天上的事情，卻看不到鼻尖前面的東西。柏拉圖在敘述完之後評論說：「這個笑話也適用於所有從事哲學的人。」海德格由這個典故引出他對形而上學的一段評論：「『形而上學』這個名字在這裡只是暗示著：它探討的問題是處於哲學之核心和中心的問題。」「因而我們要盡可能地排除所有那些在歷史的過程中附加在『形而上學』這個名字上的東西。對我們來說，它標誌著那樣一種活動，在這種活動的過程中，人們尤其要面臨落入井中的危險。」（海德格：《事物問題》，圖賓根，1962年，第2、3頁）

[124] 參閱胡塞爾：《被動綜合分析》，第17頁：「我們在這個意義上把立義稱之為超越的統覺，它標誌著意識的功效，這個功效賦予感性素材的純內在內涵，即所謂感覺素材或原素素材（hyletische Daten）的純內在內涵以展示客觀的『超越之物』的功能。」

所具有的能力，否則客觀對象、客觀世界便無從談起；與此相反，海德格所理解的「超越」則意味著對「有形的存在者」的超越，從而把握住無形的存在，這是真正的哲學觀點所應具備的能力，否則存在論、哲學便是不可能的。就這點來看，胡塞爾是用「超越」來解釋和回答「自然科學（亞里斯多德意義上的「物理學」）是如何可能的」問題；而海德格則是用「超越」來回答「哲學（亞里斯多德意義上的「形而上學」）是如何可能的問題。換言之，「超越」在胡塞爾那裡是一個受到先驗現象學考察的自然能力，在海德格那裡卻是一個被基礎存在論所指明的哲學能力。在這裡，相同的是：被超越的東西（自在者或存在者）都不構成哲學探討的對象；不同的是：在胡塞爾那裡，超越意味著實在客觀性與先驗主體性的關係；在海德格那裡，超越則表明存在與存在者之間的關係。

　　但我們必須注意：海德格在談到「超越」時往往也涉及到「先驗」概念，例如在《存在與時間》裡，海德格這樣說：「作為超越之存在的一切展開都是先驗的認識。現象學的真理（存在的展開狀態）乃是先驗的真理（veritas transzendentalis）。」[125] 這種說法在海德格那裡雖然罕見，但卻不乏啟示。胡塞爾的先驗概念有兩重含義：[126] 它首先（一）是指在現象學反思中顯現出來並得到探討的構造問題：外部世界的存在被排斥，現象學的目光反思地朝向意識本身，發現意識本質地具有構造的功能，它

---

[125] 海德格：《存在與時間》，第38頁。此外，在同書的第3頁中還有一處同時提到「超越」和「先驗」：「根據中世紀存在論的說法，『存在』是一種『超越』。亞里斯多德也已認識到，相對於實事之最高屬概念的雜多而言，這種先驗的『一般之物』的統一是一種類比的統一。」但這裡的「先驗」一詞可能是個筆誤，似應為「超越」。

[126] 關於胡塞爾的「先驗」概念的兩種含義，筆者在拙文〈胡塞爾：通向先驗本質現象學之路〉中（載於《文化：中國與世界》第二期，北京，三聯書店，1987年，參閱第260-262頁）曾做過初步的論述。這些論述至今看來雖仍無謬誤，但卻不夠明晰。對這個問題更為出色的闡釋可以參閱恩斯特·圖根哈特：《胡塞爾與海德格的真理概念》，柏林，1970年版，第198-199頁。

始終是關於某物的意識；但透過意識活動而被構造出的意識對象之存在與被排斥的外部世界之存在是完全不同的：前者是先驗的，後者是超越的。在這個意義上，胡塞爾把「先驗」和「超越」看作是一對相互對立的概念，[127] 先驗的問題在這裡是「構造」的問題，[128] 超越的問題則是「自在」的問題。這個意義與康德原先賦予先驗概念的意義顯然有所不同。在康德那裡，先驗在某種程度上是一個與「經驗（empirisch）」相對立的概念；先驗的問題是先天之物如何能夠運用於經驗之上的問題。這個意義（二）雖然在胡塞爾那裡時常也有表露，例如他也把「先驗的分析」稱之為「本質分析」，把「先驗自我」與「經驗自我」相對置，將「先驗現象學」等同於「純粹現象學」，[129] 以及如此等等。但這不是胡塞爾先驗概念的首要含義。很明顯，海德格是了解以上這兩個含義的。從〈我的現象學之路〉一文中可以看出，他首先是在第一個意義上理解胡塞爾的「先驗」概念：「『純粹現象學』是一門基礎科學，它為打上它的烙印之哲學提供根據。『純粹』，這意味著：『先驗的現象學』，但『先驗』被設定為認識著的、行為著的、設定著價值的主體之主體性。」[130] 如果海德格

---

[127] 胡塞爾：《笛卡兒式的沉思》，第65頁。

[128] 對這個問題還可以參閱胡塞爾：《純粹現象學和現象學哲學的觀念》第一卷：「『先驗的』還原對現實進行懸擱：但在這個懸擱後賸餘下來的東西中還包括意識對象連同在這些對象中包含的意識對象之統一，還包括實在之物在意識本身之中被意識到並且特殊地被給予的方式。」〔204〕「現象學的觀點是純粹本質性的觀點，是『排斥』所有超越的觀點，在這種觀點中，建立在其純粹意識的固有基地上之現象學必然要探討所有這些在特殊意義上的先驗問題，因此，它配得上先驗現象學這個稱號。在它的固有基地上，它必須考察體驗，但不是根據要素和複合的連結、根據分類，把它們看作是隨意的、死的實事，看成一堆僅僅在此，什麼也不意指，什麼也不意謂的『內容複合體』，而是要去解決體驗作為意向的體驗所展示出的、並且純粹透過它們的理型本質而展示出之那個原則上特殊的問題。」〔177-178〕。

[129] 胡塞爾：《笛卡兒式的沉思》，第104頁。

[130] 海德格：〈我的現象學之路〉，載於《面對思維實事》，第81頁。

在《存在與時間》中也是在這個含義①上理解「先驗」概念，那麼作爲超越的「存在」也就是一種與主體性有關、與意識構造有關的東西。反之，如果海德格在那裡是在含義②上表述「先驗」這個概念，那麼作爲超越的「存在」就無非是指某些與「本質」、「先天」有關的東西而已；最後，如果海德格也像胡塞爾那樣，在雙重的意義上運用「先驗」概念，那麼他所說的「存在」便與胡塞爾的「存在」——「先驗本質」無根本區別了。

因此，對「先驗」概念的理解直接關係到對胡塞爾和海德格的「存在」或「本體」概念的理解。實際上，如果我們有權將海德格的本體論概念稱作「存在論」，那麼我們同樣也就有權把胡塞爾的本體論概念稱作「本質論」或「本質存在論」。胡塞爾一再強調，他的意識構造分析之目的在於把握意識的本質，這種本質是一種「觀念的存在（Essenz）」，而不是「實在的存在（Existenz）」；是一種「如此存在（Sosein）」，而不是「在此存在（Dasein）」。[131] 如果胡塞爾提出這些對立概念的時間不是在1906年和1913年，而是在《存在與時間》發表之後，那麼我們一定會認爲這是有意針對海德格「此在」與「生存」概念而發的了。當然，胡塞爾以後對海德格的批評也確實是在這個方向上。但這只涉及胡塞爾先驗現象學和海德格此在現象學的差異。這是我們下一節所要討論的內容。在這裡，我們關心的焦點是：在胡塞爾的先驗現象學和海德格的基礎存在論之間是否存在著對立。進一步說，（一）海德格的「存在」是否是一種本質性的東西；（二）海德格的「存在」是否是一種先驗的主體性。

海德格在《存在與時間》中曾這樣評述胡塞爾本質論對他的影響：「但先天（Apriori）的展開並不是『先天論』的虛構。透過胡塞爾，我們不僅重新理解了所有眞正哲學『經驗（Empirie）』的意義，而且還學會了使用爲此目的所必需的工具。『先天論』是任何一門自身理解自身的科

---

131 參閱胡塞爾：《純粹現象學和現象學哲學的觀念》第一卷，〔12、86〕；《現象學的觀念》，第70頁；《純粹現象學和現象學哲學的觀念》第二卷，第586頁。

學之哲學所具有的方法。因爲『先天論』與虛構無關，所以先天研究要求人們妥善地準備好現象的基地。」[132] 這種表述在海德格那裡並不罕見。由此看來，海德格無意否認他的哲學也是以觀念直觀爲工具、以事物的本質爲對象的學說；「存在」是一種本質性的東西。我們在1925年的馬堡講座「時間概念的歷史導引」中也可以找到這方面的證明。海德格在這裡把現象學的「先驗」概念定義爲「內在的存在」、「絕對的存在」、「絕對被給予的存在」以及「純粹的存在」。[133]

如上所述，如果胡塞爾的本體論和海德格的本體論在對各自對象的理解上基本一致，即都把自己的對象理解爲先驗的和本質的，那麼他們對形而上學概念的不同表述便只是一個術語上的差異。我們是否可以據此而得出結論：在胡塞爾的存在論與海德格的存在論之間並沒有根本的衝突，它們都產生於那種把握先驗本質的原初欲望，產生於康德所說的那種始終想超出經驗的領域而朝向絕對之物的理性本能、那種人類所具有的「最高認識能力」。只是這種趨向在海德格那裡猶如曇花一現。他的《存在與時間》（1926年）並無法對存在問題作出澈底的展開，而是始終停留在「此在與時間」的層次上；《形而上學導論》（1953年）也未能成爲《存在與時間》的「後半部分」，儘管海德格這時仍然認爲，「只要存在問題還在激動著我們的此在」，追問存在的道路「就始終還是一條必由之路」。[134]

海德格一生最大的努力實際上是在朝向存在者的方向上進行的，因爲很明顯，他的哲學始終以「此在」爲其基本的和中心的課題。

---

[132] 海德格：《存在與時間》，第50頁。

[133] 參閱海德格：《時間概念歷史導引》，法蘭克福／美茵，1979年，第142-145頁。

[134] 海德格：《存在與時間》，1953年第七版序言。

十五、胡塞爾的「現象學哲學」與海德格的「此在現象學」

（一）胡塞爾與海德格在人類此在問題上的相互關係

　　如果說我們在前面所論述的是海德格在「現象學的解釋學」和「基礎存在論」方面對胡塞爾「純粹現象學」的繼承與發展，那麼這裡的問題則涉及到海德格的「此在現象學」[135] 或「生存哲學」與胡塞爾「現象學哲學」的關係。

　　如前所述，海德格運用現象學方法揭示了理解的「在先」結構，把作爲「理解」的此在看作是第一性、原本性的層次。而對於現象學方法的創始人胡塞爾來說，「人的此在」、「生活世界」、「他人」等等，這些問題是屬於第二性的哲學問題。這裡的對立是顯而易見的。但這並不意味著，胡塞爾與海德格之間在這個問題上沒有相互關係可言。因爲我們所說的對立僅僅是指這兩位哲學家在這個問題上的分歧，即：我們應當對「此在」問題賦予第一性的還是第二性的意義？這個對立並不意味著胡塞爾對「人類此在」問題的不關注、不討論，正如海德格也沒有把胡塞爾所確定的第一性哲學問題，即「純粹意識」問題棄而不論一樣。

　　隨著《歐洲科學的危機與先驗現象學》在1936年的發表，胡塞爾終於又一次爲哲學界帶來一個驚奇，使人們在對現象學方法之普遍有效性的理解方面耳目一新：現象學不僅僅可以實施自己的理論哲學意向，即透過先驗的還原而擺脫開現實的人類生活，回溯到純粹意識生活上去，把握住先驗的本質結構，而且它還可以自如地返回到現實生活中來，用本質的認識去解釋和指導實在事實，從而滿足自身的實踐哲學意向。我們在前面曾提及馬丁·布伯對胡塞爾的指責：「胡塞爾……自己從未對人類學的問題本

---

[135] 「此在現象學」是海德格本人提出的概念；可以參閱海德格：《存在與時間》，第37頁。

身做過探討」，[136]這個指責實際上用胡塞爾1935年「維也納演講稿」的標題〈歐洲人危機中的哲學〉便可加以駁回，而這個演講正是《歐洲科學的危機與先驗現象學》一書的雛形。胡塞爾在三十年代發表的一系列演講和著述表明了他對人的問題之關切態度。因而對胡塞爾的指責至多只能是：「胡塞爾從未將人類學的問題作為第一性的哲學問題來探討。」

實際上，我們已經看到，人的問題並不只是胡塞爾在三十年代，即他生命的最後幾年中才偶然進入他視域中的問題。我們在第二章中所展示的一系列研究結果顯示：「生活世界」的概念在1920年以前便開始在胡塞爾的手稿中零星地出現，[137]自二十年代以來，「生活世界」問題和「交互主體性的先驗功能問題」已成為胡塞爾所探討的中心課題；[138]而「歐洲人危機」的問題則至遲在1910年時便已受到胡塞爾的探討。[139]但我們在這裡無意再討論胡塞爾「人類學」問題研究的發展史，這是本書第二章的論題範圍。我們在這裡所關心的課題毋寧是：胡塞爾和海德格在這個問題上是否有相互影響以及在何種程度上發生相互影響。

研究者們發現，胡塞爾在1919年所做關於先驗感性論的講座「自然與精神」，[140]與海德格對周圍世界的分析有明顯的相似性。而海德格在1919/20年所作的「現象學基本問題」講座[141]中也使用了「生活世界」這

---

[136] 馬丁‧布伯：《人的問題》，第85頁。布伯在這裡緊接著又不無矛盾地承認：「但在其最後一部未完成的著作，即關於歐洲科學危機的論著中，胡塞爾用三個個別的命題對人的問題作出了貢獻……」。

[137] 這一結論可參閱I.凱恩：〈論胡塞爾的「生活世界」〉，載於《艾德蒙‧胡塞爾哲學中的生活世界與科學》，第68頁。

[138] 這一結論可參閱雅默：〈用超理性主義反對非理性主義〉，載於《爭論中的現象學》，第66頁。

[139] 這一結論可參閱威廉‧E.彌爾曼：《人類學史》，第153頁。

[140] 此講座稿尚未發表。（修訂版注：已於2001年初作為《胡塞爾全集》第33卷出版）。

[141] 此講座稿已以〈現象學的基本問題〉為題作為《海德格全集》第二十四卷發表，法蘭克福／美茵，1975年。

個概念。[142] 在這裡還可以補充一點，即：胡塞爾早在1906/07年便已劃分了「存在」與「存在者」：先驗現象學（第一哲學）的研究對象是絕對意義上的「存在」，現象學哲學（第二哲學）的研究對象是絕對意義上的「存在者」；[143] 胡塞爾的這個說法比海德格在《存在與時間》中對「存在」和「存在者」的劃分要早整整二十年。

　　這一情況引起哲學家們的深思。對此，雅默的表述具有代表性：「於是這裡產生了一個問題，我在這裡只能標出這個問題，而不能為它提供答案：或者是海德格接受了胡塞爾的啟迪，或者反過來，是胡塞爾接受了他周圍之人的啟迪，就是說，他接受了年輕的艾賓浩斯（J. Ebbinghaus），接受了舍勒的周圍環境理論，同樣也包括對海德格關於周圍世界／共同世界／自身世界之思考的採納。」[144]

　　對於這個問題，人們往往會做出一個先入為主的回答：海德格《存在與時間》發表於二十年代，胡塞爾的《歐洲科學的危機與先驗現象學》則發表於三十年代，較之前者幾乎晚了十年。從時間上看，顯然只能是海德格的思維方向影響了胡塞爾後期對研究課題的選擇。胡塞爾本人否認這一說法。這裡可以重複一下馬克斯·穆勒的回憶：「當我問胡塞爾，他現在向『生活世界』問題——這個問題在其歷史—事實的『時或性』中已超出了先驗現象學方法的界限——的轉向是否可以說是受到海德格的『反作用』影響，胡塞爾回答說：『他是讓我留下印象，但從未對我留下影響。』」[145]

　　在海德格這方面，雖然人們沒有發現他對這個問題的直接表述，但在《存在與時間》中，海德格的一段話卻越來越引起注意。在關於現象學

---

[142] 這一結論可參閱雅默：〈用超理性主義反對非理性主義〉，載於《爭論中的現象學》，第67、68頁。

[143] 參閱胡塞爾：《現象學的觀念》，第23頁。

[144] 雅默：〈用超理性主義反對非理性主義〉，載於《爭論中的現象學》，第68頁。

[145] 穆勒：〈回憶胡塞爾〉，載於《胡塞爾與現象學運動》，第38頁。

方法一章的結尾處，海德格曾指出胡塞爾對《存在與時間》的影響：「下列研究只是在胡塞爾所奠基的基礎上才成為可能，正是他的《邏輯研究》才使現象學得以突破。」[146] 但這段話所表述的顯然僅僅是《邏輯研究》與《存在與時間》在方法上的相應性或相繼性。而此後在註腳中，他又特別對胡塞爾表示謝意：「如果下列的研究在對『實事本身』的展開方面向前邁進了幾步，那麼筆者首先要感謝E.胡塞爾。筆者在弗萊堡教學期間，胡塞爾曾給予筆者以深入的親自指導並允許筆者最為自由地閱讀他尚未發表的手稿，從而使筆者得以熟悉現象學研究的各個最具差異性的領域。」[147] 海德格在這裡提到的手稿，顯然包括胡塞爾為撰寫《純粹現象學和現象學哲學的觀念》第二卷所寫下的手稿。胡塞爾本人在1913年便對此書做了出版預告，[148] 而且海德格本人也在《存在與時間》中重複了這一預告，指明在《純粹現象學和現象學哲學的觀念》第二卷中將會包含胡塞爾對「人格」問題的研究，並且，他還引用了胡塞爾在一開始對狄爾泰的批評，[149] 由此可見海德格對胡塞爾的這些手稿是相當熟悉的。即使不去考慮胡塞爾在二十年代所寫下的其他有關「生活世界」、「交互主體性」、「家鄉世界」、「陌生世界」等方面的手稿，[150] 不去考慮海德格是否研究過這些手稿，我們已經可以得出一個大致的結論：海德格在「此在」問題上受胡塞爾的影響的可能性要大於與此相反的可能性。實際上，戰後在比利時新建的魯汶大學胡塞爾文庫第一個研究過胡塞爾遺稿的法國著名現象學哲學家梅洛─龐蒂在當時就曾做出類似的判斷：「《存在與時間》本身的產生便是因為胡塞爾所做的一個提示，它無非是一種對『自然

---

[146] 海德格：《存在與時間》，第38頁。

[147] 海德格：《存在與時間》，第38頁。

[148] 胡塞爾：《純粹現象學和現象學哲學的觀念》第一卷，〔5〕。

[149] 海德格：《存在與時間》，第47頁。海德格所引用的胡塞爾對狄爾泰的批評可以在1979年根據胡塞爾手稿出版的《純粹現象學和現象學哲學的觀念》第二卷，第173頁上找到。

[150] 胡塞爾這方面的手稿可以參閱《交互主體性的現象學》第一、二、三卷。

的世界概念』或『生活世界』的一種釋義，正如胡塞爾本人在他生命的後期也把這種釋義作爲現象學的第一課題一樣」。[151]

　　當然，對雅默所標明的並且爲許多哲學家所關注的這個問題，我們並不必須做出非此即彼的回答。退而言之，不論是胡塞爾影響了海德格，還是反過來海德格和其他人影響了胡塞爾，胡塞爾與海德格在「此在」問題上的相互關係無疑是存在著的。對這一事實的確定使我們能夠更佳地理解雅默所提出的一個較之於這個問題本身更爲重要之論斷：「無論如何，在十年之後，《存在與時間》和《歐洲科學的危機與先驗現象學》這兩本書必須在某種意義上被理解爲是兩部互補性的著作，缺少其中的任何一本，都會使對另一本的完整理解成爲不可能。」[152] 這也是我們在對海德格的「此在現象學」進行考察之前所持的基本信念之一。

（二）海德格從三個角度對此在之存在的考察

　　對於這裡所要探討的問題，我們也可以借用海德格的語言來加以表述：「當人們談到此－在的時候，「存在」（sein）這個詞意味著什麼？」[153]

　　對這個問題的回答包含著三個方面，即：當我們談到此－在的時候，「在此」（da）、「超出」（ek）、「在先」（vor）這三個前綴詞分別意味著什麼？這個三方面的問題涉及到海德格「此在現象學」中的三個最重要概念：「憂慮」、「生存」、「理解」。

　　對海德格的「存在」概念，我們在前面已經有所論述。這裡所要討論的主要是「此在」作爲「存在者」所特有的「存在」。

　　我們先看海德格對此在的存在之定義①：海德格在1925年《時間概念

[151] 梅洛—龐蒂：《感知現象學》，德譯本，第3頁。

[152] 雅默：〈用超理性主義反對非理性主義〉，載於《爭論中的現象學》，第68頁。

[153] 海德格：《四次討論課》，法蘭克福／美茵，1977年，第177頁。

歷史導引》的馬堡講座中已經將「此在的存在」或「此在的存在結構」定義為「憂慮」；[154] 此後，在《存在與時間》一書中，我們也可以一再地讀到類似的說法：「從存在論上理解，此在就是憂慮」，「此在的生存論意義就是憂慮」，「因為此在本質上包含著在世之中存在，所以此在的向世之存在（Sein zur Welt）本質上是擔憂」，以及如此等等；[155] 可以說，作為此在的人之主體性首先表明自己是一種在世的存在，也可以說是一種在事物中的失落，在憂慮中的自身失落。這個主體性的本質結構就是「憂慮」。與它有關的概念是「在世之中的存在」、「被拋性」、「現身性」等等。

這裡所提到的《時間概念歷史導引》的馬堡講座已經具有《存在與時間》的雛形，我們甚至可以把它看作是《存在與時間》的第一稿。在這部書中，海德格對胡塞爾的繼承和修改表現得比較直接。他在這裡首先認為，「此在的存在結構是憂慮，這是一個現象學的陳述」，這個陳述區別於「前科學的自身釋義」，後者也就是例如像人們常說的「生活就是憂慮和辛勞」這樣一類成語。[156] 海德格認為這種「前科學的自身釋義」「具有第一性的優先地位，它產生於對此在本身的原初素樸觀察，並且因此而對所有的闡釋都有著特別積極的作用。」[157] 所以海德格隨後又引用了一

---

154 海德格：《時間概念歷史導引》，《海德格全集》第二十卷，法蘭克福／美茵，1977年，第406、417頁等。

155 海德格：《存在與時間》，第57頁，第44頁；也可參閱第一篇，第六章，尤其是第42節：〈作為此在的存在的憂慮〉。海德格在這裡一次提到「存在論」，一次提到「生存論」，這只是一個術語上的差異，而非考察角度或研究內容上的區別。因為，所謂「生存論」，在海德格那裡僅僅是特指與「此在」有關的存在論。參閱同上書，第44、45頁：「所有在對此在的分析中而產生的說明，都是我們所獲得一些在此在的生存結構方面之說明。由於這些說明是從生存性中得到規定的，所以我們將此在的存在性質稱之為生存論的性質。」

156 海德格：《時間歷史概念導引》，第417頁。

157 海德格：《時間歷史概念導引》，第418頁。

段古代羅馬寓言作爲這種「前科學的自身釋義」的例子來說明「此在」與「憂慮」的關係，這個寓言的名字叫做「Cura」，也就是「憂慮」，以後海德格在《存在與時間》中也引用過這個寓言：

> 「有一次，『憂慮』女神在過一條河時看到了一片陶土。她沉思著揀起其中的一塊，並且開始塑造它。正在她思考它所創造的東西時，朱庇特（古羅馬的主神）走了過來。『憂慮』女神便請朱庇特賦予這塊被塑造的陶土以精神。朱庇特很高興地同意了。但是，當『憂慮』要用自己的名字來命名她的這個被造物時，朱庇特不允許她這樣做，並且要求必須用他自己的名字來命名這個被造物。正當『憂慮』和朱庇特在爲命名而爭吵不休時，泰魯士（古羅馬的土地神）抬起身來並且要求說，這個被造物應當用土地的名字，因爲土地爲他提供了自己身體的一部分。這些爭論者讓薩杜恩（古羅馬的農神）來做仲裁。薩杜恩對他們做了這樣一個顯然公正的判決：『你，朱庇特，因爲你賦予了精神，所以你在他死去時應當接受他的精神；你，泰魯士，因爲你賜予了肉體，所以你在他死去時可以接受他的肉體。但是，因爲是『憂慮』最先塑造了這個生物，所以只要他還活著，『憂慮』便擁有他。至於在名字上的爭論，則應當把他稱作homo（人），因爲他是用『humus』（泥土）造出來的。」[158]

　　海德格將這個寓言看作是一個素樸的此在釋義。它除了說明「精神」和「肉體」是此在的基本組成之外，同時還表明，此在只要還「在世存在」，它便具有「憂慮」這樣一種本質現象。海德格指出：最早注意到這個寓言的是赫爾德（J. G. Herder），然後它又被爲歌德所接受並在《浮士德》的第二部分中做了加工。而「憂慮」作爲哲學概念則出現得更早，它

---

[158] 海德格：《時間歷史概念導引》，第418、419頁。

在斯多噶學派的倫理哲學中已占有一席之地，被用來描述原始人類。[159]
在「憂慮」所具有的傳統含義[160]的基礎上，海德格又對「憂慮」的內涵
做了擴充，使它不僅包括，「憂煩」（Besorgen），而且還包含「憂心」
（Fuersorge）：「憂煩」是指「在……旁的存在」，即「在上手之物旁的
存在」，「憂心」則意味著「與在世界內相遇的他人之共同此在一起的存
在」。[161] 換言之，前者是與「他物」，與「周圍世界」有關的存在，後
者則是與「他人」，與「共同世界」有關的存在。這樣，「在獲得憂慮這
個現象的同時，我們也就獲得了存在的結構，從這個結構出發，至此為止
所獲得的此在特徵現在便能夠得到釐清，並且，這種釐清不僅僅是對它
的結構本身之釐清，而且也是對產生於這種結構之中的可能存在方式之
釐清。」[162] 當然，這裡所說的憂慮概念在海德格那裡只是一種狹義的憂
慮，我們下面還會對廣義上的憂慮概念作進一步的分析。

　　海德格對「此在」的另一個定義②則與我們尚未分析過、但已間
接地涉及到的「生存」概念有關，即：「此在的『本質』在於它的生
存」。[163] 由於「生存」（Ek-sistenz）在海德格那裡意味著超越自身存

---

[159] 參閱海德格：《時間歷史概念導引》，第420頁。
[160] 根據海德格在《時間概念的歷史導引》和《存在與時間》中的具體分
析，在「憂慮」這個概念中傳統地包含著雙重含義：一方面是對某物或
某事憂慮，即「憂煩」（Besorgen），另一方面則意味著融化在世界中
（Aufgehen in der Welt），但同時也意味著獻身於（Hingabe）世界。──
我們可以注意到，儘管「Sorge」（憂慮）和「Besorgen」（憂煩）這兩個
術語無論是在通常的語義上，還是作為海德格的專用哲學術語，本質上都
沒有區別，但前者較為抽象，僅僅是指一種意識行為或心境；後者則是一
個較為具體的概念，涉及到憂慮的對象。而「Aufgehen in der Welt」這個詞
組本身便含有「與某物融為一體」和「獻身於某物」這兩種含義。
[161] 海德格：《存在與時間》，第193頁。
[162] 海德格：《時間歷史概念導引》，第420頁。
[163] 海德格：《存在與時間》，第42頁。

在的能力，[164]因此，我們可以理解，對於海德格來說，「此在」也就是「對最本己的能在而言之自由存在的可能性」；「此在」在這個意義上也與「理解」有關：「理解是此在本身本己能在的生存論上之存在。」[165]高達美從解釋學的角度曾特別強調過海德格的這一主張：海德格「揭示了所有理解的籌劃特徵並且把理解本身看作是超越的運動，即對存在者的超越。」[166]在這裡，「此在」意味著主體性所具有的一種自由超越出存在者自身之本質能力，但這種「超出」不是一種脫離自己，成為他人的活動；而是一種脫離自身的常人狀態，回到本己的存在上去之行為：「此在被召喚向何處？向其本己的自身」，「向其最本己的自身能在」，「向其最本己的可能性」。[167]如果說「此在」的一個本質特徵在於它在「憂慮」中的「自身失落」，那麼它的另一個本質特徵就是它在「超越」中的「自身找到」。正是這種能力才使「此在」區別於其他的「存在者」：「此在存在的超越性是一種與眾不同的超越性，因為在這種超越性中包含著最極端的個體化之可能性和必然性。」[168]與此在的這個特徵有關的概念是「能夠存在」、「自由的存在」、「超越」、「良知」、「選擇」、「決斷」等等。

　　對此在的定義③已經在前面得到論述，即「此在就是理解」，它具

---

[164]拉丁文中「ek」這個前綴含有超出的意思，「sistenz」則帶有存在的意思。海德格從「生存」這個詞的詞源出發所賦予「生存」概念的意義已經不同於「生存」概念的傳統含義。在經院哲學中，「生存」（existentia）與「本質」（essentia）是一對相對的概念，「生存」不是指此在的進行，而是指「本質」的現實化。胡塞爾便是在這種傳統的意義上運用這一對概念，它意味著：本質的存在相對於事實的存在而言具有絕對的優先性；沙特也是在這個傳統的意義上運用這對概念，儘管他所提出「生存先於本質」的口號取消了本質存在的優先地位。

[165]海德格：《存在與時間》，第144頁。

[166]高達美：《解釋學》第一卷，第264頁。

[167]參閱海德格：《存在與時間》，第273頁。

[168]海德格：《存在與時間》，第38頁、第232頁。

有「在先」的結構，這一結構由三方面組成：「在先擁有」、「在先看到」、「在先把握」。海德格也把這些「前提」的整體稱之爲「解釋學處境」。[169]

如果我們把這裡所確定之此在的兩方面本質結構與前面關於此在所具有之「在先」結構的論述連結在一起，那麼我們可以說，對此在的考察可以從三方面進行：它的「已經是」，它的「此時是」和它的「還不是」。也就是說，對海德格的「此在」，我們既可以從「在先的存在」的角度上分析，把它看作是「理解」；也可以從「在世之中存在」的角度上進行理解，就是把它視之爲「憂慮」；最後又可以從「能夠存在」的角度上進行理解，就是把它視之爲「超越」。

我們在某種程度上應當把這三種理解看作是相互矛盾，也就是說，在這三方面考察中只能有一種理解是正確的：或者人的本質就是一種「在先的理解」規定性，或者就是一種「在世之中的憂煩和憂心」並且是在這種「憂慮」中自身存在的喪失，或者人的本質是一種「超脫出」這種憂慮並找回自身存在的能力。這是我們考察海德格此在問題的第一個可能角度。

但如果我們從另一個可能的角度來看，這三種理解又可以說是相互補充的：它們都共同表明了一種揭示人的主體性本質結構之企圖：第一種理解意味著存在對於人之此在而言的規定性；第二種理解說明人的存在在結構上對人之世界的依賴性；第三種理解則表述了人的存在對於人之世界所具有的超越性。

換而言之，第一種和第二種理解表明，此在具有一種特殊之本質的存在狀況，第三種理解則表明，此在具有一種特殊之本質的存在能力。海德格曾用一句話來概括「此在」的這個三重特性：「此在在生存論上就是它在其能在中還不是的東西。」[170] 也就是說，此在的「已經是」、「是」

---

[169] 參閱海德格：《存在與時間》，第一篇，第31節：〈作為理解的此一在〉。
[170] 海德格：《存在與時間》，第145頁。

與「還不是」一同了構成它的矛盾統一。從時間性（Zeitlichkeit）的角度來說，此在作為「理解」是一種「在先」，此在作為「憂慮」是一種「當下」，此在作為「超越」則是一種將來。我們可以確定，「此在」這三方面的特徵在海德格那裡共同構成人的主體性之本質。

由此可見，對此在存在的時間分析，是海德格此在現象學的一個關鍵部分，是理解他之生存哲學的一把鑰匙。海德格自己也說，「此在生存性的原初存在論基礎是時間性。只有從時間性出發，作為憂慮的此在存在之有層次的結構整體才能從生存論上得到理解。」[171]

（三）胡塞爾意向性結構分析與海德格此在存在分析比較

「此在」的這種本質結構可以在胡塞爾所發現的「純粹意識」的本質結構中找到對應。最先關注這一問題並且將它作為課題進行分析的是兩位法國人：阿爾芳斯・德・瓦倫士（A. De Waelhens）在1956年便指出將「意向性」概念轉變成「憂慮」概念的可能性；[172] 阿爾多・馬蘇羅（A. Masullo）則在不久前（1989年）以〈『憂慮』：海德格對胡塞爾意向性結構的改變〉[173] 為題對這個問題做了令人信服的研究。實際上，海德格自己在許多講座中已經一再地表明，憂慮和超越是與意識的意向性結構本質相關的概念。他當然是在有利於此在現象學的角度出發，或者說，從他自己的此在現象學出發來理解這種本質相關性。他對「此在存在」和「意向性」相互關係的理解可以從兩個方面得到規定：1.與此在存在的結構分析相比，意向性分析不是對人類意識結構的最基本層次之把握：「從其根本上透澈地思考意向性，這就意味著，將意向性建立在此—在的超越性基礎之上」；[174]「意向性建立在超越性的基礎上，並且只是在這個基礎

---

[171] 海德格：《存在與時間》，第266頁。
[172] 參閱A. 德・瓦倫士：〈現象學的意向性觀念〉，載於《胡塞爾與近代思維》，第122頁或第136頁。
[173] 該文載於《爭論中的現象學》，第234-254頁。
[174] 海德格：《四次討論課》，第122頁。

上才成為可能，──人們不能相反地從意向性出發來解釋超越性」。[175]
2.與此在存在的分析相比，意向性分析是不完整的：「從作為此在的基本結構之憂慮現象出發可以看到，人們在現象學中用意向性所把握到的那些東西，以及人們在現象學中用意向性來把握這些東西的方式，都是殘缺不全的，都還只是一個從外部被看到的現象。」[176]

顯然我們可以從一開始就避免對海德格這些話誤解。海德格在這裡並不是要否認作為意識本質結構的意向性，相反地，例如：在《時間概念歷史導引》中，他一方面明確地堅持「現象學作為對意向性先天分析描述的自明性」。[177] 但另一方面，他強調「人們所說的意向性──單純的朝向某物──必須被回置到那個『先於自身的─在之旁的─在之中存在』（Sich-vorweg-sein-im-sein-bei）之統一的基本結構中去。這種存在才是本真的現象，它與那種非本真地，僅僅在一種孤立的方向上被當作意向性的東西是相符合的。我在這裡只是扼要地指出這一點，以便說明對現象學問題的根本性批判是在哪一點上起步。」[178] 因此，海德格對現象學的批判不在於拒絕意向性，不在於否認意向性分析對人類意識本質結構的有效性，而僅僅在於：一方面否認意向性是第一性的「存在基本結構」，另一方面否認意向性分析窮盡了對人類意識的本質認識。

我們在第一篇的第一章中曾經展示過胡塞爾的意向性分析成就。我們可以將與那些這裡所討論之問題有關的分析結果簡單概括如下：所有意識行為都可以分為客體化行為和非客體化行為這兩種。客體化行為包括直觀（即感知和想像）、符號意識、判斷、本質直觀等等；非客體化行為則包括各種情感意識，如意願、期望、愛、恨、同情、憤怒等等。意向性是所有客體化行為的最根本結構。所有非客體化行為都奠基於客體化行為之

[175] 海德格：《現象學的基本問題》，第230頁。
[176] 海德格：《時間概念歷史導引》，第420頁。
[177] 參閱海德格：《時間概念歷史導引》，第8節，b）〈現象學作為對意向性先天分析描述的自明性〉，第108-110頁。
[178] 海德格：《時間概念歷史導引》，第420頁。

中，因爲它們的客體都是首先由客體化行爲提供的。據此，所有意識行爲或者具有意向性結構，或者必須借助於意向性結構。胡塞爾在康德的意義上也把對客體化行爲和非客體化行爲的分析稱之爲「理論理性批判」和「實踐理性批判」。

熟悉胡塞爾現象學的人會很自然地從胡塞爾現象學的角度出發來理解海德格的「憂慮分析」。這種做法的第一個結果就是將憂慮作爲一種意識行爲納入到胡塞爾的非客體化行爲，或者說，納入到胡塞爾的實踐行爲之範疇中去。如此一來，憂慮分析與意向性分析相比顯然就是第二性的，即奠基於意向性分析之中的一種現象學操作。這是海德格所不願看到的，因爲他所理解的憂慮結構應當是一種比意向性結構更爲根本的東西。在今天看來，海德格在這個問題上的意向可以說是非常清楚的：「『憂慮』作爲原初的結構整體在生存論上先天地處於此在的任何事實性之『行爲』或『處境』『之前』，也就是說，它始終已經處在這種『行爲』或『處境』之中了。因而，『憂慮』這個現象並不表明『實踐』行爲較之於『理論』行爲的優先性。」海德格在這裡的言外之意爲：憂慮不是一個實踐行爲，更不是一個理論行爲；而是一個超越於這兩個本質範疇之上的人類此在的元結構；推而廣之，他的基礎本體論不是一門實踐哲學，更不是一門像胡塞爾現象學那樣的理論哲學，而是一門超越於這兩者之上的大全哲學。所以，海德格接著說：「『理論』與『實踐』都是一個存在者的存在可能性，這個存在者的存在必須被規定爲是憂慮。因此，如果有人企圖將這個在其本質上不可分割的整體性之中的憂慮現象回歸爲像意願和期望或欲求和癖好這樣一類本能，或者用這些本能來拼湊憂慮現象，那麼這種企圖將會以失敗而告終。」[179] 而海德格用他的憂慮分析來改造和替代胡塞爾意向性分析的更深一層本意則在於暗示：意向性作爲理論行爲的本質結構只是隸屬於憂慮現象的一個範疇而已。因此，胡塞爾的意識分析現象學所把握的不是真正的原本性和整體性。

---

[179] 海德格：《存在與時間》，第193頁。

實際上，當我們在這裡談到作爲原本性和整體性的憂慮時，我們所涉及的已經不再是狹義上憂慮概念，即作爲海德格對此在的三個定義之一的憂慮概念，而是一種廣義上的、即作爲存在整體結構的憂慮概念了。這個憂慮概念也就是在《時間概念歷史導引》中被海德格稱之爲「先於自身的一在之旁的一在之中在先一存在」（Sich-vorweg-sein-im-sein-bei）之基本結構的東西。在《存在與時間》中，它又被海德格修改成爲「作爲在之旁存在的（在內心世界所遭遇的存在者之旁的）已經在之中（在世界之中）的先於自身存在」（Sich-vorweg-sein-schon-sein-in-[der-Welt-] als Sein-bei [innerweltlich begegnendem Seienden]）。[180]

我們大可不必在這個複雜的「海德格─詞組」上煞費苦心，而只須去關注隱蔽在這個詞組之後的海德格對此在存在結構的本質定義。這個定義有三個層次，或者用海德格的話來說，存在的「結構性元素」有三個：先於自身的存在（Sich-vorweg-sein），在之中的已經存在（im-schon-sein-in）和在之旁的存在（Sein-bei）：[181]「先於自身的存在」在海德格那裡的定義是「朝向最本己的能在之存在」，它在本體論上是指：「此在在其存在中已經先於它本身」[182]；與它密切相關的是「在之中的已經存在」，「在之中」是指存在總是已經在世界之中的存在，此在總是「已經被拋入到一個世界之中」[183]；而「在之旁的存在」則意味著「憂煩」，意味著與其他存在者的相遇。[184] 這三個元素共同地、不可分割地構成憂慮的整體性。因此，海德格強調，「憂慮結構的本體論元素整體肯定不能被回歸爲一個本體的『原元素』」；[185] 我們在這裡可以將海德格的這句

---

[180] 參閱海德格：《存在與時間》，第192頁。

[181] 參閱海德格：《存在與時間》，第193頁。（有時海德格也把前兩個元素合併爲一個元素。參閱同上書，第195、196頁。）

[182] 參閱海德格：《存在與時間》，第191頁。

[183] 參閱海德格：《存在與時間》，第192頁。

[184] 參閱海德格：《存在與時間》，第192、193頁。

[185] 參閱海德格：《存在與時間》，第196頁。

話加以完善：憂慮結構的本體論元素整體例如不能被回歸為單一的意向性元素。如果我們從海德格的角度出發來為胡塞爾的意向性概念在海德格的憂慮結構中安排一個位置，那麼，意向性大致可以放在與在（世界）之中的存在相並列的位置上。

　　顯而易見，海德格對憂慮結構元素的三重定義是與他對存在的三重定義基本相符合的。在對存在的定義中，狹義上的憂慮是對存在的三個規定之一。而在這裡對憂慮的分析，實際上已經是廣義上的憂慮概念，它與存在概念是基本同義的。

　　問題論述到這裡，我們已經可以了解到海德格用「憂慮」概念來替代胡塞爾「意向性」概念的具體操作和論證過程。我們可以概括地說，在海德格那裡，1.憂慮作為此在的存在所具有的三重本質結構取代了意向性的本質單一性；2.憂慮作為自身在先的存在以其更深刻的原本性取代了意向性的原本性。這樣，對此在存在的憂慮結構之現象學分析在兩個方面超越出對純粹意識行為的意向性結構之現象學分析。186

---

186 對海德格的憂慮結構分析與胡塞爾的意向性結構分析之比較研究可以說是對海德格與胡塞爾之間理論關聯的最根本研究，因為很顯然，這兩個概念在海德格和胡塞爾的哲學中各自占有中心的位置。類似的概念比較研究還有很多，例如：E.畢普塞維克（Edo Pivcevic）曾經指出過在海德格哲學中的「恐懼」（Angst）概念和胡塞爾的「懸擱」概念之間的相似性：「依照海德格的說法，『恐懼』拆穿了我們在『公共生活』中的自欺，使我們真正面對我們自己。『恐懼』從頭到尾去除掉一切外來的支持；它破壞了我們渾渾噩噩得過且過的習慣信念；它把我們推進自我意識，使我們看清自己所處的位置。它助使我們發現那些和我們自己與世界有關的基本事實，就這一點來講，在某種程度以內，『恐懼』具有笛卡兒之懷疑或胡塞爾之『存而不論』一般的功能。」（E.畢普塞維克：《胡塞爾與現象學》，中譯本，臺北，1989年，廖仁義翻譯，第200頁；中譯本將「恐懼」譯作「焦慮」。）此外，海德格的「籌劃」概念與胡塞爾的「視域」概念也有異曲同工之處，以及如此等等。我們在這裡不再一一列出這些研究的方向。

第二章

胡塞爾的現象學與
高達美的解釋學哲學

十六、哲學時代與哲學精神的變遷

　　現象學與解釋學之間的密切連結是有目共睹的。自海德格在1910年左右提出「現象學的解釋學」概念以來，這個術語一再地被奧斯卡‧貝克爾、漢斯—格奧爾格‧高達美等人所運用和引用。[1] 然而這種連結通常被理解為是解釋學對現象學的克服：現象學提出理解的明見性、理解的無成見性之理想，而解釋學則發現了所有理解的成見結構。這裡似乎包含著一個矛盾：解釋學對理解的成見結構之發現是借助於現象學的方法進行的。當海德格在提出「現象學的解釋學」這一概念時，「現象學的」這個定語顯然標誌著解釋學這門學科的方法論基礎，它意味著一種要求，即對無成見性、無前設性和面對實事本身這樣一種思維態度的要求：「不接受任何已有的東西，不把任何傳統視為開端」。[2] 而在解釋學的概念中則恰恰包含著這樣一個結論：任何解釋都必然具有在先的結構、在先的形式，無成見性和無前設性只是一種美妙的幻想：「一切理解本質上都包含著成見性」。[3] 很明顯，如果不對現象學的方法作出與胡塞爾不同的新理解，那麼在「現象學的解釋學」（也包括「解釋學的現象學」）這個組合詞中，定語與主語是不和諧的，它給人的感覺就像「紅的黑」或「圓的四方形」這樣一類組合給人的印象一樣。也許，這就是當今解釋學代表人物高達美從不把自己的解釋學稱為現象學的解釋學之原因。我們今天聽到的術語往往是「哲學的解釋學」或「解釋學的哲學」等等。

　　解釋學的代表人物H—G.高達美出生於1900年，時值胡塞爾《邏輯研究》發表，而現象學運動尚未形成。1918年從文科中學畢業後，高達美

1　參閱奧斯卡‧貝克爾：〈美之事物的衰敗性和藝術家的冒險性。在美學現象領域中的本體論研究〉，載於《胡塞爾紀念文集》，第39頁；高達美：《解釋學》第二卷，第262頁。

2　胡塞爾：《哲學作為嚴格的科學》，第340頁。

3　高達美：《解釋學》第一卷，第274頁。

便開始了他的哲學學習。他先在他家鄉的布雷斯勞（現處波蘭境內）大學隨新康德主義者理查‧赫尼希斯瓦爾德（Richard Hoenigswald）開始哲學學習，一年後轉到馬堡大學，從師於新康德主義的「馬堡學派」代表人物保羅‧納托普（Paul Natorp）和現象學哲學家保羅‧尼古拉‧哈特曼（Paul Nicola Hartmann）。據高達美自己回憶，他第一次聽到「現象學」這個名稱還是在1920年。[4] 一直到1922年他完成博士論文《柏拉圖對話中的快樂之本質》為止，在這段時間裡，他與現象學接觸很少。但一年之後，他慕名來到當時的德國哲學中心弗萊堡大學，作為納托普的學生而受到胡塞爾的熱情接待。他在弗萊堡期間聽了胡塞爾和海德格的講座和討論課，對現象學有了較為深入的了解，並且「試圖在胡塞爾和海德格那裡學會現象學的描述方法」。[5] 海德格在1922年擔任馬堡大學的副教授。1923年，哈特曼轉至科隆大學執教，空下的正教授教椅便由海德格接替。高達美在此後的幾年中（直至1928年海德格去弗萊堡接替胡塞爾的教椅為止）成為海德格在馬堡的學生。這段經歷對於高達美具有決定性的影響，是他哲學生涯的真正開端。他於1928年完成的教授資格論文《柏拉圖的辯證倫理學──對〈斐利布斯篇〉的現象學闡釋》已經以現象學方法自詡。此後他在馬堡大學作為私人講師長期從事教學，並於1937年獲得萊比錫大學哲學教授的位置。在納粹統治德國期間，他雖然感到壓抑，但在政治上非常矜持內向，用他自己的話來說，「整體說來，更聰明的做法是不要引人注目。」[6] 這種做法使他在此期間免受納粹的迫害和鎮壓。他甚至在這一時期還開設了有關胡塞爾哲學的課程。當時的胡塞爾作為猶太人已遭到貶詆，他的著作已遭到禁止，講授胡塞爾的課程並非沒有風險。高達美的這種做法與他老師海德格截然相反。因而在納粹德國戰敗後，他沒有受到政治清查的影響，還擔任（1946/47年）當時地處蘇聯占領區的萊比錫大學校長。1947年他轉至美茵河畔的法蘭克福大學任教。1949年，著名哲學家

---

[4]　參閱高達美：〈回憶胡塞爾〉，載於《胡塞爾與現象學運動》，第13頁。

[5]　高達美‧《解釋學》第二卷，第488頁。

[6]　高達美‧《解釋學》第二卷，第490頁。

雅斯培對德國現狀感到失望，離開海德堡大學，去瑞士巴塞爾大學執教。高達美作爲雅斯培的教椅繼承人來到海德堡。1960年，他發表了《眞理與方法》（《高達美全集》第一、二卷）一書。此後，高達美的哲學思想愈來愈受到人們的關注。而海德格的存在主義在盛行一時之後日趨冷落。海德堡大學逐漸取代弗萊堡大學而在本世紀六十年代末、七十年代初一度成爲德國哲學的中心。目前德國各大學的許多較爲著名的哲學家都曾在那一時期就學於海德堡大學。高達美在這裡任教，一直到1968年退休爲止。退休之後，高達美仍然精力充沛，不斷地到國內外的各個大學講課，影響日益擴大。人們幾乎可以把他退休後的這段時間稱之爲他的「第二青春」。但高達美的最主要著作在1960年已經完成，以後的思想基本上沒有很大變化。1967-1977年間發表的一些文章、報告等等被他收集在《短篇著作集》（《高達美全集》第三、四卷）中出版，這些文字主要是對他的思想之前提和結論的進一步闡述和進一步的具體化。

　　一般認爲，本世紀德國哲學所提供的劃時代著作有三部：《邏輯研究》（1900/01年）、《存在與時間》（1927年）和《眞理與方法》（1960年）。[7]正如我們評價胡塞爾必然要談論他的《邏輯研究》，評價海德格必然要談論他的《存在與時間》一樣，高達美的作用和影響與他《眞理與方法》的劃時代意義是分不開的，「評價高達美的意義就意味著談論他的劃時代著作《眞理與方法》」。[8]在這三部著作中，《邏輯研究》與《存在與時間》之間的淵源關係已被人們談論得很多。同樣，《存在與時間》和《眞理與方法》之間的內在關聯也或多或少是明晰的。但人們往往忽視了對《邏輯研究》和《眞理與方法》的整體考察。我們在這裡

7　當然，《真理與方法》是否能與前兩部著作並列，對此還有爭議，至少這不是一個對所有人都不言而喻的事實。例如：布萊梅大學哲學教授赫曼・史密茲就認爲：「事實是，還沒有人能夠走出胡塞爾、舍勒、海德格、沙特和梅洛—龐蒂的身背而嶄露頭角。」（史密茲：《新現象學》，第5頁）

8　彼得・克利斯蒂安・朗（Peter Christian Lang）：〈漢斯─格奧爾格・高達美〉，載於《哲學家辭典》，斯圖加特，1989年，第267頁。

首先要涉及到的是這方面的問題。

如果說《邏輯研究》和《真理與方法》都是哲學史上劃時代的文獻，那麼我們面臨的第一個具體問題便是，它們各自劃分了兩個什麼樣的時代。

胡塞爾《邏輯研究》的最初意義在於反心理主義。他在第一卷中令人信服地指出心理主義的最終結局是相對主義、人類主義或懷疑主義。他致力於用一門帶有客觀有效性的純粹邏輯學來結束當時流行的主觀主義之統治地位，他抱負著使人們在一個懷疑主義的時代站穩腳跟的使命。也正是在這個意義上，高達美認為，胡塞爾一生的最重要動機在於回答這樣一個問題：我怎樣才能成為一個誠實的哲學家？也就是說，我怎樣才能在一種絕對的自我負責性中證實思維的每一個步驟之合法性？[9] 因此，尋求理性的最終根據和最終確定性是胡塞爾哲學思想的最主要特徵。《邏輯研究》的第二卷就是試圖為這種尋求提供一個方法論的基礎。所以我們可以籠統地說，《邏輯研究》的劃時代意義首先是在於對相對主義、主觀主義思潮的克服。而且，這項工作在他後期的哲學思想中也從未退居為第二性的。在1911年發表的《哲學作為嚴格的科學》一文中，胡塞爾一方面繼續反對自然主義和心理主義，另一方面則開闢了批評狄爾泰之歷史主義的新戰線。所謂歷史主義，是指一種特別突出歷史意識的哲學觀點，即認為，任何認識都伴隨著關於一切事物、包括精神事物生成的意識。一般的批評認為，這種觀點過分強調歷史─生成的考察方式，並因此而犧牲了分析─系統的考察方式；它避開當下而回到過去，這樣便有損於已有事實的真理價值並將這些事實相對化。[10] 這種歷史主義在胡塞爾看來最終會導致懷疑

9　參閱高達美：〈總結報告〉，載於《真理與證實》（第四屆國際現象學研討會文獻），H. L.范·布雷達主編，海牙，1974年，第213頁；還可以參閱高達美：〈回憶胡塞爾〉，載於《胡塞爾與現象學運動》，第16頁。

10　卡爾·波普（Karl Popper）的歷史主義概念不同於上面所說的歷史主義概念。波普認為有些社會科學的主要目的在於作出歷史的預言，而要達到這個目的必須首先發現歷史過程的基本規律；他將這種社會科學稱之為「歷史主義」。

主義和主觀主義的觀念，即主張哲學的任務僅僅在於寫下自己的歷史，因而是一些不誠實的哲學家們之放任自流：「顯而易見，如果將歷史主義堅定地貫徹到底，它就會導向極端懷疑的主觀主義。」[11] 在1935年所作的「歐洲人的危機與哲學」的維也納演講中，胡塞爾再次批評狄爾泰在方法上和實事上沒有擺脫自然與精神、歷史主義與客觀主義的二元論，仍然停留在自然科學的客觀主義上不能自拔。[12] 胡塞爾認爲歷史主義與心理主義原則上是殊途同歸，因而實際上無須再重複《邏輯研究》已進行過的批判。我們在這裡之所以突出胡塞爾對歷史主義的指責，是因爲這種指責在某種程度上可以被看作是在胡塞爾與高達美的解釋學之間過早發生的一場衝突。[13]

　　對歷史主義的批判主要是針對狄爾泰（Wilhelm Dilthey）的歷史科學觀所發。這是一場在唯心主義和相對主義之間的爭論。我們可以在高達美的著作《眞理與方法》中，以及在格奧爾格·米施（Georg Misch）的著作《生命哲學與現象學》中和在St.施特拉塞爾（St. Strasser）的文章〈「理解」問題之新觀〉中找到關於這場爭論以及關於狄爾泰與胡塞爾之間關係的重要論述。[14] 米施的著作是從生命哲學的角度，施特拉塞爾是從現象學的角度來探討狄爾泰與胡塞爾的關係。高達美則試圖以中立者的身分面對這一關係。但我們在這裡的主要興趣實際上並不在於胡塞爾與狄爾泰的關係，儘管這也是一個極爲重要的研究課題，而是在於高達美對這個關係所

---

[11] 胡塞爾：《哲學作爲嚴格的科學》，324/6。

[12] 參閱胡塞爾：《歐洲科學的危機與先驗現象學》，第344頁。

[13] 我在這裡之所以在解釋學之前加上高達美一詞，是因爲由另一位當今解釋學代表人物尤爾根·哈伯瑪斯所主張的解釋學在這一點上與胡塞爾並無重大分歧。我們在後面將會展開這一問題。

[14] 參閱高達美：《解釋學》第一卷，第二部分中的第2段落〈狄爾泰陷入歷史主義的困境〉和第3段落〈現象學研究對認識論問題的克服〉；G.米施：《生命哲學與現象學。狄爾泰學派與海德格和胡塞爾的分歧》，萊比錫，1931年；St.施特拉塞爾：〈「理解」問題之新觀〉，載於《眞理與證實》，第132-189頁，尤其是第134-141頁。

持的基本態度：在這場唯心主義獨斷論與相對主義懷疑論的論爭中，在這兩個對高達美都具有重要影響之思想家的交鋒中，高達美本人究竟站在哪一邊。一旦這個問題得到釐清，那麼我們對高達美哲學思想的基本傾向也就可以獲得大致的把握，我們對《眞理與方法》的劃時代意義也就可以得到一般的理解。

在《眞理與方法》一書中，狄爾泰和胡塞爾是除了亞里斯多德、柏拉圖、黑格爾、海德格之外被高達美引用得最多的兩個思想家。在狄爾泰和胡塞爾之間有許多共同的地方：這種共同性按照施特拉塞爾的歸納至少可以表現在以下三個方面：（一）他們都認爲，意識生活是他們哲學的必然出發點；（二）他們都堅持內在經驗是直接的確然性；（三）他們都主張，實證科學所探討的所有實在都可以被回譯成意識生活的語言。[15]

但同樣顯而易見的是，在狄爾泰與胡塞爾之間還存在著各種對立。這種對立首先表現在他們哲學各自的特性上。在胡塞爾那裡，純粹意識、理論理性是第一性的。他可以說是一個浮在空中的思想家。所謂浮在空中是指：他要把握的是作爲觀念的可能性，而不是作爲事實的現實性。並且，「奠基」的思想導致胡塞爾認爲，對其他如意願、情感這種非奠基性的（即被奠基的）意識行爲之研究必須以對奠基性的意識行爲（客體化的意識行爲）之認識爲前提。在這方面，胡塞爾或多或少繼承了西方哲學自笛卡兒以來，並且在康德那裡尤爲突出的認識傳統。[16]而狄爾泰的情況則恰恰相反，他主要接受了赫德（J. G. Herder）、史萊爾馬赫（F. Schleiermacher）和浪漫主義的精神遺產（事實上還包括謝林〔F. W. J. Schelling〕、叔本華和尼采的精神遺產），把重點放在情感體驗、生命體驗這類感情意識上。狄爾泰有一句名言：「在洛克、休謨和康德所構造想的那種認識主

---

[15] 參閱《眞理與證實》，第134頁。當然，我認爲，第三點在狄爾泰那裡表現得並不十分澈底。

[16] 我們尤其可以回想一下康德所提出的人類精神生活諸問題之順序：1.我能夠知道什麼？2.我應當做什麼？3.我可以希望什麼？4.人是什麼等等。（參閱康德：《邏輯學講義》，A26）

體之血管中流的不是眞正的血，而是作爲單純思維活動之理性的稀薄汁水。而我對完整的人之歷史的和心理學的研究則導致我將這個具有多種力量的人、這個願望著、感受著、表象著的生物也看作是解釋認識的……基礎。」[17] 在胡塞爾和狄爾泰之間的這一對立因而實際上是近代歐洲哲學兩種傳統的對立，並且，這種對立在胡塞爾和海德格、舍勒的關係中也有所表現。

在胡塞爾與狄爾泰之間存在著的另一個差異顯然與方法有關。狄爾泰不具備內在的本質直觀之概念，不理解意識生活中意向性的關鍵意義。胡塞爾認爲，這一缺陷是導致狄爾泰（也是布倫塔諾）在精神科學中不能擺脫歷史主義，在自然科學中不能擺脫客觀主義的主要原因。在胡塞爾那裡，所謂意向性無非是指意識在自身的活動中構造對象的本質能力。對意向性的發現在某種程度上排斥了長期以來占統治地位之笛卡兒的二元論影響，它爲人們提供了從主體意識出發解釋客體實在、客觀世界之形成的可能性。

在胡塞爾與狄爾泰至此爲止的對立中，高達美明確地站在胡塞爾一邊。在對狄爾泰的態度上，高達美像胡塞爾一樣批評狄爾泰的客觀主義和歷史主義。他認爲胡塞爾關於「構造」和「意向性」的學說對狄爾泰思想產生了重要的影響，使狄爾泰把精神世界從自然領域中的因果關係區別出來，但狄爾泰始終沒有放棄精神科學應當具有與自然科學一樣的客觀性之觀點（客觀主義），始終沒有放棄用解釋學來爲歷史科學奠定基礎的嘗試（歷史主義），因而始終也無法擺脫客觀主義或歷史主義的絕境。[18]

而在對胡塞爾的態度上，高達美則直截了當地承認他對現象學方法的繼承，至少在《眞理與方法》第二版發表時，他明確地強調：「我的這部書在方法上立足於現象學的基礎，這是確實無疑的。」[19] 這種方法上的繼

---

[17] 狄爾泰：《精神科學引論》，《狄爾泰全集》第一卷，斯圖加特，1957年，第 XVIII 頁。

[18] 以上參閱高達美：《解釋學》第一卷，第229、244、264頁。

[19] 高達美：《解釋學》第二卷，第446頁。

承過程具體地說是透過海德格的仲介而完成的：「是海德格才使人們普遍地意識到，在實體這個概念對於歷史存在和歷史認識而言的不合適性中，包含著多麼澈底的思維要求。只是透過海德格，狄爾泰的哲學意向才得到發揮。海德格將他的研究建立在胡塞爾現象學的意向性研究之基礎上，這種意向性研究是一次關鍵性的突破，因為它根本不是像狄爾泰所說的那樣是極端的柏拉圖主義。」[20] 意向性研究之所以是一個突破，這是因為：一方面發現意向性的方法——現象學的本質直觀為精神科學提供了方法論基礎；另一方面，意向性的發現表明自然科學的真正基礎是在精神科學之中。前者為人們提供了克服歷史主義困境的可能，後者則使人們有可能從客觀主義的結論中擺脫出來。

但高達美同時又堅決地反對任何將解釋學納入到現象學的體系之中的作法，堅決地反對將解釋學隸屬於現象學。這在某種程度上與他對狄爾泰的繼承不無關係。我們在前面曾引用過奧斯卡・貝克爾在紀念胡塞爾七十誕辰的文集中發表的文章，他在一個註腳中試圖用以下的說明來說明在胡塞爾先驗現象學和海德格事實解釋學之間的淵源關係：「誰要是把胡塞爾的現象學與所謂『心理主義的』和『人類主義的』事實解釋學作為相互陌生，甚至相互敵對的學說對立起來，誰就在最大的程度上誤解了胡塞爾現象學的意向，至少是誤解了自1913年《純粹現象學和現象學哲學的觀念》發表以來之胡塞爾現象學的意向。」[21] 緊接著他又具體地解釋說：「現象學之解釋學的趨向在於（儘管不只是在於）對《純粹現象學和現象學哲學的觀念》所做的先驗唯心主義奠基進行具體化，將那裡一些尚未被規定的區域進一步加以確定，首先是不僅確定了『心理』主體的有限性，而且也確定了任何一個對基礎本體論來說事關重要的主體性連同其廣泛的結論（死亡、歷史性、『有罪』等等）的有限性。下面將會表明，正如這些結

---

20 高達美：《解釋學》第一卷，第247頁。
21 奧斯卡・貝克爾：〈美之事物的衰敗性和藝術家的冒險性。在美學現象領域中的本體論研究〉，載於《胡塞爾紀念文集》，第39頁。

論延伸到例如數學哲學上一樣，它們也延伸到美學上。如果將這種『人類主義』與胡塞爾在《邏輯研究》已澈底克服了的老『心理主義的人類主義』混為一談，那就意味著完全誤解了自1913年以來的現象學發展！」[22] 在貝克爾看來，現象學從胡塞爾到海德格的發展在邏輯上是連貫的。胡塞爾的先驗本質現象學在海德格這裡被運用於到具體的領域中，一門先驗事實的解釋學從而得以產生；胡塞爾所完成的「純粹現象學」（第一哲學）和海德格所完成的「現象學哲學」（第二哲學）終於合為一體，實現了《純粹現象學和現象學哲學的觀念》的哲學整體設想。因而，按照貝克爾的說法，解釋學與胡塞爾的先驗哲學意圖是相符的，並不是一種向胡塞爾在《邏輯研究》中已批判過的人類主義、相對主義之回復。

　　對貝克爾的這一說法，高達美似乎始終耿耿於懷。儘管他清楚地知道，貝克爾原先是胡塞爾的學生，爾後又成為海德格的學生，因而他的這個註腳實際上是一種在海德格的新突破與胡塞爾的原初哲學設想之間進行調和的最初嘗試，而不是一項透過廣泛深入的哲學思考而得出的成熟結論（這種結論在1927年是不可能作出的）。但高達美卻一再抓住貝克爾不放，[23] 批評貝克爾把「解釋學納入到先驗現象學之中和先驗現象學之下」的做法「實屬過分」，沒有看到海德格在《存在與時間》中提出的解釋學是一種「在現象學範圍之外的哲學奠基」，從而展示了一個與現象學不同的解釋學新維度。[24] 高達美所作的這些重複一開始會給人以喋喋不休、小

---

22 奧斯卡・貝克爾：〈美之事物的衰敗性和藝術家的冒險性。在美學現象領域中的本體論研究〉，載於同上書，第39頁。

23 僅就我對高達美著作的有限認識而言，他已在四篇著述中對貝克爾的這一說法提出異議：1.在1960年的《真理與方法》中（參閱高達美：《解釋學》第一卷，第260頁）；2.在1963年〈現象學運動〉的文章中（參閱高達美：《新近哲學》第一卷，第128頁）；3.在1969年舉行的第四屆國際現象學研討會上（參閱《真理與證實》，第211頁；也可參閱高達美：《新近哲學》第一卷，第161頁。）；4.在1991年關於〈狄爾泰學派與解釋學〉的文章中（參閱《哲學評論》，1991年，第3期，第169頁）。

24 參閱高達美：《新近哲學》第一卷，第161頁；〈狄爾泰學派與解釋學〉，載於《哲學評論》，1991年，第3期，第169頁。

題大做的感覺，但稍微仔細考慮一下便可悟出，醉翁之意不在酒，高達美的目的並不在於維護海德格相對於胡塞爾的獨創性，而是為了強調解釋學考察相對於現象學研究的新維度。

就解釋學自海德格以來的發展而言，它已經超出胡塞爾所設定的哲思範圍之外，為二十世紀的人們提供了一個新的哲學角度，指明了新的認識可能性；這一點，不僅對於以海德格和高達美為首的解釋學學派來說是不言而喻的，而且對於以胡塞爾為首的正統現象學學派來說也是一個無可否認的事實：這一派的代表人物芬克在1959年便說過：「人們喜歡將海德格的人之此在概念解釋為是對胡塞爾的抽象意識概念之『具體化』。這種作法對這兩位思想家來說都是不公正的。海德格對人的思索從根本上不同於胡塞爾。在他這裡，第一性的問題不在於一個知識主體與周圍事物的意向相關性，而在於人對於存在的在先開放性。」[25] 從這方面來看，貝克爾的說法在今天已被證明是片面的。但我們不要忘記，貝克爾不僅否認「事實的解釋學」是在胡塞爾先驗現象學之外的哲學奠基，而且同時還否認這種在現象學之外的奠基導致了胡塞爾在《邏輯研究》中所批判的「人類主義」和「相對主義」。如果前一個否定已被視為是錯誤的，那麼後一個否定的可靠性是否也值得懷疑呢？換言之，我們是否可以說，解釋學的確超越出了胡塞爾現象學的問題範圍，但這種超越實際上卻同時意味著一種向胡塞爾已批判過的「人類主義」和「相對主義」之回復？

從方法上說，解釋學所依據的是現象學的基本操作原則，因而在這方面對現象學並無超越可談。高達美對胡塞爾的批評並不在於方法問題。相反，他認為，胡塞爾的將哲學建設成為一門嚴格科學之追求最終導致了「一次真正的文藝復興」。[26] 但高達美並不認為胡塞爾用他的方法達到了他預期的目的，即認識的絕對確然性：「事實性的人類此在根據其『理

---

25 《胡塞爾與近代思想》（第二屆國際現象學研討會文獻），H. L. 范・布雷達和J.塔米諾（J. Taminiaux）主編，海牙，1959年，第154頁。

26 高達美：《新近哲學》第一卷，第105頁。

型』、根據其本質只能在現象學的研究中得到揭示，但人類此在是一次性的、有限的和歷史的，它實際上不願被看作是一個理型的事例，而想作為最實在的事物而得到承認，這就產生了一個困境，一個原則性的問題。胡塞爾和整個現象學研究在這個困境中經歷到了自身的侷限性、有限性和歷史性。」[27] 高達美的這一批評是有代表性的，它實際上揭示了在胡塞爾的現象學與舍勒、海德格和高達美現象學之間的一個根本性衝突：在胡塞爾那裡，對實在存在（Existenz）的把握必須依據對本質存在（Essenz）的認識；而在後者看來，實在的存在要先於本質的存在。在這兩個相反的趨向之間有一條鴻溝，它可以說是為胡塞爾的絕對之先驗認識畫上了一條界線，從而表明胡塞爾的先驗唯心主義獨斷論無法如願地建立起一座無所不包的科學理性大廈，而且也表明現象學方法並不能絕對地推導出胡塞爾所設想的整個認識論模式。當然，這裡被否定的並不是作為分析手段的現象學方法之有效性，而是作為先驗唯心主義體系之依據的現象學方法之絕對性。換言之，現象學的方法在高達美看來仍然是十分有效的，但它還未有效到足以使自己成為一種絕對的方法，足以使先驗的觀念論（唯心論）達到自身能夠論證自身的地步。因此，高達美對現象學方法之絕對性的否認實際上也意味著對絕對主義認識論的摒棄。

現象學方法的有效性是相對的。但它在擺脫了絕對性的理想之後仍可以被運用在人類此在生活的領域中，雖然由此而得到的不再是對先驗生活的絕對認識，而是對人的實在生命（生活）之相對認識。對現象學方法的再解釋在一定的程度上消除了胡塞爾的哲學方法和狄爾泰的哲學課題之間的兩個對立。由此，胡塞爾的現象學與狄爾泰解釋學之間結合的可能性便得以展露。

我們可以初步得出這樣的結論：《真理與方法》的劃時代意義在把胡塞爾的現象學方法與狄爾泰的解釋學課題結合在一起，把德國的浪漫主義傳統和唯心主義傳統結合在一起，同時超越出這兩者之上，在二十世紀的

---

[27] 高達美：《新近哲學》第一卷，第109頁。

後半葉推出一個新的集德語哲學之大成者。

但我們是否也應當從另一個角度來評價《眞理與方法》：它儘管在其他方面有劃時代的表現，但只要它否認絕對客觀認識的可能性，只要它堅持人類認識的直接性是一個不切實際的幻想，那麼它在整體上便並沒有超越出胡塞爾在《邏輯研究》中所批判的「相對主義」、「懷疑主義」和「人類主義」的範疇？在這個意義上，如果說胡塞爾的《邏輯研究》所開創的時代是一個以絕對主義獨斷論為標誌，並且同時能夠跨越觀念論和經驗論的時代，那麼高達美的《眞理與方法》所開創的時代便可以說是一個以相對主義懷疑論為標誌，並且同時能夠跨越浪漫主義和唯心主義的時代。當然，與《邏輯研究》的劃時代特徵相比，《眞理與方法》還不能說是在嚴格的意義上「開創時代」。換言之，如果說《邏輯研究》創造了絕對主義的時代精神，那麼《眞理與方法》則只是與相對主義的時代精神相呼應。在與《眞理與方法》一書同年出版的巨著《當代哲學主流》第一卷中，已經過世的慕尼黑大學哲學教授沃爾夫岡·施泰格穆勒（Wolfgang Stegmueller）就已經看到了這個相對主義時代的到來：「人們今天比以往更傾向於把那種追尋一個一切科學和哲學以之為基礎的無可動搖之磐石的努力看作是幻影。」[28]

也許絕對主義和相對主義的劃分本身就過於簡單。而我們在這裡的目的也不在對這個論點的展開。關於這個問題的爭論，我想用著名哲學家萊謝克·科拉科夫斯基（Leszek Kolakowski）的一段話來作結束語：「我的意圖並不在於暗示人們，胡塞爾對新的先驗合理性和對完善的確然性之泉源的追尋是沒有價值的。我只是認為，他的嘗試沒有達到目的，正如所有想達到認識論的絕對之物的嘗試也許都必然會失敗一樣。但我將他的事業看作是一項對我們的文化來說具有極為重大價值的事業，我這樣做有兩個理由：他比任何一個人都更多地迫使我們認清知識的窘迫境況：要麼是

---

[28] 沃爾夫岡·施泰格穆勒：《當代哲學主流》第一卷，斯圖加特，1978年，第94頁。

澈底的經驗主義連同其相對主義、懷疑主義的結論，它被許多人看作是一個令人沮喪的、不能被接受的、並且事實上會對我們的文化帶來毀滅的立場；要麼就是先驗主義的獨斷論，它實際上無法論證自身，並且最終仍然還是一個隨意性的決定。我不得不承認，儘管最終的確然性是一個在理性主義範圍之內無法達到的目的，但如果沒有那些不斷努力試圖達到這個目標的人們，我們的文化就將會是貧乏而可憐的；而且，如果我們的文化完全落入懷疑主義者們的手中，那麼它將幾乎無法繼續生存下去。我相信，人類的文化永遠不可能達到對它的各個雜多而不統一之組成部分的完善綜合。然而，恰恰是它的各種成分之不統一性才有助於它的豐富多彩。而使我們的文化得以保持其生命力的，與其說是各種價值之間的和諧，不如說是各種價值之間的衝突。」[29]

我想，話說到此，有關相對主義和絕對主義、獨斷論和懷疑論、唯心主義與經驗主義的各自在哲學史上之地位的問題，可說是言之已盡，任何附加和補充都會有畫蛇添足的危險。當代的歐洲哲學不再討論這些問題，也許正是出於類似的考慮。

但我們還要深化解釋學的另一個劃時代之特徵，探討解釋學如何不僅將狄爾泰的課題與胡塞爾的方法結合為一體，從而將德國浪漫主義和唯心主義的傳統融於一身；而且還在一定的程度上將這兩者與德國思辨唯心主義，尤其是與黑格爾的思辨唯心主義結合為一體。

---

[29] 萊謝克・科拉科夫斯基：《尋找失落了的確然性》，斯圖加特，1977年，第96-97頁。

十七、胡塞爾與高達美各自的「體驗」、「生命」、「理解」概念

我們在前面曾用「Erlebnis」（體驗、經歷生活）和「Entlebnis」（脫離生活）這一對概念來說明胡塞爾與海德格各自哲學觀的差異。無獨有偶，在這裡，我們又要從「Erlebnis」（體驗）和「Ergebnis」（結果）這一對概念出發來比較胡塞爾和高達美的基本哲學觀。

高達美在《真理與方法》一書中用大量的篇幅闡述了「體驗」的「語詞史」和「概念史」，並且認為：「『體驗』這個語詞構成中包含著一個濃縮的、強化的意義。」[30] 高達美的這個說法也許適用於對狄爾泰「體驗」概念的解釋，但卻並不符合胡塞爾對「體驗」一詞的運用。

「體驗」概念在胡塞爾那裡是與「意識內容」、「我思」（cogito）、「意識活動」（noesis）、「意識行為」等等概念同義的。「在這個意義上，感知、想像意識和圖像意識、概念思維的行為、猜測與懷疑、快樂與痛苦、希望與憂慮、願望與要求，如此等等，只要它們在我們的意識中發生，便都是『體驗』或『意識內容』。」[31] 因而胡塞爾一再強調：體驗一般構成現象學研究對象的「最高的屬」，現象學的研究課題就是「在特別廣泛之意義上的意識，或者更清楚地說，意識體驗一般」，「現象學就是純粹體驗的描述性本質論」。[32] 當然，胡塞爾的這些說法還有片面之處，因為自1913年發表《純粹現象學和現象學哲學的觀念》以來，胡塞爾已開始關注原先被忽略了的作為體驗之結果的體驗對象極，即意識對象，所以他在《純粹現象學和現象學哲學的觀念》第一卷中也說：「我們

---

30 高達美：《解釋學》第一卷，第72頁。

31 胡塞爾：《邏輯研究》第二卷，第一冊，A326/B 347。

32 參閱胡塞爾：《純粹現象學和現象學哲學的觀念》第一卷，〔25〕、〔60〕、〔140〕。

幾乎可以這麼說：在體驗中被給予的是意向連同意向的客體，意向客體本身不可分割地屬於意向性，因而也就實項地寓居於意向本身之中。」[33] 我們在後面還會展開這方面的說明。但無論如何，我們由此可以把握到這個貫穿於胡塞爾哲學始終的主要特徵：意識生活作為哲學的必然出發點。

在這裡，我們可以把這句話等值地改寫為：體驗是現象學研究的必然出發點。

胡塞爾的學生、著名波蘭哲學家羅曼·英加登曾對胡塞爾的「意識」概念做過三個層次的劃分：「（一）根據『純粹意識』的最廣泛概念，『純粹意識』包括：所有『意向行為』＋所有原初的『感覺材料』＋所有意向相關項，無論它們是在哪一個構造階段上；（二）『純粹意識』的本質上較為狹窄的概念使我們只能把所有『意向行為』以及所有原初的『感覺材料』算作是『意識』；最後，（三）根據『意識』的最狹窄概念，屬於意識的只有所有意向行為。」[34]

英加登的這一劃分當然也適用於意識的同義詞「體驗」：他所說的意識概念（三）相當於體驗概念中的「意向體驗」部分，即意向活動（noesis）；意識概念（二）則等同於體驗概念中的「描述的、實項的內容」，胡塞爾有時也將它稱之為「現象學的內容」；它包括感覺材料（hyle）和意向活動（noesis）；[35] 而意識的最寬泛概念，即概念（一）則既包含作為動詞的「體驗」（即「非意向的體驗」和「意向的體驗」，它們構成體驗的行為：「erleben」），也包含作為名詞的「體驗」（即被體驗到的東

---

[33] 胡塞爾：《純粹現象學和現象學哲學的觀念》第一卷，〔186〕。

[34] R.英加登：〈論E.胡塞爾的先驗唯心主義〉，載於《胡塞爾與近代思維》，第203頁。胡塞爾本人對「意識」概念也有三層劃分（參閱《邏輯研究》第一卷，A325/B 346），但那個劃分所涉及的是傳統意義上的，而非他本人的「意識」概念。

[35] 胡塞爾：《純粹現象學和現象學哲學的觀念》第一卷，〔65〕：「我們將最廣泛意義上的體驗理解為處在體驗流之中的任何東西；也就是說，不僅那些在完整的具體性中被把握的意向之體驗、現時的和可能的思維屬於體驗；而且那些處在體驗流和其具體部分中的實項因素也屬於體驗。」

西：「das Erlebte」；胡塞爾也將它稱之為「體驗的意識客體」。）³⁶

我們可以參考下表：

意識

（Bewußtsein）

描述的、實項的內容 （deskriptiver, reeller Inhalt）		意向內容 （intentionaler Inhalt）
（第一性的） 非意向的體驗 感性材料 （hyle）	（第二性的） 意向體驗 意識活動 （Noesis）	意向對象 被意指的對象 體驗的意識對象 （Noema）

　　如上所述，在胡塞爾的體驗概念中，最重要的本質特徵應當是：構造性或意向性，它顯示出體驗行為（erleben）和被體驗之物（das Erlebte）之間的本質關係：體驗（意識活動）透過對體驗內容（感覺材料）的統攝或意指構造出體驗對象（意識對象）。體驗表現出活力、創造力。儘管體驗中非意向因素，也就是感覺材料，是死的，但體驗中的意向因素，即意識活動，是活的，它賦予死的材料以「意義」，賦予死的材料以「靈魂」。所以，從作為整體的體驗來看，胡塞爾認為：「體驗不應被看作是……死的東西，不應被看作『內容的複合』。」³⁷高達美無疑也看到了這一點，他合理地指出：「雖然胡塞爾也承認非意向的體驗，但這種體驗作為材料的因素也進入到意向體驗的意義統一之中。」³⁸

　　此外，「體驗」概念在胡塞爾的哲學中還包含著另一層意義，這層意義與前一層意義是密切相關的，即：體驗的原真性（Originaritaet）。這個原真性所指的不是在直向思維中對意識客體的直接把握，不是原本

36　胡塞爾：《純粹現象學和現象學哲學的觀念》第一卷，〔186〕。

37　胡塞爾：《純粹現象學和現象學哲學的觀念》第一卷，〔178〕。

38　高達美：《解釋學》第一卷，第72頁。

性（Originalitaet），而是指在反思中顯現出來的對各種意識行為之自身感受；前者只是感知才具有的特徵，[39] 而後者則是所有自身的、第一人稱的意識行為都具有的一個本質因素。[40] 具體地說，例如：我感受到痛苦和我回憶我的痛苦，在這兩個痛苦之間有原本性的差異，前者是原本的，後者是再造的；我對自身痛苦的感受和我對他人之痛苦的感受，在這兩種感受之間有原眞性的差異，前者是我對痛苦的親身體驗，因而是原眞的，後者只是我對他人體驗的同感，因而只是移情的。實際上，在中文的「體、驗」這兩個字中已經表述出「原眞性」這層含義：體驗通常被理解為「親身的」（體）「經歷」（驗）。德文的「Erlebnis」一詞中也含有這層意思。我們在後面將會看到，這層意思在狄爾泰那裡也被稱之為「Lebendig-keit」，即生動性或生命性。[41]

　　與在胡塞爾哲學中一樣，「Erlebnis」（體驗）在狄爾泰哲學中也占有中心位置。但在狄爾泰那裡還有一個與「Erlebnis」（體驗）密切相關的概念：「Ergebnis」（結果）。高達美對狄爾泰的著作極為熟悉。在對「體驗」一詞的語詞史進行考察之後，他指出，在狄爾泰的「體驗」概念中包含著雙重因素：「泛神論的因素和實證論的因素，即體驗（Erleb-nis）和它的結果（Ergebnis）。」[42] 這個結論與高達美所考察「體驗」一詞的詞源是相符合的：「『體驗』一詞的構造顯然以這兩個方面的含義為根據：一方面是直接性，這種直接性要先於所有的解釋、加工或傳達，並

---

[39] 參閱胡塞爾：《被動綜合分析》，第4頁：「感知……就是原本性意識。」

[40] 參閱胡塞爾：《純粹現象學和現象學哲學的觀念》第一卷，〔225〕：「另一方面，每一個體驗（或者說，每一個真實生動（lebendige）的體驗）都是『當下存在的』體驗。在它的本質中包含著對它本身進行反思的可能性，在這種反思中，體驗的特徵必然被描述為是確然的和當下存在著的。」

[41] 在德文中，「Leben」（生活、生命）、「Lebendigkeit」（生動性）、「Erleben」（體驗）以及「Lebenswelt」（生活世界）都具有「leb」這個詞根；而在中譯文中無法體現這幾個詞的一致性。

[42] 高達美：《解釋學》第一卷，第70頁。

且僅僅爲解釋提供依據，爲構造提供材料；另一方面是從這種直接性中獲得的收穫，即它的恆久之結果（Ergebnis）。」[43]「Erlebnis」（體驗）所包含的詞根是「leb」，即「生命」或「生活」。所以高達美合理地說，「在體驗中顯現出來的是生命，這只是意味著，我們所要返歸之最終的本源是生命。」[44]

　　高達美的這個解釋與體驗的詞源是相一致的。同樣地，「Ergebnis」（結果）一詞包含的詞根是「geb」，即「給予」。高達美將它等同於「生命的客體化」，也就是生命的創造物或「結果」。[45] 從這個意義上說，「體驗」（生命）是第一性的、本源的，「結果」（被給予）是第二性的、衍生的。因而，在體驗一詞的兩個含義中，「體驗統一表現了被給予之物的現實統一」。[46] 據此，高達美認爲，狄爾泰的生命概念具有目的論的意向：「因爲生命在意義構成物中客體化了，所以，所有對意義的理解都是『將客體化的生命回置到它們產生於其中的精神之生命性中』，因而體驗概念構成了所有關於客體之認識的認識論基礎。」[47]

　　我在這裡還無法確切地肯定，高達美對「體驗」概念的分析，尤其是對狄爾泰的「體驗」概念的分析，在多大的程度上帶有「解釋」的成分。如果這種解釋不是隨意的，那麼狄爾泰「體驗」概念的這兩個含義也是與胡塞爾對「體驗」之理解與規定的基本內涵相一致的，甚至可以說，狄爾泰的「體驗」概念中含有某種與胡塞爾「主體構造」思想相應的東西。高達美認爲，這是由於狄爾泰在這一點上受了胡塞爾的啓發。[48] 我們至少可以肯定，「將客體化的生命回置到它們產生於其中的精神之生命性中」，這個思想在胡塞爾和狄爾泰的「體驗」概念中都具有重要的位置，它一方

43　高達美：《解釋學》第一卷，第67頁。
44　高達美：《解釋學》第一卷，第72頁。
45　高達美：《解釋學》第一卷，第71頁。
46　高達美：《解釋學》第一卷，第71頁。
47　高達美：《解釋學》第一卷，第71頁。
48　高達美：《解釋學》第一卷，第248頁。

面表明，客體產生於主體之中，另一方面它意味著，自我（ego）是他我（alter ego）的基礎。一言以蔽之，「體驗」指明了先驗自我生命的原始性和創造性。

　　但高達美在《眞理與方法》一書中之所以不惜用大量的篇幅來討論「體驗」概念，其目的並不是在於介紹狄爾泰或胡塞爾的思想，而是在於借此概念指出這兩人思想中所包含的困境以及解釋學克服這些困境的必要性和必然性。高達美批評胡塞爾和狄爾泰說：「本體論的在先把握（Vorgriff）在胡塞爾那裡和在狄爾泰那裡是相同的」。[49]「在先把握」是借用了海德格的概念，它暗示理解所具有的「在先形式」（Vorform）和認識的有成見性；而「本體論的在先把握」是對胡塞爾和狄爾泰的這樣一個質問：「在他們兩人那裡，生命概念的眞正內容是否過多地受到從最終的被給予性出發進行推導這樣一種認識論模式的外來影響。」[50] 這就是說，高達美認爲，胡塞爾的最終論證（Letztbegruendung）的思想，或者說，「將客體化的生命回置到它們產生於其中的精神之生命性中」的思想本身就是一個認識論的成見，它束縛了胡塞爾思想的發展，使胡塞爾一直停留在自我意識的內在性中，未能超出意識去朝向生命的「功能圈」。因此，高達美得出結論說：「實際上，生命概念的思辨內涵在這兩個人那裡都始終沒有得到展開」。[51] 這裡的「思辨」一詞顯然與傳統意義上的「形而上學」密切相關。狄爾泰的過失在於「只是爲了與形而上學的思維進行對抗才尋找生命這個立足點」；而胡塞爾的過失在於「沒有想到生命概念與形而上學傳統，尤其是與思辨唯心主義的連結」。[52]

　　的確，在胡塞爾和狄爾泰的思想中都缺乏思辨的因素，因爲它恰恰是胡塞爾和狄爾泰一生孜孜不倦所要避免、所要反對的東西；胡塞爾這樣做是出於笛卡兒和康德等人的直觀主義傳統意識，狄爾泰則是出於赫德和史

---

[49]　高達美：《解釋學》第一卷，第254頁。
[50]　高達美：《解釋學》第一卷，第254頁。
[51]　高達美：《解釋學》第一卷，第255頁。
[52]　高達美：《解釋學》第一卷，第255頁。

萊爾馬赫的浪漫主義傳統意識。

那麼這個被胡塞爾和狄爾泰忽視了的、經過思辨才能達到的「功能圈」在高達美那裡究竟是指什麼呢？高達美在這個問題上訴諸於黑格爾的思辨唯心主義傳統和約爾克伯爵（Graf Yorck）的現代研究。他認為，約爾克伯爵在這方面所作的工作實際上要比胡塞爾和狄爾泰更多，因為他指明了兩種可能性：「他不僅抱著認識論的意圖而回返到生命上，而且還緊緊地把握住由黑格爾所發掘出的生命和自身意識之間的形而上學關係。這就是他超出狄爾泰，並且也超出胡塞爾的地方。」[53] 這兩種可能性分別意味著兩個不同的方向：一個是返回到生命本身，並從生命中推導出他物或他人的方向，如上所述，這是胡塞爾所遵循的以及狄爾泰後來試圖遵循的原則；另一個方向則在於哲學按照自然的進程「重覆生命的實驗」，重覆生命從意識到自身意識的進程。如果我們把前一個方向稱之為「生命哲學」的努力，那麼後一個方向便可以被標誌為「自然哲學」的追求。這當然很容易讓我們聯想到由謝林提出並在黑格爾那裡得到進一步貫徹的同一哲學思想。高達美也承認這一點，他認為約爾克「確實是在思辨唯心主義的同一哲學之水準上作進一步的思考」。[54] 如此一來，意識的基本特徵就不僅是自發的，同時也是從屬的。生命既構造對象，對象也造就生命。[55] 胡塞爾在《邏輯研究》第一卷中曾批判過這一做法並戲謔地諷刺說：「我們在玩著一種優雅的遊戲：從世界中發展出人，從人中發展出世界；上帝造人，人造上帝。」[56] 哲學史似乎兜了一個圈子又回到了胡塞爾在撰寫《邏輯研究》之前的位置上。

53　高達美：《解釋學》第一卷，第258頁。

54　高達美：《解釋學》第一卷，第258頁。

55　參閱約爾克：《意識態度與歷史》，圖賓根，1956年，第36頁；引自高達美《解釋學》第一卷，第256頁：「自發性和從屬性是意識的基本特徵，無論是在肉體表述的領域，還是在心理表述的領域，這兩個特徵都是根本性的，正如沒有對象，也就沒有看，沒有軀體的感覺，也沒有表象、意願和感受一樣。」

56　胡塞爾：《邏輯研究》第一卷，A121/B 121。

　　但高達美這些論述的實際意圖並不在於返回到同一哲學上去，而僅僅是爲海德格和高達美的「理解」概念所作的一種鋪墊、一個「歷史的準備」而已。在海德格那裡，生命已經獲得了「理解」的意義。儘管海德格本人很少使用「生命」這個概念，但他的「此在」概念幾乎就是「生命」的同義詞。因而高達美正確地指出，在海德格那裡，「理解是人類生命本身的原初存在特徵。」[57] 而「理解」在海德格看來是一種雙向的運動：一方面它「籌劃著它的朝向可能性之存在」；另一方面，「這種理解著可能性的存在本身是一種『能夠存在』，因爲這些可能性作爲開啟的可能性反沖到此在之中」。[58]「籌劃」所表明的方向是生命對自身的超越，即構造出客體，或者說，超越出存在者，達到存在；「反沖」所表明的方向則是存在在生命中，或者說，在此在中的自身實現。前一個運動於胡塞爾的主張是相一致的，我們已經看到在胡塞爾的「構造」思想與海德格的「籌劃」思想之間的相應和相繼關係；後一個方向則是與黑格爾所提出「自身意識的實現」的思想相平行的。黑格爾、胡塞爾、海德格在這裡相聚，從而產生出解釋學的時代。高達美看到了海德格的這一綜合能力並且緊緊地把握住它。所以，他在《高達美全集》第三卷的〈前言〉中說：「儘管我的哲學研究之重點有很大一部分是在希臘哲學中，但我仍在近代思維中找到了三位大師，他們的思想和語言對我的自己思維嘗試有著決定性的作用，這三位大師就是：黑格爾、胡塞爾和海德格。」[59]

57　高達美：《解釋學》第一卷，第265頁。
58　海德格：《存在與時間》，第148頁。
59　高達美：《新近哲學》第一卷，第5頁。當然，還必須指出，在對高達美最有影響的這三位思想家中，海德格的作用無疑是第一位的：「最重要的東西我是從海德格那裡學到的。」（高達美：《解釋學》第二卷，第485頁）這是因為海德格的解釋學思想和方法為高達美提供了連結傳統與現實的紐帶。高達美在他的自傳中曾回顧說：「海德格如此吸引我和其他人的地方在哪裡？當然，我當時還不能回答這個問題。現在可以看出，這個吸引人的地方在於：哲學傳統的思想構成在他那裡得以活躍起來，因為它們沒有被理解為是對現實問題的回答。由於發現了現實問題的動機史，這些問題

　　高達美在陳述約爾克伯爵思想時所用的語言也是海德格式的：「一切有生命的東西都是從與它們相異的東西中養成自身的。生命存在的基本事實是同化。區分因而同時也就是不區分。異己者被自己所占有。」[60] 我們可以將這句話與海德格的話相比較：「理解的籌劃具有形成自身的本己可能性。我們將理解的這種形成稱之爲釋義。理解在釋義的過程中有所理解地獲取被理解者。理解在釋義中不是成爲某種它物，而是成爲它自身。」[61] 爲約爾克和海德格所共有這種一分爲二、合二爲一的思想，或者說，一中有二、二中有一的思想與海德格的基礎本體論相結合，便展開了一個極爲廣闊的哲學背景。實際上，如果沒有海德格在本體論上和解釋學上的發揮，那麼約爾克的與此有關之思想在哲學史上並不會顯示出特別吸引人的地方。

　　高達美在這方面顯然依據和發揮了海德格的思想。「在解釋學循環中進行的『前理解』和『文本意義』之間的相互作用」，「在『效果史』的意識中進行之所有解釋的歷史束縛性或各種歷史『視域的融和』可能性」，以及如此等等，在這些觀點中充滿了主體、客體，或者說，理解與被理解之物的對立與統一。「我的研究之意義……在於尋找一切理解方式的共同點並且指出，理解從來就不是一種對某個被給予之『對象』的主觀行爲，而是屬於效果史的，也就是說，理解屬於被理解之物的存在。」[62]

───────────────

便被賦予某種不可避免性的特徵。被理解的問題不能簡單地成為知識。它們成為本己的問題。」（同上書，第484頁）可以說，高達美與傳統的連結和對傳統的理解，包括與胡塞爾、黑格爾的連結和對胡塞爾、黑格爾的理解，主要是以海德格為仲介的。這一事實的弊端在於，高達美他常常很難擺脫海德格的陰影。高達美自己承認，曾有一度時間，寫作對他來說是真正的痛苦：「我始終有這樣一種死的感覺，就好像在我寫作時，海德格總在我身後看著我寫。」（同上書，第491頁）而實際上必須承認，高達美一生也無法超越出海德格的作用圈而走出很遠。

60　高達美：《解釋學》第一卷，第257頁。
61　海德格：《存在與時間》，第148頁。
62　高達美：《解釋學》第二卷，第441頁。

「我們並不能在我們生產出某物並因此而把握住某物的地方經驗到存在，而只能在產生出之某物被理解的地方經驗到存在。」[63]

因此，施特拉塞爾曾正確地暗示說，高達美的哲學是與胡塞爾的意向性學說、即主體構造能動性學說相對立的，它毋寧說是一種接受性的哲學。[64]這種說法強調的是高達美「理解」概念的非主體性，亦即非主體構造性；它也許有片面之處，但卻是對高達美哲學思想的一種整體特徵勾劃。

---

63 高達美：《解釋學》第二卷，第446頁。
64 《真理與證實》，第146頁。

十八、胡塞爾和高達美的「視域」概念

　　「視域」（Horizont）概念是胡塞爾後期思想中的一個重要概念。沒有它，胡塞爾的發生現象學之觀念是無法想像的。以後在高達美的解釋學中，這個概念又被高達美所沿用並且成爲解釋學的一個中心概念。

　　按照高達美的說法，「視域」這個概念作爲哲學術語被運用的歷史最早始於尼采和胡塞爾。[65] 撇開尼采不論，胡塞爾用「視域」這個概念所表述出來的哲學意義在哲學的發展史上並不陌生，可以說是前有古人，後有來者。例如：康德的「理念」（Idee）、海德格的「籌劃」（Entwurf）等等，都與「視域」有異曲同工之處。這一點，在我們把握了胡塞爾的「視域」之後便可以領悟到。當然，按照胡塞爾本人在他後期著作《歐洲科學的危機與先驗現象學》中的說法，W.詹姆士（W. James）是他所知的「唯一一個在『fringes』（邊緣）的標題下注意到視域現象」的哲學家。[66] 據此，高達美曾認爲，胡塞爾的「視域」和「視域意識」的概念受到過詹姆士的啟發。[67] 但胡塞爾又批評詹姆士說，他不可能在「缺乏對意向對象和隱含性的現象學理解的情況下」把握「邊緣」這個問題。[68] 我們在這裡因而要有保留地說，胡塞爾的視域概念在術語上受詹姆士的邊緣概念之直接影響。

　　胡塞爾的「視域」概念作爲哲學術語是一個在較後期才出現的概念。具體地說，這個概念作爲哲學術語在《邏輯研究》（1900/01年）中尚未產生，但在《純粹現象學和現象學哲學的觀念》第一卷（1913年）中，它的地位已經明顯地得到了突出。此後，它逐漸成爲胡塞爾哲學的一個根本

65　參閱高達美：《解釋學》第一卷，第308頁。
66　胡塞爾：《歐洲科學的危機與先驗現象學》，第267頁。
67　參閱高達美：《解釋學》第一卷，第250頁。
68　胡塞爾：《歐洲科學的危機與先驗現象學》，第267頁。

性概念。這種變化是有其內在原因的。在說明這個概念的發展之前，我們必須首先理解胡塞爾思維的邏輯發展。

如前所述，貫穿於胡塞爾哲學始終的一個主要特徵是：意識生活作為哲學的必然出發點。我們在前面所闡述的胡塞爾「現象」概念和「現象學」概念、「體驗」概念等都與這個出發點有關：現象是指意識活動和在意識活動中構造出來的意識對象，或者說，它是指現象和它在意識中的顯現；現象學是關於思維（cogitationes）學說，如此等等。在這裡，「現象」、（笛卡兒意義上的）「思維」、「體驗」等等與「意識」這個概念是同義的。

在《邏輯研究》時期，胡塞爾對作為出發點的「體驗」之基本理解是「非意向體驗」（hyle）＋「意向體驗」（noesis），它們的和也就是「描述的、實項的內容」；因此，這一時期的現象學也被胡塞爾稱為「描述的現象學」或「描述的心理學」，[69]「非意向體驗」透過「意識活動」的統攝而構造出意識對象；但意識對象在這一時期尚不在現象學的考察範圍內。當然，在對「體驗」的這個理解中，意向性已經被認為是體驗的一個重要成分或特徵，因為非意向性的感覺材料是被動的，顏色、長度、硬度等等本身不指向一個對象，只有當它們被主動性的意向活動「賦予意義」時，或者說，「被賦予靈魂」、「被活化」、「被立義」、「被統攝」、「被意指」，以及如此等等時，一個與一定的對象有關的意義統一才得以形成，一個對象才會顯現出來。

當《邏輯研究》在1913年出第二版時，胡塞爾已意識到自己過去的片面性。他在第二版前言中認為，《邏輯研究》的第一版「未能充分顧及到『意識活動』與『意識對象』之間的區別和相應關係」，「只是片面地強調了意識活動的含義概念，而實際上在某些重要的地方應當對意識對象的含義概念做優先的考察。」[70]所以，在同年出版的《純粹現象學和現象學

69　胡塞爾：《現象學的心理學》，第37頁；胡塞爾手稿，B II 1，第25頁。
70　胡塞爾：《邏輯研究》第一卷，B XIV-B XV。

哲學的觀念》第一卷中，胡塞爾把研究的範圍擴大到作為意識活動之構成物的「意識對象」上，因為他已經發現，意識活動的本質特徵，即意向性與意識對象是不可分割地連結在一起的，意向性連結著意向體驗和意向的被體驗之物：「我們幾乎可以這麼說：在體驗中被給予的是意向連同意向的客體，意向客體本身不可分割地屬於意向性，因而也就實項地寓居於意向本身之中。」[71] 這時的「體驗」概念的外延與前面所述的英加登的意識概念（一）的外延已經是相等的了。它既包含「體驗」本身，也包含「被體驗之物」。

　　一旦現象學的研究擴展到「被體驗之物」，即「意識對象」方面，那麼它所從事的內容便必然與具體的事物發生關係。現象學所要探討的便不僅僅是感知、想像、圖像意識、符號意識、判斷等等這些意識行為；而且它還要詢問，例如：桌子、教室、學校、國家、世界這些對象是如何透過意識活動被構造出來的？我、你、他、我們、你們、他們、社會這些對象又是如何在我意識中顯現出來的？這也就是作為「第二哲學」的「現象學哲學」所要討論的問題。對這一問題的研究正是胡塞爾《純粹現象學和現象學哲學的觀念》第二卷的主要意圖所在。在胡塞爾晚年撰寫、身後才發表的《歐洲科學的危機與先驗現象學》一書中，「視域」問題又與「生活世界」問題一起獲得了在現象學研究方面的新意義。

　　所謂「視域」（Horizont），通常是指一個人的視力範圍，因而它是一種與主體有關的能力。它是有限的：即使視域不為事物所阻擋，它的最大範圍也就是天地相交的地方，即地平線。所以在德文中，「視域」和「地平線」是同一個詞。但「視域」又可以說是開放無限的：隨著主體的運動，「視域」可以隨意地延伸；對於主體來說，「視域」的邊界是永遠無法達到的。地平線是一個只能看到，而無法劃定的場所。因此，「視域」的有限性與被感知的實在性有關，「視域」的無限性與未被感知的可能性有關。

---

71 胡塞爾：《純粹現象學和現象學哲學的觀念》第一卷，〔186〕。

當「視域」一詞被作為哲學概念運用時，這兩層含義都被保留了下來。同時它的意義還得到了擴充。簡單地說，哲學意義上的「視域」不僅僅與生理－物理之「看」的範圍有關，而且與精神之「觀」的場所有關。因而作為哲學概念的視域似乎也可以譯作「觀場」。在這個意義上，感知、想像、感受、直觀、本質直觀、判斷等等意識行為都具有自己的「視域」。

「視域」概念與「體驗」在胡塞爾那裡有不可分割的關聯。與最基本的感知體驗相符合，「視域」的最初含義是指一個感性感知對象（被體驗的事物）的背景，或者說，它是指與感性的感知對象一起在感性感知過程中被給予的那個「暈」（Hof）。這個「暈」既是指時間性的「暈」，也是指空間性的「暈」。

從時間上說，「每一個體驗自身都是一條生成的河流，它本身原初地生產出不變的本質類型；保留（Retention）和前展（Protention）的不間斷河流透過本身流動著的原真性階段而得到仲介，在原真性的階段中，體驗之活的現在相對於它的『即將』和『而後』被意識到。」[72]

這裡所說的「原真性」，是指對一個體驗之當下的、直接的擁有。它不是透過回憶或期待而被再造、被當下化的東西。例如：我聽一首樂曲，這樂曲中的每一個音符都在「原印象」（Urimpression）的意義上被我感知到；這種「聽」不同於我對這首樂曲的回憶或想像。但是，我對這首樂曲的聽不是一個由各個間斷的、跳躍的音響感知所組成，而是一個連續不斷的感知之「體驗流」。這是在因為聽的感知中不僅包含著一個當下的「原印象」，它構成這個感知的中心，而且還包含著一個在時間上向前和向後伸展著的「視域」，一個以「原印象」為中心的、在這個感知中「一

---

72 胡塞爾：《純粹現象學和現象學哲學的觀念》第一卷，〔149〕。胡塞爾在這裡所說的「原真性」（Originalitaet）與他的「原本性」（Originaritaet）是同義的。但在交互主體性的現象學中，「原真性」與「原本性」有本質區別。因此，在嚴格的意義上，胡塞爾在這裡應當用「原本性」一詞，而不應用「原真性」這個詞。詳細論述參閱後面有關交互主體性的部分。

同被意指的」「時間暈」。胡塞爾將體驗在時間上向前的伸展稱之爲「前展」（Protention）或「即將的視域」（Horizont des Vorhin），而將在時間向後的伸展稱之爲「保留」（Retention）或「而後的視域」（Horizont des Nachher）」。[73] 這是指，每一個感知體驗在時間上都有一個向前的期待和向後的保留。當一個體驗消失，另一個體驗出現時，舊的體驗並不是消失得無影無蹤，而是作爲「保留」留存在新體驗的視域之中。同樣，一個更新的體驗也不是突然落到新體驗中，而是先作爲「前展」出現在新體驗的視域之中。對一首樂曲的體驗流因而是一個從「前展」到「原印象」，再到「保留」的連續過渡過程。新的「即將」隨體驗的流動不斷出現在視域之中；又不斷地轉變成「當下」，「當下」達到了印象強度的巔峰，並不斷變成「而後」；「而後」不斷地削弱，最終脫離視域的範圍。如果沒有這個「視域」，那麼我聽到的就只會是各種不同的音響而已，一首樂曲的旋律便無法得以形成。「體驗」之所以能夠成爲一個在時間上連續的過渡，正是因爲「視域」在時間上的不斷延伸。這裡的「即將」、「而後」、「現在」便構成感知體驗的「三重體驗視域」。[74] 由於回憶和想像作爲「當下化」（Vergegenwaertigung）的行爲是對感知的再造，因此，這個「三重視域」的時間性結構對回憶和想像也有效，就是說，當我們在回憶或想像例如一說樂曲時，回憶或想像的體驗也具有時間上的「三重視域」。

從空間上說，每一個感知體驗都具有「內視域」（Innenhorizont）和「外視域」（Aussenhorizont）。我們先以一個對空間對象的外感知爲例：我在看一張桌子。我看到的是桌子的這一邊，因而眞正原本地被給予我的、眞正被我感知到的也是桌子的這一邊。但我的意向卻指向整張桌子，我的意識活動把我所有的感覺材料統攝爲一張桌子的整體、一張具有

---

73 參閱胡塞爾：《純粹現象學和現象學哲學的觀念》第一卷，〔164〕。

74 胡塞爾：《純粹現象學和現象學哲學的觀念》第一卷，〔164〕。對時間視域的闡述還可參閱倪梁康：〈胡塞爾，通向先驗本質現象學之路〉，載於《文化：中國與世界》第二期，北京，1987年，第298-301頁。

各個未被我感知到之面的桌子，而不僅僅只是統攝爲桌子的這一面。因此，實際上，桌子作爲意識對象本身包含著的東西要比在被統攝之前的感覺材料更多。胡塞爾認爲，對空間事物的外感知無一例外地服從於這個規律。[75] 我們可以說，在對桌子的感知中包含著本眞被感知之物（桌子被看到的這個部分）和本眞未被感知之物（桌子的未被看到之其他部分），它們構成了與這張桌子有關的一個感知視域。在這個視域中，本眞被感知之物是當下的，正如在時間意識中的「現在」是當下的一樣；而本眞未被感知之物則是「共同當下的」（mitgegenwaertig），就像在時間意識中的「即將」和「而後」也是「共同當下的」一樣。「當下的」部分構成與桌子有關之視域的中心，它和「共同當下的」部分的關係在於：一旦我賦予這些感覺材料以「桌子」的意義，它就表明它所具有的不僅僅是這個被我看到的面，而且它還具有其他可看的部分，例如它的後面、下面、裡面以及如此等等。

　　胡塞爾這樣來描述「當下」部分和「共同當下」部分的關係：「即使就已經被現實地看到的這一個面而言，它也發出這樣一種召喚：走近些，再走近些，然後改變你的位置再看我，改變你看的方式，定睛地注視我，

---

75 參閱胡塞爾：《被動綜合判斷》，第3、4頁：「外感知是一種不斷的要求，即要求自己做了一些按其本質來說無法做到的事情。因而，在某種程度上，在外感知的本質中包含著一個矛盾。……任何一個空間對象都必定是在一個角度上、在一個透視性映射（perspektivische Abschattung）中顯現出來，這種角度和透視性映射始終只是單方面地使這個對象得以顯現。無論我們如何完整地感知一個事物，它永遠也不會在感知中全面地展現出它所擁有的，以及感性事物性地構成它自身的那些特徵。這裡不可避免地要談到對象所具有的、被現實地感知到的這些和那些面。每一個透視、每一個持續進行著的、個別的映射之連續性都只提供了各個面。我們堅信，這不僅僅是一個單純的事實：一個竭盡無遺地包含了被感知之物所具有的所有感官事物性內涵的外感知是不可想像的，一個可以在最嚴格意義上的封閉感知中全面地、從它感性直觀特徵之所有方面被給予的感知對象也是不可想像的。因此，在外感知和物體『對象』的相互關係中，包含著本真被感知之物與本真未被感知之物的區別。」

以及如此等等，你會在我身上發現許多新的東西，發現更多的局部色澤等等，你會發現，剛才只是一般地、不確定地被你看到的這個木材具有先前未被看到的結構等等。就是說，甚至在已看到的東西中就已包含著在先把握（Vorgreifen）的意向。已看到的東西對於不斷出現的新東西來說只是一個先示（Vorzeichnen）的範圍，是一個對進一步的規定而言的X。統攝和先行在不斷地進行著。」[76] 當然，這裡至此為止所描述的還只是「內視域」，它包含著各種在我們視域範圍內的可能性，這種可能性或多或少是確定的，例如：我走到桌子背後便可以看到桌子之確定的後面，打開桌子可以看到它的裡面，如此等等。

「除了這種內視域以外，我們還有外視域」。胡塞爾認為，「外視域」也是一種先示，但這種先示是指：在先地指示出一種在直觀上還不具有任何範圍的東西，因此，相對於對內視域範圍的充填而言，外視域中的被先示之物與以後的充填的差異要更大些。」[77] 我們可以看出，這種外視域已經是一種不處在我們的直觀範圍之內的可能性。胡塞爾之所以說它在直觀上不具有任何範圍，是因為我們還沒有一個確定的意向指向這個視域，因而對這個意向的充實也是不確定的。與內視域相比，外視域的最主要特徵便是它的不確定性。例如：如果我們面對桌子，並沒有看到身後的事物，那麼，當我們回過頭來時，我們所看到的東西當然就是不確定的。但無論外視域是如何不確定，它都是一種始終存在著的可能性。隨著我們身體的運動，我們會不斷地獲得新的視域，外視域會不斷地轉變成內視域，內視域會不斷得到進一步的規定。我的目光可以越過桌子朝向教室裡的其他桌椅、朝向教室；我還可以走出教室獲得更新的視域。原先處在我視域之中的桌子這時已經消失，但這種消失是一種在體驗流中的時間性之消失，我們可以隨時透過回憶將這張桌子的視域再造出來，儘管在回憶中被再造的桌子與原初看到的桌子之間已經隔著一個再造性變化。

---

[76] 胡塞爾：《被動綜合判斷》，第5頁。
[77] 胡塞爾：《被動綜合判斷》，第7頁。

　　正是這種在時間和空間上對視域的不斷獲得、不斷積累和不斷擴展，一個在時間和空間上連續伸展的「世界視域」對我顯現出來。對此，胡塞爾在《純粹現象學和現象學哲學的觀念》第一卷中曾有明確的論述，他認爲正是透過「這個可變化的，但始終一同被設定的視域，世界的命題才獲得其本質的意義」。[78] 在他的後期著作《歐洲科學的危機與先驗現象學》中，他又這樣概括說：「正是由此人們才能看到：每一個世界性的（weltlich）被給予性都是在一個視域的如何之中的（im Wie des Horizontes）被給予性，在視域中還隱含著進一步的視域，而且，這些視域作爲世界性的被給予之物，最終都會帶有一個世界視域，並因此作爲世界性的而被意識到。」[79] 這個由主體構造出來的並且始終與主體有關的世界視域也被胡塞爾稱之爲「生活世界」，它是所有客觀世界的基礎。如此一來，現象學的世界概念與客觀科學的世界概念便在某種程度上形成對立。我們在後面將對這種對立作進一步的展開。

　　由此可見，「視域」概念在胡塞爾那裡的最重要意義首先在於，它說明了單個對象與作爲這些對象之總和的世界之間的過渡關係，說明了具體、充實的視域與抽象、空乏的視域之間的過渡關係。

　　我們可以從兩個方面來考察這種關係：從個別對象這方面來看，對對象視域的構造始終具有一種進一步規定的特徵，因而這種構造不斷超越出自身，最終達到對普遍世界視域的構造；所以高達美說，胡塞爾的「這個無所不包的世界視域是透過意向性而被構造出來的」。[80] 從作爲對象之總和的世界這方面來看，世界是透過各個對象視域的連續構造而被構造出來的一個整體視域；正如芬克所說，在胡塞爾那裡，「世界本身被理解爲各種被構造的對象所具有之被構造的視域」。[81] 正是在這個意義上，我們說「視域」概念在胡塞爾哲學中所產生的作用與「理念」概念在康德哲學

---

[78] 胡塞爾：《純粹現象學和現象學哲學的觀念》第一卷，〔90〕。
[79] 胡塞爾：《歐洲科學的危機與先驗現象學》，第267頁。
[80] 高達美：《解釋學》第一卷，第251頁。
[81] 《胡塞爾與近代思維》，第150頁。

中、「籌劃」概念在海德格哲學所產生的作用是相同的。

但所有這些都還僅僅與視域構成的直接性有關，或者說，與直觀的世界視域有關。如果我們把視域概念的擴展到相對間接經驗的範圍，使它不僅包括作爲客體化行爲的時空直觀，而且也包括透過圖像、符號、判斷而獲得的間接時空視域，那麼我們首先面臨的一個問題便是：既然我能構造視域，你能構造視域，那麼我如何能夠超出我的視域而達到你的視域。因爲，各個意識活動的主體所構造的視域肯定不是完全相異、互不相通的，否則人際間的交往和溝通便無從談起。因此胡塞爾在這裡所說的世界視域實際上不是某個人的視域，而是一個匿名的、對多數人有效的世界視域。當然，對於胡塞爾本人來說，這個問題已是第二性的了，因爲在這之前首先要回答的是：我作爲一個魯賓遜式的個體如何能夠意識到他人的存在，另一個自我如何對我的自我顯現出來。意識活動在這裡構造的不只是一個作爲他物的對象，而且還是一個作爲他人的對象。這涉及到交互主體性的問題，我們把它放在後面討論。在這裡，我們暫且設定他人的存在，而首先關注一個對胡塞爾來說實際上第二性的問題：我如何進入到他人的視域中去，進入到這個比我的直接世界視域更爲普遍的間接世界視域中去。這個世界視域在時間上的延伸構成了我不能直接經驗到的歷史世界和未來世界，在空間上的延伸構成了我不能直接經驗到的整個現實世界。

這便是高達美在提出「視域融合」的原則之前，視域概念所具有的主要問題背景。

在《真理與方法》一書中，高達美儘管對胡塞爾的「視域」概念沒有作十分詳盡的分析，但他已充分地把握住了這一概念在胡塞爾思想中的基本意義：「毫無疑問，對於胡塞爾的現象學研究來說，視域這個概念和現象具有主導性的意義。借助於這個我們也有理由運用的視域概念，胡塞爾顯然是在試圖捕捉意指的所有有限之意向性向整體之重要連續性的過渡。一個視域不是一個僵化的界限，而是一種隨你一起流動，並且邀請你進一

步向前進展的東西。」[82]高達美在這裡不僅大致描述了「視域」的基本性質和「視域」概念的基本作用，而且也指出了「視域」概念在現象學和解釋學中的淵源關係。但高達美對視域的理解顯然建立在海德格基本哲學意圖的基礎之上。高達美只是運用胡塞爾的視域概念來發揮海德格的解釋學思想。換言之，胡塞爾對他來說只是手段，海德格才是他的目的。在胡塞爾那裡，我們可以看到，直接直觀的視域是出發點。視域是由內向外進行擴展，由直接性達到間接性、由個體性達到普遍性。而在高達美這裡過程則相反：普遍的、間接的視域是更深一個層次的東西。直接直觀的視域、即當下的視域是受間接視域影響和制約的。在他看來，「沒有過去，當下的視域是無法構成的。正如沒有一個當下的視域是自為的一樣，人們想要獲得那種自為的歷史視域也不存在。理解始終是這些被誤認為是自為存在之視域的融合過程。」[83]當下的視域中有著過去的、傳統的淵源，這就是說，任何直接明見的直觀中都已包含著在先意指、在先判斷（Vorurteil）的成分；而過去的當下判斷又隱含著過去的傳統，如此可以類推下去。因此高達美說：「我們首先可以從較古的時代以及從它們對其自身和對其起源的素樸態度中認識這種融合的力量。這種融合始終是在傳統的支配下進行的。在傳統的支配下，舊的東西和新的東西不再明顯地相互區分，而是不斷地結合成為活的效力。」[84]我們當然也可以依照胡塞爾原本性的要求去追問：有沒有最初的、無歷史、無過去的當下視域？或者說，是否可以設想一個這樣的視域？高達美似乎並不否認這種視域的存在。只是他認為我們無法將自身移置到這個視域中去，我們為傳統所迫而無法理解這個原初的世界。我們的世界「永遠也不會是那個混沌初開的世界（Welt eines ersten Tages），而是一個流傳給我們的世界。」[85]因此，我們可以設定一個確切意義上的原始文本，也就是一個效果歷史的原始開端，這個開端是

---

[82] 高達美：《解釋學》第一卷，第250頁。
[83] 高達美：《解釋學》第一卷，第311頁。
[84] 高達美：《解釋學》第一卷，第311頁。
[85] 高達美：《解釋學》第二卷，第498頁。

我們傳統的來源，但本身卻作爲創世之初的世界而免受傳統的影響。只是這個世界是不可把握、不可理解的。這個設定永遠只是一個設想、一個假設而已。高達美曾在《眞理與方法》一書中談到歷史學家和神學家蘭克（L. Ranke），蘭克認爲歷史學家與牧師一樣，理想都在於直接性：無論是直接面對史實，還是直接面對上帝；[86] 實際上這也是胡塞爾作爲哲學家所追求的理想。而從上面的結論來看，高達美顯然認爲這僅僅只是一個良好的願望。

高達美的所有這些論述實際上都是爲了說明他所提出的解釋學之「效果史原則」，正如他自己所說：「我們對視域構成和視域融合所作的全部闡述都恰恰是爲了描述效果歷史意識的進行方式。」[87] 可以看出，一方面是胡塞爾現象學的「明見性原則」，即：「任何一個原本給予的直觀都是一個合理的認識泉源」，[88] 胡塞爾在《純粹現象學和現象學哲學的觀念》第一卷中曾將它稱之爲「一切原則的原則」；[89] 另一方面是高達美解釋學的「效果史原則」，高達美在《眞理與方法》中將它概括爲：「在所有理解中，無論人們是否明確地意識到，效果歷史的效果都在發揮著作用」；[90] 顯然，在這兩者之間存在著一種相互對立。我們可以將這種對立稱之爲對理解的無成見性之要求與理解的必然成見結構之主張之間的對立。這個對立實際上只是胡塞爾和海德格之間對立的進一步展開而已。

---

86 參閱高達美：《解釋學》第一卷，第215頁。

87 高達美：《解釋學》第一卷，第311頁，第347頁。

88 胡塞爾：《純粹現象學和現象學哲學的觀念》第一卷，〔43〕。

89 胡塞爾：《純粹現象學和現象學哲學的觀念》第一卷，〔43〕。

90 高達美：《解釋學》第一卷，第306頁。

十九、胡塞爾和高達美的「歷史意識」與歷史主義批判

　　在一般的意義上，胡塞爾是一個觀念主義者（ein Idealist，或譯作：唯心主義者）。胡塞爾自己並不否認這一點。按照他的觀點，與觀念、可能性相對應的是經驗、現實性。[91] 可能性是一（即與統一性有關），現實性是多（即與雜多性有關）。這就是說，一個可能性可以現實化，使無數個現實顯現出來。沒有可能性的地方，現實性也就無法顯現、無法被給予；但如果沒有現實性，卻並不意味著可能性的不存在。任何現實都奠基於可能之中，可能性卻無須依賴現實。在這裡，胡塞爾的唯心主義獨斷論之特徵是非常明顯的。他認為，完全一般地說，任何一種個體的存在都是偶然的、一次性的，它們都可以回溯到本質存在的必然性或本質存在的一般性上去。[92] 我們可以把現實規定為：個別的、偶然的、有限的、有時間性的、有歷史性的、一次性的；與此相反，可能性是一般的、必然的、無限的、無時間性、無歷史性、無數次性的。對本質可能性的認識也就是對現實事實的規律性之認識。胡塞爾一再強調的觀念直觀或本質直觀為此提供了方法論的依據。這些論點和方法構成了胡塞爾觀念主義的基本成分。將這個觀點運用於現象學的意識分析領域，我們便可以作出這樣的論證：相對於作為純粹可能性的先驗意識而言，人類意識只是一個現實化了的事實（也許是這樣的事實之一）；而相對於作為種屬意識的人類意識來說，個體的意識又只是無數個現實化了的事實之一。透過我們對可能性的認識和把握，我們也就認識和了解了無數現實化了的事實。這種情況當然適用於人類意義生活的各個領域：只要我們理解了精神生活的統一

---

[91] 事實與本質、觀念與經驗、個體與一般、可能與現實，這些對立在胡塞爾那裡是同一的。

[92] 參閱胡塞爾：《純粹現象學和現象學哲學的觀念》第一卷，〔9〕。

之本質構造，我們便可以明察所有雜多的精神活動之事實組成：「任何精神構成──我們在盡可能廣泛的意義上理解這個詞，它可以包括任何一種社會統一，其中最下層的是個體本身的統一，但它也包括各種文化構成的統一──都具有自己內在的結構，具有自己的類型，具有其豐富多彩的外部形式和內部形式，它們在精神生活本身的河流中生成，又發生變化，並且在任何一種變化的過程中產生出結構上和類型上的差異。在直觀的外部世界中，有機體生成的結構和類型爲我們提供了準確的類比。（在這個直觀的外部世界中，）沒有固定的種類，沒有由固定的有機體因素所組成的固定種類之固定構成。所有表面上固定的東西都是一條發展的河流。如果我們透過內在的直觀而生活到精神生活的統一中去，我們便可以感受到支配著這個精神生活的動機，從而『理解』各種依賴於精神的統一動機與發展動機之精神形態的本質與發展。透過這種方式，所有歷史的東西在其特有的『存在』中，即在其『精神的存在』中，對我們來說都將是『可理解的』、『可說明的』，都是一個意義所具有的內在因素之統一，並且同時也是那些合乎意義地按照動機而進行的構成和發展統一。」[93]

這段話充分地體現出胡塞爾在歷史意識方面的信念。當我們在這裡談到「歷史意識」這個題目時，我們所涉及到的顯然是與事實、個體、經驗、現實有關的東西。歷史是一條變動不居的現實之流，是人類此在的事實之流。但在胡塞爾看來，所有歷史的事物和現象都受精神生活的動機支配，都具有其形成和發展的統一，都具有其本質的類型和本質的發展，從這個意義上說，任何歷史現象都有其規律性，因而是「可理解」、「可說明」的。胡塞爾的這一信念力圖排除作爲經驗科學的歷史科學與作爲觀念科學的自然科學之間的對立，將「普遍的數學模式」也運用於歷史領域，從而把握歷史發展的本質和規律，這在某種程度上與黑格爾、馬克思的信

---

[93] 胡塞爾：《哲學作爲嚴格的科學》，323/4。

念是一致的，儘管在他們之間還有方法上的巨大差異。[94]

　　因此，胡塞爾認為他所面臨的第一性任務不是去關注、觀察、收集、分析人類歷史的各種事實，而是去認識和把握先驗意識的本質結構和純粹動機。[95]它構成了胡塞爾的「歷史理解」觀：哲學對於歷史科學的指導意義在於，「澈底地研究形態學結構和這個結構的類型學，澈底地研究這個結構的發展連結，並且透過最內在的回復生活之方式（Nachleben）來使那些規定著這結構之本質的精神動機得到歷史的理解。」[96]這個信念如前所述顯然與他的學生海德格、舍勒、貝克爾等人的信念發生衝突，也與高達美等稍年青一代哲學家的思想明顯相背。因此，高達美雖然承認，胡塞爾的意識分析賦予精神科學的客觀性（相當於我們這裡所說的歷史科學之觀念性）一個全新的背景，展示出精神科學和自然科學的所有問題最終都可以回溯到純粹意識的觀念，即本質性的意向性成就上去，[97]但他在《真理與方法》一書中仍然明確地表述了新一代哲學家對胡塞爾觀念主義立場的態度：「事實性的人類此在根據其『理型』、根據其本質只能在現象學的研究中得到揭示，但人類此在是一次性的、有限的和歷史的，它實際上不願被看作是一個理型的事例，而想作為最實在的事物而得到承認，這就產生了一個困境，一個原則性的問題。胡塞爾和整個現象學研究在這個困

---

[94] 人們很難把胡塞爾與黑格爾、馬克思一起列入K.波普所說的那種「歷史主義」的範疇，即主張可以透過對歷史規律的把握而預測歷史發展的進程。因為，一方面，胡塞爾認為從對歷史事實本身的研究中不能得出真正的、純粹的本質認識，至多只能獲得經驗的一般性；另一方面，胡塞爾並不認為對歷史意識本質的把握能夠對現實化的事實作出預測，因為在本質認識中不包含任何現實的陳述，正如數學可以指導我們進行天文學的研究，卻不能告訴我們在哪裡發現新的星系一樣。

[95] 這當然是指胡塞爾一生思維的主要趨向而言，它並不排除這一事實：胡塞爾在後期，甚至早在1910年期間便對人類政治、歷史的危機問題有所關注，並將這些思想明確地在《歐洲科學的危機與先驗現象學》一書中加以表露。對於胡塞爾的歷史哲學觀，我們在後面將會作詳細的論述。

[96] 胡塞爾：《哲學作為嚴格的科學》，323/4。

[97] 參閱高達美：《解釋學》第一卷，第264頁。

境中經歷到了自身的侷限性、有限性和歷史性。」[98]而產生出這個困境的根源在高達美看來正是在於，從事現象學研究的研究者本人也是事實性之人類此在的一個部分，因而也具有其有限性和歷史性。

高達美在這裡已經暗示，作為人類此在的一部分之認識者無法認識高於人類此在自身的先驗可能性：「實際上，一切認識者與被認識之物的相即性並不依據它們具有同樣的存在方式這一事實，而是透過它們兩者共同具有的存在方式之特殊性而獲得其意義。這種相即性在於：無論認識者，還是被認識之物，都不是『在本體論上的』『現存之物』，而是『歷史性的』，也就是說，它們都具有歷史性的存在方式。」[99]稍後，高達美又用「解釋學的處境」概念對「歷史性的存在方式」作了解釋：「處境這一概念的特徵恰恰在於，我們不是處在這處境的對面，因而也就無法獲得關於它的對象性知識。我們處在處境之中，我們總是發現我們已處在這樣一個處境之中，對這個處境的釐清是一項永遠無法澈底完成的任務。這也適用於解釋學的處境，即我們在面對我們所要理解的流傳物時所身臨的那個處境。對這個處境的釐清，即對效果歷史的反思，是無法完成的，但之所以無法完成，並不是因為反思具有缺陷，而是因為我們是歷史性的存在，這種無法完成性是由歷史存在的本質所決定的。」[100]據此，他最後對「歷史性的存在」定義說：「所謂歷史性地存在，這就是說，永遠不能在自身的知識中達到領悟。」[101]這些說法已大致地勾勒出高達美思想的框架，人類主義、相對主義的因素在這裡是顯而易見的。在讀高達美這些論述時，我們自然會聯想到蘇軾的詩句「不識廬山真面目，只緣身在此山中」，但這句古詩還不能十分準確地表達高達美的思想，因為在高達美對胡塞爾的批判和對解釋學觀點的闡述中，他不僅主張：由於我們身在此山（人類此在），因而無法認識此山的真面目；而且他還認為：由於我們身

98 高達美：《新近哲學》第一卷，第109頁。
99 高達美：《解釋學》第一卷，第266頁。
100 高達美：《解釋學》第一卷，第307頁。
101 高達美：《解釋學》第一卷，第307頁。

在此山，所以我們也無法認識山外之物（先驗意識）的眞面目。

因此，在高達美看來，在涉及歷史意識時，對一次性的歷史之理解本身也是一次性的、歷史性的。理解無法超脫出歷史的處境而達到純粹的客觀性。理解的歷史性在高達美那裡上升爲「解釋學的原則」。[102] 據此，高達美便又與海德格「此在就是理解」的思想達到了吻合，他一再地以海德格的口氣強調：「理解……就是作爲在世存在的此在之進行方式」，「理解就是此在的存在方式」，「理解就是人類生命本身的原初存在特徵」。[103]

如此一來，「歷史意識」便在高達美的哲學思想中占據了中心的位置。它一方面包含著「理解歷史」，另一方面包含著「歷史理解」。前者表明對一個已有的、歷史性視域進行把握的企圖，這個視域由於時空的間隔對我們來說或多或少是陌生的；後者則意味著這種把握所具有的歷史性結構，或者說，在先結構（Vor-Struktur），這個結構是持續發生著作用的傳統不斷「疊加」、不斷「積澱」的結果，它「構成了某個現在的視域」。[104] 前者代表著理解的對象構成 —— 文本（Text）；後者代表著理解的行爲發生 —— 當下（Gegenwart）。高達美認爲這便是解釋學在歷史意識中所要把握的東西：「以歷史意識進行之每一次與傳統的交往，自身都會經歷到文本與當下之間的張力關係。解釋學的任務在於，不是天眞地使這兩者相互適應，以此來遮蓋這種張力，而是有意識地展開這種張

---

[102] 「解釋學的原則」與前一章所提到的「效果史的原則」是一致的：它們都強調理解的歷史性。但從高達美的定義上看，「效果史的原則」與「解釋學的原則」似乎各有偏重：高達美曾在區分了「歷史的現實性」（文本）和「歷史理解的現實性」（當下）之後對「效果史」定義說：「一門名副其實的解釋學應當在理解本身中指明歷史的現實性。我把這種要求稱之爲效果歷史」。（同上書，第305頁）由此看來，「效果史原則」偏重於指明理解對象的歷史性，「解釋學原則」偏重於強調理解行爲的歷史性。

[103] 高達美：《解釋學》第一卷，第264頁。

[104] 高達美：《解釋學》第一卷，第311頁。

力。」[105]「這裡也存在著一種張力。這是在我們對傳統的陌生性和熟悉性之間的張力，是在歷史地被意指的、枯萎的對象和傳統的所屬性之間的張力。這個『之間』便正是解釋學的真正位置。」[106]

在這個意義上，解釋學的歷史意識首先是指一種對視域的矛盾、差異的認識，一種對被理解物和理解之間對立的指明，一種對歷史視域和當下視域不同性的承認：「歷史意識就是意識到它自身的不同性，並且因此將傳統的視域區別於自身的視域。」[107]當然，這種差異是一種在相互關係之中的差異，是一種相對的差異。之所以相對，是因為在這兩個視域之間必定有相交的部分，一個對我來說完全陌生的歷史視域不可能與我發生關係，成為我理解的對象。這也就是歌德和洪堡所提出的「理解者只能理解已理解了的東西」[108]這一主張的意義所在。

但歷史意識還包含另一方面的意義。從視域的本質和理解的本質來看，我們不可能把歷史視域和現在視域當作兩個相互隔離、各自封閉的處境，從而把對歷史的理解當作對現在視域的擺脫和對歷史視域的進入。我們在這裡可以重溫高達美的主張：「沒有過去，當下的視域是無法構成的。正如沒有一個當下的視域是自為的一樣，人們想要獲得的那種自為的歷史視域也不存在。」[109]正是因為理解者當下的視域是持續發生作用的傳統不斷「疊加」、「積澱」的結果，所以它本身包含著一定的歷史視域。而理解者所要理解的那個歷史視域中又出於同樣的原因而必然隱含著對它而言的歷史視域。這兩個視域是不同的，但卻不是相互封閉、隔離的。想要理解歷史的視域，必須要擁有這個視域。這種擁有不是透過

---

[105] 高達美：《解釋學》第一卷，第311頁。

[106] 高達美：《解釋學》第一卷，第300頁。

[107] 高達美：《解釋學》第一卷，第311頁。

[108] 參閱歌德：《浮士德》，第一場：「你不會獲得不是從你自己靈魂中湧出的泉水」；第四場：「每個人都只學會他所能學的東西」；以及《W. v. 洪堡德著作集》第一卷，第597頁：「為了理解，人們必須在另一種意義上已經有所理解。」

[109] 高達美：《解釋學》第一卷，第311頁。

這種方式來進行：即：或將自身移出當下視域置於歷史視域之中，或設法使當下的視域與歷史的視域相重合。因為「歷史意識不是一種自身的消融」，即不是一種對自身歷史性的擺脫，「而是一種不斷增長的自身占有」，[110] 即傳統在自身中的不斷積累。在這種情況下，對歷史視域的把握，或者更一般地說，對任何一個與本身視域不同之另一個視域的把握都需要把自身連同當下視域移置到一個更廣泛的視域中去，這個更廣泛的視域更主要地包含了被理解的歷史視域。用高達美的話來說：「這種自身移置既不是一個個體對另一個個體的同感，也不是用自身的標準來使他人服從於自己，而是始終意味著向一個更高之普遍性的上升，這種普遍性不僅克服了自身的局部性，而且也克服了他人的局部性。」[111] 當然，高達美在這裡所指的是一個較為理想的理解所具有之特徵，就是說，我們可以設想，我們能夠進入到一個如此廣泛的視域中去，以致這個廣泛的視域不僅包含了我們所具有的當下視域，而且還完全包含了被理解的歷史視域。在這種情況下，史萊爾馬赫的主張便可以成為事實，即：「我們應當比作者本人更佳地理解作者」，[112] 因為我們原則上可以具有比作者本人更廣泛的視域。

因此，與我們在前面所說之歷史意識的第一個意義，即不同性的意義相反，在歷史意識的第二個意義中更主要地包含著統一性的特徵：「真正的歷史對象不是一個對象，而是此物與他物的統一，是歷史的現實和歷史理解的現實同處於其中的一種狀況。」[113] 這個統一建立在一個較為普遍之視域的基礎上，更普遍之視域的不斷贏得便意味著理解之可能性的不斷增長，意味著認識的不斷進步。

如此一來，「事物與智慧的相即性（adaequatio rei et intellectus）」這個傳統的認識論問題便透過解釋學而獲得新的解決可能，它意味著作為

---

110 高達美：《解釋學》第一卷，第239頁。
111 高達美：《解釋學》第一卷，第310頁。
112 引自高達美：《解釋學》第一卷，第195頁。
113 高達美：《解釋學》第一卷，第305頁。

理解對象的歷史視域（事物）與作爲理解行爲的當下視域（智慧）在一個更廣泛之視域中的融合（一致性）。「理解始終是……視域的融合過程」[114] 成爲一種認識論的主張。但這種主張並不承認事物與智慧的絕對同一性，因爲我們不可能完全放棄自己的視域而進入到另一個陌生的視域中去。我們或者是根本不具有另一個須待理解的陌生視域，在這種情況下，理解根本便無法形成；或是我們僅僅部分地具有這個陌生視域，這樣，我們便只能期待部分地理解這個陌生視域；當然，我們也有可能具有一個極爲廣闊的視域，以至於我們可以完全地擁有這個須待理解的陌生視域，但即使這樣，我們的視域只能大於這個陌生視域而不能與它相等同。所以，高達美只談承認「事物與智慧」的統一性，否認它們的同一性：「對於有限的一歷史性的意識來說，意識與對象的絕對同一性原則上是不可及的。意識總是糾纏在歷史的效果連結之中。」[115]

在陳述了胡塞爾和高達美的歷史意識之後，我們可以進一步理解他們兩人從不同角度對狄爾泰歷史主義的批判。

胡塞爾是從一種先驗觀念主義的立場出發，批評歷史主義最終會導致相對主義。由於歷史主義堅持從歷史事實中找到最終的客觀有效之眞理，這樣，眞理、理論、科學這些觀念就連同其他觀念一起喪失其了眞正的有效性。對於歷史主義來說，「一個觀念具有有效性，這就意味著，這觀念是一個事實性的精神構成物，它被認作是有效的，並且在這種有效性的事實性中受到思維的規定。那種即使沒有人能夠實施，並且即使沒有歷史性的人類曾經實施過卻也仍然是絕對的或『自在』的有效性是不存在的。」[116] 客觀性、眞理、觀念等等因而在歷史主義的結論中只是一些相對於人類而言有效的東西。這恰恰是胡塞爾在《邏輯研究》中所批判的人類主義、相對主義觀點。因此，胡塞爾的先驗觀念主義歷史意識決定了他

---

[114] 高達美：《解釋學》第一卷，第311頁。
[115] 高達美：《解釋學》第一卷，第238頁。
[116] 胡塞爾：《哲學作爲嚴格的科學》，324/6。

和歷史主義的對立。

高達美對歷史主義的批判也是針對它將歷史事實視作客觀有效的真理這個作法而發，但他的批判完全出於不同的立場。他指責歷史主義一味追求歷史事實的客觀性和歷史科學所具有的與自然科學的相同之客觀有效性，從而忽略了視域的歷史性、理解的在先結構這些事實。他不僅認為，歷史主義無法回答這個問題，即歷史意識如何能夠超越出自身去達到客觀的歷史認識，也就是說，人們如何能夠擺脫效果史的影響而客觀地、無前見地把握歷史事實；[117] 而且他還批評歷史主義說，它沒有發現它自身所具有的歷史性，沒有從自己的歷史出發去理解自身：「所謂歷史主義的素樸性就在於它沒有進行這種反思，並且由於相信它的操作方法而忘記了它自身的歷史性。」[118] 在這兩點上，歷史主義都可以被定義為是一種缺乏歷史意識的學說：第一種意義上的歷史意識之缺乏是指我們前面所闡述的高達美歷史意識觀；第二種意義上的歷史意識之缺乏則與高達美對歷史意識的另一個定義有關：「歷史意識就是一種自身認識的方式」，[119] 它實際上是指歷史反思方法的缺乏。因此，在高達美那裡，是解釋學歷史意識決定了他與歷史主義的對立。

可以看出，在對歷史主義的批判中，胡塞爾與高達美的區別在於：前者是用客觀觀念反對客觀事實，後者則是用主觀觀念反對客觀事實。確切地說，胡塞爾認為，從歷史事實中無法推導出最終的客觀性；高達美則認為，根本無法獲得最終的客觀性。因此，儘管我們在前面說過，在胡塞爾與狄爾泰的論爭中，高達美站在胡塞爾一邊；但高達美對胡塞爾的支持是有限的。他排除了胡塞爾的先驗思想，將意識的意向性本質僅僅限制在事實性的人類歷史範圍中。在某種程度上，高達美甚至比狄爾泰離胡塞爾更遠些。

---

[117] 高達美：《解釋學》第一卷，第239頁。
[118] 高達美：《解釋學》第一卷，第304頁。
[119] 高達美：《解釋學》第一卷，第239頁。

二十、解釋學的「普遍性」問題

高達美所著的解釋學代表作《眞理與方法》的第一卷[120]發表於1960年。這部著作的第一部分所探討的是與美學意識有關的問題，第二部分所探討的是與歷史意識有關的問題；第三部分則分析這兩種意識的共同媒介：語言，以及它在解釋學中的地位和作用。1966年，當高達美在回答「什麼是解釋學」的問題時，他仍然概括地指出，解釋學與兩種異化經驗（Entfremdungserfahrung）有關，一種是美學意識的異化經驗，它體現了我們與藝術（藝術傳統）的關係；另一種是歷史意識的異化經驗，它體現了我們與以往生活（歷史傳統）的關係。[121]這一說法與《眞理與方法》的整體結構是一致的。[122]但同時，高達美又在他發表的一系列文章中表現出對解釋學作進一步的發展之努力。這些文章以後他被收在《眞理與方法》第二卷[123]的第四部分〈進一步發展〉中。我們在這裡所要分析的便是對於這種發展解釋學的企圖來說具有代表性的一個問題，即「解釋學的普遍性」問題。

只要高達美在《眞理與方法》中僅僅討論美學意識、歷史意識、語言媒介，那麼解釋學的方法給人的印象仍然是一種精神科學的方法，這種方

---

[120] 這是指《高達美全集》第一卷，《解釋學I：真理與方法——哲學解釋學的基本特徵》，圖賓根，1986年，第五版。

[121] 參閱高達美：《解釋學》第二卷，第220、221頁。

[122] 可以看出，我們至今為止所討論的僅僅是解釋學問題中的一個部分而已，即關於歷史意識的那個部分。這是高達美解釋學的主要部分。施特拉塞爾曾把高達美的解釋學之思想用一句話概念為：「理解從本質上來說是對效果史的理解。」（《真理與證實》，第141頁）同時，這也是我們在這部書中所特別給予關注的解釋學問題，因為胡塞爾現象學與高達美解釋學之間的關係在這裡表現得尤為明顯。

[123] 這是指《高達美全集》第二卷，《解釋學II：真理與方法——補充、索引》，圖賓根，1986年，第一版。

法作爲「理解」的方法與自然科學的「說明」（Erklaeren）方法相對立。這樣，高達美就似乎繼續停留在舊的「理解」觀中，從而對理解問題在整體上並沒有做出眞正質的超越。這裡所說的「舊的理解觀」是指在海德格之前大多數哲學家所持的對「理解」問題之看法。它可以被概括爲兩點：（一）「理解」是一種科學的方法，它的作用在於對心理過程、社會過程和歷史過程等等進行再構或重構（rekonstruieren）；（二）由於運用了這種「理解」的方法，精神科學本身便與自然科學區別開來，後者的主要方法在於對自然過程做出因果性的「說明」。——可以看出，我們前面所說之狄爾泰的浪漫主義解釋學和歷史主義觀念論與這兩點是基本相符合的。實際上，我們在這裡還可以聯想到雅斯培早期的心理學工作：他在那裡所作的對「理解心理學」和「說明心理學」之劃分也或多或少地採納了這種舊的「理解」觀。[124]

　　然而，高達美在撰寫《眞理與方法》之初，便對解釋學提出哲學的要求並將它命名爲「哲學的解釋學」。作爲古希臘哲學的出色專家，高達美當然應該了解哲學在亞里斯多德那裡的最重要含義——哲學是關於一切存

---

[124] 雅斯培在他的早期著作《一般心理病理學》（柏林，1913年）中劃分了兩種心理學：「說明的心理學」和「理解的心理學」。他對「說明的心理學」的解釋是：如果我們在心靈中心理學地，或在大腦中生物學地發現了一個心理狀態或心理障礙的原因，那麼我們便可以說，這個心理狀態或心理障礙得到了說明。例如：某些心理障礙的原因可以是化學的——大腦中缺乏某種材料，也可以是物理的——大腦受到損傷。在這種情況下，我們所從事的是實證科學的一個分支。實證科學探討的是現象之間的因果關係。「說明心理學」在這個意義上是一門客觀科學。另一種心理學卻與此不同。如果我們透過對動機的回溯而把握心理現象的連結，我們便會理解一個意識狀態或一個心理主體的行為。當我們說，我理解他的感受；我理解他的做法等等時，我們就已處在「理解的心理學」的立場上了。理解者的理解主要依據於他自己的主觀經驗。他要理解如何從印象中產生出感受，從感受中形成希望、狂想、恐懼等等心理狀況。在「說明的心理學」中，人們循著因果鏈去探索外在的原因；在「理解的心理學」中，人們則要追索內在的動機，要重新體驗和同感其他人的心理狀況。

在的學說，無論是精神的存在還是自然的存在。這說明他從一開始就不打算將解釋學侷限在精神科學的領域之中，而是期望使解釋學能夠成為一門普遍的，就是說，對精神科學和自然科學同樣有效的「方法論」或「工藝論」（Kunstlehre）。因此，儘管他在《真理與方法》中從未提到過，也從未闡述過「解釋學的普遍性」問題，但這個問題確實是作為一個隱含的前提被包含在《真理與方法》的論述中。例如我們在《真理與方法》第一卷中已經可以讀到：「效果歷史作為一種真正的經驗形式必定反映出經驗的一般結構」，「歷史意識在這裡所提出的普遍要求是否合理」等等，以及與此類似的論述。[125]

在《真理與方法》之後的一些文章中，高達美便明確地將這個意圖加以貫徹。例如在1966年的〈解釋學問題的普遍性〉一文中，高達美指明：「我認為，解釋學的問題絕不僅僅侷限在那些作為我的研究之出發點的領域中。當時的那些研究只是為了首先確立一個理論的基礎，而這個基礎也能夠負載我們當下文化的根本事實，也能夠負載科學和對科學的工業技術利用。」[126] 高達美實際上在這裡將解釋學的問題作了雙重的普遍化：一是將解釋學原則的有效性擴展到歷史之外，二是將解釋學原則的有效性擴展到精神科學的領域之外。在1975年的〈高達美自傳〉中，他又對有關「解釋學的普遍性問題」的爭論回顧說：「我們生活在傳統中，而這種傳統並不是我們世界經驗的一個部分，不是一個由文字和紀念碑所組成、並且傳播著用語言撰寫的和歷史地受到論證的所謂文化傳統。毋寧說這就是世界本身，它交往性地被經驗到，並且作為一個無限開放的任務不斷地被傳給我們。……只要某物被經驗到，只要某個未知性受到揚棄，只要有澄悟、明察和獲取的活動在進行，解釋學的過程也就發生了，這個過程是一個向語句之中、向共同的意識之中的納入（Einbringung）之過程。即使是現代科學的獨白式語言也是透過這種途徑才獲得社會性的實在。我覺

---

[125] 高達美：《解釋學》第一卷，第343、363頁。
[126] 高達美：《解釋學》第二卷，第226頁。

得，曾被哈伯瑪斯所極力否定過的解釋學之普遍性在這裡得到了充分的論證。」[127] 高達美在這裡所表述的最主要思想可以概括為：一切認識過程，包括認識世界的過程，都是理解的發生，都是解釋學的過程。我們在這裡將「理解」與「解釋學」視為同一，因為高達美本人將解釋學定義為關於理解的理論，更確切地說：對最高的一般性進行理解和使最高的一般性得以理解的理論。在這個意義上，一方面，解釋學應當和邏輯學一樣具有普遍性；另一方面，解釋學並不隸屬於邏輯學，而應當回溯到更為古老的修辭學傳統上去。

在這裡，我們已經可以發現一種新的理解觀了。這種理解觀可以說是由海德格開始的。海德格認為，在存在中的此在受到被拋的生存狀態之規定。理解是此在的形式。[128] 而此在在它作為存在者屬於一個時代、一個社會、一個文化之前已經存在著了。沒有一種智慧是非歷史的、超歷史的。因此可以導出，理解是某種主體性的東西，是某種與人類生命、生存有關的東西。用高達美的話來說，實際上，「是我們本身所具有的判斷最終決定了我們所判斷之事物的陳述力量和有效性。」[129]

對於這種新的理解觀來說，理解已不再被理解為是一種客觀經驗科學研究的方法。但這並不意味著，理解在這裡被看作是一種不重要、無價值的東西。理解之所以被認為不是一種科學的方法，其理由在於理解的進行

---

[127] 高達美：《解釋學》第二卷，第498頁。高達美在這裡對哈伯瑪斯的批評與他們在解釋學普遍性問題上的論戰有關。哈伯瑪斯也否認理解只是一種客觀科學的方法，但他又主張只有透澈地把握住符號性的行為方式，才有可能進行整體的理解。這種理解觀實際上並不否認解釋學的普遍性原則，但對此普遍性的有效範圍做了限制。詳細的情況可以參閱哈伯瑪斯：〈解釋學的普遍性要求〉，載於《解釋學與辯證法》，第一卷，圖賓根，1970年，第73至104頁；高達美：〈解釋學問題的普遍性〉，載於高達美：《解釋學》第二卷，第219至231頁。關於高達美與哈伯瑪斯之間的這一分歧，我們在後面分析哈伯瑪斯的思想時會展開論述。

[128] 參閱海德格：《存在與時間》，第142至145頁。

[129] 高達美：《解釋學》第二卷，第220頁。

要先於科學研究。它比所有的科學活動都更古老、更根本。正因為如此，在許多現代哲學家的眼光中，理解恰恰是一種比科學方法更重要的東西。不僅當今德國哲學的兩位代表人物高達美和哈伯瑪斯把理解看作是人所具有的一種基本之「生活形式」，而且，維根斯坦、梅洛─龐蒂等人都在理解問題上持同樣態度。在這個意義上，高達美認為，解釋學不是一門與其他自然科學或精神科學相並列的學科，更不能說解釋學是隸屬於其他科學的，而是比任何一門科學都更為基礎的理論。高達美之所以反對在傳統的習俗中將解釋學稱之為「解釋學的科學」，就是基於這樣一種理由：解釋學的意識是一種可以全面展開的可能性，它不能被納入到現代科學的範圍中去。[130]

理解先於科學活動，但卻與語言活動同步。高達美對解釋學所具有之全面可能性的論述是以語言問題為基礎的。在《真理與方法》第一卷中，高達美就用這樣一句話來銜接解釋學的歷史意識問題部分和語言問題部分：「在理解中發生的視域融合乃是語言的真正成就。」[131] 因為理解是一種思維行為，而「沒有人會否認，我們的語言會影響我們的思維。我們用語句來思維。思維意味著，思考某物。而思考某物則意味著，言說某物」。[132] 因而，高達美認為，可以這樣來理解從解釋學的維度所提出的普遍性要求：理解是在語言中進行的，「理解是束縛在語言上的」。[133] 從歷史意識與語言的內在關係出發來考察解釋學原則，高達美便得出這樣的結論：「解釋學意識的真正作用始終在於，人們能夠看到可疑之物。如果我們所看到的不僅是各民族的藝術傳統，不僅是歷史的傳統，不僅是在解釋學的前條件中之現代科學的原則，而且是我們經驗生活的整體，那麼，我認為，我們就能夠做到，將科學的經驗與我們本己的、普遍的和人

---

130 參閱高達美：《解釋學》第二卷，第222頁。
131 高達美：《解釋學》第一卷，第383頁。
132 高達美：《解釋學》第二卷，第200頁。
133 高達美：《解釋學》第二卷，第230頁。

類的經驗生活相銜接。因為我們現在達到了一個可以被稱之為『語言的世界構造』的基礎層次。它自身表現為效果史意識，這種效果史意識在先地規定了我們所有認識可能性。」[134] 高達美在這裡所說的「語言的世界構造」顯然是一個極為廣泛的概念，它不僅包含美學意識、歷史意識，而且還包含著科學意識；它為普遍的人類經驗世界提供基礎，因而在先地規定了人類認識的所有可能性。然而我們究竟應當如何來理解高達美的這個「語言的世界構造」呢？

　　一般意義上的語言所具有的一個特徵在於它的相對性。語言借助於符號進行，而符號本身與它所代表的思維內容之間沒有必然的關聯，例如表現「長城」的那個符號在各種語言中是不同的，「長城」本身並不一定非要透過這些符號來代表。胡塞爾曾在《邏輯研究》中指出過這一點。[135] 他同時還確定，符號性意識行為必然建立在直觀的意識行為之基礎上，因為它本身不具備感性材料而必須依據一個直觀性的行為才能進行，例如：如果我們在符號性意識中出現「長城」這個意向，那麼這個意向必定是以直觀到的內容為依據：或者是我們看到被寫出來的「長城」這個文字，或者是我們聽到被說出來的「長城」這個聲音，或者是我們用手觸摸到「長城」這個盲語，如此等等。因而符號性意識從根本上說是第二性的，最原初的意向行為是直觀。[136] 當然，這個觀點在海德格的《存在與時間》中便從整體上受到了修改。在這裡，海德格主張：「所有的看（Sicht）都建

---

[134] 高達美：《解釋學》第二卷，第228頁。

[135] 胡塞爾：《邏輯研究》第二卷，第二冊，A564/B 92：「符號性的質料（即意義）只需要依據某個內容，但在它的種類特殊性和它本身的特殊組成之間，我們找不到必然性的紐帶」；A527/B 55：「一個符號性意向的本質在於：在符號意向中，意指行為的顯現對象與充實行為的顯現對象相互之間沒有關係。」

[136] 胡塞爾：《邏輯研究》第二卷，第二冊，A546/B 74：「在所有非本真的充實（即符號性的充實）中都隱含著本真的充實（直觀的充實），也就是說，非本真的充實之所以具有充實的特徵，要歸功於在它自身中所隱含的本真之充實。」

立在理解的基礎上，因此純直觀的優先地位便被取消了。」[137]「直觀」和「思維」變成了理解的衍生物，而且是一種遠離理解的衍生物。甚至連「現象學的『本質直觀』也建立在理解的基礎上。」[138] 在這個意義上，「言談」和「傾聽」這些集直觀行為和符號意識於一身的思維活動，都建立在理解的基礎之上。[139] 從《邏輯研究》到《存在與時間》的這條發展線索表明，胡塞爾和海德格都將這種一般意義上的語言看作是偶然的、衍生的、相對的。最本原的行為應當或者是直觀（胡塞爾），或者是理解（海德格）。

現在，高達美如何能從語言的相對性中引導出他所要論證之理解的普遍性或解釋學的普遍性呢？這種普遍性一方面應當與無限性有關，另一方面應當與絕對性有關。

高達美接受這樣一種說法，即：「我們對世界的經驗並不僅僅是在語言學習中和在語言訓練中進行的」，他甚至認為「這一點無疑是正確的」。[140] 高達美為此舉例說，哈伯瑪斯依據皮亞傑（J. Piaget）的研究而得出結論，也存在著前語言的世界經驗；H. 普萊斯納（H. Plessner）使人們注意到另一種語言的解釋學，即手勢、表情、舉止的語言，笑和哭的語言；並且，我們還隨時面對著那個透過科學而構造起來的客觀世界，在這個世界中，精確之數學符號的特殊語言為理論的構成提供了堅實的基礎，以及如此等等。所以他說：「我承認，所有這些現象表明，在語言和慣例之所有相對性的背後存在著一種共同的東西，它根本就不再是語言了，而是一種以可能之語言化的共同之物，用『理性』（Vernunft）這個詞來表述它們也許並不是最壞的做法。」[141] 但高達美認為，所有這些事實都並

---

[137] 海德格：《存在與時間》，第146頁：「言談和傾聽建立在理解的基礎上。」

[138] 海德格：《存在與時間》，第146頁。

[139] 參閱海德格：《存在與時間》，第164頁。

[140] 高達美：《解釋學》第二卷，第204頁。

[141] 高達美：《解釋學》第二卷，第204頁。

不與解釋學的語言原則相矛盾，因爲「人類自身表現的所有這些形式本身都必須不斷地被納入到心靈與自身的內在對話中去。」[142] 高達美的這一論述清楚地劃分出了兩種意義上的語言概念：通常意義上的語言和內心的語言。

　　第二種意義上的語言是一種更基本的語言現象。它代表了在語言問題上由胡塞爾到海德格的第二條發展線索。這條路線首先在胡塞爾的意義理論中露出軌跡。在《邏輯研究》的第一項研究「表達與含義」[143] 中，胡塞爾區分了兩種「表達」（Ausdruck），或者說，「表達」所具有的兩種功能：「在交往功能中的表達」和「在孤獨的心靈生活中之表達」。在交往性功能中的表達之本質在於，它是作爲符號而有作用的」，[144]「在交往性之言談中的所有表達都是作爲符號而發揮其功能」，[145] 它透過符號（語詞）而傳播意義，符號的載體是意義。而在孤獨的心靈生活中，表達不再作爲符號而發揮功能，[146] 因爲這裡所涉及到的不是表達的傳播（Kundgebung）功能，而是表達的意指（Bedeutung）功能。表達的傳播功能只是在「現實的語詞中」，「在現實的言談和傾聽中」即借助於符號才成爲可能，[147] 而表達的意指功能則只須借助於想像；「在孤獨的言談中，我們根本不需要現實的語詞，而只需要想像的語詞便夠了。」[148]「語詞的不存在並不會干擾我們。但語詞的不存在也不會引起我們的興趣。因爲眞正的表達之功能並不取決於此。但如果表達的功能取決於此，

---

[142] 高達美：《解釋學》第二卷，第204頁。
[143] 一般說來，「含義」（Bedeutung）與「意義」（Sinn）在胡塞爾那裡是同義的。但須注意，德文的「Bedeutung」是動詞的名詞化，因而既可作動詞用，也可作名詞用：作動詞用時，它在胡塞爾那裡標誌著「意指」，即「意義的給予」；作名詞用時，它才與「意義」同義。」
[144] 胡塞爾：《邏輯研究》第二卷，第一冊，A35/B 35。
[145] 胡塞爾：《邏輯研究》第二卷，第一冊，A33/B 33。
[146] 胡塞爾：《邏輯研究》第二卷，第一冊，A24/B 24。
[147] 胡塞爾：《邏輯研究》第二卷，第一冊，Λ36/B 36。
[148] 胡塞爾：《邏輯研究》第二卷，第一冊，A36/B 36。

那麼傳播的功能便與意指的功能結合在一起了：思想不僅僅是以意指的方式得到表達，而且也借助於傳播而被告知；這種情況當然只有在現實的言談和傾聽中才會可能。」[149] 由此可見，表達的基本功能在胡塞爾看來是它的意指功能，表達就是對一個意義（指向）的表達。如果我們回溯到在語言問題上的兩條發展線索上去，那麼，我們在前面所說之語言的第一個概念，即一般意義上的語言，與表達的傳播功能有關，與符號、語詞有關；語言的第二個概念，即我們這裡所涉及之更為基本的語言層次則與表達的意指功能有關，與意義有關。

　　海德格在《存在與時間》的有關論述中表明，他顯然把握了胡塞爾上述主張的實質性內涵。在關於這個問題的論述上，海德格在《存在與時間》中對胡塞爾所持的態度可以說是得到了典型的表現：一方面，海德格不指名地批評胡塞爾在語言問題上的第一種傾向：「根據『表達』、『符號形式』，根據作為『陳述』的告知、對體驗或生活『形態』的『傳播』這些觀念的主導線索，那些把握『語言本質』的企圖……的確已從概念上領悟了語言。但是，即使人們將這些不同的規定塊組合在一起，它們也不能使我們贏得對語言之完全充分的定義」。[150] 另一方面，海德格則指名道姓地依據胡塞爾《邏輯研究》第二卷中的第一、四、五、六項研究和《純粹現象學和現象學哲學的觀念》第一卷中第123至127節的研究；[151] 但這種依據也是染上了基礎本體論色彩的依據：「關鍵的問題始終在於：首先在此在分析的基礎上將言談結構的本體論─生存論整體整理出來」；因而，「含義學說植根於此在的本體論中。含義學說的興衰繫於此在的本體論。」[152] 這個主張與海德格後期所說的「語言是存在的居所」[153] 是一

---

[149] 胡塞爾：《邏輯研究》第二卷，第一冊，A36/B 36。

[150] 海德格：《存在與時間》，第163頁。

[151] 參閱海德格：《存在與時間》，第166頁，注①。

[152] 海德格：《存在與時間》，第166頁。

[153] 海德格：〈關於人道主義的通信〉，載於《路標》，法蘭克福／美茵，1978年，第311頁。

脈相承的。這種「言談結構的本體論－生存論整體」所指的無非就是深層次上的語言現象，它與胡塞爾所說的語言在孤獨之心靈生活中所具有的含義功能是基本一致的。在這個意義上，我們可以理解海德格的一些不無矛盾說法：「言談在生存論上是與處身性和理解一樣原初的」，[154]「言談的另一種本質可能性，即沉默，也具有同樣的生存論基礎」，[155]以及如此等等。

胡塞爾的「在孤獨之心靈生活中的意指」和海德格的「作爲言談的另一種本質可能性的沉默」共同構成了高達美所說「心靈與自身的內在對話」的理論背景。用解釋學的語言來說，「心靈與自身的內在對話」就是「自我的自身理解」，對話所處的語言圈就是理解的「視域」。由這種內心的對話出發，語言可以借助於符號發揮交往的功能，從而達到自身的語言圈與他人的語言圈之融合。從語言的這個角度來考察，高達美對解釋學所描述的理解過程也就是一個語言從「內在對話」到「語言的世界構造」的展開過程：「人與人之間眞正的相互歸屬是這樣形成的：每一個人首先都是一種語言圈，這些語言圈相互接觸並且一再地相互融合。由此而產生形成的始終是語言，在語彙和語法中的語言，這種語言永遠帶有在每一個這樣的談話者與他的夥伴間進行之對話的內在無限性。這就是解釋學的基本維度。」[156]在這裡，理解就是對話，對話就是理解；無論這種對話是一種心靈與自身的內在對話，還是自我與他我的外在對話。

當然，高達美本人並沒有做出「內在對話」與「外在對話」的劃分，我們只是從他的論述中推導出這種劃分，因爲自身語言圈與陌生語言圈的接觸和融合就是語言的外在化，其結果是使一種外在的、衍生的、相對的，即在一定的範圍內交互主體地有效的符號語言得以產生。但我們可以注意到，「內在對話」與「外在對話」的劃分並不是一個區分第一性語言

---

[154] 海德格：《存在與時間》，第161頁。而他緊接著又說，「言談和傾聽建立在理解的基礎上」。（同上書，第164頁）

[155] 海德格：《存在與時間》，第164頁。

[156] 高達美：《解釋學》第二卷，第231頁。

和第二性語言的妥當方法，因爲我們處處發現，心靈與心靈之間無須借助符號語言也可以發生交流，即文學家們所說的「心與心的相撞」。因此，區分第一性語言和第二性語言的關鍵似乎不在於「內在」和「外在」，而在於交流——無論是內在的，還是外在的交流——是否借助於符號語言進行。屠格涅夫曾以一句深沉的感嘆來結束他的不朽之作《貴族之家》：「人生裡面有些瞬間，也有些情感……那是我們只能意會，卻不可以言傳的。」他所描述的當然不僅僅是文學家的感受，而且是第一層次的語言和第二層次的語言，亦即「意會」和「言傳」之間的奠基關係。高達美所堅持的「解釋學的普遍性」是建立在這種第一層次的語言或理解之基礎上，而不須依賴任何相對的、第二性的符號語言。這種第一層次的語言極爲廣泛，所以高達美用「語言的世界構造」來標誌它，並且「它自身表現爲效果史意識，這種效果史意識在先地規定了我們所有認識可能性」，[157] 當然也包括對他人、傳統、文化、精神、自然等等的認識可能性。據此，高達美確認，「因而我有理由維護理解和言談的普遍性要求。顯然確定無疑的是，我們可以將一切用語言表述出來，並且我們可以試圖相互表明對一切事物的理解。我們在做這些時始終受到我們的能力之有限性的束縛，只有一種眞正無限的對話才能使這種要求得到實現。」[158] 他宣告，「這裡絕不含有任何語言相對主義。」[159]

---

[157] 高達美：《解釋學》第二卷，第228頁。

[158] 高達美：《解釋學》第二卷，第201頁。

[159] 高達美：《解釋學》第二卷，第200頁。

第三章

胡塞爾的現象學與
舍勒的哲學人類學

　　胡塞爾思維在當代德國哲學中的最重要影響一方面表現在海德格的哲學中，另一方面表現在舍勒的哲學中。他們二人都在自己的哲學綱領上附以現象學的標記。哈伯瑪斯曾經這樣來概括現象學在舍勒和海德格那裡所經歷的發展：「現象學在人類學化的過程中獲得了其廣度，在本體論化的過程中獲得了其深度，並透過這兩條途徑而吸取了生存主義的現時性。」[1]

二十一、舍勒與胡塞爾及其現象學的關係

　　馬克斯・舍勒於1874年8月22日出生在德國的慕尼黑市，父親是德國人，母親是猶太人。1894年在文科中學畢業後，舍勒進入慕尼黑大學學習哲學和心理學。舍勒可以被稱為德國哲學界自謝林以來的又一位「哲學神童」。他的大學生涯非常短暫：第一個學期學的是哲學和心理學，第二、三學期先後在慕尼黑和柏林學習醫學，第四學期在耶拿大學繼續學習哲學。第五和六學期便完成了博士論文〈對邏輯原則與倫理原則之間關係的確定〉並在著名哲學家R.奧伊肯（R. Eucken）那裡通過論文答辯，時年二十三歲。兩年之後，他又在奧伊肯那裡完成了教授資格論文〈先驗的和心理學的方法〉。在完成教授資格論文一年後，舍勒在耶拿大學開始教學活動。這時他的主要研究課題是倫理學和認識論，而他的研究基本上是在新康德主義的精神中進行的。

　　1901年，舍勒參加在哈勒舉行的一次康德研討會，在會上認識了胡塞爾。這次會面在很大程度上影響了舍勒一生的哲學追求。他自己在1922年時曾這樣回顧他與胡塞爾的第一次接觸：「當筆者在1901年……第一次結識胡塞爾時，曾與他進行過一次輕鬆的哲學交談，談話涉及到直觀和感知

---

[1]　哈伯瑪斯：《後形而上學思維》，第12頁。

的概念。筆者……曾堅信，我們直觀給予之物的內涵（原初）要遠比這個內涵所具有的、與感性組成、它們的發展衍生和邏輯統一形式相應的東西更豐富。當筆者向胡塞爾陳述這一觀點時，……胡塞爾馬上指出，他也將直觀概念作了類似的擴展，使它也包括所謂的『範疇直觀』。從這一時刻起，一種精神的連結便得以形成，這個連結以後在胡塞爾和筆者之間始終存在著，並且，它為筆者帶來了極大的收益。」[2] 舍勒與胡塞爾之間的這種精神連結持續了二十多年，直到舍勒去世，其中兩人之間的合作長達十五年之久。1906年，舍勒經胡塞爾的推薦轉到慕尼黑大學任私人講師並在那裡與慕尼黑現象學學派的代表人物蓋格、道伯特、普芬德等人接觸。[3] 四年之後，舍勒因私人的一些麻煩而失去了慕尼黑大學的講師位置，轉至哥廷根大學任教，進入到以胡塞爾、賴納赫、康拉德為首的哥廷根現象學團體中。在這期間，舍勒的現象學思想已趨成熟，或者毋寧說，他已經開始發展他自己的現象學。到哥廷根一年後，舍勒便開始發表以現象學為基礎的論文。1913年，胡塞爾創立著名刊物《哲學與現象學研究年刊》。舍勒與普芬德、蓋格、賴納赫一同成為由胡塞爾主編的《哲學與現象學研究年刊》的編委，標誌著舍勒在現象學界已占有重要位置。在1913年該年刊的第一期上，舍勒的《同情感的現象學理論以及論愛與恨》（1923年第二版改名為《同情的本質與形式》）和他的代表作《倫理學中的形式主義和質料的價值倫理學》第一卷與胡塞爾的重要著作《純粹現象學和現象學哲學的觀念》第一卷同時發表；1916年，年刊的第二期又登載了《倫理學中的形式主義和質料的價值倫理學》的第二卷。舍勒的這兩部著作與普芬德的《思想心理學》（哈勒，1913、1926年）、蓋格的《美學

2　舍勒：〈德國當代哲學〉，載於《德國當代生活》，柏林，1922年，第198頁；這篇文字以後被收在舍勒：《同情的本質與形式》（《舍勒全集》第七卷，伯爾尼，1973年）中；這段引文也可參閱舍勒：《後期著作》，《舍勒全集》第九卷，伯爾尼，1960年，第308頁。

3　這幾個人都是當時著名哲學家、心理主義代表人物利普斯（Th. Lipps）的學生，胡塞爾在《邏輯研究》中曾一再地引用和批判過利普斯的著作。

享受的現象學文論》（哈勒，1913年）、W.沙普的《感知現象學文論》（哥廷根，1913年）、D.卡茲的《觸覺印象的顯現方式》（羅斯托克，1920年）等等著述一起，成為自《邏輯研究》以來現象學的第一批研究成果，同時也標誌著舍勒哲學思想發展達到了巔峰期。舍勒在《倫理學中的形式主義和質料的價值倫理學》中反對康德的形式主義倫理學，提出自己的質料之價值倫理學。他將這門質料的價值倫理學之基礎建立在一種先天被給予的內容上，人們可以透過意向性的感覺明察到和把握到這種內涵。舍勒還提出一種新的價值論，即各種價值處在一種客觀的等級制中，從感性價值（愉快—不愉快），到生命價值（高貴—庸俗）和精神價值（善—惡、美—醜、真—假），最後是聖人和凡人的價值。這部著作今天已成為現象學研究和本世紀哲學研究的經典著作之一。高達美對此評價說：「舍勒用他的質料價值倫理學論證了一個現象學的研究方向，它第一次將天主教道德哲學的傳統與現代哲學的最進步立場融合在一起，並且它至今還在發揮著作用。」[4] 1916年，胡塞爾離開哥廷根，去弗萊堡大學接替里克特的教椅。在弗萊堡不久便形成了一個由胡塞爾、海德格為中心的弗萊堡現象學學派。至此，哥廷根、慕尼黑、弗萊堡在德國思想界構成一個三足鼎立的現象學之勢。舍勒本人曾對當時他在德國現象學發展狀況中的位置做過一個評價：「除了胡塞爾之外，只有我自己和海德格提供了關於現象學的一個確定輪廓，並且提供了有系統建立哲學的基本綱要。」[5] 這個評價至今看來仍然是符合事實的。

1918年，舍勒受聘任科隆社會科學研究所所長，隨後又被聘為科隆大學哲學、社會學教授。1921年，他發表了他的宗教哲學主要著作《宗教問題——論宗教的創新》。此後他的目光又轉向人類學、社會學和形而上學。1928年的《人在宇宙中的位置》為人們提供了舍勒所設想、但尚未完

4　高達美：《解釋學》第二卷，第109頁。

5　這是舍勒自己在〈當代德國哲學〉一文上手寫的一個附注。轉引自W.亨克曼（W. Henckmann）：〈舍勒哲學中的意向性問題〉，載於《布倫塔諾研究》第3期，1990/91年，第210頁。

成的人類學體系輪廓：他在這部書中劃分了人類心理的四個層次：感覺欲望、直覺、聯想記憶和實踐智慧，他認爲這四個層次與有機自然界的層次構造是相符合的。舍勒將這四個層次作爲生命的原則與那種使人能夠完全脫離開自然連結的精神之原則相對立。當然，儘管生命與精神有著本質的差異，它們卻又是相互依賴的：精神本身無力實現它的觀念；而無精神的生命則是盲目而無方向的。精神用觀念來貫穿生命，沒有觀念，生命便毫無意義；反過來，只有生命才能使精神活動起來，使觀念在生命中得以實現。這部篇幅不到一百頁的小冊子爲以後哲學人類學的全面發展奠定了基礎。1928年，舍勒獲得法蘭克福大學正教授的位置。但剛到法蘭克福不久，他便因心臟病突發而在那裡去世，享年只有五十四歲。

　　如果可以用兩句話來歸納我們對舍勒一生思維歷程的第一印象，那麼第一句應當是：舍勒是一個不斷變化、發展的哲學家。他常常引用歌德的話說：「誰在漫遊，就與我最親近。」我們從前面的介紹已經可以看出，舍勒的哲學發展和立場變化至少可以分成三個階段：舍勒首先從早期新康德主義階段進入到中期現象學階段，這兩個階段在時間上以本世紀初爲分界線，在空間上以舍勒第一次結婚並定居耶拿爲分界線；此後他又從中期現象學階段轉到後期進化論的泛神論階段，這兩個階段在時間上以本世紀二十年代初爲分界線，在空間上以舍勒從哥廷根遷居科隆爲分界線。[6] 接下來，描繪舍勒思維歷程特徵的第二句話則應當是：他不僅多變，而且涉獵的領域極廣。他是一個倫理學家、知識社會學家、人類學家、現象學、宗教哲學家、形而上學家、教育學家等等。他在其中的每一個領域中都顯示出自己的才華，都留下自己的痕跡。高達美說他「熟悉所有的現實和科學，他充滿激情地對現代人類、個別的人、社會、國家、宗教的生

---

[6]　儘管空間的變化純屬巧合，但看來還是有人將它與舍勒哲學觀點的變化連結在一起。哲學人類學家F.哈默（Felix Hammer）在談到這個問題時便抱怨說，「人們過於按照外在的標準來作判斷，就好像一個思想家的哲學必然會隨居住地的變換而改變一樣。」（F.哈默：《神土的人類學？——舍勒的人類觀及其侷限性》，海牙，1972年，第16頁）

活問題進行透澈的思考，他是一個與胡塞爾並列之完全獨立的和天才的現象」。[7]

但是，另一方面，我們也不可避免地要提出他的哲學思想之統一性問題。施泰格穆勒曾描述說：「毫無疑問，舍勒的哲學蘊涵著異常多的有益想法。但同時也消除不掉這樣一種印象，即好像他往往被這些大量的想法所追逐，以至於這些想法幾乎使他窒息，而他又找不到時間來系統性地整理這些直觀，來爲自己的主張奠定充分的基礎，提供充分的論證。」[8]高達美出於同一個理由將舍勒稱之爲「揮霍者」，即一個浪費自己才華的人，「他拿來又給去，他是無限的富有──但卻不保留任何東西」。[9]然而，只要我們進行較爲深入一些的觀察，我們便可以發現，舍勒的哲學研究並不是一堆靈感的雜湊。我們能夠從舍勒的思想中找到連結各個具體部分的主導線索：舍勒哲學研究的根本方法建立在現象學的基礎上，而他哲學研究的興趣則始終朝向人的問題。舍勒傳記的作者威廉・馬德認爲，支撐舍勒哲學的柱子有七根：作爲愛的生物的人，價值等級，人格主義，現象學的哲學，三個事實，知識與教育的形式和因果要素；而貫穿他的體系之線索只有兩條：一是他對人的理解，二是他對現象學方法的理解。[10]我們這裡所要討論的主要是胡塞爾現象學思想在舍勒的這兩個理解中的效應或影響。

作爲現象學運動的第一批成員，舍勒與這個運動的發起人胡塞爾之間的關係當然也是哲學史家們所極爲關注的問題。舍勒與胡塞爾之間的直接交往似乎很有限。除了在前面所述之哈勒的初次見面之外，有案可查的只是舍勒1913年在哥廷根拜訪過胡塞爾一次，1916年和1922年在弗萊堡還拜

7　高達美：《新近哲學》第一卷，第109頁。

8　施泰格穆勒：《當代哲學主流》第一卷，第130頁。

9　參閱高達美：〈作爲揮霍者的馬克斯・舍勒〉，載於《在哲學當代發展中的馬克斯・舍勒》，保羅・古德（Paul Good）主編，伯爾尼，1975年，第11至18頁；轉引自江日新：《馬克斯・謝勒》，臺北，1990年，第24頁。

10　馬德：《馬克斯・舍勒》，漢堡，1980年，第50頁。

訪過兩次。[11] 當然，我們不能排除這種可能，即舍勒和胡塞爾在哥廷根大學裡和在哥廷根的「哲學協會」聚會上與胡塞爾有過較多的接觸。但史料上僅僅記載舍勒曾認眞研究過胡塞爾的《邏輯研究》和《純粹現象學和現象學哲學的觀念》第一卷，而沒有記載舍勒曾聽過胡塞爾的課。因此馬德有理由認爲，舍勒「從未將自己理解爲是胡塞爾的學生，他也不是胡塞爾的學生。當有人將他稱爲胡塞爾的學生時，他覺得自己受到了中傷。」[12]

這並不是對舍勒現象學與胡塞爾現象學之間親緣關係的否認。恰恰相反，在下一節中我們將會清楚地看到，舍勒的現象學是配得上「應用現象學」這個稱號的。但同樣明顯的是，舍勒的現象學思想與胡塞爾的現象學思想之間的關係與其說是一種學習和繼承，不如說是一種相通與吻合。換言之，舍勒的現象學直觀分析方法與其說是一種透過對胡塞爾思想的研究而後天獲得的工作能力，不如說是一種在他那裡早已潛隱的、在對胡塞爾著作的研究中產生共鳴並透過這種研究而被激發出來的才華。實際上，舍勒自己在他1899年的任教資格論文中就已經開始獨立地尋找現象學之路。他在這篇論文中探討了先驗的和心理學的方法，並且否定了這兩種方法。他勾畫出了一條被他稱之爲「精神論的（noologische）方法」的道路。「精神論」這個概念雖然是一個取自於他的老師奧伊肯哲學中之術語，但我們從他後期著作《人在宇宙中的位置》對精神、觀念、生命的論述可以看出，精神這個概念是一個與胡塞爾的觀念性和本質性更爲接近的範疇。因此，舍勒在這篇論文中所尋找的和摸索的「精神論方法」，恰恰就是胡塞爾在《邏輯研究》中付諸實施的東西：現象學的本質直觀方法。因此，

11　參閱《胡塞爾全集—資料》第一卷，《胡塞爾年表——艾德蒙德·胡塞爾的思想和生活道路》，卡爾·舒曼（K. Schuhmann）編，海牙，1977年，第182頁、第200頁、第259頁。在最後一次拜訪時，舍勒在胡塞爾家中吃了晚飯。關於這次拜訪，高達美曾回憶說：「當我1923年到弗萊堡去聽海德格和胡塞爾的課時，人們告訴我，舍勒短暫地拜訪了胡塞爾。他用這個問題難住了老先生：親愛的上帝是否能夠區分左和右」。（高達美：〈作為揮霍者的馬克斯·舍勒〉，第14頁。）

12　馬德：《馬克斯·舍勒》，第31頁。

舍勒自己曾把現象學形容爲「在監獄中被囚禁了多年的人邁入一個盛開的花園之第一步」。[13] 所謂被囚禁的人，是指今日和昨日的歐洲人，當然也包括舍勒自己，始終受到他們自己的機械體制束縛，在這種體制的重負下「嘆息和呻吟」；他只看到地球，只感到他四肢的沉重，忘卻了他的上帝、他的世界。而現象學的本質直觀方法爲他提供了擺脫這種重負的可能，使他得以看到自己的本質並回到自己的本質上去。舍勒對現象學的領悟和把握，可以用得上「心有靈犀一點通」的說法。

此外，我們還可以看到，在關於哲學是否可能成爲並且是否必須成爲嚴格的科學這個有爭議的問題上，舍勒堅定地站在胡塞爾一邊。這與我們剛剛論述的舍勒現象學方法觀是密切相關的，確切地說，它涉及到舍勒對現象學方法之科學性的信念：現象學方法是否能夠爲哲學成爲嚴格的科學提供方法論上的依據和工具。舍勒自己認爲，在他和胡塞爾之間，「至少就此事的實質而言」，只存在著一種「術語上的差異」。[14]

當然，舍勒的這種說法有其侷限性。他與胡塞爾在這個問題上的一致性只是在於他們兩人都認爲：哲學是嚴格的科學；哲思就是對一種超世的、絕對的「觀念王國」、「價值王國」的部分獲取與部分擁有。[15] 然而當問題一旦涉及到：哲學是一門關於什麼的嚴格科學？作爲哲思對象的「觀念王國」或本質王國是由什麼組成的？這時他與胡塞爾的分歧便會顯示出來。舍勒的天主教道德哲學思想決定了他不是──像胡塞爾所做的那樣──把純粹意識及其本質和本質結構看作是哲學所要探討的絕對之物，而是從一種「神主人類學」的角度出發，把「上帝的觀念」、「上帝的王

[13] 舍勒：《論價值的顛覆》，《舍勒全集》第三卷，伯爾尼，1972年，第339頁。
[14] 舍勒：《論人的永恆》，《舍勒全集》第五卷，伯爾尼，1968年，第75頁。
[15] 參閱胡塞爾手稿，B II 19，第42頁：〈哲學就是朝向絕對認識的意向〉；還可參閱舍勒：《知識形式與社會》，《舍勒全集》第八卷，伯爾尼，1960年，第26頁：舍勒在這裡將哲學研究者的精神所朝向的那個永恆的「王國」定義爲「絕對的觀念王國和價值王國」。

國」看作是哲學思維所要把握的絕對之物。[16] 正是在這個意義上，舍勒把「哲學思維」定義爲「一種獲取著所有可能事物之本質的、受到愛的規定的行爲」；也正是在這個意義上，哈默對舍勒的現象學方法加上一個在胡塞爾的現象學方法中不曾有過的定語，即把它稱之爲「愛的本質直觀」，[17] 因爲在他那裡，對上帝觀念的愛與對本質的直觀結合在一起，或者，如高達美所說，「天主教道德哲學的傳統與現代哲學的最進步立場融合在一起」；這樣，現象學在舍勒那裡便不僅得到了接受和運用，而且可以說是經歷了一次「修正主義」的改造。在這點上，舍勒與胡塞爾的對立是明顯的：舍勒透過本質直觀所要把握住的絕對之物——上帝的觀念，正是胡塞爾在《純粹現象學和現象學哲學的觀念》第一卷中透過先驗的還原所要排斥之超越的東西，[18] 它對於胡塞爾來說不是一種直接地、內在地、原本地被給予之物，而是一種超越出直觀範圍之外的對象。因此，哲學的對象應當是絕對之物，這對他們兩人來說都無疑義；但這種絕對之物究竟是超越之物（Transzendentes），還是先驗之物（Transzendentales），對這個問題的不同回答則構成了舍勒和胡塞爾之間的一個主要分歧。如果我們可以說，胡塞爾哲學對原本性的追求是一種「從下而上」構造哲學體系的努力，那麼舍勒哲學對「上帝」的設定則決定了他「從上而下」考察事物的方式。

　　從胡塞爾這方面來看，一切跡象顯示，胡塞爾對舍勒的了解和論述，無論是直接的還是間接的，較之於舍勒對胡塞爾的了解和論述要少得多。胡塞爾與舍勒的關係因而通常說來是一種單向的關係，即：舍勒如何理解

---

[16] 「神主的人類學」這個概念借用了哈默的術語（參閱F.哈默：《神主的人類觀？——舍勒的人類觀及其侷限性》）。所謂「神主」（Theonomie）是指上帝在人類道德實現過程中所起的決定性作用。這個概念在一定程度上是與「自主」（Autonomie）概念相對立的。

[17] 參閱哈默：《神主的人類觀？——舍勒的人類觀及其侷限性》，第一章：〈愛的本質直觀作為通向關於人的哲學觀念之道路〉，第19-54頁。

[18] 參閱胡塞爾：《純粹現象學和現象學哲學的觀念》第一卷，第58節：〈上帝的超越性受到排斥〉。

和對待胡塞爾及其現象學。至於胡塞爾如何對待舍勒及其現象學這個問題，用以下的一些資料便幾乎可以將答案羅列殆盡。

1910年，當舍勒在慕尼黑失去私人講師的位置而準備在國外謀求大學職務時，他曾請胡塞爾爲他寫一封推薦信。胡塞爾在同年7月18日所寫的推薦信中對舍勒作了很高的評價：「舍勒博士先生希望能在國外找到一個可以使他在向其他文化民族傳播德意志精神文化工作中，發揮作用的位置。根據我對他的人格、他的多方面的巨大才華之了解，我可以最衷心推薦他。我認爲他特別適合這一傳播工作。舍勒博士先生作爲哲學家處身於那些推動著我們這個時代的德意志精神生活之哲學戰鬥中。他絕不是一個二流的思想家，而是一位極其敏銳、獨立和具有科學之嚴格性的研究者。」[19] 但在這封信中也可以看出，胡塞爾對舍勒思想的了解主要以間接的爲主。「我從一些長期聽舍勒博士先生課的學生們那裡得知，他具有極佳的教學能力。毫無疑問，他是一位享有特殊聲譽的教師……」。[20] 即使是在十三年之後，胡塞爾對舍勒的了解也並沒有明顯地增多。高達美在回憶他1923年在弗萊堡與胡塞爾的交往時曾涉及舍勒。有一次在聽過胡塞爾的課後他向胡塞爾談起舍勒：「當我後來對胡塞爾談起舍勒留給我那種著魔般的印象時，胡塞爾十分驚愕地說：『噢，幸好我們不僅有他，而且還有普芬德。』」[21] 胡塞爾在這裡給人的印象顯然是他從未對舍勒有過深入的了解。[22]

---

19 參閱胡塞爾手稿，R I Scheler, 18.VIII.10；或者參閱〈舍勒遺稿──存於慕尼黑市立圖書館〉，Ana 315 E II, 1。

20 胡塞爾手稿，R I Scheler, 18.VIII.10；或者參閱〈舍勒遺稿──存於慕尼黑市立圖書館〉，Ana 315 E II, 1。

21 高達美：〈作爲揮霍者的馬克斯‧舍勒〉，載於《在哲學當代發展中的馬克斯‧舍勒》，第12頁。

22 如果我們熟悉胡塞爾所具有的那種數學家的性格特徵，那麼我們就不會將此看作是胡塞爾對舍勒的一種輕視。因爲，除非涉及直接、明確的對手，否則胡塞爾很少會有時間去關心同時代思想家的活動。而且他自己也承認：他很難進入到其他人的思路之中。（參閱H.史匹戈博：〈回憶胡塞爾〉，載於《胡塞爾與現象學運動》，第40頁。）

　　大約在20世紀三十年代初，胡塞爾才越來越清楚地感受到來自其他哲學代表人物和派別的挑戰，他也越來越明確地表露出對舍勒的現象學與他自己的現象學之間差異的看法。在1930年為《純粹現象學和現象學哲學的觀念》第一卷英文版所寫的〈後記〉中，胡塞爾批評說：「德國哲學的境況」是「生命哲學」（指狄爾泰）、「新的人類學」（指舍勒）、「『生存』哲學」（指海德格）「在爭奪統治地位」。[23]「人們沒有理解『現象學還原』之原則上的新義，因而也沒有理解從世間的（mundanen）主體性（人）向『先驗主體性』的上升；所以人們還是停滯在一種人類學中，無論它是經驗的還是先天的人類學。按照我的學說，這種人類學根本沒有達到特別的哲學基礎，並且對於哲學來說，這是一種向『先驗人類主義』或『心理主義』的墮落。」[24] 從胡塞爾的手稿中可以確定，他在1931年4月20日通讀了舍勒的著作《人在宇宙中的位置》，這有可能是他對舍勒人類學思想的第一次直接之考察。在兩天後寫給英加登的一封信中，胡塞爾已經表露出他對舍勒的研究結果：他甚至將舍勒和海德格一同稱為他的「對立者」。[25] 在兩個月後寫的另一封信中，胡塞爾又說：「為了德國讀者，並且考慮到自舍勒以來所流行的對現象學之誤解，我開始對《笛卡兒式的沉思》進行加工。」[26]

---

[23]　胡塞爾：《純粹現象學和現象學哲學的觀念》第三卷，第138頁。

[24]　胡塞爾：《純粹現象學和現象學哲學的觀念》第三卷，第140頁。

[25]　「我將要在柏林、哈勒和法蘭克福講現象學的人類學，必須仔細地讀一下我的對立者舍勒和海德格的書。」（參閱胡塞爾手稿，R I Ingarden, 19. IV. 31。）

[26]　胡塞爾手稿R I Koyre, 22.VI.31。胡塞爾本人已兩次證明（可以參閱這封信以及1929年12月2日致英加登的信：「你問我，深入的『海德格研究』結果如何？我已經得出結論，我無法將這部著作納入到我的現象學之範圍中來，而且很遺憾，我不僅必須在方法上完全地拒絕這部著作，而且在本質上以及在實事上也必須拒絕它。為此，我更加要重視《笛卡兒式的沉思》這本書的德文版，將它作為我的一部有系統之『主要著作』來完成。」），在他對《笛卡兒式的沉思》一書德文版的加工中，反駁海德格和舍勒的人類主義哲學是他的主要意向之一。因此，要探討現象學陣營中

　　我們在舍勒這裡發現，他的思想與胡塞爾現象學的相通之處在於對現象學方法（本質的還原方法）的理解，而他們兩人的分歧則與對這種方法所能達到的絕對結果之理解有關，或者說，與什麼是「先驗」、什麼是「世間」的問題有關。這種情況在很大程度上再現了海德格與胡塞爾的關係。當然，如果我們不是根據本書的論述順序，而是按照現象學運動的時間先後來看，我們毋寧應當說，海德格對胡塞爾的繼承與背離在很大程度上是舍勒與胡塞爾之間關係的再現。從胡塞爾的角度來看，舍勒和海德格都無法理解他《純粹現象學和現象學哲學的觀念》第一卷中所提出的「現象學還原」，即「先驗還原」的方法，因而仍然停留在人類主義、心理主義的泥潭之中。而舍勒和海德格恰恰是代表了當代哲學的主流：拋棄形而上學，面對人的問題。正是在這個意義上，哈伯瑪斯認為，現象學在海德格和舍勒那裡獲得了生存主義的現時性。

　　的「內戰」問題，這部著作是一個重要的依據。另一方面的依據由1988年出版的《胡塞爾全集—資料》第二卷提供。這是胡塞爾晚年的助手芬克按照胡塞爾的委託，根據胡塞爾本人的研究手稿而整理出的《笛卡兒式的沉思》中第六項沉思的初稿（全名為《第六項笛卡兒式的沉思——第一部分：一門先驗方法論的觀念》，H.埃伯林（H. Ebeling）等編，1988年），胡塞爾本人對此手稿所做的評注和補充也被收在這一卷中一同發表。

二十二、胡塞爾與舍勒的現象學還原論

　　儘管人們，包括胡塞爾本人在內，會拒絕將舍勒的整個哲學思想稱之為「現象學的」，儘管舍勒本人也不把自己理解爲是胡塞爾的學生，但大多數人都不會否認舍勒所具有的現象學分析能力或現象學操作能力。施泰格穆勒在他的巨著《當代哲學主流》一書中以這樣一段話來開始他對舍勒的評述：「如果說胡塞爾宣告了一種新的哲學方法之產生，那麼舍勒是將此方法付諸實施的第一個人。」[27] 正是在這個意義上，施泰格穆勒將舍勒的哲學命名爲「應用現象學」。所謂「應用」，是指舍勒在道德、宗教、教育、政治等等這些人類文化領域中對現象學主旨的實施和對現象學方法的應用；這個主旨就是對絕對認識的把握；這個方法就是對傳統偏見的摒棄和對本質、觀念的直觀。與在其他學科中一樣，當我們在這裡談到「應用」問題時，它也與理論被付諸於實踐的做法有關，即：理論研究的結果被運用於實際生活的領域，對絕對的、普遍必然的有效性之認識被用來指導個別的、偶然的事實。因此，一門應用科學首先必須以一門理論科學作爲自己的前提；理論科學是第一性的、奠基性的；而應用科學則是第二性的、被奠基的。正是由於這個原因，我們始終將「形式邏輯」區別於「應用邏輯」，將「理論數學」區別於「應用數學」，將「理論物理學」區別於「應用物理學」，如此等等。與此相同，一旦我們同意將舍勒的現象學稱之爲「應用現象學」，我們也就在某種程度上與施泰格穆勒一樣，默認了舍勒哲學所依據的方法前提是作爲「理論現象學」的胡塞爾現象學。

　　胡塞爾本人原則上不會反對「應用現象學」這種提法，當然這裡必須有個前提，這就是：「應用現象學」不能作爲第一哲學而與「理論現象學」（也就是先驗現象學）相並列，更不能凌駕於「理論現象學」之上。

---

27 沃爾夫岡・施泰格穆勒：《當代哲學主流》第一卷，斯圖加特，1978年，第96頁。

實際上，當胡塞爾在1930年批評海德格哲學和舍勒哲學「是一種向『先驗人類主義』或『心理主義』的墮落」時，[28] 他的目的並不是在否認「先驗人類主義」研究或「心理主義」研究本身的合法性，也不是在否認現象學方法對於這些研究的可用性，而只是爲了指責它們「在爭奪統治地位」，在強行要求某種本來不應屬於它們，而應屬於「理論現象學」的東西──第一性和奠基性。如果一門與人類思維有關的「應用學科」不去以第一哲學自居，不去爭奪統治地位，那麼這種研究本身是無可指責的，尤其是當這種研究是在現象學的方法中進行時。胡塞爾本人也曾設想過這樣一門作爲「應用現象學」的「第二哲學」，它也就是被胡塞爾在他主要著作《純粹現象學和現象學哲學的觀念》的標題中放在「純粹現象學」之後的「現象學哲學」。「純粹現象學」作爲「第一哲學」應當是「一門絕對自身證明的普遍方法論；或者，從理論上理解：一門關於所有可能認識的純粹（先天）原則之整體性科學和所有在這封閉體系中純粹推演出的先天眞理。」[29] 與此相對，「現象學哲學」作爲「第二哲學」則是「所有『眞正的』、即在理性方法中『進行解釋』的事實科學」。[30] 當然這不是指關於實在事實的科學，而是指關於先驗事實的科學，因此胡塞爾又稱它是「一門在絕對意義上的關於存在之物的科學」。[31] 他在1907年所做的題爲「現象學的觀念」之著名講座中就提出：我們「需要」這樣一門「被我們稱之爲形而上學的科學」，即「第二哲學」，但他隨後便「不去考慮認識批判的形而上學任務」，而是去「純粹地堅持它的闡明認識和認識對象之本質的任務」了。[32] 這是可以理解的，因爲在解決第一性的哲學任務之前沒有必要去考慮一個第二性的哲學問題。當然，在此後的二十多年中，胡

---

28 參閱胡塞爾：《純粹現象學和現象學哲學的觀念》第三卷，第140頁。

29 胡塞爾：《第一哲學》，《胡塞爾全集》第七卷，海牙，1956年，第13、14頁。

30 胡塞爾：《第一哲學》，第14頁。

31 胡塞爾：《現象學的觀念》，第23頁。

32 胡塞爾：《現象學的觀念》，第23頁。

塞爾仍然還打算在《純粹現象學和現象學哲學的觀念》的第二卷中展開這方面的研究。如前所述，胡塞爾本人在1913年，海德格在1927年都對此書作了預告，[33] 但這部著作直到胡塞爾去世也未能達到胡塞爾所要求的出版水準。[34]

我們在上篇中已經涉及並部分回答了這樣一個問題，即：胡塞爾是否以及爲什麼自始至終無法對這門「第二哲學」或「應用現象學」做出令他自己滿意的研究結果？在這裡，我們要考慮的另一個問題是，舍勒這方面會如何對待人們所做的這種「理論現象學」和「應用現象學」之劃分？

正如海德格不會同意貝克爾將他哲學解釋成是一種對胡塞爾先驗現象學的「具體化」一樣，[35] 舍勒也不會接受後人對他哲學所做的「應用現象學」的解釋，只要在「應用科學」的概念中還包含著「第二性」、「被奠基性」的意義。因此，胡塞爾對舍勒所做的指責在很大程度上是確切的；所謂「確切」並不是指：舍勒的確是在爲一門第二性的哲學強求第一性的權利，強求「統治地位」──這樣我們就是以胡塞爾的立場和角度來做判斷了；這裡所說的「確切」主要是指：胡塞爾的這種指責建立在對舍勒哲學的一個主要意圖之正確理解之上，這個意圖就是：把哲學人類學建立成爲一門第一性的哲學學說。

舍勒的這個哲學意圖在他的許多著述中是明白可見的，例如在「關於人的觀念」一文中他指出：「在確定的理解中，所有哲學的中心問題都可以回溯到這樣一個問題上：人是什麼，以及他在存在、世界和上帝的界限之內具有什麼樣的形而上學位置和處境。」[36] 《人在宇宙中的位置》一

33　參閱胡塞爾：《純粹現象學和現象學哲學的觀念》第一卷，〔5〕，海德格：《存在與時間》，第47頁，注①。

34　胡塞爾為此書所寫下的手稿經瑪麗・比梅爾（Marly Biemel）整理後於1952年作為《純粹現象學和現象學哲學的觀念》第二卷，即《胡塞爾全集》第四卷發表（海牙）。

35　參閱貝克爾：〈美的事物之衰敗性和藝術家的冒險性。在美學現象領域中的本體論研究〉，載於《胡塞爾紀念文集》，第39頁。

36　舍勒：《論價值的顛覆》，第173頁。

書的開端也是：「人是什麼，他在存在中的位置是什麼？從我的哲學意識第一次甦醒以來，這些問題比其他任何一個哲學問題都更根本地困擾著我。」[37] 此外，我們從舍勒的許多重要著述標題中也就不難看出他的主導思想動機：〈人的永恆〉、〈處在均衡時代的人〉，〈人在宇宙中的位置〉，〈人與歷史〉、〈關於人的觀念〉……如此等等。因此，高達美正確地評價說：「哲學人類學透過他而上升為一門中心的哲學科學，它的影響一直深入到上帝學說中，它最終將他永不安寧的思辨精神從天主教會的束縛中解脫出來。」[38] 儘管人們對舍勒思想中人與上帝的關係還有爭議，但人的問題在他哲學中的中心地位是有目共睹的。「哲學人類學」這個概念與例如〈哲學解釋學〉、〈語言哲學〉等等標題一樣，都不僅僅是對一個特定課題、特定現象的哲學探討，而且它們還負載著哲學的大全主義使命。

也因此，中心課題的差異是舍勒和胡塞爾哲學意向的主要分歧，它涉及到他們兩人對「先驗現象學還原」方法的理解。後人將這種方法簡稱為「先驗還原」。

經常被人引用的一段胡塞爾對「先驗還原」之闡述是這樣的：「我們不以自然的方式來進行那種屬於自然構造意識、帶有超越命題的行為，並且我們不讓自己受到那種在這些行為中隱含著的、不斷朝向更新的超越命題之動機的制約──我們將所有這些命題『排斥』出去，我們不附和這些命題；我們在進行把握和進行理論研究時將我們的目光朝向那個在其絕對的本己存在中之純粹意識。因此，儘管我們將整個世界連同所有的事物、生物、人，包括我們自己，都『排斥』掉了，但這個在其絕對的本己存在中之純粹意識仍然作為我們正在尋找的『現象學的賸餘』而留存下來。實際上我們沒有失去任何東西，但卻獲得了整個絕對的存在，確切地看，這個存在在其自身中隱含著所有世界性的超越，在自身中構造著所有這些世

---

37 舍勒：《人在宇宙中的位置》，伯爾尼，1983年，第5頁。
38 高達美：《新近哲學》，第110頁。

界性的超越。」[39] 胡塞爾在這裡所說的「自然方式」，是隱含在我們日常生活中以及隱含在自然科學中的一種對待世界、人和社會之存在的態度：我們不假思索地認定它們是存在的，但不去反思它們爲什麼是存在的。這種態度又被胡塞爾稱之爲「存在設定」或「自然命題」。如果我們放棄和排斥這種自然的命題，不做任何在先的存在設定，而是面對我們直接把握到的實事本身，那麼我們便能夠獲得一種哲學的態度，在這種哲學態度中不含有任何超越的東西，一切都是直接的、內在的；這便是胡塞爾所說的純粹意識。進一步的純粹意識分析將會告訴我們：意識是如何透過自己的意向構造能力而使對象顯現出來，並賦予這些被意識創造出來的對象以客觀自在的存在，從而釐清所謂客觀存在的根源是在純粹先驗的主體性之中。但這種「進一步的純粹意識分析」已經屬於現象學本質直觀的範圍，而我們在這所要討論的只是現象學的「先驗還原」問題，所以我們首先把注意力集中在「先驗還原」的主要特徵上；當現象學反思的目光所指向的是純而又純的先驗意識時，所有的實在設定都「被判爲無效」，傳統、權威、信仰、教育所傳授給我們的所有一切，以及由這一切所組成的那個我們生活於其中並且對我們來說確定無疑之世界——它們對於進行先驗還原的現象學反思者來說都失去了其原來的有效性。簡言之，一切必須從頭開始，以往的規則無效。

對於胡塞爾的「先驗還原方法」，舍勒在去世前所寫的《人在宇宙中的位置》一書中曾做出過積極的表態：「胡塞爾……將觀念認識與對世界事物的偶然之此在係數的『現象學的還原』或『加括弧』連結在一起，以便獲得世界事物的『本質』（essentia）。當然，我在一些個別的問題上還不能贊同這個還原的理論，但我卻可以承認，這種還原的行爲相當眞實地闡明了人類的精神。」[40] 我相信，舍勒的這段評價是經過深思熟慮後才寫下的；因爲在這段話中包含了他自己對「先驗還原」方法的特定解釋。

---

[39] 胡塞爾：《純粹現象學和現象學哲學的觀念》第一卷，〔94〕。
[40] 舍勒：《人在宇宙中的位置》，第53頁。

（一）首先，舍勒在這裡認為胡塞爾的「先驗還原」是一個與「觀念認識」，即「本質直觀」認識相「連結」的方法，而這已經是對胡塞爾「先驗還原」的一種修正了。因為，在胡塞爾那裡，「本質直觀」或「本質還原」是對實在事實的排斥和向純粹意識的回溯，它可以作為一種把握本質的方法而被運用於任何一門本質科學的領域中，因而它原則上說不是一種特殊的哲學方法；而「先驗還原」是對所有自然命題的排斥，包括對所有「本質存在」設定的排斥，例如對個體的人（自我、他我）、集體的人（家庭、國家、社會）等等本質存在的設定；因而「先驗還原」是一種較之於「本質還原」更為澈底的、特殊的、哲學的方法。換言之，「先驗還原」方法所含的主要動機是「一切從零開始」，是一種朝向「原本性」、朝向最終根據的哲學企圖；而「本質還原」——至少在胡塞爾看來——則是一種在擁有若干實在事實的基礎上把握觀念可能性的科學努力。我們在舍勒對「先驗還原」方法的上述解釋中可以隱約地感覺到（並且在下一節還會更清楚地了解到），他有一種用「本質還原」的方法來沖淡以致取代「先驗還原」方法的意圖：「先驗還原」被看作是一種為「獲得世界事物的本質」而「對世界事物之偶然的此在係數」所進行的「現象學的還原」或「加括弧」。這種解釋如果是其他人所做，也許不會引起我們的注意。因為我們只要把「世界事物的偶然此在」理解為自然態度中的實在世界，把「世界的本質」理解為「純粹意識的意向性」，那麼這種對「先驗還原」的解釋就不能被看作是違背了胡塞爾原來賦予它的意義。但是，在舍勒做出這種解釋的情況下，我們就必須仔細揣度他的用心。

（二）這個用心在我們所引用的舍勒同一段表述中就可以得到證實。舍勒在這裡緊接著強調說，他「可以承認，這種還原的行為相當真實地闡明了人類的精神」。舍勒的這個承認是意味深長的，因為胡塞爾用「先驗還原」之方法所要達到的根本目的絕不是，至少

絕不僅僅是對「人類精神」的「真實闡明」；從他提出「先驗還原」的主導動機來看，「整個世界連同所有的事物、生物、人，包括我們自己」，恰恰是胡塞爾先驗現象學所要排斥的東西。人類主義，無論是經驗的，還是先天的，對於胡塞爾來說都只是相對主義的一種表現形式而已──種類的相對主義。當然，在把握了純粹意識的本質結構之後，人們可以將這種絕對的認識運用於人類精神這個相對的、事實性的領域，從而獲得「應用」的實效，即對人類精神的認識。但這已經不屬於純粹現象學的「先驗還原」的問題範圍，而屬於現象學哲學的實施領域了。「先驗還原」恰恰意味著一個與之相反的方向：擺脫「人類精神」，回溯到「純粹意識」上去。如果舍勒在這裡僅僅承認「先驗還原」所闡明的是「人類精神」，那麼他的言外之意顯然在於懷疑或否認「先驗還原」所企圖達到的那個先驗（純粹）意識之層次。

只有在經過對「現象學還原」的這些修正之後，舍勒才有可能接受「現象學還原」的方法。實際上我們已經可以看出，舍勒與胡塞爾在對「現象學還原」的問題的理解上，差異多於相同，分歧多於一致。

這種對現象學方法理解上的不一致性，早在舍勒1917年寫給格里默（A. Grimme）的信中得到第一次公開的證明。舍勒這封信中批評格里默說：「您的信和您的著作都包含著一個不確切的前設：現象學的一致性。人們用現象學這個名稱所能稱呼的東西既不是一組實證的定理，也不像馬堡學派這個名字那樣是一個方法進程的統一。現象學只是一種態度（Einstellung）藝術的統一，即所謂現象學的看（Sehen）。」[41] 從這段話中可以得到兩點啟示：其一，現象學不是一種方法，而是一種態度；舍勒這個說法與胡塞爾對現象學的定義顯然是有衝突的。胡塞爾在完成向先驗現象學的轉變後對現象學概念的第一次（1907年）定義是：「現象學：它

---

[41] 舍勒1917年5月4日致格里默的信。轉引自威廉・馬德：《馬克斯・舍勒》，第65頁。

標誌著一門科學，一種諸科學學科之間的連結。但現象學同時並且首先標誌著一種方法和思維態度（Denkhaltung）：特殊的哲學思維方式和特殊的哲學方法。」[42] 撇開胡塞爾所用的「態度」（Haltung）一詞和舍勒所用的「態度」（Einstellung）一詞在德語中意義上的差異不談，[43] 我們可以在此明確地注意到胡塞爾對現象學作為一種方法的強調和舍勒對現象學作為一種方法的否認。而舍勒之所以否認現象學是一種方法，很大的可能是因為胡塞爾從完成向先驗現象學的轉變以來大都將「現象學方法」作為「現象學還原」（即先驗還原）的同義詞來使用。[44] 其二，現象學只是一種「看」的統一；在這個表述中我們可以發現舍勒對現象學的理解與海德格在十多年後對現象學概念的解釋相同。海德格在《存在與時間》中對現象學的定義是：「讓人從自身展示之物本身出發，如它從其本身所展示的那樣來看它」，或者簡而言之，「讓人看到實事本身」。[45] 可以說，舍勒和海德格在這點上的共同之處在於：他們都主張，現象學只是「看」的方式；但他們或是不承認，或是避而不談，現象學規定了要「看」什麼。

必須指出，我們在這裡所依據的舍勒這段表述雖然取自於他的一封通信，但這並不意味著這封通信可能出自一次漫不經心的隨筆。在他的遺稿中我們可以發現，早在1913/14年期間，即在胡塞爾透過《純粹現象學和現象學哲學的觀念》第一卷的發表而公開了他向「先驗」的突破之後不久，舍勒就已經對現象學方法有了這種理解：「現象學首先既不是一門新科學的名稱，也不是哲學的代詞，而是一種精神直觀的態度，人們在這種

---

42 胡塞爾：《現象學的觀念》，第23頁。

43 「Haltung」的最基本含義是「姿勢」；「Einstellung」的最基本含義是「調整」。胡塞爾也用「Einstellung」一詞來描述現象學的特徵：現象學的「態度」是一種與在自然態度中進行的「直向思維」態度相區別的「反思」。（參閱胡塞爾：《純粹現象學和現象學哲學的觀念》第一卷，〔93-95〕、〔118、119〕。）

44 參閱《純粹現象學和現象學哲學的觀念》第一卷，〔53-55〕、〔59〕、〔209〕等等。

45 海德格：《存在與時間》，第34頁。

態度中可以直觀或體驗到某種沒有這種態度便始終隱蔽著的東西：這是一種特殊『事實』的王國。」他接下來強調說：「我說的是『態度』，而不是方法。方法是一種有目的之思考事實的過程，例如歸納、演繹……」[46] 我們可以看到，正是出於對現象學的這種理解，舍勒在他著作中常常運用的是「現象學的」這個形容詞，而不是「現象學」這個名詞。在他去世的前一年，舍勒甚至寫道：「我本人從根本上避免使用『現象學』這個詞」，[47] 因爲它在胡塞爾、海德格和其他胡塞爾的學生那裡有著不同的意義。

　　爲了進一步理解舍勒和胡塞爾在「現象學還原」問題上的分歧，我們可以關注舍勒在我們引用的這份遺稿中隨後所提出的一個重要論斷：「一門建立在現象學基礎上的哲學所必須具有的主要特徵在於，最生動地、最強烈地、最直接地體驗接觸世界本身……懷著對體驗中的存在之渴望，現象學的哲學家到處都在尋找那些從中湧現出世界之內涵的『泉源』本身，以圖暢飲一番。」[48] 這個論斷可以說是再現了舍勒對現象學的「看什麼」之理解：現象學是一種「看」，而且是對「世界」、「現實」的看。[49] 因此，正如馬德曾合理地指出的那樣：「最切近地體驗接觸現實和從現實出發，這兩點在舍勒的哲學中構成一個統一。」[50] 在某種程度上可以說，胡

---

[46] 舍勒：《倫理學與認識論遺著I》，《舍勒全集》第十卷，伯爾尼，1957年，第380頁。舒茲對舍勒的現象學方法論述基本上是對舍勒這段話的重複：「對舍勒來說，現象學既不是新的科學，也不是哲學的替身，而是一個爲要呈現某種特殊且隱晦的『事實』世界之特殊的精神見識態度之名稱。倘若我們把方法的意義限制爲在思考或試驗之歷程中用以達到某種目的之技術的話，那麼現象學是一種態度，而不是方法。」（阿爾弗雷德·舒茲：《馬克斯·謝勒三論》，江日新翻譯，臺北，1990年，第22頁。中譯本將「舍勒」譯作「謝勒」。）

[47] 舍勒：《後期著作》，第285頁。

[48] 舍勒：《倫理學與認識論遺著I》，第380頁。

[49] 舍勒的「世界」和「現實」概念具有雙重含義，這裡所提到的只是其中的一個含義。詳見下一節。

[50] 馬德：《馬克斯·舍勒》，第60頁。

塞爾「面對實事本身」的口號在舍勒這裡被修改成了「面對現實本身」。這裡所說的「現實」或「世界」是指「人」或「人類」的精神現實，而不是指客觀有效的「世界」和關於這個世界的知識。[51] 如果說在舍勒的現象學方法中還包含著還原的成分，那麼這必定是指他對實在世界的排斥和向人本身的回溯。正是在這個意義上，他才贊成胡塞爾「對世界事物之偶然的此在係數」所進行的「現象學的還原」或「加括弧」。這實際上反映了理論科學家與實踐科學家對待現實的不同看法：前者要求避開現實，以免受到現實的左右；後者要求切近現實，以圖能夠更佳地指導現實。

我們可以引用胡塞爾和舍勒的各自之現象學陳述來對他們兩人的思維方式做一個有趣的比較，以此說明胡塞爾現象學與舍勒現象學風格上的差異。典型的胡塞爾理論現象學的考察方式是一種「書房思維」，它從一個狹窄的、然而卻是原本的視域出發，由下而上地達到整體的視域：「我可以使我的注意力到處漫遊，從剛才所看到和注意到的書桌，穿過我身後未被看見的房間部分，朝向陽臺，進入到花園，朝向亭子裡的孩子們等等，朝向所有那些我所『知道』的客體，它們在這裡或那裡存在於我的直接地一同被意識到的環境之中——這種『知道』不含有任何概念思維，它隨著注意力的轉向而僅僅是部分地、大都很不完整地變化成為一個清晰的直

---

[51] 舍勒在這點上是與狄爾泰相通的：他將自然世界的存在和自然科學作為前設和傳統進行排斥，同時卻保留了人的存在及其人文科學和歷史科學的有效性。這種偏愛在某種程度上證明：胡塞爾用對狄爾泰的「人類主義」和「心理主義」的指責來批評舍勒的做法是合理的；（參閱胡塞爾：《純粹現象學和現象學哲學的觀念》第三卷，第140頁；以及胡塞爾1931年在柏林的演講：〈現象學與人類學〉，載於《哲學與現象學研究》，第二卷，第1期，1941年9月，第1-14頁。）

高達美用對狄爾泰的「歷史主義」的指責來批評舍勒也是合理的。（參閱高達美：《解釋學》第一卷，第287頁：「我不相信舍勒的這個意見是合理的，即：歷史科學可以使在先地被意識到的傳統之壓迫不斷得到削弱。我覺得，在這種意見中所隱含之歷史科學的獨立性是一種自由的臆想，舍勒通常是不會看穿這種臆想的。」）

觀。」[52] 而舍勒式現象學考察的開端則以系統現實的實踐世界、價值世界為出發點，由上而下地達到對各個本質的認識：「我處身於一個由感性客體和精神客體組成的龐大世界中，這些客體不斷地激動著我的心和我的熱情……無論我是研究一個個體，一個歷史時代、一個家庭、一個民族的最內在本質，還是研究其他任何社會歷史單位的最內在本質，我都只有在認識了這些本質的事實價值估測和價值進行的系統——這個系統始終具有一定的層次——之後，我才能最深刻地認識和理解這個本質本身。」[53]

　　馬德認為：舍勒式現象學設想的特徵可以概括為三點，「背向世界、面向人本身；而最首要的則是朝向永恆的本質」。[54] 這個概括也適用於我們在這裡對舍勒現象學思想的整體描述：「背向世界」和「面向人本身」這兩點再現了舍勒的「現象學還原」思想，它包含著「排斥」和「回溯」的因素；這是我們在這一節中已討論過的問題。「朝向永恆的本質」則是對舍勒「本質直觀」方法的概括；它構成我們在下一節中所要論證的課題。

52　胡塞爾：《純粹現象學和現象學哲學的觀念》第一卷，〔48、49〕。
53　舍勒：《倫理學與認識論遺著I》，第347頁。
54　馬德：《馬克斯‧舍勒》，第38頁。

二十三、胡塞爾和舍勒的「本質直觀」之異同

在描述過胡塞爾的現象學本質直觀過程和特徵之後，我們來看一下舍勒對現象學本質直觀的理解。

正如在前面已經指出的那樣，大多數人認為，舍勒將胡塞爾所創造的現象學方法加以實際的運用，這種看法在一定的意義上是正確的。舍勒本人則否定現象學方法的統一性並最終拒絕使用現象學一詞，這種做法在一定的意義上也是合理的。既然我們承認這兩種觀點都有合理性，那麼這也就意味著我們不把這兩種觀點之間的矛盾看作是一種在內容上必然的對立，除非人們錯誤地理解了現象學方法的實際內涵。[55]我們毋寧把這種矛盾看作是一種術語上的差異：如果人們與胡塞爾相背地把「現象學的方法」僅僅理解為「本質直觀的方法」，那麼舍勒的哲學思維確實可以說是在對這種方法的運用中進行的；而如果我們與胡塞爾相同地把「現象學的方法」理解為「先驗還原」的方法，那麼舍勒對「現象學方法」一致性的否認便是可以理解的。由此我們也可以領悟舍勒對「現象學方法」忽而贊同、忽而拒絕的做法之原因所在。[56]

對舍勒與胡塞爾在現象學本質直觀方法上共同性，以及對舍勒所具有的本質直觀之能力，大多數熟悉舍勒思想的學者都不表示懷疑。舒茲曾稱舍勒「是胡塞爾現象學成就所能讓人接受之本質直觀新樂園中的第一位天

---

55 哈默在其著作《神主的人類學？——舍勒的人類觀及其侷限性》中的論述便是一例。一方面可能是由於對胡塞爾「先驗還原」和「本質直觀」內涵的不甚理解，另一方面也許是因為受舍勒用「本質直觀」來沖淡甚至取代「先驗」這一意圖的干擾，哈默將「現象學還原」與「本質還原」混為一談，從而沒有釐清舍勒現象學思想中的真正動機所在。

56 英加登的回憶在一定程度上是對這個問題的說明：「我後來在舍勒那裡也發現了『本質還原』等等表述——他並不願意隨胡塞爾一起進行先驗的還原，但他覺得本質還原還是有意義的。」（英加登：〈胡塞爾的還原問題〉，轉引自江日新：《馬克斯·謝勒》，第101頁。）

才——亞當，是第一個所有事物（連最平常的也一樣）將其本質及意義展現給他的人。」[57] 對此，我們還可以參考現象學運動的另一位間接成員高達美對舍勒的評論：「胡塞爾的『本質直觀』學說就好像是專門為他製作的，因為他擁有一種具有穿透性的直觀能力，這種能力使他能夠在生物學和心理學、人類學和社會學的廣泛科學領域、在歷史科學領域中獲得了對人類生活的本質規律之輝煌洞察。」[58] 除此之外，我們在各種關於舍勒的文獻中還可以找到許多類似的說法。可以說，胡塞爾和舍勒的本質直觀或本質還原都是排除經驗事實，直接把握純粹本質、抽象範疇、先天觀念的現象學方法，它們之間的共同性是毋庸置疑的。

　　但這種共同性不是一種絕對的共同性，它並不意味著同一種的方法在不同領域中的相同運用，甚至不能意味著同一種方法在不同領域中的不同運用。我們在對現象學運動各個分支的考察中，首先是在對海德格和舍勒哲學的考察中發現一個驚人的事實：當問題僅僅涉及到作為純粹形式的方法時，在各個現象學家之間並沒有很大的分歧；然而，一旦人們將這種方法與研究的領域結合起來，各種現象學本質還原的變異形態便產生出來。以至於我們難免要提出這樣的問題：作為內容的領域的不同是否必然會導致對作為形式的方法之理解上的差異？領域上的分歧是否與形式上的相同成反比？如果答案是肯定的，那麼胡塞爾所說的現象學本質直觀作為一種哲學方法的普遍有效性就受到了嚴重的懷疑。梅洛—龐蒂在他的代表作《感知現象學》的一開始便回答了這種懷疑，他用重點號標出了他對現象學的這樣一種理解：「現象學作為一種風格或文體是可進行的和可認識的，它作為運動而存在，但它還沒有成為一種封閉的哲學意識。」[59] 現象學方法的形式同一性在這裡實際上已經被還原為在風格和文體上的相同性了。

---

57 舒茲：《馬克斯・謝勒三論》，第1頁。

58 高達美：《新近哲學》第一卷，第109頁。

59 梅洛—龐蒂：《感知現象學》，德文版，第4頁。

我們這裡要討論的就是：舍勒的現象學方法與胡塞爾現象學方法的同一性究竟延伸到哪一點上為止？——我們在前面已經指出，儘管舍勒強調，現象學還原可以使我們擺脫事實，達到「本質」，但「現象學僅僅在這個態度上具有統一性，而在進一步的結果和方法上則不具有統一性」。[60]因此，更確切地說，我們在這裡所要做的就是對這種在本質還原的進一步結果上和方法上的不統一性進行較為詳盡的說明。

我們首先考察舍勒與胡塞爾各自的本質直觀結果上的異同。——在舍勒這裡，本質與事實的區分仍然有效。但舍勒更常用的做法是對三種事實的劃分：「自然的事實」、「科學的事實」和「現象學的事實」，最後一種事實又被舍勒稱之為「哲學的事實」或「純粹的事實」，它已經在一定程度上與「本質」的概念是同義的了。所謂「自然的事實」，在舍勒那裡是指「一個在事物本身和我們在經驗這些事物時所具有的狀況之間的中間王國。它可以說是一個回答，即世界對我們肉體狀況以及它們的統一性、我們的欲望對宇宙所提出之問題的一個回答。相對於『純粹事實』而言，它是一個在雙重意義上的『象徵』——事物本身的象徵和我們的狀況的象徵。」[61]正是從這種自然的事實之中，人們獲得「日常的知識」，從而形成「自然的世界觀之態度」。舒茲曾舉例說：不管哥白尼（Copernicus）怎麼說，在「自然的世界觀之態度」中，太陽依然從海上升起，從西山落下；地球仍然是我們熙來攘往的不動大地。[62]

與自然的事實相對立的一方面是現象學的事實或哲學的事實，另一方面是科學的事實，即具體科學、實證科學的事實。這兩種事實之所以與自然的事實相對立，是因為它們都屬於非自然的事實，這些事實帶有人工的特徵，帶有人為的痕跡。所謂人工或人為，是指我們必須經過一定的操作才能獲得這兩種事實。具體地說，想要獲得「科學的事實」或關於這些

---

[60] 馬德：《馬克斯·舍勒》，第65頁。

[61] 舍勒：《倫理學與認識論遺著I》，第436頁。

[62] 參閱舒茲：《馬克斯·謝勒三論》，第23頁。

事實的知識，必須進行科學的還原，其結果是「科學態度」的形成，[63] 哥白尼的「日心說」是這種科學事實的一個例子；而想要獲得「純粹的事實」，從而建立起「哲學的」或「現象學的態度」，人們則必須進行現象學的還原。這樣，這三種事實和三種態度中的每一種事實與態度都與其他兩種事實與態度處於對立狀態。由現象學還原所導致的現象學事實和態度一方面區別於自然的事實和態度，另一方面也區別於科學的事實和態度。但這三種事實並不是相互並列的三個領域，而是在它們之間存在著一種奠基關係。用舍勒的話來說：「現象學的成敗都在於這樣一個主張：有〔現象學事實〕這樣一種事實存在——正是這種事實奠定了自然事實和科學事實這些其他事實的基礎，這種事實相互間的連結奠定了其他事實相互間連結的基礎。」[64]

　　在這一點上，舍勒與胡塞爾的現象學思想不發生衝突，儘管在兩者之間還有一些非原則性的差異：胡塞爾意義上「自然的態度」不僅包含舍勒意義上的「自然態度」，而且還包含著舍勒所說的「科學態度」；而胡塞爾所說的與「自然態度」相對立之「現象學的態度」或「哲學態度」則與舍勒意義上的「現象學態度」或「哲學態度」具有一致性。這就是舍勒所說的現象學「在態度藝術上的統一性」。[65] 這種廣義上之現象學態度的統一性實際上已經不再是現象學的專利了：「當釋迦牟尼說，『觀察每一個事物，這是一件壯麗的事情，而作為這些事物存在，卻是一件可怕的事情』時，他已經意識到了這一點，並且他還發展出了一種將世界和自身非現實化的技術。當柏拉圖為找到事物的『起源』而把觀念直觀與心靈對事物之感性內涵的背離和向自身的返回連結在一起時，他也意識到了這一點。而當胡塞爾為了獲得世界事物的『本質存在』而將本質認識與一種『現象學還原』，即對世界事物的偶然此在係數的『刪除』或『加括弧』

63　參閱舍勒：《倫理學和認識論遺著I》，第461頁。
64　舍勒：《倫理學和認識論遺著I》，第448頁。
65　參閱舍勒1917年5月4日致格里默的信。

連結在一起時，他同樣也意識到了這一點。」[66]胡塞爾之所以在現象學的領域中極具重要性並成爲現象學的創始人，是因爲他第一次將達到這種態度的方法確定下來，提供了一種獲得「純粹事實」的操作技術，即本質直觀的方法：「如果我們要從這裡更深地進入到人的本質中去，那麼我們就必須想像這樣一些意識行爲的組構，這些意識行爲可以導致觀念直觀的意識行爲。在進行這種行爲時，我們有意或無意地運用一種技術，這種技術可以被稱之爲對事物、世界的現實性特徵之揚棄（的企圖）。在這種企圖中，在這種把握本質的技術中，本質的邏各斯──一旦它成爲『對象』──就會從具體的、可感受到的事物世界中顯現出來。」[67]此外，舍勒對明見性概念的理解比胡塞爾理解要較爲狹窄一些。對他來說，「明見性」是一種僅僅與本質直觀有關的東西，它是「一種本質的澄明，在這種澄明中，本質在最嚴格的意義上自身被給予地展示出自身」。[68]哲學思維在舍勒與「觀念化」或「本質化」的活動是同義的。至此爲止，我們所突出的都是現象學在態度上的統一，而在此同時所接觸到的現象學態度上之差異還僅僅只與術語和定義有關。

然而，即使在這種爲舍勒所承認的「態度上的統一性」中也已經隱含著分歧的萌芽。如果我們進一步探討下去，就會接觸到胡塞爾和舍勒現象學本質直觀方法上的差異。馬德非常恰當地指出，舍勒所用的「態度」這個概念比「思維」要更合適，因爲「它是一種在哲學認識上的道德傾向」。[69]現象學的態度以及現象學的還原因而在舍勒那裡實際上是一種與道德準則有關的東西。對於舍勒來說，在這種「態度」中進行的內在行爲就意味著對絕對價值和絕對存在的愛，意味著對自然的自我貶低，意味著對欲望、虛榮的自我控制；[70]簡而言之：它意味著排除現實，揚棄和粉碎

---

[66] 舍勒：《人在宇宙中的位置》，第52頁。

[67] 舍勒：《人在宇宙中的位置》，第52頁。

[68] 舍勒：《論人的永恆》，第298頁。

[69] 馬德：《馬克斯·舍勒》，第64頁。

[70] 參閱舍勒：《論人的永恆》，第89頁。

我們對世界的欲望，回到作為愛之生物的人之本質上去。

因此，在現象學本質直觀方法上，舍勒從兩個方面偏離胡塞爾；而這兩個方面都或多或少地與舍勒對事實與本質的特殊理解有關：一方面，舍勒認為，本質直觀作為現象學還原所要排斥的是世界的現實特徵，即生命的衝動、欲望、刺激等等。「人的存在就意味著：對這種現實回擲一個『不』字。」[71] 很明顯，舍勒這裡所說的「現實」已經與胡塞爾意義上的「世界現實」發生分歧。確切地說，在舍勒的現象學本質直觀（也是現象學還原）的概念中不僅包含著胡塞爾所主張的「對世界的非現實化」（entwirklichen），即把現實世界的存在，包括自我的存在，判為無效，不去對它們做任何運用；而且它同時還意味著舍勒自己所提出之對認識的「非感性化」（entsinnlichen），甚至是對認識的「非肉體化」（entleiblichen）。所謂「非感性化」或「非肉體化」是指一種超脫自然生命、超越肉體感官的過程。胡塞爾受到舍勒的批評，因為他至少仍然將他的範疇直觀奠基在感性的內容之上。[72]

可以說，胡塞爾將本質直觀的能力看作是人所具有的一種第六感官，[73] 而舍勒則認為，本質直觀就是一種禁欲的能力和說不的能力；胡塞爾所要求的是對事實的存在之「不關心」和「懸擱」，而舍勒則要求對感情欲望的做出禁止。正是在這個意義上，舍勒批評胡塞爾說：「對世界的『去除現實』或對世界的『觀念直觀』意味著什麼？它並不像胡塞爾所認為的那樣是對（那種在任何自然感知中已經含有的）存在判斷的抑制；『A是實在的』這個判斷已經在它的陳述中要求一種體驗的充實，只要『實在』不僅僅只是一個空泛的辭彙。」[74] 他自己對「本質直觀」的理解

---

71 舍勒：《人在宇宙中的位置》，第52頁。

72 參閱舍勒：《倫理學與認識論遺著I》，第448、449頁。

73 胡塞爾在1907年期間就曾論述說：一個想把握本質的人，必須具備精神直觀的能力：「假如他不具有另一種感官，我們怎麼能使他信服呢？」（胡塞爾：《現象學的觀念》，第61頁，中文版，第54頁。）

74 舍勒：《人在宇宙中的位置》，第54頁。

是：「毋寧說，這種對世界的『去除現實』或對世界的『觀念直觀』意味著（對我們來說）盡力去揚棄實在因素本身，去湮滅那整個實在的有力侵入以及由這種侵入所引起的相應之情緒——它意味著去消除那種『世俗性的恐懼』」。[75] 因爲在舍勒看來，「所有現實對於每一個活的生物來說首先是一個對人帶來阻礙和束縛的壓力，而『純粹恐懼』（不帶任何客體的恐懼）則正是這種壓力的相關物。」[76] 我們在前面曾經指出過舍勒對「生活」與「精神」的區分，與此相關，舍勒的本質直觀所要排斥的是「生活」這種感性的存在，在這個意義上，人的眞正存在就意味著「生活的禁欲者」[77]；而本質直觀所要獲得的則是「精神」：「只有那種被我們稱之爲精神的存在才能進行這種非現實化的行爲，只有精神才能以純粹意志的形式透過一種『意志行爲』完成對感情欲望中心的非現實化」。[78] 在這裡，「感情欲望」、「情緒」等等概念的頻繁出現表明：本質直觀所涉及的是「情感」與「理智」或「生活」與「理性」的對立。由此可見，在舍勒的對本質直觀之理解中，柏拉圖主義的道德色彩是相當濃烈的。

另一方面，舍勒對胡塞爾本質直觀思想的偏離還表現在：他的本質直觀作爲現象學還原所要獲得的最終本質並不是在胡塞爾意義上的先驗意識本質，而應當是與上帝有關的永恆觀念。許多舍勒研究學者都指出過這個事實，例如：哈默認爲：「典型之舍勒式的現象學」是建立在一種「透過奧古斯都而基督教化了的柏拉圖之理念論基礎上」，[79] 漢斯·孔恩（H. Kuhn）則乾脆把舍勒的思想稱之爲一種「經過現象學更新的奧古斯都主義」。[80]

按照胡塞爾的本質直觀論：（一）如果運用這種本質直觀的是物理

---

[75] 舍勒：《人在宇宙中的位置》，第54頁。

[76] 舍勒：《人在宇宙中的位置》，第54頁。

[77] 舍勒：《人在宇宙中的位置》，第55頁。

[78] 舍勒：《人在宇宙中的位置》，第55頁。

[79] 哈默：《神主的人類學？——舍勒的人類觀及其侷限性》，第39頁。

[80] H.孔恩：《神學與教會辭典》，第九卷，弗萊堡，1964年，第383頁。

學家、幾何學家、數學家等等，換言之，如果這種本質直觀的運用範圍是意識對象領域，那麼人們透過它所獲得的本質便與自然事物和事件有關；（二）如果運用這種本質直觀的是心理學家，就是說，如果這種本質直觀的運用範圍是人類心理或人類意識行為，那麼人們透過它所獲得的本質是人類心理的本質結構；（三）如果運用這種本質直觀的是先驗現象學家，或者說，如果這種本質直觀的運用範圍是先驗意識領域，那麼人們透過它所獲得的本質就將是先驗論意識的本質構造，它在胡塞爾學說中意味著最終的確然性，因此也構成胡塞爾哲學所追求的最終目的。──但在舍勒這裡，本質直觀所要把握的是絕對的存在和絕對的價值，它的結果是與人和世界之價值秩序、價值等級有關的東西。在本質直觀所把握到的「純粹意志」或「精神」之中，首先展現給我們的人之存在的純粹事實，它表明人作為人的本質在於他是一種「愛的生物」：「人，早在他是思維生物或意欲生物之前，就是一個愛的生物（ens amans）。[81] 但這種「愛」顯然不是指情感之愛或性愛等等，它「不是追求和欲求，更不是需求」。[82] 而是一種在某種程度上可以說是柏拉圖式和奧古斯都式的「精神之愛」，從宗教上說，它與基督教觀念上的愛是等值的，「愛是精神的非感性之愛」；[83] 從哲學上說，愛是一種原本性的行為，「愛在任何時候、任何地方都是一種創造價值的活動，而不是一種再造價值的活動。」[84] 就像感知在胡塞爾的現象學中是原本地構造出原初意識對象的行為一樣，愛在舍勒的現象學中所具有的功能是原本地構造出價值。這些在愛的本質直觀中顯現出來的價值與本質或純粹事實是一致的，它們在初級階段上是精神性的價值，在高級階段上是神聖性的價值。用舍勒的話來說，「對本質的愛」就是「對上帝之普愛的回報之愛和回應之愛」；[85] 「每一種愛都是未完成的對上帝

---

[81] 舍勒：《倫理學與認識論遺著I》，第356頁。
[82] 舍勒：《論價值的顛覆》，第73頁。
[83] 舍勒：《論價值的顛覆》，第73頁。
[84] 舍勒：《同情的本質與形式》，第133頁。
[85] 舍勒：《同情的本質與形式》，第152頁。

的愛。」[86]

　　舍勒從這兩方面對胡塞爾本質直觀思想的修正與舍勒本人本質直觀理論的特徵，尤其與是他的本質論之特徵是相互對應的。現象學本質直觀在舍勒那裡所具有的兩個最基本之特徵就是：對認識的非感性化和將本質抬高成為上帝的觀念。這兩點使他的現象學本質直觀概念明確地與胡塞爾的本質直觀概念區別開來。[87]

　　可以肯定地說，胡塞爾與舍勒的本質直觀思想之差異實際上完全是由他們各自對事實與本質的理解所導致的。本質與事實的對立在胡塞爾那裡是本質直觀理論得以成立的一個無可置疑之前提，而在舍勒那裡，這種對立有相當大的一部分已經成為世俗之物與神聖之物對立的代名詞。

---

[86] 舍勒：《倫理學與認識論遺著I》，第355頁。
[87] 這個觀點也可以參閱哈默：《神主的人類學？──舍勒的人類觀及其侷限性》，第35頁。

二十四、舍勒的精神概念與胡塞爾的意識概念──
　　　　現象學領域的差異

　　舍勒與胡塞爾對現象學還原方法的不同理解和實施，必然導致在現象學還原後他們各自所擁有的「現象學贓餘」之間的差異。換言之，現象學還原方法的不同，也就意味著現象學研究對象和研究領域的不同。

　　我們在第一篇中已經說明，胡塞爾現象學的研究對象可以被概括為是作為意識的意識，或者說，是意識本身。在進行了胡塞爾意義上的現象學還原之後，我們面對的是純粹的意識，它包含感覺材料、意識活動和意識對象。胡塞爾用他的現象學直觀分析向人們證明，純粹意識的最根本的特徵在於它的意向性，意識總是關於某物的意識。任何一個意識行為，要麼本身具有意向能力，要麼以一個本身具有意向能力的意識行為作為它的基礎。這樣，本身具有意向能力的意識行為便構成第一性的、奠基性的意識行為。對這類原本意識行為的分析是其他現象學分析的前提。

　　這個結論顯然與舍勒所理解的現象學第一性研究對象不相符合。我們在前面已經不只一次地看到，排在舍勒現象學研究對象第一位的不是胡塞爾意義上的意向性行為，如感知、想像、符號意識等等，而是情感行為，如愛、恨、期望等等。這個做法與舍勒的現象學還原操作是前後一致的：在進行了舍勒意義上的現象學還原之後，作為現象學的贓餘留存下來的東西也可以用一個概念來概括：精神。

　　一方面是胡塞爾現象學的中心概念：意識，另一方面是舍勒現象學的中心概念：精神。在這兩者之間所存在的絕不僅僅只是一個術語上的差別。在這個問題後面隱藏著一個根本性的、多層次的問題。這一點我們從舍勒對意向性這個意識本質特徵的態度中便可以看出。

　　舍勒在他的教授資格論文中曾將他所尋求建立的學說稱之為「精神論」，在那裡，「精神」概念與胡塞爾的意識本質有相通之處。舍勒認

為，精神是一種存在形式，是一種內在於行為中之對某物的指向關係活動。對精神的這一理解與胡塞爾的意向性學說顯然是相符合的。因此，儘管舍勒這時還沒有接觸到意向性概念，因而在這部著作中也從未談到過意向性問題，但他在此之後很快便接受了這個由布倫塔諾發現，並由胡塞爾加以哲學化的重要範疇。舍勒以後對胡塞爾現象學的不同表態，都與這個可以被形容為「不謀而合」或「一拍即合」的事實有關。[88]

可以說，在舍勒將自己理解為「現象學家」的這個時期（大約在1906年至1922年期間），舍勒對現象學研究對象和領域的理解以及他對意識的意向性問題的理解基本上還是與胡塞爾保持一致的。我們在舍勒寫於1911至1912期間的《關於三種事實的學說》的手稿中可以讀到：「意向連結、『關於某物的意識』」展示了「所有現象學考察的基本事實」。[89]更進一步說，舍勒在此期間與胡塞爾一樣，將現象學還原後留存下的意識領域視為現象學的研究範圍，並且在此基礎上對他自己的現象學哲學構想做了進一步規定，這些規定被W.亨克曼歸結為以下七點：

（一）把握行為與對象之間的相關性規律，根據這個規律來建立行為現象學、實事現象學和相關性現象學。

（二）確定各個具有意向能力的行為種類之間的差異，這些行為種類包括如愛、恨、本質直觀、思維、感情、信仰等等。

（三）探討在意向行為中被意指的對象之內在性規律，同時也不排斥對對象的超越性之研究。

（四）將意向對象規定為一種透過本質直觀才能認識到的先天本質，使它

---

88 舍勒在《論價值的顛覆》中將由胡塞爾開創的現象學比喻為「在監獄中被囚禁了多年的人邁入一個盛開之花園的第一步」（第339頁）；在致格里默的信中他卻稱自己不是胡塞爾的學生，早在閱讀胡塞爾的《邏輯研究》之前，他就已經發展了他的哲學基本設想，以及如此等等。這些說法都帶有一定的真實性。它們表明了舍勒早、中期的現象學追求在某種程度上的獨立性和它與胡塞爾思想在某種程度上的相合性。

89 舍勒：《倫理學與認識論遺著I》，第475頁。

們能夠區別於後天的此在。

（五）探討各種本質和行爲種類與奠基秩序和被給予性秩序所具有的系統本質連結之間的規律性關係。

（六）確立「自身被給予性」是最高的現象學認識標準。

（七）把握現象學分析的方法，用它來明見地直觀意向對象。[90]

　　儘管在舍勒的這些現象學追求中還流露出與胡塞爾現象學意向的不和諧之音，但在整體方向上是贊同多於背離。

　　需要注意的是，舍勒與胡塞爾在現象學方法問題上以及在現象學研究領域問題上的「不謀而合」是與他早期哲學思考密切相關的。精神概念與意識概念在意向性特徵上的一致性即使在他的哲學活動中期也僅僅意味著部分的相合。舍勒在中期對意向性的理解與他在早期對精神的定義有相繼的關聯：意向性基本上淵源於他早期所理解的「人類精神的價值功能」。[91]雖然舍勒中期在精神概念中加入了胡塞爾意向性概念的成分，對意識加上「我們關於某物的精神意識」[92]的稱號，但如果我們將這裡的某物理解爲價值，那麼「精神的構造價值的能力」與「精神的價值功能」這兩個範疇便又可以相互銜接起來。因此，在舍勒那裡，精神的價值構造功能顯然是精神所具有的最基本規定性。舍勒對胡塞爾意向性概念的立即接受，其原因並不在於：舍勒與胡塞爾一樣，透過這個概念而發現了意識構造對象的能力；毋寧說，舍勒發現意向性這個概念揭示了意識的構造能力，無論這種能力是指構造對象的能力，還是指構造價值的能力。這種能力就是舍勒的「功能」概念的代名詞。

　　也許正是舍勒從早期至中期對精神的這種一貫理解導致了他後期對胡塞爾現象學的疏遠和反叛。從「精神」和「意識」、「功能」和「意向性」這兩對概念的比較中可以發現：在舍勒的理解中，「精神」、「功

90　對此的詳細論述可以參閱 W.亨克曼：〈舍勒哲學中的意向性問題〉，載於《布倫塔諾研究》第3期，1990/91年，第206頁。

91　舍勒：《早期著作》，第340頁。

92　舍勒：《同情的本質與形式》，第309頁。

能」是比胡塞爾的「意識」、「意向性」更為廣泛的兩個概念。這正是舍勒在其思想發展的後期對胡塞爾的意識論和意向性學說進行批判的基本理由。

對胡塞爾意識概念的批判可以在舍勒1922年至1927年期間的著述和手稿中找到。[93] 與海德格對胡塞爾的批評一樣，舍勒的批判也始終以含而不露的形式出現。它主要集中在這一點上：胡塞爾的意識概念過於狹窄。

在舍勒看來，胡塞爾意識概念的狹窄性首先在於，胡塞爾將它限制在認知性的意識行為上，例如感知、思維、判斷等等，從而忽略了對類似同情、悔恨等等情感性的意識行為之關注。舍勒在這裡所說的認知行為和情感行為，相當於胡塞爾在《邏輯研究》中對所有意識行為所做的在客體化行為和非客體化行為之間的劃分。當然，舍勒對情感行為有他自己的理解，他認為這種行為同樣也具有意向能力。拋開舍勒和胡塞爾各自對情感行為或非客體化行為的規定上之差異不論，舍勒對胡塞爾意識概念之狹窄性的這一批判並不是十分確切的。因為胡塞爾本人一再強調，現象學的意識領域包含了所有的體驗，無論是認知性的，還是情感性的。胡塞爾在其一生的意識分析中從未表露出將情感行為排斥在意識領域之外的意圖。導致舍勒這一誤解的原因也許是由於胡塞爾雖然在他未發表的手稿中並沒有忽略對情感行為的分析研究，但在其生前所發展的著作中卻對情感行為始終置而不論，因為胡塞爾堅持這樣一種觀點，對意識的分析必須「自下而上地」進行，在完成對第一性的認知行為之分析前，不能過於匆忙地討論第二性的情感行為。[94]

---

93 可以參閱舍勒這一時期的著述和手稿，例如〈德國當代哲學〉、〈人在宇宙中的位置〉、〈作為實證認識的形而上學認識論和方法論手稿〉等等。

94 在第一篇中已經說明，胡塞爾對第一性和第二性意識行為的劃分，在《邏輯研究》中是出於這樣一個理由：情感行為（非客體化行為）不具有意向能力，因此必須以具有意向能力的認知行為（客體化行為）為基礎；在《笛卡兒式的沉思》與後期其他著作中，則是因為情感行為（實踐行為）屬於先驗意識事實的範疇，認知行為（理論行為）則屬於先驗意識本質的範疇。

　　由此可見，舍勒對胡塞爾的意識概念之批評，與其說是對這個概念的狹窄性之批評，不如說是對胡塞爾所聲稱的認知行為（即舍勒所理解的意識概念）之奠基性的批評或置疑。在舍勒的批判中的確也包含著這層含義：舍勒認為，德文中的「意識」一詞（Bewusstsein）起源於「知識」（Wissen）。「意識始終是關於某物的意識」，這句話用嚴格的語言來翻譯應當是：意識始終是某物被意識到。因此，這個某物是先於意識而存在的。首先被知道的（be-wusst）是這個某物，然後在反思中（re-flektiert）意識本身才被知道。關於某物的知識因而要先於關於意識的知識。[95] 就此而言，舍勒可以得出兩個結論：首先，胡塞爾現象學中的「意識」（即客體化行為）並不能聲稱自己具有奠基性，因為，某物在它之前便已經被知道。[96] 其次，胡塞爾現象學中的「意識」也不能聲稱自己具有整體性，因為它只是各種「知識」類型中的一種，此外在舍勒看來還有「解脫性知識」、「統治性知識」以及其他等等；換言之，「知識」較之於「意識」是一個更廣泛、更基本的概念。

　　應當說，舍勒對胡塞爾意識概念的批判從一開始便建立對胡塞爾的誤解之上，但這並不妨礙舍勒透過這種批判來闡述他自己的哲學構想。在《同情的本質與形式》的第二版（1922年）中，舍勒提出了「出神的知識」（ekstatisches Wissen）這樣一個概念，[97] 認為這種知識才是最原初的知識形式。與「出神的知識」相比，意識不是一種「原事實」，而是一個第二性的範疇。舍勒將這種知識稱作是一種「對事物的簡單擁有」。在他看來，儘管我們文明化了的成年人已經遺忘或拋棄了這種知識，但它在原

95　參閱舍勒：《後期著作》，第185頁。

96　這個結論與我在第7節〈現象學反思的反思〉中用現象學分析的方法所得出的結論是基本一致的，即：現象學的反思只能是一種反思性的再造，只能是一種「後思」（Nach-Denken）。

97　「出神」一詞來源於希臘—拉丁文中的「Existasis」，帶有從某種狀態中出來的含義。通常被譯作「狂喜」、「消魂」或「心醉神迷」。我們隨後便可以看到將這個詞譯作「出神」的理由。

始人和兒童那裡還不斷地表現出來，並且，在我們的所有對事物和事件之感知和表象中也還可以找到這種知識的殘餘。這種「出神知識」與意識的區別在於：它不是一種為知而知的知識，它甚至不具有與自我的連結。[98]在這一點上，舍勒不僅是在反布倫塔諾和反胡塞爾的意義上說話，而且他的立場與整個歐洲大陸的笛卡兒傳統都是相對的。

當然，人們會很快提出這樣一個問題：「知識」與「精神」在舍勒那裡都是比胡塞爾意識概念更為廣泛的範疇，那麼這兩者本身究竟處在一種什麼樣的關係之中呢？應當說，「精神」在舍勒那裡是比「知識」更大的概念。因為任何知識都是一種精神行為，但不是任何精神行為都是一種知識。舍勒曾給精神以這樣一個定義：它是「行為、功能、力量的總稱」，[99]是人進行之各種活動的統一形式。在舍勒的理解中，胡塞爾的意識概念（意向性）在這裡基本上與「功能」同義，至多（如果舍勒拋棄他對胡塞爾的誤解）也只能與「行為」同義。而就「知識」概念而言，它的外延要大於「功能」，小於「行為」。

我們還可以更進一步地展開對舍勒的精神概念：一方面，與「精神」相對立的是「生命」，為此，有人也賦予舍勒哲學以「精神—生命—二元論」的稱號。[100]在「生命」這個概念中又包含著「自然」和「世界」的意義，因此，精神和自然的對立也在這裡表現出來。

另一方面，「精神」本身在舍勒那裡又可分為「人的精神」和「上帝的精神」。舍勒所說的精神通常是指人的精神，它與「人格」這個概念基本是同義的。人的精神是對唯一的一個神之精神的反映，是後者的一個不

---

[98] 參閱舍勒：《後期著作》，第189頁。舍勒對「出神」一詞的運用，很可能是從海德格那裡獲得靈感：它本身就帶有「忘卻自身」、「脫離自我」的含義。——《存在與時間》曾在「出離自身」（das Ausser sich）的意義上解釋「出神」：「時間性就是自在和自為的原初『出離自身』本身。因此我們將這裡所描述的未來、過去、當下這些現象稱之為時間性的『出神』。」（海德格：《存在與時間》，第329頁）。

[99] 舍勒：《論人的永恆》，第203頁。

[100] 參閱哈默：《神主的人類學？——舍勒的人類觀及其侷限性》，第99頁。

完善之表現形式，因此，「精神本身帶有一種對永恆和神的朝向」。[101]

可以看出，對舍勒的精神概念之分析是舍勒哲學研究中的一個中心課題，但它已經超出了本書所要討論的範圍。我們在這裡可以並且也只需確定，舍勒的「精神」概念已經遠遠地脫離開胡塞爾意識現象學的範圍，成為一門現象學人類學的核心概念。如果我們可以將胡塞爾的現象學稱之為「意識現象學」，將海德格的現象學稱之為「存在現象學」，那麼我們也同樣有理由將舍勒的現象學稱之為「精神現象學」——當然不是在黑格爾的意義上。

回顧一下我們至此為止的分析，我們可以得出這樣一個結論：舍勒對胡塞爾先驗意識現象學的改造最終集中在兩個問題上：其一，將現象學的還原理解為對實在問題的揚棄，其二，用精神概念來取代胡塞爾的意識概念。我認為這是理解舍勒現象學研究領域與胡塞爾現象學研究領域之間差異的關鍵。

---

[101] 舍勒：《論人的永恆》，第199頁。

第四章

胡塞爾的現象學與
哈伯瑪斯的社會哲學

二十五、哈伯瑪斯哲學：「理性的聯盟系統」

　　現象學哲學家施特拉塞爾曾做過一項很有意義的工作。他對高達美、哈伯瑪斯、維根斯坦、梅洛—龐蒂四位哲學家的「理解」觀進行比較，試圖從理解概念出發把握住當代西方思維的脈搏。他認為，高達美的理解觀強調歷史—解釋學的角度，哈伯瑪斯的理解觀則主張批判地對待交往性此在的基本形式，維根斯坦突出在理解中語言的作用，梅洛—龐蒂則從前人格、前肉體的角度入手來分析理解。[1]

　　這四種理解觀無疑對當今整個西方哲學的思維趨向具有代表意義。它們與哈伯瑪斯本人所列的西方哲學四大潮流，即分析哲學、結構主義、現象學、西方馬克思主義，[2] 是基本吻合的：維根斯坦的理解觀立足於語言哲學的基礎之上，指明了英美哲學的主導趨勢；梅洛—龐蒂的理解觀在很大程度上是法國哲學傳統的典型寫照，同時開闢了現象學結構主義的先河；高達美和哈伯瑪斯則分別是德國哲學在二十世紀的兩個重要思想運動的繼續：現象學運動和西方馬克思主義運動。

　　這些思潮當然不是四條永不相交的平行河流。這一點我們在哈伯瑪斯那裡尤其可以注意到：不僅黑格爾、馬克思的傳統思想在他的哲學中發揮著作用，而且胡塞爾、海德格以及維根斯坦的當下影響也規定著他的思維內容。我們今天已經很難把他劃歸在一個單一的流派之中。他既可被稱作批判的社會哲學家，又可被稱作現象學的解釋學家，甚至也可以將他稱為政治哲學家或語言哲學家或哲學人類學家等等。瓦爾登菲爾茲曾用一個具有典型德國政治特徵的術語將哈伯瑪斯的哲學具象地比喻為「理性的聯盟系統」，在這裡，「各種理性形式的艱難合作取代了某一個包羅萬象的理性。各式各樣的東西在這個理性大聯盟中找到一席之地：語言實用學、論

1　《真理與證實》，第141至178頁。
2　參閱哈伯瑪斯：《後形而上學思維》，第12、13頁。

證學、行為理論、系統理論、批判理論、解釋學，其中還有生活世界的現象學。」[3] 這裡的「理性」概念已經不再具有康德、黑格爾傳統意義上的理性了。在下面的論述中，我們將對此做出說明。但是，我們的主要意圖是在於：對哈伯瑪斯的這個紛繁複雜之「理性聯盟」中的各主要成分之間的聯繫做出大致的描畫，以便我們能儘快地進入到我們這裡感興趣的討論課題中去。

在當代德國哲學論壇上，哈伯瑪斯還可以算是一個較為年輕的代表，儘管他在本世紀變化紛紜的哲學思潮中已經飽經滄桑。哈伯瑪斯於1929年6月18日出生在德國中部的杜塞道夫城，大學期間曾就學於哥廷根、蘇黎世、波昂。1954年在波昂大學獲得博士學位。在六十年代初完成教授資格論文之後，他在海德堡大學與高達美等人一起講授哲學課程。1964年，哈伯瑪斯北聘為法蘭克福大學哲學和社會學教授。1970年起，他就任史坦堡「馬克斯—普朗克研究所」所長。自1981年以後又回到法蘭克福大學任教。哈伯瑪斯在大學時代便受著名的西方馬克思主義者盧卡奇（G. Lukacs）思想影響較深，五十年代又作為助手與阿多諾一起工作。從他的哲學、政治之思維方式來看，哈伯瑪斯的思想起源於西方馬克思主義中的法蘭克福學派，這個學派曾經被看作是六十年代西方學生運動的理論支柱。法蘭克福學派的早期代表人物將自己稱之為「批判的理論」，他們之中最重要的人物有馬克斯·霍克海默（Max Horkheimer）、狄奧多·W.阿多諾（Theodor W. Adorno）、赫伯特·馬庫色（Herbert Marcuse）等等。哈伯瑪斯則屬於法蘭克福學派的中間一代人，屬於這代人還有例如奧斯卡·奈格特（Oskar Negt）、克勞斯·歐菲（Claus Offe）、艾伯瑞契·威爾默（Albrecht Wellmer）等等。

早期的「批判理論」曾堅持馬克思的觀點，認為人類總有一天會用理性構造自己的歷史，並且人類應當在實踐活動中為自己設定這樣一個理

---

3 瓦爾登菲爾茲：〈世界的理性化——一個方案。對哈伯瑪斯交往行為理論的批判性思考〉，載於《在生活世界的網中》，第94頁。

性的目標。而在達到這個理性歷史之前，所有歷史都只是人類的「前歷史」。因此，「批判理論」的首要任務是對人類所從事那些偏離理性、異化於理性的社會實踐活動進行批判。批判的標準以及批判的前提當然在於理性和對理性的認識。但這種觀點不久便遭到這一觀點提出者本人的懷疑，因爲他們發現，資本主義總是在不斷地設想出新的方法來維持自己的存在。資本主義實際上在不斷地鞏固著自身，而社會革命的構想還遙遙無期。尤其是在經歷了德國納粹主義的瘋狂之後，許多早期的「批判理論」代表人物開始對理性感到失望，例如阿多諾後來便相信，只有在藝術中還能發現理性，朝向未來、朝向理性的政治實踐已經不再可能。這種傾向以後在中、後期法蘭克福學派中表現得尤爲突出。事實上，法蘭克福學派的「批判理論」在一開始就與馬克思主義的理論傳統具有一定的差異，現在它又與馬克思主義的實踐觀念劃清了界限。

　　與法蘭克福學派主要成員阿多諾、霍克海默的做法相反，也與胡塞爾後期對「理性危機」的理解相反，哈伯瑪斯不僅認爲理性處於「危機」之中，而且主張理性的「瓦解」是勢在必然。因此，哈伯瑪斯在六十年代末、七十年代初提出，要發展一種具有實踐意圖的社會理論。他在1971年爲《理論與實踐》新版（初版1963年）所寫的導引中便闡述了他的這種「重建社會批判理論」之打算：「這部著作所彙集的是一些主要在歷史方面的研究，它們應當展開一個具有實踐意圖的社會理論之觀念並且將這門理論的形態與其他方面的理論區別開來。」[4] 我們幾乎可以說，哈伯瑪斯至今爲止的整個哲學討論都是圍繞著理論與實踐的關係而進行的。他本人認爲，可以從三個角度來考察理論與實踐的關係：第一個角度是在後期資本主義的社會體系中科學、政治與公眾意見的關係；二是認識與興趣的關係角度；三是一門接受了批判角色的社會理論之方法論角度。[5] 在1981年發表的兩卷本《交往行爲理論》中，這一「重建社會批判理論」的工作得

---

[4] 哈伯瑪斯：《理論與實踐》，法蘭克福／美茵，1988年，第9頁。
[5] 哈伯瑪斯：《理論與實踐》，第11頁。

到實施。哈伯瑪斯在這裡指出：「交往行為的理論是……一門社會理論的開端，這門社會理論竭力要證明它自己的批判標準。」這句話的具體含義實際上在他十三年前出版的《認識與興趣》（1968年）中已經得到說明。哈伯瑪斯在這裡提出，客觀的認識是不存在的。研究過程對它的客體領域加以組織，使這個客體領域能夠符合那些產生於行為著、因而也認識著和研究著的人之中的興趣。這也就是說，理論認識過程本身始終受到認識者本人實際興趣的制約。對客觀性的追求因此而無法超出主觀性的範圍之外。

這個想法在方法上仍然是對黑格爾「歷史哲學」思想的繼承。黑格爾在他「世界史哲學」講座的一開始便對他的「歷史哲學」的任務做出這樣的規定：「思辨從自身中提出自己的哲學思想，而不去顧及存在的事物，它帶著這些思想來接觸歷史，它把歷史作為一種素材來對待，它不是維護歷史的原狀，而是讓歷史去迎合這些思想，先天地構造出歷史。」[6]但我們必須注意，這種「歷史哲學」在黑格爾看來並不意味著一種對歷史的「主觀隨意的」改造以及對歷史客觀性的放棄，恰恰相反，由於我們從理性、絕對理念出發來「先天地構造歷史」，因此這個意義上的歷史較之於經驗事實的歷史更為客觀，也就是更符合絕對觀念。顯而易見，黑格爾把客觀性建立在理性的基礎上，對理性的認識因而構成對歷史之客觀認識的前提條件。哈伯瑪斯對客觀認識的否定與早期「批判理論」對理性的絕望是一脈相承的。它們都在本體論上背離了黑格爾。但哈伯瑪斯的思想又區別於早期「批判理論」。他的主張在於，黑格爾用理性構造歷史這個企圖本身已經帶有興趣的成分，它與實踐的活動領域是密不可分的。因此，技術的和實踐的認識興趣並不是對一種為了獲得客觀性而必須被排斥掉的對認知的控制；毋寧說，正是這些興趣在規定著現實被客觀化的角度，並因此而規定著現實能夠被經驗到的角度。哈伯瑪斯用「興趣」這個表述所要指明的是認識所處於其中的生活連結。因此，哈伯瑪斯強調，任何理論的

6　黑格爾：《世界史哲學講演錄》，第一卷，萊比錫，1944年，第1頁。

提出都具有實踐的意圖。早期批判理論，包括他本人的批判理論，已經與實踐興趣密不可分，它們所具有的興趣在於理性認識和人性解放。因此，理論理性作爲歷史哲學所設定的未來或理想，不是一個在形而上學沉思中把握到的客觀理念，不是一個遠離實踐的形而上目標，而是它本身就隱藏在實踐活動本身之中，它本身就是實踐設計的結果。哈伯瑪斯隨之而提出他的一整個社會改造之設想，並把這個設想稱作是「一個現代主義的方案」。[7] 所謂「理性聯盟體」由此而獲得一個具體的行動綱領。而「那些反現代主義、前現代主義、後現代主義，以及任何一種以臆想或宿命的方式死抱住那些無可救藥之東西不放的保守派都被劃歸到了反對黨的陣營之中」。[8]

　　哈伯瑪斯在這裡所理解的「理性」概念實際上已經與黑格爾傳統意義上的「理性」——這也是胡塞爾或阿多諾、霍克海默所理解的「理性」——大相徑庭了。從他所運用的術語上也可以看出，哈伯瑪斯較少地使用打上康德、黑格爾烙印的德文「理性（Vernunft）」這個詞，而更主要地使用來自拉丁文的「理性（Rationalitaet）」概念；因爲前者明顯帶有客觀的「理性理念」含義，而後者則僅僅意味著一種主觀的「合乎理智」。瓦爾登菲爾茲指出，在哈伯瑪斯那裡，「Vernunft的力量已經被削弱成爲一種Rationalitaet的特性」。[9] 所謂「理性的」，無非是指那些擁有知識並且擁有體現著知識的符號性表述之個人。

　　如果對客觀意義上的「理性」以及對這種理性重建（例如胡塞爾所做的努力）的幻想已經破滅，如果客觀的認識不復存在，那麼哈伯瑪斯「批判理論」現在就必須說明：自己的主張是建立在什麼樣的規範基礎之上，

---

[7]　參閱哈伯瑪斯：《交往行為理論》，法蘭克福／美茵，1981年，第二卷，第482頁。

[8]　參閱哈伯瑪斯：〈現代主義——一個未完成的方案〉，載於《短篇政論文集》，法蘭克福，1981年，b。

[9]　參閱哈伯瑪斯：《交往行為理論》，法蘭克福／美茵，1981年，第一卷，第25頁。

或者說，「批判理論」必須說明它現在所依據的批判標準是什麼。阿多諾和霍克海默的「批判理論」已經無法釐清這個基礎和標準，因為他們自納粹時代以來便對歷史變革和理性認識不抱希望，對人性解放也不再感興趣。既然理性本身已經成為懷疑的對象，那麼對理性的客觀認識和對理性歷史目標的實現就更不應再成為人們的理想。由此而產生的一個必然結果是：「批判理論」本身的價值也隨之受到懷疑。

但哈伯瑪斯則試圖用他的「交往行為理論」來解決這個困境。他想表明，真理、自由、正義這些與理性有關的觀念是一些建立在語言交往結構中的相互連結之「擬─先驗（quasi-transzendental）的」基本規範。在社會科學理論構成的各個不同層次上，經驗分析和規範前設之間的關係可以得到闡明。這是一種將實踐理性的觀念重新運用在經驗的社會科學中的企圖。哈伯瑪斯為此而受到指責，因為在一個科學主義的時代中，這種做法被認為是荒謬的。但哈伯瑪斯面臨的最大困難並不在於對付這種指責──幾乎所有歐洲大陸的人本主義思想家都會遇到這種指責──，而是在於他必須回答這樣一個問題，即：他從哪裡才能獲得批判的社會理論之規範基礎，同時又不至於像黑格爾哲學那樣陷入到形而上學的泥潭之中。哈伯瑪斯對這個問題的回答是：這種規範的基礎在於語言之中。

我們至此為止已經發現哈伯瑪斯的第一個出發點：理性以及對理性的客觀認識不存在；現在我們可以看到他的思想所具有之第二個出發點：科學家根據他的興趣來組織他的研究領域，而這種興趣是從他的「生活世界」中吸取的。由此我們很快便可以理解，為什麼「生活世界」概念自《交往行為理論》發表以來在哈伯瑪斯社會哲學中日趨得到重視的原因。哈伯瑪斯是把「生活世界」這個概念作為「交往行為」的互補概念而引入的，[10]因為「交往行為」植根於「生活世界」之中。[11]在哈伯瑪斯看來，「生活世界」一方面是由個體的能力以及直觀的知識所構成的，正是由於

---

10 參閱哈伯瑪斯：《後形而上學思維》，第87頁。
11 參閱哈伯瑪斯：《後形而上學思維》第85頁。

具有這種能力和知識，人們才能夠應付一個境況；另一方面，「生活世界」也是由社會實踐和直觀知識構成的，正是因爲對這種實踐和直觀的信賴，人們才能處身於一個境況之中；說到底，「生活世界」是由一些以平凡的方式被意識到的背景信念所構成的。正是在這種熟悉的背景中，人們之間的相互理解才得以可能。正是這種相互理解在維繫著社會行爲或交往行爲。所以，「生活世界」的這種知識不是在街頭巷尾可以找到的東西，而是它包含在語言之中。「個體的同一性和集體的同一性（在舊社會學語言中的個人與社會）這兩個術語不應當作爲認識構造理論的基本概念，而應當作爲行爲交往理論的基本概念得到展開。我們必須先區分這兩個維度，然後再將行爲連結與客體領域的擬一先驗構造連結在一起。此外，對於這裡所存在著的差異來說，維根斯坦的語言先驗主義是一個極好的指示器。」[12]

　　據此，在尋找眞理的科學過程之中，社會科學家已經將一系列背景性的前設帶入到了理解之中。語言構成任何一個科學過程的基礎。所以，我們首先必須討論在語言中包含著的背景信念。從這裡出發，人們也許可以獲得「社會批判理論」的規範基礎。這裡的連結實際上首先是由維根斯坦指出來的。哈伯瑪斯將自己與維根斯坦的語言觀和胡塞爾的「生活世界」命題結合在一起，用下面這句話濃縮地概括出他的「社會批判理論」：「在語言對話中開啟的、爲人們所共同居住的生活世界之社會空間，爲我們提供了解開交往理論中『社會』這個概念的鑰匙。」[13]

　　這樣一來，我們在這裡就基本說明了哈伯瑪斯《理論與實踐》、《認識與興趣》、《交往行爲理論》這三部代表作的主要內容，「理論」與「實踐」、「認識」與「興趣」、「經驗分析」與「規範前設」這些中心概念代表了他思想發展的不同階段，構成了他的「社會批判理論」之「背

[12] 哈伯瑪斯、魯曼：《社會理論還是社會技術論》，法蘭克福，1971年，第177、178頁。

[13] 轉引自D.赫斯特（D. Horster）：〈尤爾根・哈伯瑪斯〉，載於《哲學家辭典》，斯圖加特，1989年，第304、305頁。

景知識」。哈伯瑪斯本人認爲，至《交往行爲理論》發表止，一個哲學史上的「典範轉移」已經完成，具體地說，這個轉移意味著「從意識哲學向語言實用學的轉向」。[14]

在大致介紹了哈伯瑪斯社會理解觀和歷史理解觀與他解釋學思想和現象學思想的關係之後，與我們至今爲止的做法一致，在下面對哈伯瑪斯的論述中，我們的分析將侷限在他哲學思想中與胡塞爾哲學有關的方面。具體地說，哈伯瑪斯與胡塞爾思想的關聯主要表現在現象學的解釋學和現象學的社會學這兩個相互連結方向上，前者涉及到「理解」以及「相互理解」這些概念，後者則與「生活世界」的概念密切相關。

---

[14] 哈伯瑪斯：《交往行爲理論的前探與後補》，法蘭克福／美茵，1984年，第7頁。

二十六、哈伯瑪斯所理解的「生活世界」

「生活世界」這個概念在哈伯瑪斯的社會哲學中顯然占有中心位置並且具有特殊的意義，至少自八十年代以來是如此。哈伯瑪斯本人在《理論與實踐》和《認識與興趣》中已經開始關注「生活世界」這一概念，而在他的《交往行爲理論》（1981年）以及《現代主義的哲學討論》（1985年）這兩部重要著作中，他更是用了相當大的篇幅來討論「生活世界」的概念。[15] 此後，在1988年發表的論文集《後形而上學思維》中，哈伯瑪斯又一次明確地表述了胡塞爾「生活世界現象學」對他本人哲學的影響，我們在這裡將主要依據他在這部著作中的最新說法。

哈伯瑪斯顯然十分了解胡塞爾「生活世界」概念的含義以及胡塞爾提出這個概念的意圖。在1971年的《社會理論還是社會技術論》一書中，哈伯瑪斯認爲：「胡塞爾認識到，以往被哲學傳統視爲虛無的日常意見和行爲的實踐是奠基性的層次，並且，他將自然的生活世界引入到先驗的發生中來」。[16] 在1981年的《後形而上學思維》中，他又強調：「如所周知，在其後期著作中，胡塞爾在『生活世界』的標題下所做的努力是爲了探索直接的可靠性和無疑的確然性之基礎。他試圖用現象學的手段來釐清『生活世界』這個隱含知識的領域，這個前直言判斷和前範疇的領域，這個被人們遺忘了的日常生活實踐和世界經驗的意義基礎之領域。」[17] 胡塞爾對「生活世界」的兩個重要規定在這兩處都已經得到突出，一方面是「生活世界」的非課題化狀態，哈伯瑪斯也將關於「生活世界」的知識稱之爲「隱含的知識」、「非課題性的知識」或「背景知識」。他認爲，「胡塞

15　參閱哈伯瑪斯：《交往行為理論》，法蘭克福，1981年，第二卷，第182-239頁；《現代主義的哲學討論》，法蘭克福，1985，第376頁以下。
16　哈伯瑪斯、魯曼：《社會理論還是社會技術論》，第176、177頁。
17　哈伯瑪斯：《後形而上學思維》，第85頁。

爾用非課題性知識這個概念指出了一條說明（生活世界）這個意義基礎的途徑」，[18] 並且重申，「與所有非課題性的知識一樣，生活世界的背景也是隱蔽地、前反思地當下存在著。」[19] 另一方面，哈伯瑪斯也顧及到「生活世界」所具有的奠基作用：他將「生活世界」稱之為「直接的可靠性和無疑的確然性之基礎」或「意義基礎」，[20] 主張「先驗意識應當在生活世界的實踐中得到具體化」。[21]

「生活世界」在這兩方面的特徵是哈伯瑪斯關注的焦點。相反，「生活世界」的主觀性、相對性特徵則被哈伯瑪斯或是置而不論，或是輕描淡寫地一筆帶過。

哈伯瑪斯的這種做法顯然是出於他自己哲學發展的考慮。我認為，哈伯瑪斯之所以對「生活世界」的非課題性和奠基性發生興趣，主要有兩個方面的原因：一方面，哈伯瑪斯確信，交往行為的基礎就建立在「生活世界」所代表那種無疑的（非課題性的）、根本的（奠基性的）信念之中，換言之，交往行為理論是建立在生活世界現象學的基礎之上；另一方面，「生活世界」這個概念所展示的那個領域使哈伯瑪斯發現了理論與實踐的本質關係，為他提供了將胡塞爾生活世界現象學納入到西方馬克思主義實踐論中的可能性。哈伯瑪斯對胡塞爾「生活世界」方面研究結果的批判與發展也主要是在這兩個方向上進行的。

在展開哈伯瑪斯對胡塞爾生活世界現象學的批判與發展之前，我們先分析一下哈伯瑪斯本人對生活世界的理解。哈伯瑪斯將關於生活世界的知識稱之為「背景知識」，它的特徵可以歸結為三條：

首先，生活世界的背景知識的第一個突出特徵在於它所具有的一種「無仲介的確然性之方式」，哈伯瑪斯也把這個特徵簡單地稱之為「直接

---

18 哈伯瑪斯：《後形而上學思維》，第92頁。
19 哈伯瑪斯：《後形而上學思維》，第85、86頁。
20 哈伯瑪斯：《後形而上學思維》，第88頁，第92頁。
21 哈伯瑪斯：《後形而上學思維》，第15頁。

性」。[22] 這種直接性與作爲背景的生活世界有關：生活世界是背景，這也就意味著，一方面，這個背景就在我們背後，在我們與它之間不存在任何間隔；另一方面，這個背景是在我們背後，我們並不面對這個背景。因此，哈伯瑪斯認爲：這種直接的確然性「賦予那種我們無間距地生活於其中，經驗、談話和活動於其中的知識以一種二律背反的特徵。」[23] 這種二律背反表現在：生活世界的背景既是直接當下的，又是不被注意到的；既是強烈的，又是隱蔽的；既是不言而喻的，又是需要確證的；既是切近的，又是遙遠的。嚴格地說，它既是一種知識，又不是一種知識。因爲，「這種背景知識不可能從自身出發成爲問題，只有當它被說出時，它才會涉及到那種可批判的有效性要求並因此而轉變成一種可以缺少的知識」。[24] 換言之，當它作爲背景時，它的有效性是確然的，它是我們賴以生存的知識；而當它成爲課題時，它的有效性是可疑的，在這個意義上──也就是在柏拉圖和胡塞爾的意義上──它又不是一種知識，而是一種意見（Doxa）。

　　其次，生活世界的背景知識之另一個突出特徵在於它所具有的「整體化的力量」。[25]「生活世界用一個中心點和一些不確定的、可滲透的、可以說是只能避開，卻無法超越的界限構造出一個整體。」[26] 這裡所說的總體既是指整個社會空間的整體，它包括村鎮、地區、國家、民族、世界社會等等，也是指歷史時間的整體，它包括一代又一代人的延續、各個歷史時代、遠古時代、個體的生活歷史等等。而生活世界的中心在哈伯瑪斯看來是由共同的語言環境所構成的，而不是「像人類學化的現象學所主張的那樣」，由我的肉體所構成。因而，生活世界在哈伯瑪斯這裡從一開始就是一個交互主體性的世界、「一個社會的生活世界」：「我，在我的肉體

22　哈伯瑪斯：《後形而上學思維》，第92頁。
23　哈伯瑪斯：《後形而上學思維》，第92頁。
24　哈伯瑪斯：《後形而上學思維》，第92頁。
25　哈伯瑪斯：《後形而上學思維》，第92頁。
26　哈伯瑪斯：《後形而上學思維》，第92頁。

中並且作爲我的肉體，始終已經發現我處在一個交互主體地共有的世界之中」。[27]「個體的生活歷史和交互主體地共有的生活形式都一同交織在生活世界的結構之中，並且一同參與著對生活世界的整體化」。[28]胡塞爾的「生活世界」問題和「交互主體性」問題在哈伯瑪斯這裡可以說是同一個問題之不可分割的兩個方面：「交互主體的生活世界」和「生活世界的交互主體」。[29]在這個意義上，生活世界知識所具有的這種整體化力量與胡塞爾先驗自我構造世界視域的能力所依據的出發點是完全不同的。

最後，生活世界的背景知識之第三個特徵與直接性和整體化有關，它就是「背景知識的『整體論』」。[30]這裡的所謂整體，是指在生活世界中各種成分犬牙交錯，相互融合，結爲一體，混沌一片。在我們把生活世界作爲課題之前，它雖然是一個不言而喻的整體，但同時也是一個不可分割的、沒有系統的整體。因此，「儘管這種整體論看起來是透明的，但它仍然使人無法穿透背景知識」。[31]哈伯瑪斯曾用一句話來概括這個特徵：「生活世界是灌木叢。」[32]它的各個枝節（自然、社會、上帝、歷史、當下、眞假、善惡、美醜、是非等等）纏繞在一起，形成一個錯綜複雜的整體。只有當生活世界成爲課題時，它才會被分解爲各種知識範疇。而當它成爲課題時，它已經不再是背景，而是對象了。

我們在這裡可以大致地看出哈伯瑪斯對胡塞爾生活世界概念意義所做的取捨：哈伯瑪斯對生活世界的理解主要偏重於它的非課題特徵和奠基作用。這兩者是一致的：相對於哲學認識論來說，生活世界是前反思的，也就是說，它先於反思，並且構成反思的基礎。用哈伯瑪斯自己的話來

---

[27] 哈伯瑪斯：《後形而上學思維》，第93頁。

[28] 哈伯瑪斯：《後形而上學思維》，第24頁。

[29] 哈伯瑪斯也常常用「交互行為」（Interaktion）、「交往」（Kommunikation）、「交互個人」（Interperson）等等這些概念來表明他這方面的意圖。

[30] 哈伯瑪斯：《後形而上學思維》，第93頁。

[31] 哈伯瑪斯：《後形而上學思維》，第93頁。

[32] 哈伯瑪斯：《後形而上學思維》，第93頁。

說，「這種非課題性的、被設定為前提的知識所具有的三個特徵，即直接性、整體化的力量和整體論狀態，它們也許能說明生活世界所具有的二律背反之『地基作用』」，[33]這種地基作用在於：「生活世界用我們從經驗中獲得的保證構築起一堵牆，用它來抵擋那些仍然是產生於經驗之中的驚奇。」[34]生活世界的直接性、整體化的力量和整體論狀態保證了生活世界這個主觀相對的經驗世界在新的經驗之不斷侵襲面前一直維持自己的整體存在，並且為客觀主義的理想奠定牢不可破的基礎。

因此，哈伯瑪斯承認：「我抱著這樣一種想法來把握和擁有（胡塞爾的）這些（生活世界）研究的質料內涵，即：我認為，交往行為也是在一個生活世界中進行的，這個生活世界提供了對一個堅實的背景統一體之支持，一種能夠承受風險的支持。交往行為所具有那種明確的理解功能是在那種共同無問題之信念的視域範圍中活動；經驗和批判常常會引起不安，但這種不安一遇到那種由統一的解釋模式、忠誠和能力所組成的、看起來廣大而堅固、具有很深根基的岩石，便會被擊得粉碎。」[35]哈伯瑪斯這裡所說的「堅實的根基」、「共同無問題的視域」、「背景性的支持」，實際上都是對「生活世界」的非課題特徵和奠基特徵的另一種表述而已。

「生活世界」具有主觀相對性，一方面，新的直接經驗不斷地部分摧毀著原先看來是無疑的確然性；另一方面，每一個人對「生活世界」的部分經驗和關於「生活世界」的部分知識都不會一致，因而我們常常會陷入相對主義的懷疑之中，產生不安和不解，儘管如此，這種感覺在對「生活世界」整體存在的共同信念上卻可以說是微不足道的。因為，無論每一個人對其「生活世界」的感受有多麼不同，但對作為整體的「生活世界」之存在的信念卻幾乎成了衡量一個人理智是否健全的標準並且構成我們社會交往的前提。

---

33 哈伯瑪斯：《後形而上學思維》，第93頁。
34 哈伯瑪斯：《後形而上學思維》，第93頁。
35 哈伯瑪斯：《後形而上學思維》，第85頁。

　　哈伯瑪斯對生活世界的這些理解同時也構成了他對胡塞爾生活世界現象學批評的出發點。首先，生活世界所具有那種強烈而隱蔽的直接性奠定了任何一種知識模式的無法擺脫的基礎：「當然，對不可避免的前設所做的自由變更方法很快便受到了限制。正如生活世界的背景很少受我們隨意支配一樣，我們也很難做到使所有事物都服從於一個抽象的懷疑。」[36]哈伯瑪斯在這裡將胡塞爾的本質還原方法理解爲一種排除前設，達到無成見性的方法，這種理解與胡塞爾賦予本質還原方法的原意顯然是不完全相符合的。[37]如果我們撇開這種技術性的誤解不論，而是去把握哈伯瑪斯對胡塞爾現象學還原的批評之眞實用意，那麼我們可以看出，他的這一批評與胡塞爾現象學在當今，尤其是自海德格以來從解釋學方面所遭受的批評是大體一致的：胡塞爾所主張對自然態度的排斥和懸擱，他所追求的無成見性理想被認爲是認識論和理性批判中的「烏托邦」。

　　其次，這也是哈伯瑪斯所要極力展開的一個方面，如果我們不去顧及胡塞爾的先驗哲學意向，而是僅僅關注作爲本質心理學的現象學研究領域，那麼，生活世界應當是作爲主體的自我所構造出來之視域的總和，即世界視域。這裡的主體在開始時是一個單獨的主體，而後進一步展開爲交互的主體。生活世界的形成過程是由一個主體到客體和交互主體以至整個自然的和社會的生活世界之構造過程。但哈伯瑪斯認爲，從生活世界的整體化力量和整體狀態出發，必須拋棄胡塞爾所賦予生活世界的這種含義。因爲，自胡塞爾以來的現象學哲學家們在這方面所做的各種努力已經被證明是徒勞的，哈伯瑪斯在這裡依據柏林大學的現象學哲學家托伊尼森（M. Theunissen）之研究結果，強調胡塞爾在《笛卡兒式的沉思》的第五項沉思中、海德格在《存在與時間》中、沙特在《存在與虛無》的第三部分中都曾對生活世界的原始構成做過無效的探討，其結論應當是：「我們

---

36 哈伯瑪斯：《後形而上學思維》，第91頁。

37 胡塞爾之後的當代德國哲學代表人物，無論他們是有意還是無意，都帶有一種將胡塞爾本質還原方法和先驗還原方法混爲一談的傾向，在海德格和高達美那裡是如此，在舍勒和哈伯瑪斯這裡也是如此。

可以設定一個孤獨的、能夠根據它的可能性來可靠地籌劃自身的此在，然而僅僅在這個前提下，交互主體性的問題是無法得到解決的。」[38] 哈伯瑪斯要求運用新的前提，並且這些前提可以不必拘泥於認識論的出發點，他說：「顯然，現象學的生活世界概念會讓人不知不覺地造成一種印象，似乎它是一種從認識論那裡借來的構造世界之設想，這種設想不能簡單地被轉用到社會哲學中來。爲了避開社會現象學的困難，社會理論必須從開端上就擺脫認識構造的理論，從語用學這個薄弱環節突破，語用學天生就與那些透過語言仲介的交互行爲有關。因此，『生活世界』應當作爲交往行爲的互補概念被引進。」[39]

可以看出，哈伯瑪斯爲他的社會哲學所選擇之出發點或前提在於交互主體的共存和對話。這個選擇突破了將社會哲學建立在認識論之上的傳統，從一開始起就用交互主體在其中活動的生活世界來取代笛卡兒和胡塞爾的阿基米德之點。哈伯瑪斯將這個「交互主體」稱之爲「大型號的主體」：在胡塞爾的個體先驗原一自我的前提被放棄之後，「必然又會有一個發揮效用的主體被劃歸給生活世界，而這次被劃歸的這個主體不是一個僅僅具有認知功能的主體，而且還是一個包容著其整個交往和活動的生活實踐的主體——這也就是胡塞爾所理解的實踐，首先是他那些將他與馬克思連結在一起思考的學生們（早期的馬庫色、列菲伏爾〔Lefebvre〕、科西克〔Kosik〕、彼德洛維克〔Petrovic〕等等）所理解的實踐。這樣，社會化的個體在其中經驗和行爲之客觀的連結便作爲大型號的主體而得到展現。」[40] 顯而易見，哈伯瑪斯以社會實踐主體爲其哲學出發點的做法帶有馬克思和海德格的烙印，[41] 但卻與胡塞爾本人的對理論與實踐之間奠基關

---

38 哈伯瑪斯：《後形而上學思維》，第87頁。

39 哈伯瑪斯：《後形而上學思維》，第50頁。

40 哈伯瑪斯、魯曼：《社會理論還是社會技術論》，第177頁。

41 馬克思在談到主體時，總是以社會化的、社會性的和社會中的人爲其出發點；海德格則用現象學的方式表明：人首先是以一種忘卻自身的方式生活於一個共同的世界（或者說，一個共在）之中，只有當他們從這種共同性中脫身出來之後才作爲他人或者甚至作爲他物而相互相遇。

係的理解恰恰背道而馳。

在對哈伯瑪斯生活世界的進一步之分析中，我們可以確定，為康德所發現並被胡塞爾透過本質還原所進一步深化了之意識的先天綜合能力也得到了改造。康德所說的「感性材料」和「統攝能力」在胡塞爾那裡意味著意識主體所具有的「立義─立義內容」模式：一堆雜亂的感覺材料被意識活動所「活化」、被賦予意義，一個意識對象由此而顯現出來。而在哈伯瑪斯這裡，這種先天綜合能力變成了「後天的世界知識」與「先天的語言知識」的組合：「如果對世界知識的定義在於，它是後天被獲取的知識，而語言知識相對地說是一種先天的知識，那麼這種背景就可以得到論證：世界知識和語言知識在生活世界的背景中成為一體。」[42] 在這個意義上，胡塞爾的先驗現象學哲學可以說是一門「單個主體的哲學」，哈伯瑪斯的現象學社會哲學則可以被稱作是一門「交互主體的哲學」，它們各自具有不同的先天形式與後天質料。哈伯瑪斯從自己的立場出發批評胡塞爾說：「由於主體哲學看不見語言交互主體性的特殊意義，因此胡塞爾無法認識到，交往的日常實踐本身已經建立在觀念化之前設的基礎之上。」[43]

由此可見，胡塞爾「生活世界現象學」的觀念是在經過嚴格的修改、解釋之後才被納入到哈伯瑪斯本人的哲學「聯盟體」之中。

---

[42] 哈伯瑪斯：《後形而上學思維》，第94頁。
[43] 哈伯瑪斯：《後形而上學思維》，第88頁。

二十七、哈伯瑪斯的「理解」觀

　　在前一節中，我們已經接觸到了在胡塞爾和哈伯瑪斯的知識論之間存在著的差異。哈伯瑪斯的論斷——「交往的日常實踐本身已經建立在觀念化之前設的基礎之上」[44]——是從另一個角度對胡塞爾現象學所主張的「無前設性」、「無成見性」理想的反駁。在前面論及海德格和高達美的思想時，我們已經指出，在胡塞爾現象學與以後或多或少接受它之效應的後繼哲學之間，存在著一條哲學精神的「代溝」。梅洛—龐蒂曾用一句話來概括胡塞爾以後的哲學信念：「與實事本身的直接接觸無非只是一個夢想。」[45]哈伯瑪斯的哲學思想當然也包含在這個「後繼哲學」的概念之中。可以說，這裡所探討的四位胡塞爾以後的哲學家，海德格、高達美、舍勒和哈伯瑪斯，是透過不同的途徑而達到了相同的終點，至少就他們在認識論方面所得出的最普遍結論而言是如此。

　　我們之所以強調他們各自的途徑不同，是因為這些哲學家儘管在以不同的程度接受胡塞爾思想效應這一點上具有共同性，但他們從其他哲學家那裡之間所獲得的不同理論淵源卻構成了他們哲學思想之間的更多之差異性。這一點尤其表現在哈伯瑪斯的「理解」理論中。

　　哈伯瑪斯在「理解」理論方面的構想雖然也受到同時代哲學精神的影響，但更主要地是處在首先是馬克思，其次是佛洛伊德的作用圈中。我在本書第13節的一個註腳中曾引用赫許對馬克思和佛洛伊德理解觀的一個評價：「這兩位思想家認為，他們所做的研究之科學特徵在於，這種研究指明了幕前的、可見的、可明確說出的東西就是掩蔽、欺騙或自欺，並以此方式而展示出被遮蔽的、眞實有效的實在。」「對於這兩位思想家來說，

---

[44] 哈伯瑪斯：《後形而上學思維》，第88頁。
[45] 梅洛—龐蒂：《辯證法的歷險》，德譯本，法蘭克福／美茵，1974年，第217頁。

與那些在清楚的意識中被故意呈現出來的東西相比，被遮蔽的東西始終是更爲眞實的。」[46]可以說，馬克思和佛洛伊德的「理解」意味著一種「看穿」：將表面上明白無疑的東西看作假象，穿過它去把握到實事本身。我認爲，這個特徵同樣表現在胡塞爾與海德格哲學中。「穿透」在胡塞爾那裡意味著「轉向」：從自然直向的觀點轉入到哲學反思的觀點；「穿透」在海德格那裡則意味著「去蔽」：去除存在者的蔽幛，達到對存在本身的把握。[47]在這一點上，哈伯瑪斯與前四位哲學家的想法和做法是一致的。拋開其他三位哲學家對他的影響不論，哈伯瑪斯在他的就職講座中曾對胡塞爾在1937年所提出的「危機」問題大加讚嘆，認爲胡塞爾比他的同時代人更清楚地看到了隱蔽在歐洲人「危機」後面的東西，透過對歐洲科學精神的批判，胡塞爾指明了當時歐洲文化所遭受的政治─軍事威脅後面的深層根源。[48]因而，胡塞爾對科學客觀主義的批判此後也被哈伯瑪斯以及其他社會批判哲學家所接受，成爲他們的批判理論中極爲重要的一個組成部分。

當然，在這些哲學家之間還存在著巨大的差異。就胡塞爾而言，他的主導意向在於建立一門先驗哲學，因而不具有對人類社會實踐之改造的直接興趣。這與馬克思在「費爾巴哈論綱」第十一條中所提出的「哲學家們總是以不同的方式解釋世界，而關鍵在於改造世界」[49]的主張正相反對。在這個理論與實踐關係問題的對立中，哈伯瑪斯站在馬克思一邊。他認爲，胡塞爾要求在「絕對理論明察」的基礎上重建歐洲人之眞正科學的自我責任感，但這種「絕對的理論明察」仍然沒有擺脫傳統的理論意義，它仍然是康德所說的那種「純粹理性的規律」，而不是一種從實踐理性出發能夠爲普遍立法奠定基礎的規範。在胡塞爾的「理論」概念中沒有包含爲

---

[46] 讓娜・赫許：《哲學的驚異》，慕尼黑，1981年，第246頁。

[47] 對此問題可以參閱我在本書第13節中的詳細說明。

[48] 參閱哈伯瑪斯：〈認識與興趣〉，載於《作爲「意識形態」的技術與科學》，法蘭克福／美茵，1968年，第146頁。

[49] 馬克思：《馬克思、恩格斯全集》第三卷，柏林，1981年，第7頁。

社會行為提供方向的指導性觀念。

　　哈伯瑪斯對胡塞爾的這一批評是一個值得爭論的問題。我們在前面實際上已經多次遇到過這類批評，例如在布伯、海德格、狄爾泰、高達美、舍勒等哲學家那裡。以後的胡塞爾研究家和注釋家也一再地提出這個問題：施特拉塞爾確定這是一個「事實」，即「認識現象學處在胡塞爾哲學興趣的中心。儘管胡塞爾一再強調，也存在著感情的、評價的和追求的意向；但他認為這些意向是奠基在認識意向之中」，由於對認識意向的過多關注，「胡塞爾缺乏改良世間實踐的直接興趣。」[50]

　　J. M.布洛克曼（J. M. Broekman）則認為，尤其是在胡塞爾談及觀念變化、懸擱的地方，人類生活實踐也被擱置起來，從而「缺少了對勞動、語言、交互行為的分析，因此，對於胡塞爾來說，交往行為的結構始終不具有認識論上的重要性。」[51] 我們還可以看到一大批這樣的觀點。因此，在胡塞爾現象學的實踐缺陷問題上，哈伯瑪斯的意見代表了大多數人的看法。

　　對於這個普遍的看法，我在這裡只想提醒人們注意胡塞爾本人後期在「歐洲人危機中的哲學」演講的第一部分中對理解與實踐關係問題的深入分析，他在這裡談到現象學哲學所具有的「雙重精神影響」，他認為哲學家的理論觀點「不僅僅是一種新的認識態度」，而且很快就會由這種理論觀念的提出而導致「人類此在的整個實踐之全面改變」，因而也會導致「整個文化生活的全面改變。」不僅如此，胡塞爾在這裡將哲學家的理論觀點也等同於「普遍的批判態度」，等同於先驗現象學的還原方法。他認為，在理論指導下的實踐是一種較之於「自然的實踐態度」而言「更高層次的實踐態度」；因而，對低層次實踐領域進行「排斥」和「懸擱」的做

50 施特拉塞爾：〈理解問題之新觀〉，載於《真理與證實》，第135頁、第170頁。

51 參閱布洛克曼：〈理論與實踐的統一作為馬克思主義、現象學和結構主義的問題〉，載於《現象與馬克思主義》第一卷，瓦爾登菲爾茲等工編，法蘭克福／美茵，1977年，第171頁。

法，其目的最終在於達到高層次的實踐領域。據此，「新的（理論）觀點本身就是一種實踐觀點」。[52]

根據這些說明，而且也根據胡塞爾本人一生在實踐理性批判方面所做大量的未發表研究，我們可以確定，在胡塞爾的哲學思想中並不存在理論脫離實踐或理論與實踐相隔離的問題。與其他哲學家一樣，哈伯瑪斯對胡塞爾理論與實踐之統一問題的批評，是一個由於哲學本身出發點的不同而引起的一種見仁見智之看法。我認為，這種看法至少缺乏現象學的明見性；換言之，胡塞爾現象學中的理論與實踐之統一性問題不是一個現象學本身的內部問題。

但哈伯瑪斯從另一方面對胡塞爾知識論的批評卻帶有一定的合理性。這種批評主要集中在胡塞爾知識論的方法上。胡塞爾的現象學還原理論要求哲學家作為一個「不參與、無興趣的旁觀者」來反思人類的活動，要求哲學家僅僅描述、分析和表述他們所觀察到之人類活動的本質規律，由此而把握住純粹意識規律本身；也就是說，哲學家必須離開人類主觀的實踐活動來旁觀這些實踐，從中獲得關於客觀可能性的理論認識。這在哈伯瑪斯和一大批當代哲學家那裡是不可能的，也是不可信的，是一個梅洛─龐蒂所說的「夢想」。因為哈伯瑪斯在知識論上的一個主要信念就是：任何一個認識都起源於興趣，任何一個旁觀者都帶有興趣。哈伯瑪斯本人在《作為「意識形態」的技術與科學》中將所有科學劃分為三種並確定了與之相應的三種興趣：首先是經驗─分析科學連同其「技術興趣」；其次是歷史─解釋科學連同其「實踐興趣」；最後是「在人類學上具有深層次的」行為科學（包括他本人的批判理論在內）連同其「人類精神解放的興趣」。[53] 帶有各種傾向的哲學家本身的活動也包含在這三種科學之中，因而也受各種各樣的興趣支配，「哲學意識將主體和客體的仲介僅僅規諸於

---

52 參閱胡塞爾：《歐洲科學的危機與先驗現象學》，第326-333頁。

53 參閱哈伯瑪斯：《作為「意識形態」的技術與科學》，第157-159頁。同時也可參閱Th.麥卡錫（Th. McCarthy）：《哈伯瑪斯的批判理論》，德文版，《交互理解關係批判》，法蘭克福／美茵，1980年，第76-110頁。

它的綜合，但這種仲介在開始時是透過興趣而產生的」。[54]「即使是對這種興趣的排擠，也屬於這種興趣本身。」[55] 在這一點上，哈伯瑪斯不僅與馬克思和其他西方馬克思主義者（如布洛赫等）保持一致，而且也與高達美、布伯、雅斯培等其他現代哲學流派中的代表人物不謀而合。

但哈伯瑪斯對「認識」與「興趣」交融狀態的確定並不意味著對把握客觀真理這個古老哲學希望的全面否定。在哈伯瑪斯1976年對人種方法學問題的一次探討中可以看出，他早已意識到，在胡塞爾絕對主義與「坦率的相對主義」之間，每一個主張人種方法學的哲學家都會面臨一個進退兩難的困境：他或者必須聲稱他具有通向客體領域的合法通道──這和胡塞爾的先驗「懸擱」措施是相似的──並因此而背叛他的人種方法論初衷；或者他堅持自己的初衷而放棄對「純粹理論」的要求。哈伯瑪斯試圖找到一條在胡塞爾的絕對主義和「坦率的相對主義」之間的中間道路，他認為，想要擺脫這種絕對主義和相對主義的兩難困境，唯一的出路在於指明：「社會科學的分析必定不可避免地與它所研究的日常解釋相連結，並且這種分析可以說是能夠反思地穿透這些解釋，並且遠遠地超越出當時的語境，從而使對普遍交往前提的再構成為可能。」這就要求人們，不是將普遍理性結構僅僅看作為現象，而是「承認它們所受到的約束」。[56]哈伯瑪斯在這裡所暗示的第三種可能性實際上就在於：嚴肅地對待絕對普遍有效性的要求，並且透過反思的力量去再構和評價這種要求。

哈伯瑪斯在這裡提到的「反思」，證明了他在人類理解問題上始終持有樂觀態度。早在1968年的《作為「意識形態」的技術與科學》一書中，他便提出過「自身反思」（Selbstreflexion）的概念，並堅信，「在自身反思的力量中……認識與興趣達到統一」。[57] 當然，這種自身反思與絕對

54　哈伯瑪斯：《作為「意識形態」的技術與科學》，第160頁。

55　哈伯瑪斯：《作為「意識形態」的技術與科學》，第154頁。

56　哈伯瑪斯：未發表的工作手稿，〈關於社會學行為理論的幾點說明〉，第24-27頁，轉引自麥卡錫：《交互理解關係批判》，第465頁。

57　哈伯瑪斯：《作為「意識形態」的技術與科學》，第164頁。

「認識」不能同日而語，但它也不僅僅只是一種相對的「意見」，因爲，「儘管自身反思不能揚棄興趣，但能在某種程度上超過它和收容它」。[58]

因而，真正的理解在哈伯瑪斯那裡就意味著對興趣的超越和包容。而想要理解這種超越和包容是如何進行的，哈伯瑪斯本人的理解觀是一個最佳範例：一方面，這種理解是一種看穿的理解，它揭開蒙在那些自以爲是無興趣的理論家（包括胡塞爾）眼前的面紗，指出他們理論活動的驅動力實際上就是興趣。另一方面，這種看穿的理解本身又與興趣密不可分，它本身也摻雜著興趣，理解所揭示的真理因而也適用於它自己：它從來就不是，並且永遠也不會是純粹的認識。胡塞爾在《邏輯研究》曾用這樣一句話來概括和諷刺與哈伯瑪斯理解觀類似的悖謬主張：「存在著一種真理，即真理不存在」。但到了哈伯瑪斯的時代，胡塞爾的這一指責已經過時。哈伯瑪斯所指出在絕對主義和相對主義之間的第三種可能性就在於：一方面，理解所具有的真理標準或有效性標準適用於它的對象範圍。在涉及到理解對象時，理解的陳述是有效的，它有權提出自身陳述之有效性的要求。它超越了興趣，成爲一種認識、一種理論──這就擺脫了相對主義的困境；另一方面，在涉及到理解本身時，理解所提出的有效性要求不再適用，因爲理解本身不包含在自己的理解對象的範圍之中。它的陳述適用於它的客體，並不適用於它自身。只有在對理解本身的理解中，理解本身才成爲更高層次之理解的客體。在對理解本身的理解中，理解本身包容的興趣展現出來，成爲更高層次的理解所陳述的內容──這就避免了絕對主義的結論。用哈伯瑪斯自己的話來說：「在自身反思中，一種爲認識的認識與成熟的興趣達到一致；因爲反思的進行知道自己是解放運動。理性同時也處在對理性的興趣之中。我們可以說，理性跟隨在一種解放的認識興趣之後，這種認識興趣目的在於反思的進行本身。」[59]

---

58 哈伯瑪斯：《作爲「意識形態」的技術與科學》，第160頁、第163頁。這裡的「超過」和「收容」，在哈伯瑪斯的原文中是一個同時含有這兩層意思的雙義詞「einholen」。

59 哈伯瑪斯：《作爲「意識形態」的技術與科學》，第54、55頁。

　　如果我們將最初的理解對象標誌爲O，將最初的理解行爲和以後更高層次的理解行爲分別標誌爲V_1、V_2、V_3、……V_n，那麼，我們可以用下面這樣一個公式來表達哈伯瑪斯所描述之理解的相對性與理解的絕對性之間的關係，在這個公式中，理解的絕對性始終只限制在所有類型的括弧中：

$$V_1(O), V_2[V_1(O)], V_3\{V_2[V_1(O)]\}, ...^{60}$$

　　這個公式使我們聯想起胡塞爾在《邏輯研究》和《純粹現象學和現象學哲學的觀念》第一卷中對現象學反思問題的分析：我在聽音樂，這是一個自然的意識行爲B。現象學反思將這個行爲B作爲自己的研究對象，要求把握在意識行爲（我聽）和意識對象（我聽到的音樂）之間的本質關係。而現象學的方法論又將現象學的反思作爲自己的研究對象，探討在現象學反思與反思對象（自然的意識行爲＝我聽音樂）之間的關係。這個反思R可以像哈伯瑪斯的理解過程一樣，無限地繼續下去：

$$R_1(B), R_2[R_1(B)], R_3\{R_2[R_1(B)]\}, ...$$

　　拋開在反思有效性問題上的分歧不談，哈伯瑪斯的「自身反思」概念與胡塞爾的「現象學反思」概念之間顯然存在著一種親緣關係。哈伯瑪斯自己也常常使用「現象學的自身反思」或「批判的自身反思」來定義「自身反思」。當然，這裡的親緣關係更主要地是方法上的親緣關係，哈伯瑪斯的「自身反思」雖然接近胡塞爾的「現象學反思」（更確切地說：「現

---

60 我們在這裡不再追究哈伯瑪斯對理解有效性的這一說明是否來源於羅素（B. Russcll）和哥德爾（K. Goedel）的研究成果。

象學心理學的反思」），但最終卻有別於胡塞爾的「先驗反思」。[61]

可以說，在認識與興趣之間提供仲介，是哈伯瑪斯為「理解」所設定的最終目的。施特拉塞爾認為，「在這個意義上，人們也可以將哈伯瑪斯的理解稱之為一種辯證的理解。」這裡所說的「辯證理解」意味著一種對話性的理解：「這種理解的具體任務在於，跨越在『純粹』科學和社會經濟現實、理論與實踐、認識與興趣之間的現代深淵。」[62] 也許這裡還可以補充一點：這種理解的整體方向則代表了一種溝通胡塞爾意識現象學和馬克思主義社會學的努力和嘗試。

＊　＊　＊

總而言之，無論是在「生活世界」的理論方面，還是在知識學的「理解」方面，哈伯瑪斯哲學與胡塞爾現象學的密切關係是不容懷疑的，無論這種關係是一種接受和被接受的關係，還是一種反抗與被反抗的關係。我們在這裡可以用著名的哈伯瑪斯研究家T.麥卡錫的話來概括這種關係：「從胡塞爾的先驗現象學，經過舒茲的『社會世界』的現象學，直到今天

---

61 麥卡錫對此觀點持保留態度：「如果哲學在當今的歷史條件下不再可能是『純粹理論』，不再可能是『蘇格拉底的對話』，而只可能是意識形態批判，那麼我們很難明察到，批判──無論是認識論批判，還是其他類型的批判──如何得到論證。哈伯瑪斯也承認這一點。在他最新的著述中，他將認識興趣的理論和交往權能的理論之特徵描述為『改造過的先驗哲學』並將它們歸入到一種不同於『批判的自身反思』的反思樣式中去。（哈伯瑪斯：《作為『意識形態』的技術與科學》，第63-65頁）從某些方面來看，這意味著哈伯瑪斯在（反思）樣式觀念方面的一個挪移：從經過唯物主義改造的『現象學自身反思』向經過唯物主義改造的『先驗反思』的挪移。」（麥卡錫：《哈伯瑪斯的批判理論》，德文版，《交互理解關係批判》，法蘭克福／美茵，1980年，第184頁。）──麥卡錫在這裡所說的「經過唯物主義改造」是指哈伯瑪斯的反思對象已不再是德國古典唯心主義傳統上的和胡塞爾式的「意識」，而是在馬克思意義上的「階級意識」了。

62 施特拉塞爾：〈理解問題之新觀〉，載於《真理與證實》，第177頁。

的現象學社會學和人種方法學，這已經形成一個傳統，在這個傳統中，理解社會學的基礎已經在生活世界理論的形式中得到了發展。哈伯瑪斯在眾多的論著中展示了這個傳統的最重要立場。」[63]

---

[63] 麥卡錫：《交互埋解關係批判》，第184頁。

代結束語

現象學與西方馬克思主義以及其他哲學思潮交融的可能性

以上對胡塞爾哲學與哈伯瑪斯哲學之間關係問題的論述，實際上同時展示了當代德國哲學中，現象學與西方馬克思主義交融的可能性。我們在〈緒論〉中已經指出，這兩個流派分別代表了二十世紀德國哲學的最重要思潮。因此，它們的融合意味著一種將德國哲學兩種主導傾向綜合為一的可能性。

西方馬克思主義代表人物盧卡奇（G. Lukacs）在二次大戰結束之後不久曾有過《存在主義還是馬克思主義》[1]的著述，它表現出了當時在兩大德國哲學思潮之間的激烈衝突。而在三十年之後，由瓦爾登菲爾茲、布洛克曼和帕采寧三人主編的四卷本《現象學與馬克思主義》（1977-1979年）則從四個方面探討了在現象學和西方馬克思主義之間進行交融的各種可能性：一是在綱領和方法之間的交融，二是在實踐哲學方面的交融，三是在社會哲學方面的交融，四是在認識論與科學理論方面的交融。

但需注意的是，我們並不能由此輕易地得出結論，認為在現象學與西方馬克思主義的關係發展上存在著一種從對立到交融的過渡。因為，只要看一看自現象學和西方馬克思主義產生以來的歷史，我們就會意識到這兩個流派之間的交融從一開始就存在著：在現象學的陣營中，最早將馬克思與胡塞爾放在一起思考的是一批非德國哲學家，例如：在法國有被哈伯瑪斯稱為「海德格馬克思主義者」的沙特和他在這方面的代表作《辯證理性批判》（1960年）；另一位現象學代表人物梅洛—龐蒂也曾從現象學立場出發試圖對馬克思做出新的理解（《辯證法的歷險》，1955年）；在美國有M.法伯（M. Farber）、在義大利有E.帕奇（E. Paci）的現象學馬克思主義理論，以及如此等等。在西方馬克思主義的陣營中，這種合作的意向則表露得更早些。法蘭克福學派的幾位代表人物幾乎無一例外地對胡塞爾哲學做過深入研究：霍克海默和馬庫色早期在弗萊堡大學學習過，都曾經是胡塞爾的學生。馬庫色的〈歷史唯物主義現象學論集〉（1928年）是將胡塞爾與馬克思相結合的第一次嘗試，因而他本人被哈伯瑪斯稱為「胡塞爾

---

1 該書在二十世紀六十年代便已被譯成中文出版。

馬克思主義者」。而阿多諾早期的博士論文便以胡塞爾現象學為題：《胡塞爾現象學中事物與意向對象的超越性》（1924年）；此後，他發表於1956年的《認識論的元批判──關於胡塞爾和現象學二律背反的研究》一書，至今仍被視作關於現象學的經典文獻之一。

除了這種交融的努力之外，在現象學與馬克思主義之間的對抗也曾經存在過。例如在東歐和蘇聯，胡塞爾的現象學曾一度被視為是一種對抗馬克思主義的力量。

在今天，現象學與西方馬克思主義交融的趨勢占主導地位。從西方馬克思主義的立場出發去接納現象學的傾向主要表現在哈伯瑪斯那裡，我們在前面的論述中已經有所選擇地突出了這一傾向。與他在相同的方向上進行跋涉的是德國哲學家卡爾─奧托‧阿佩爾（Karl-Otto Apel）。他的代表作、兩卷本的《哲學的形變》（1976年）就是在闡述「私人主體性」的先驗哲學如何變形，從而成為「交互主體性」的先驗哲學。哈伯瑪斯曾說，「我在這裡探討的是從意識哲學向語用學之轉折的哲學動因，這個轉折也正是卡爾─奧托‧阿佩爾在《哲學的形變》中所要追求的東西，儘管他強調的重點有所不同。」哈伯瑪斯用孔恩（Th. S. Kuhn）的術語將這個轉折稱之為「典範的轉移」。[2] 當然，我們很難把阿佩爾的思想歸入到西方馬克思主義的範疇之中，毋寧說，他在其著述中與胡塞爾現象學所發生的接觸更主要地是與他建立一門「先驗的實用主義」的意圖有關。

這裡已經涉及到了現象學與本世紀其他兩個主要哲學思潮，即與分析哲學和結構主義交融的可能性。它們實際上已經超出了這裡所討論的當代德國哲學之範圍。我們可以概括地說：在英美哲學界，儘管胡塞爾在現象學創建時期所抱的初衷與弗雷格、羅素和懷德海相近，儘管胡塞爾在此之後在英美哲學界的影響幾乎綿延不斷，例如較為明顯地包含在卡納普的哲學中，但現象學與分析哲學的結合始終無法成為主流。K.波普認為，

2　哈伯瑪斯：《交往行為理論的前研究和補充》，法蘭克福／美茵，1984年，〈前言〉，第7頁。

「從胡塞爾的本質主義到現代的生存主義」的德國哲學發展已經誤入「歧途」，「它導致了在我們這個時代的人們相當普遍地把康德和啟蒙運動看作是完全過時的東西」。[3] 波普的這一評價，在很大程度上代表了英美分析哲學家對現象學的心態。與此相反，也許是因爲現象學和結構主義同屬歐洲大陸哲學，而整個歐洲大陸哲學聯同其大背景的起點最終又可以綜合爲一的緣故，現象學與結構主義的內在連結和交融始終卓有成果。在某種意義上甚至可以說，和解釋學一樣，結構主義也仍然是在現象學的大範圍中活動。P.利科在1969年時曾談到現象學所受到的來自符號學或結構主義方面之「挑戰」。但在東方的結構主義代表人物雅可布森那裡，我們所看到的毋寧說是一種「現象學的結構主義」。[4] 而在李維─史陀（C. Levi-Strauss）、拉康（J. Lacan）的哲學中，也至少不存在與現象學的原則性之對立。瓦爾登菲爾茲說：「在堅信看的現象學家和堅信說的結構主義者之間絕不存在著敵對的關係」。[5] 因此，除了「現象學的結構主義」之外，我們處處還可以看到諸如「語言現象學」、「結構現象學」等等說法。

此外，在論題上更進一步超出我們討論範圍的還有胡塞爾現象學在文化交流（包括東西方文化交流）方面所提供的可能性。歐洲大陸之最新的現象學研究方向正是在於用胡塞爾對交互主體性問題的出色分析方法來解決與社會─政治─歷史有關的交互文化問題。在這個意義上，黑爾德指出：現象學在今天引起的廣泛注意「證實了由胡塞爾創始的現象學所具有的指明未來之能力。現象學是我們這個世紀的思維傳統，它最先具備了解決那些在向下一個千年過渡的過程中所出現之急迫任務的哲學技能，這個任務在於，在下面這兩條道路之間找到一條中間道路：第一條道路是以『後現代的』方式解脫所有規範性的約束；第二條道路則是那種會將所有個體強行納入自身之中的理性大全主義。而對於各種文化之間的關係來

3　波普：《研究的邏輯》，圖賓根，1982年，第XXIV頁。

4　此概念源於E.霍倫斯坦：《羅曼·雅各森的現象學結構主義》，法蘭克福／美茵，1975年。

5　瓦爾登菲爾茲：《現象學引論》，第130頁。

說，這個尋找中間道路的任務則意味著，必須維持在下面兩種趨向之間的有益張力：第一種趨向是整個人類正在無可阻止地結合爲一個統一，胡塞爾曾希望這個統一體能夠發展成爲一個大全的理性共同體；第二種趨向則在於，在不同的文化中仍存在著這樣一個需要，即在這個世界範圍的聯合過程中，各種文化不失去自己固有的面目。在這種情況下，現象學作爲『現象的邏各斯』可以指明一條道路；因爲胡塞爾從一開始便把現象學理解爲一種理性的說明（邏各斯），它的意義正是在於釐清並維護所有現象的固有本質和固有權利。所以，歐洲的理性傳統可以與一種無保留的、交互文化的開放性結合爲一體。」[6] 由黑爾德和日本現象學家合作主編的現象學論文集《東西方之間的交互文化性》一書的出版，是在現象學的基礎上展開東西方文化之間對話的又一次嘗試。

在這個方向上尤其還要提到的是瑞士著名現象學家和漢學家耿寧（Iso Kern）先生多年來所做的努力。他在六十和七十年代所做的著名現象學研究成果《胡塞爾與康德》（海牙，1964年）、《哲學的觀念與方法》（柏林，1975年）早已成爲胡塞爾現象學研究方面的經典論著。而他自八十年代以來所進行的一系列對胡塞爾現象學與中國哲學，尤其是與中國佛教哲學的比較研究又從一個新的角度引起人們的關注。在〈三位一體——一位現象學家的神學思考〉（弗萊堡，1986年）、〈胡塞爾哲學中的自身意識與自我〉（美茵茲，1988年）等等文章中，我們已經可以看到，有一個博大的、跨越了區域文化的研究領域和研究可能性正在展現出來，因此，我們期望他在這方面會有更多的作品問世。

在現象學與中國哲學的關係問題上，我相信，耿寧先生的研究方向也將是中國大陸和臺灣方興未艾之現象學研究的未來主要方向之一。雖然胡塞爾本人一再強調理論現象學的第一哲學性質，雖然他本人從根本上是一個非實踐的哲學家，我們對他哲學的研究卻必定會帶有「實踐」或「實

6　黑爾德：〈致中國讀者〉，載於胡塞爾：《現象學的方法》，倪梁康譯，上海，1994年，第1頁。

用」的目的，否則我們對他的「興趣」便無從談起。最一般地說，這個目的在於，借助於胡塞爾對現象學研究方法和研究領域的指明，我們有可能達到一個超越出特定的思維方式和特定的區域文化之上並同時包容這些思維方式和文化的高度。這同時也是我透過這部書的寫作而在這個方向上所做的努力之一。

附　錄

附錄一

表（一）　意識體驗的本質結構與要素

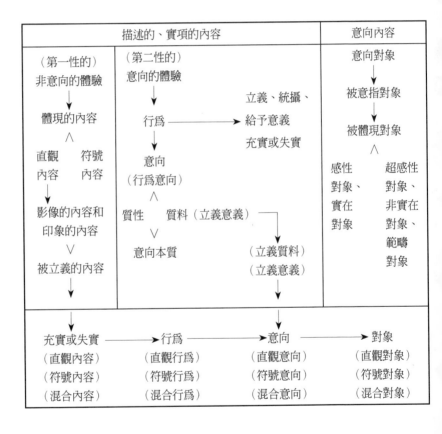

表（二）　　通向先驗本質現象學之路

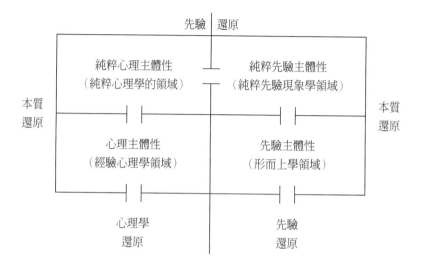

附錄二
引用書目外文原名與中文譯名對照[1]

Adorno, Th. W.:*Zur Metakritik der Erkenntnistheorie. Studien über Husserl und die phänomenologischen Anatomien*, Stuttgart 1956.（阿多諾，Th. W.：《認識論元批判。胡塞爾和現象學的二律背反研究》，斯圖加特，1956年）

Apel, K.-O., *Transformation der Philosophie*, 2 Bde., Frankfurt/Main 1976.（阿佩爾：《哲學的形變》兩卷本，法蘭克福／美茵，1976年）

Arendt, H., "Martin Heidegger zum 80.Geburtstag", in *Merkur* 10 (1969).（鄂蘭，H.：〈馬丁‧海德格八十壽辰賀詞〉，載於《墨丘利》第10期，1969年）

Avé-Lallemant, E., "Scheler's Phänomenbegriff und die Idee der Phänomenologie", in *Neuere Entwicklung des Phänomenbegriffs, Phänomenologische Forschungen*, Bd.9, Freiburg 1980.（阿維－拉勒蒙，E.：〈舍勒的現象概念和現象學經驗的觀念〉，載於《現象學研究》第九卷，《現象概念的最新發展》，弗萊堡，1980年）

—— "Die Phänomenologische Bewegung-Ursprung, Anfänge und Ausblick", in: *Husserl und die Phänomenologische Bewegung.*（〈現象學運動——起源、開端、展望〉，載於《胡塞爾與現象學運動》）

Becker, O., "Von der Hinfälligkeit des Schönen und der Abenteuerlichkeit des Künstlers. Eine Ontologische Untersuchung im Ästhetischen Phänomenbereich", in *Festschrift Edmund Husserls,* Tübingen 1974.（貝克爾，O.：〈美的事

---

[1] 這裡提供的只是本書所引的外文書目的中譯名，以便讀者查找。被引用的中文本書目和中譯本書目在註腳中已予標明，這裡不再一一列出。此外，這裡的文獻也不包含附錄中直接用原文標出的所引著作名稱。

物的衰敗性和藝術家的冒險性。在美學現象領域中的本體論研究〉，載於《胡塞爾紀念文集》，圖賓根，1929年）

Bernet, B./Kern, I./Marbach, E., *Husserl. Darstellung seines Denkens*, Hamburg 1989.（貝奈特，R. / 凱恩，I. / 馬爾巴赫，E.：《艾德蒙‧胡塞爾——他的思想介紹》，漢堡，1989年）

Biemel, W., "Einleitung des Herausgebers", in: Husserl,*Idee der Phänomenologie*.（比梅爾，W.：〈出版者引論〉，載於胡塞爾：《現象學的觀念》）

——"Husserls Encyclopaedia-Britannica-Artikel und Heideggers Anmerkungen dazu (1950)", in H. Noack (Hrsg.), *Husserl*, Darmstadt 1973.（比梅爾，W.：〈胡塞爾的大英百科全書——條目和海德格的注釋〉，載於 H.諾亞克〔編〕：《胡塞爾》，達姆斯塔特，1973年）

——*Heidegger*, Hamburg 1973.（比梅爾，W.：《海德格》，漢堡，1973年）

Bloch, E., *Das Prinzip Hoffnung*, Bd. I, Frankfurt/Main 1959.（布洛赫，E.：《希望的原則》第一卷，法蘭克福 / 美茵，1959年）

Bloch, K./Alelbert, R.(Hrsg.), *Denken heißt überschreiten. In memoriam Ernst Bloch*, Frankfurt/Main 1982.（布洛赫，K.、阿德爾貝特，R.〔主編〕：《思維就意味著超越。紀念恩斯特‧布洛赫》，法蘭克福 / 美茵，1982年）

Boehm, R., "Einleitung des Herausgebers", in. Husserl, *Phänomenologie des inneren Zeitbewußtseins*.（波姆，R.：〈出版者引論〉，載於胡塞爾：《內時間意識的現象學》）

Brentano, F., *Psychologie vom empirischen Standpunkt*, Bd. I, Hamburg 1955.（布倫塔諾，F.：《經驗立場上的心理學》第一卷，漢堡，1955年）

—— *Grundzüge der Ästhetik*, Bern 1959.（布倫塔諾，F.：《感性論基本原理》，伯爾尼，1959年）

Broekmann, "Die Einheit von Theorie und Praxis als Problem von Marxismus, Phänomenologie und Struktualismus", in *Phänomenologie und Marxismus*, Bd. I.（布洛克曼，J. M.：〈理論與實踐的統一作爲馬克思主義、現

象學和結構主義的問題〉，載於《現象學與馬克思主義》第一卷）

Buber, M., *Das Problem des Menschen,* Heidelberg 1982. （布伯，M.：《人的問題》，海德堡，1982年）

Dilthey, W., *Einführung in die Geisteswissenschaften*, Stuttgart 1957. （狄爾泰：《精神科學引論》，斯圖加特，1957年）

Eley, L., *Transzendentale Phänomenologie und Systemtheorie der Gesellschaft. Zur philosophischen Propädeutik der Sozialwissenschaft*, Freiburg 1972. （埃萊伊，L.：《先驗現象學與社會系統論——社會科學的哲學概論》，弗萊堡，1972年）

Farías, V., *Heidegger und der Nationalsozialismus*, Frankfurt/Main 1989. （法里亞斯，V.：《海德格與納粹主義》，德文版，法蘭克福／美茵，1989年）

Fink, E., "Welt und Geschichte", in *Husserl et la Pensee Moderne. Actes du deuxieme Colloque International de Phénoménologie*, hrsg. von H. L. Van Breda/ J. Taminaux, Den Haag 1959. （芬克，E.：〈世界與歷史〉，載於H. L.范·布雷達／J.塔米諾〔編〕：《胡塞爾與近代思維》，海牙，1959年）

Gadamer, H.-G., （高達美，H.—G.）：

(1) Gesammelte Werke （《高達美全集》部分）：

Bd. I: *Hermeneutik I. Grundzüge einer philosophischen Hermeneutik*, Tübingen 1986. （《詮釋學I：眞理與方法——哲學詮釋學的基本特徵》，《高達美全集》第一卷，圖賓根，1986年）

Bd. II: *Hermeneutik II. Ergänzungen, Register*, Tübingen 1986. （《詮釋學II：眞理與方法——補充、索引》，《高達美全集》第二卷，圖賓根，1986年）

Bd. III: *Neuere Philosophie I. Hegel. Husserl. Heidegger*, Tübingen 1987. （《新近哲學I：黑格爾、胡塞爾、海德格》，《高達美全集》第三卷，圖賓根，1987年）

(2) Andere Schriften （其他部分）：

—— "Zusammenfassender Bericht", in H. L. Van Breda (Hrsg.), *Vérité et Vérifi-*

kation. Actes du quatrieme Colleque International de Phenomenologie, Den Haag 1974.（〈總結報告〉，載於H. L.范‧布雷達〔編〕：《眞理與證實》〔第四屆國際現象學研討會文獻〕，海牙，1974年）

—— "Erinnerung [an Husserl]", in *Husserl die Phänomenologische Bewegung*. （〈回憶胡塞爾〉，載於《胡塞爾與現象學運動》）

——"Max Scheler - Der Verschwender", in *Max Scheler im Gegenwartsgeschehen der Philosophie*, hrsg. von P. Good, Bern/München 1975.（〈作爲揮霍者的馬克斯‧舍勒〉，載於《在哲學當代發展中的馬克斯‧舍勒》，保羅‧古德〔主編〕，伯爾尼，1975年）

—— "Die Hermeneutik und die Diltheyschule", in *Philosophische Rundschau* 3, 1991.（〈詮釋學與狄爾泰學派〉，載於《哲學評論》3，1991年）

Gurwitsch, A., *Das Bewußtseinsfeld*, Berlin 1975.（古爾維奇，A.：《意識領域》，柏林，1974年）

Habermas, J., *Theorie und Praxis,* Frankfurt/Main 1963.（哈伯瑪斯，J.：《理論與實踐》，法蘭克福／美茵，1988年）

—— *Technik und Wissenschaft als Ideologie*, Frankfurt/Main 1968.（《作爲「意識形態」的技術與科學》，法蘭克福／美茵，1968年）

—— "Der Universalitätsanspruch der Hermeneutik", in *Hermeneutik und Dialektik*, Bd. I, hrsg. von Bubner, R./Cramer K./Wiehl, R., Tübingen 1970.（〈詮釋學的普遍性要求〉，載於《解釋學與辯證法》第一卷，圖賓根，1970年）

—— *Erkenntnis und Interesse*, Frankfurt/Main 1971.（《認識與興趣》，法蘭克福／美茵，1971年）

—— *Theorie des kommunikativen Handelns,* 2 Bde, Frankfurt/Main 1981.（《交往行爲理論》第二卷，法蘭克福／美茵，1981年）

—— *Moralbewußtsein und kommunikatives Handeln*, Frankfurt/Main 1983.（《道德意識與交往行爲》兩卷本，法蘭克福／美茵，1983年）

—— *Vorstudien und Ergänzungen zur Theorie des kommunikativen Handelns,*

Frankfurt/Main 1984.（《交往行為理論的前探與後補》，法蘭克福／美茵，1984年）

── *Nachmetaphysisches Denken*, Frankfurt/Main, 1988.（《後形而上學思維》，法蘭克福／美茵，1988年）

── "Heidegger - Werk und Weltanschauung", in *Heidegger und der Nationalsozialimus*.（〈海德格──著作和世界觀〉，載於V.法里亞斯：《海德格與納粹主義》）

── "Die Moderne - ein unvollendes Projekt", in *Kleine Politische Schriften*, IV, Frankfurt/Main 1981 b.（〈現代主義──一個未完成的方案〉，載於《短篇政論文集》，法蘭克福／美茵，1981年，b）

── *Diskurs der Moderne*, Frankfurt/Main, 1985.（《現代主義的哲學討論》，法蘭克福／美茵，1985年）

── Unveröffentlichtes Arbeitspapier "Einige Bemerkungen zur soziologischen Handlungstheorie", zitiert aus McCarthy, *Kritik der Verständigungsverhältnisse*.（未發表的工作手稿，〈關於社會學行為理論的幾點說明〉，轉引自麥卡伊：《交互理解關係批判》）

Habermas, J., Luhmann, N., *Theorie der Gesellschaft oder Sozialtechnologie*, Frankfurt/Main 1971.（哈伯瑪斯，J.／魯曼，N.：《社會理論還是社會技術論》，法蘭克福／美茵，1979年）

Hammer, F.,*Theonome Anthropologie? - Max Schelers Menschenbild und Seine Grenzen*, Den Haag 1972.（哈默，F.：《神主的人類學？──舍勒的人類觀及其局限性》，海牙，1972年）

Hegel, G. W. F., *Philosophie der Weltgeschichte, 1.Band, Die Vernunft in der Geschichte*, Leipzig 1944.（黑格爾，J. W. F.：《世界史哲學》，第一卷，《歷史中的理性》，萊比錫，1944年）

Heidegger, M., *Sein und Zeit*, Tübingen 1979.（海德格，M.：《存在與時間》，圖賓根，1979年）

── "Mein Weg zur Phänomenologie", in *Zur Sache des Denkens*, Tübingen

1969.（〈我的現象學之路〉，載於《面對思維實事》，圖賓根，1969年）

—— *Vier Seminare*, Frankfurt/Main 1977.（《四次討論課》，法蘭克福／美茵，1977年）

—— *Prolegomena zur Geschichte des Zeitbegriffs* (1925), Gesamtausgabe Bd.20, Frankfurt/Main 1979.（《時間概念歷史導引》，《海德格全集》第二十卷，法蘭克福／美茵，1979年）

—— *Die Grundprobleme der Phänomenologie* (1927), Gesamtausgabe Bd.24, Frankfurt/Main 1975.（《現象學的基本問題》，《海德格全集》第二十四卷，法蘭克福／美茵，1975年）

—— *Phänomenologie und transzendentale Wertphilosophie*, Gesamtausgabe Bd.56/57.Frankfurt/Main 1987.（《現象學與先驗的價值哲學（1919）》，《海德格全集》第五十六／五十七卷，法蘭克福／美茵，1987年）

—— "Brief über den Humanismus", in *Wegmarken*, Frankfurt/Main 1978.（〈關於人道主義的通信〉，載於《路標》，法蘭克福／美茵，1978年）

—— *Die Frage nach dem Ding*, Tübingen 1962.（《事物問題》，圖賓根，1962年）

——*Was ist Metaphysik?* Frankfurt/Main 1949.（《什麼是形而上學》，法蘭克福／美茵，1949年）

—— "Vom Wesen des Grundes", in *Festschrift Edmund Husserls*, Tübingen 1974.（〈論根據的本質〉，載於《艾德蒙·胡塞爾紀念文集》，圖賓根，1974年）

Held, Klaus., "Einleitung" zu Edmund Husserl. Ausgewählte Texte I: *Die phänomenologische Methode*, Stuttgart 1985.（黑爾德，K.：〈引論〉，載於《現象學的方法——胡塞爾文選I》，斯圖加特，1985年）

—— "Einleitung" zu Edmund Husserl. Ausgewählte Texte II: *Phänomenologie der Lebenswelt*, Stuttgart 1986.（〈引論〉，載於：《生活世界的現象

學──胡塞爾文選II》，斯圖加特，1986年）

── "Das Problem der Intersubjektivität und die Idee einer phänomenologischen Transzendentalphilosophie", in *Perspektiven transzendental-phänomenologischer Forschung*, hrsg. von M. Claeges und K. Held, Den Haag 1973.（〈交互主體性的問題與現象學的先驗哲學的觀念〉，載於《現象學研究的角度》，U.克萊思葛斯、K.黑爾德〔主編〕，海牙，1972年）

Henckmann, W., "Das Intentionalitätsproblem bei Scheler", in *Brentano Studien* 3, 1990/91.（亨克曼，W.：〈舍勒哲學中的意向性問題〉，載於《布倫塔諾研究》3，1990/91年）

Herrmann, F.-W. v., Der Begriff der Phänomenologie bei Heidegger und Husserl, Frankfurt/Main 1981.（赫曼，F－W. v.：《胡塞爾與海德格的現象學概念》，法蘭克福／美茵，1981年）

Hersch, J., *Das philosophische Staunen. Einblicke in die Geschichte des Denkens*, München 1981.（赫許，J.：《哲學的驚異：思維史觀察》，慕尼黑，1981年）

Holenstein, E., Roman Jakobsons phänomenologischer Struktualismus, Frankfurt/Main 1975.（霍倫斯坦，E.：《羅曼·雅各森的現象學結構主義》，法蘭克福／美茵，1975年）

Horster, D., "Jürgen Habermas", in *Philosophen Lexikon*, Stuttgart 1989.（赫斯特，D.：〈尤爾根·哈伯瑪斯〉，載於《哲學家辭典》，斯圖加特，1989年）

Humboldt, W. v., *Gesammelte Schriften*, Bd. I, Berlin 1903.（洪堡，W. v.：《W. v.洪堡著作集》第一卷，柏林，1903年）

Husserl, E.（胡塞爾，E.）：

(1)Husserliana ──Edmund Husserl. *Gesammelte Werke*, Den Haag bzw. Dordrecht/Boston/Lancaster Martinus Nijhoff（《胡塞爾全集》，海牙，或者：多德雷赫特／波斯頓／拉卡斯特）：

Bd. I: *Cartesianische Meditationen und Pariser Vorträge.*（第一卷：《笛卡兒式的沉思和巴黎演講》，1973年）

Bd. II: *Die Idee der Phänomenologie (Fünf Vorlesungen).*（第二卷：《現象學的觀念（五篇講座稿）》，1973年）

Bd. III, 1: *Ideen zu einer reinen Phänomenologie und phänomenologischen Philosophie. Erstes Buch: Allgemeine Einführung in die reine Phänomenologie. Text der 1.- 3.Auflage.*（第三卷／1：《純粹現象學和現象學哲學的觀念》第一卷，第一冊，《純粹現象學概論》，1973年）

Bd. III, 2: *Dass. Ergänzende Texte (1912-1929).*（第三卷／2：《純粹現象學和現象學哲學的觀念》第一卷，第二冊，《補充文字（1912－1929年）》，1973年）

Bd. IV: *Ideen zu einer reinen Phänomenologie und phänomenologischen Philosophie. Zweites Buch: Phänomenologische Untersuchung zur Konstitution.*（第四卷：《純粹現象學和現象學哲學的觀念》第二卷，《現象學的構造研究》，1973年）

Bd. V: *Ideen zu einer reinen Phänomenologie und phänomenologischen Philosophie. Drittes Buch: Die Phänomenologie und die Fundamente der Wissenschaften.*（第五卷：《純粹現象學和現象學哲學的觀念》第三卷，《現象學與科學的基礎》，1973年）

Bd .VI: *Die Krisis der europäischen Wissenschaften und die transzendentale Phänomenologie. Eine Einführung in die phänomenologische Philosophie.*（第六卷：《歐洲科學的危機與先驗現象學：現象學哲學引論》，1962年）

Bd. VII: *Erste Philosophie (1923/24).Erster Teil: Kritische Ideengeschichte.*（第七卷：《第一哲學（1923／24年）》第一卷，《批判的觀念史》，1956年）

Bd. VIII: *Erste Philosophie (1924/25).Zweiter Teil: Theorie der phänomenologischen Reduktion.*（第八卷：《第一哲學（1924／25

年）》第二卷，《現象學還原理論》，1959年）

Bd. IX: *Phänomenologische Psychologie (Vorlesungen Sommersemester 1925).*（第九卷：《現象學的心理學》，1968年）

Bd. X: *Zur Phänomenologie des inneren Zeitbewußtseins (1893-1917).*（第十卷：《內時間意識的現象學（1893-1917年）》，1966年）

Bd. XI: *Analysen zur passiven Synthesis (Aus Vorlesungs- und Forschungsmanuskripten 1918-1926).*（第十一卷：《被動綜合分析（1918-1926年講座稿和研究稿）》，1966年）

Bd. XIII: *Zur Phänomenologie der Intersubjektivität (Texte aus dem Nachlaß. Erster Teil: 1905-1920).*（第十三卷：《交互主體性的現象學》第一部分，1973年）

Bd. XVI: *Ding und Raum (Vorlesungen 1907).*（第十六卷：《事物與空間》，1973年）

Bd. XVII: *Formale und transzendentale Logik. Versuch einer Kritik der logischen Vernunft.*（第十七卷：《形式的與先驗的邏輯。邏輯理性批判論》，1974年）

Bd. XVIII: *Logische Untersuchungen. Erster Band: Prolegomena zur reinen Logik.*（第十八卷：《邏輯研究》第一卷，《純粹邏輯學導引》，1974年）

Bd. XIX, 1: *Logische Untersuchungen. Zweiter Band: Untersuchungen zur Phänomenologie und Theorie der Erkenntnis. Erster Teil.*（第十九卷／1：《邏輯研究》第二卷，第一冊，《現象學和認識論研究》，1975年）

Bd. XIX, 2: *Logische Untersuchungen. Zweiter Band: Untersuchungen zur Phänomenologie und Theorie der Erkenntnis. Zweiter Teil.*（第十九卷／2：《邏輯研究》第二卷，第二冊，《現象學對認識的說明的要點》，1975年）

Bd. XXII: *Aufsätze und Rezensionen (1890-1910).*（第二十二卷：《文章與書評（1890-1910年）》，1979年）

Bd. XXIII: *Phantasie, Bildbewußtsein, Erinnerung. Zur Phänomenologie der anschauli-chen Vergegenwärtigungen. Texte aus dem Nachlaß* (1898-1925). （第二十三卷：《想像、圖像意識、回憶。直觀當下化的現象學》，1980年）

Bd. XXV: *Aufsätze und Vorträge* (1911-1921). （第二十五卷：《文章與報告（1911-1921年）》，1987年）

(2)*Husserliana-Dokumente*, Den Haag oder Dordrecht u. a. （《胡塞爾全集──資料》部分）：

Bd. I: *Husserl-Chronik. Denk-und Lebensweg Edmund Husserls*, hrsg. von K. Schumann, 1977. （《胡塞爾全集─資料》第一卷，《胡塞爾年表──艾德蒙・胡塞爾的思想和生活道路》，編者：K.舒曼，海牙，1977年）

Bd. II: Fink, E., VI. *Cartesianische Meditation Teil 1.Die Idee einer transzenden-talen Methodenlehre.* Texte aus dem Nachlaß Eugen Finks (1932) mit An-merkungen und Beilagen aus dem Nachlass Edmund Hussels (1933/34, hrsg. von H. Ebeling/J. Holl/G. van Kerckhoven, Dordrecht/Bosten/London 1988. （《胡塞爾全集─資料》第二卷，《第六項笛卡兒式的沉思──第一部分：一門先驗方法論的觀念》，H.埃伯林等〔編〕，多德雷赫特，1988年）

(3)Weitere Schriften und Dokumente von Husserl （《胡塞爾全集》以外的著述和資料）：

── *Erfahrung und Urteil. Untersuchung zur Genealogie der Logik*, redigiert und hrsg. von L. Landgrebe, Hamburg 1985. （《經驗與判斷》，漢堡，1985年）

── "Husserls Brief an Hugo von Hofmannsthal", in R. Hirsch, "Edmund Husserl und Hugo von Hofmannsthal. Eine Begegnung und ein Berief", in *Sprache und Politik. Festgabe für Dolf Sternberger*, hrsg. von C. J. Friedrich, Heidel-berg 1968, S.108-115.

── Gespräche von Sr. Adelgundis Jaegerschmit OSB mit Edmund Husserl, in *Edith Stein. Wege zur inneren Stille*, hrsg. von W. Herbstrith, Aschaffenburg 1987. （〈A.耶格施密特與艾德蒙・胡塞爾的談話錄〉，載於《艾迪

斯·斯坦：通向內在寧靜之路》，阿沙芬堡，1987年）

── *Briefe an Roman Ingarden*, Den Haag 1968.（《致羅曼·英加登的信件集》，海牙，1968年。）

(4)Unveröffentlichte Manuskripte von Husserl（未發表的胡塞爾手稿）：

Ms. B II 1., B II 19., R I Scheler, 18. VIII.10., R I Ingarden, 19.IV.31., R I Koyre, 22.VI.31.

Ingarden, R., "Über den transzendentalen Idealismus bei E. Husserl", in *Husserl et la Pensee Moderne.*（英加登，R.：〈論E.胡塞爾的先驗唯心主義〉，載於《胡塞爾與近代思維》）

── "Probleme der Husserlschen Reduktion", in *Analecta Husserliana*, Vol. IV.（〈胡塞爾的還原問題〉，載於《胡塞爾全集──壹零》第五卷）

Jamme, Ch., "Überrationalismus gegen Irrationalismus. Husserls Sicht der mythischen Lebenswelt", in *Phänomenologie im Widerstreit.*（雅默，Ch.：〈用超理性主義來反對非理性主義〉，載於《爭論中的現象學》）

Jamme, Ch./Pöggeler, O. (Hrsg.), *Phänomenologie im Widerstreit*, Frankfurt/Main 1989.（雅默，Ch. / 珀格勒，O.〔主編〕：《爭論中的現象學》，法蘭克福 / 美茵，1989年）

Jaspers, K., *Einführung in die Philosophie*, Berlin 1962.（雅斯培，K.：《哲學引論》，柏林，1962年）

── *Philosophische Autobiographie*, München 1977.（《哲學自傳》，慕尼黑，1977年）

── *Philosophie*, Bd. I, Berlin 1973.（《哲學》第一卷，柏林，1973年）

── *Allgemeine Psychopathologie*. Ein Leitfaden für Studierende, ürzte und Psychologen, Berlin 1913.（《普通心理病理學。供學生、醫生和心理學家用的教科書》，柏林，1913年）

Kant, I., *Prolegomena zu einer jeden Metaphysik, die als Wissenschaft wir auftreten können*, in Werke in sechs Bänden, Bd. III, Schriften zur Metaphysik und Logik, Darmstadt 1983.（康德，I.：《未來形而上學導論》，載於《六

卷本康德全集》第三卷，《形而上學與邏輯學著作》，柏林，1911年）

—— *Logik*, in Werke in sechs Bänden, Bd. III.（《邏輯學講義》，《六卷本康德全集》第三卷）

Kern, I., "Einleitung des Herausgebers", in Husserl, *Zur Phänomenologie der Intersubjektivität*, 1.Teil.（凱恩，I.：〈出版者引論〉，載於胡塞爾《交互主體性的現象學》第一卷，海牙，1973年）

—— "Die drei Wege zur transzendentalphänomenologischen Reduktion in der Philosophie Edmund Husserls", in *Tijdschft voor Filosofie* 24, 1962.（〈艾德蒙‧胡塞爾哲學中通向先驗現象學還原的三條道路〉，載於《哲學雜誌》24，1962年）

—— *Husserl und Kant. Eine Untersuchung über Husserls Verhältnis zu Kant und zum Neukantismus*, Den Haag 1964.（《胡塞爾與康德。關於胡塞爾與康德和新康德主義者的關係的研究》，海牙，1964年）

—— *Idee und Methode der Philosophie. Leitgedanken für eine Theorie der Vernunft*, Berlin/New York 1975.（《哲學的觀念與方法。一門理性理論的指導思想》，柏林，1975年）

—— "Die Lebenswelt als Grundlagenproblem der objektiven Wissenschaften und als universales Wahrheits- und Seinsproblem", in *Lebenswelt und Wissenschaft in der Philosophie Edmund Husserls*, hrsg. von E. Ströcker, Frankfurt/Main 1979.（〈生活世界作為客觀科學的基本問題和作為普遍的真理和存在問題〉，載於《艾德蒙‧胡塞爾哲學中的生活世界與科學》，E.施特雷克〔主編〕，法蘭克福／美茵，1979年）

—— "Selbstbewußtsein und Ich bei Husserl", in *Husserl-Symposion Mainz* (27.6/4.7.1988), hrsg. von G. Funke, Stuttgart 1989.（〈胡塞爾哲學中的自我與自身意識〉，載於《美茵茲胡塞爾研討會》，G.馮克〔主編〕，斯圖加特，1989年）

—— "Trinität-Theologische Überlegung eines Phänomenologen", in *Freiburger Zeitschrift für Philosophie und Theologie* Bd.33 1986.（〈三位一體——一

位現象學家的神學思考〉，載於《弗萊堡哲學與神學雜誌》第33卷，1986年）

Kolakowski, L., *Die Suche nach der verlorenen Gewißheit: Denkwege mit Edmund Husserl*, Stuttgart 1975.（科拉科夫斯基，L.：《尋找失落了的確然性：隨胡塞爾同走的思路》，斯圖加特，1977年）

Kuhn, H., "Scheler", in *Lexikon für Theologie und Kirche*, Bd. IX, Freiburg 1964.（孔恩，H.：《神學與教會辭典》第九卷，弗萊堡，1964年）

Lang, P. Ch., "Gadamer", in *Philosophen Lexikon*, Stuttgart 1989.（朗，P. Ch.：〈漢斯─格奧爾格‧高達美〉，載於《哲學家辭典》，斯圖加特，1989年）

Löwith, K.,*Von Hegel bis Nietzsche*, Zürich/New York 1941 (1.Aufl.) und 1950 (2.Aufl.).（洛維特，K.：《從黑格爾到尼采》，蘇黎世／紐約，1941年第一版，1950年第二版）

Levinas, E., "Husserl - Heidegger", in *Husserl und die Phänomenologische Bewegung*.（列維納斯，E.：〈胡塞爾─海德格〉，載於《胡塞爾與現象學運動》）

Luhmann, N., "Intersubjektivität oder Kommunikation: unterschiedliche Ausgangspunkt", in *Archivio di Filosofia*, 54 (1986), S.41-60.（魯曼，N.：〈交互主體性還是交往行為：社會學理論構成的不同出發點〉，載於《哲學文庫》第54期，1986年）

Lukács, G., *Existenzialismus oder Marxismus*, Berlin 1951.（盧卡奇，G.：《存在主義還是馬克思主義》，柏林，1951年）

Mader, W., Scheler, Hamburg 1980.（馬德，W.：《馬克斯‧舍勒》，漢堡，1980年）

Mansfeld, J., *Die Vorsokratiker* (Griechisch/Deutsch), Stuttgart 1987.（曼斯費爾德，J.〔選編／翻譯〕：《前蘇格拉底思想家（希文／德文版）》，斯圖加特，1987年）

Marbach, E., "Einleitung des Herausgebers", in Husserl, *Phantasie, Bildbewußt-*

sein, Erinnerung.（馬爾巴赫，E.：〈出版者引論〉，載於胡塞爾《想像、圖像意識、回憶》）

Marx, K., Karl Marx-Friedrich Engels. *Werke*, Bd.3, Berlin 1981.（馬克思，K.：《馬克思、恩格斯全集》第三卷，柏林，1981年）

McCarthy, Th., *Kritik der Verständigungsverhältnisse. Zur Theorie von Jürgen Habermas*, Frankfurt/Main 1980.（麥卡錫，Th.：《交互理解關係批判。論尤爾根‧哈伯瑪斯的理論》，法蘭克福／美茵，1980年）

Melle, U., Das *Wahrnehmungsproblem und seine Verwandlung in phänomenologischer Einstellung. Untersuchung zu den phänomenologischen Wahrnehmungstheorien von Husserl, Gurwitsch und Merleau-Ponty*, Den Haag/Boston/Lancaster 1983.（梅勒，U.：《現象學觀點中的感知問題及其演變。胡塞爾、古爾維奇和梅洛—龐蒂的現象學感知理論研究》，海牙，1983年）

Merleau-Ponty, M., *Phänomenologie der Wahrnehmung*, Berlin 1966.（梅洛—龐蒂，M.：《感知現象學》，德文版，柏林，1966年）

——*Die Abenteuer der Dialektik*, Frankfurt/Main 1974.（《辯證法的歷險》，德譯本，法蘭克福／美茵，1974年）

Misch, G., *Lebensphilosophie und Phänomenologie. Eine Auseinandersetzung der Diltheyschen Richtung mit Heidegger und Husserl*, Stuttgart 1967.（米施，G.：《生命哲學與現象學。狄爾泰學派與海德格和胡塞爾的分歧》，斯圖加特，1967年）

Mühlmann, W. E., *Geschichte der Anthropologie*, Wiesbaden 1986.（彌爾曼，W. E.：《人類學史》，威斯巴登，1986年）

Müller, M., "Erinnerung [an Husserl]", in *Husserl und die Phänomenologische Bewegung.*（穆勒，M.：〈回憶胡塞爾〉，載於《胡塞爾與現象學運動》）

Passweg, S., *Phänomenologie und Ontologie —— Husserl, Scheler*, Heidegger, Leipzig Leipzig/Strassburg/Zürich 1939.（帕斯威克，S.：《現象學和本體論——胡塞爾、舍勒、海德格》，萊比錫／施特拉斯堡／蘇黎世，1939年）

Pažanin, A., "Wahrheit und Lebenswelt beim späten Husserl", in *Vérité et Vérifika-tion*.（帕采寧，A.：〈後期胡塞爾的眞理與生活世界〉，載於《眞理與證實》）

Pöggler, O., "Die Krise des phänomenologischen Philosophiebegriffs", in *Phänomenologie im Widerstreit*.（珀格勒，O.：〈現象學的哲學概念的危機（1929年）〉，載於《爭論中的現象學》）

Popper, K. R., *Logik der Forschung*, Tübingen 1982.（波普，K.：《研究的邏輯》，圖賓根，1982年）

Ricoer, P., "Ideologie und Ideologiekritik", in *Phänomenologie und Marxismus*, Bd. I.（利科，P.：〈意識形態與意識形態批判〉，載於《現象學與馬克思主義》第一卷）

—— "Husserl und der Sinn der Geschichte", in *Husserl*, hrsg. von H. Noack, Darmstadt 1973.（〈胡塞爾與歷史的意義〉，載於《胡塞爾》，赫曼・諾亞克〔主編〕，達姆斯塔特，1973年）

Römpp, G., *Husserls Phänomenologie der Intersubjektivität und ihre Bedeu-tung für eine Theorie intersubjektiver Objektivität und die Konzeption einer phänomenologischen Philosophie*, Dordrecht, 1992.（倫普，G.：《胡塞爾的交互主體性現象學》，多德雷赫特，1992年）

Saner, H., *Jaspers*, Hamburg 1984.（薩尼爾，H.：《雅斯培》，漢堡，1970年）

Sartre, J. P., *Das Sein und das Nichts. Versuch einer phänomenologischen Ontolo-gie*, Hamburg 1962.（沙特，J.-P.：《存在與虛無。一個現象學本體論的嘗試》，漢堡，1962年）

—— *Kritik der dialektischen Vernunft*, Hamburg 1967.（《辯證理性批判》，漢堡，1967年）

Scheler, M.,（舍勒，M.）

(1)*Gesammelte Werke Schelers*, Bern/München.（《舍勒全集》，伯爾尼或慕尼黑）：

Bd. I: *Frühe Schriften*, 1971.（第一卷，《早期著作》，1971年）

Bd. II: *Der Formalismus in der Ethik und die materiale Wertethik. Neuer Versuch der Grundlegung eines ethischen Personalismus*, 1966.（第二卷，《倫理學中的形式主義與質料的倫理學》，1966年）

Bd. III: *Vom Umsturz der Werte*, 1966.（第三卷，《論價值的顛覆》，1966年）

Bd. V: *Vom Ewigen im Menschen*, 1968.（第五卷，《論人的永恆》，1968年）

Bd. VII: *Wesen und Formen der Sympathie*, 1973.（第七卷，《同情的本質與形式》，1973年）

Bd. VIII: *Die Wissensformen und die Gesellschaft*, 1960.（第八卷，《知識形式與社會》，1960年）

Bd. IX: *Spätere Schriften*, 1976.（第九卷，《後期著作》，1976年）

Bd. X: Schriften aus dem Nachlaß I. *Zur Ethik und Erkenntnislehre*, 1957.（第十卷，《倫理學與認識論遺著》第一部分，1957年）

Bd. XI: Schriften aus dem Nachlaß II. *Erkenntnislehre und Metaphysik*, 1979.（第十一卷，《認識論與形而上學遺著》第二部分，1979年）

(2) Weitere Schriften von Scheler.（其他部分）：

——*Die Stellung des Menschen im Kosmos*, Bern 1983.（《人在宇宙中的位置》〔單行本〕，伯爾尼，1983年）

—— *Wesen und Formen der Sympathie*, Bonn 1923.（《同情的本質與形式》〔單行本〕，波恩，1923年）

—— Ms. Ana 315 E II, 1.（手稿Ana 31 5 E II,1）

—— Brief an A. Grimme am 04.05.1917.（1917年5月4日致格里默的信）

Schelling, F. W. J., *Ausgewählte Schriften*, Bd. I (1794-1800), Frankfurt/Main 1985.（謝林，《謝林選集》第一卷，法蘭克福／美茵，1985年）

Schmitz, H., *Neue Phänomenologie*, Bonn 1980.（史密茲，H.：《新現象學》，波恩，1980年）

Schulz, W., *Philosophie in der veränderten Welt*, Pfullingen 1972.（舒爾茲，W.：《改變了的世界中的哲學》，普夫林根，1972年）

Schneeberger, G., *Nachlese zu Heidegger. Dokumente zu seinem Leben und Denken*, Bern 1962.（施內貝格，G.〔主編〕：《海德格追讀──關於他的生活與思想的資料》，伯爾尼，1962年）

Sepp, H. R. (Hrsg.), *Husserl und die phänomenologische Bewegung - Zeugnisse in Text und Bild*, Freiburg 1988.（塞普，H. R.：《胡塞爾與現象學運動──圖片與文字證明》，弗萊堡，1988年）

Spaemann, R., "Der Streit der Philosophie", in *Wozu Philosophie*? hrsg. von H. Lübbe, Berlin 1978.（斯佩曼，〈哲學家們的手吵〉，載於《哲學有何用？》，H.呂貝〔主編〕，柏林，1978年）

Spiegelberg, "Erinnerung [an Husserl]", in *Husserl und die Phänomenologische Bewegung*.（史匹戈博：〈回憶胡塞爾〉，載於《胡塞爾與現象學運動》）

Stegmüller, W., *Hauptströmungen der Philosophie - Eine kritische Einführung*, Bd.1, Stuttgart 1978.（施泰格穆勒，W.：《當代哲學主流》第一卷，斯圖加特，1978年）

Strasser, St., *Welt in Widerspruch. Gedanken zu einer Phänomenologie als ethischer Fundamentalphilosophie*, Dordrecht 1992.（施特拉塞爾，St.：《矛盾中的世界──關於一門作為倫理基礎哲學的現象學的想法》，多德雷赫特，1992年）

—— "Problem des 'Verstehens' in neuer Sicht", in *Vérité et Vérifikation*.（〈「理解」問題之新觀〉，載於《真理與證實》）

—— "Grundgedanken der Sozialontologie Edmund Husserls", in *Zeitschrift für philosophische Forschung* 29, 1975.（〈艾德蒙‧胡塞爾的社會本體論基本思想〉，載於《哲學研究雜誌》第29期，1975年）

Ströker, E., "Phänomenologie und Psychologie. Die Frage ihrer Beziehung bei Husserl", in *Zeitschrift für philosophische Forschung*, Nr. 37, 1983.（施特雷克，E.：〈現象學與心理學──它們在胡塞爾哲學中的關係問題〉，載於德國《哲學研究雜誌》第37期，1983年）

Theunissen, *M., Der Andere. Studien zur Sozialontologie der Gegenwart*, Berlin 1977.（圖伊尼森，M.：《他人。當代社會本體論研究》，柏林，1977年）

Tugendhat, E., *Der Wahrheitsbegriff bei Husserl und Heidegger*, Berlin 1965.（圖根哈特，E.：《胡塞爾與海德格的眞理概念》，柏林，1965年）

Van Breda, H. L., (Hrsg.), *Vérité et Vérifikation*. Actes du quatrieme Colleque International de Phenomenologie, Den Haag 1974.（H. L.范‧布雷達〔編〕：《眞理與證實》〔第四屆國際現象學研討會文獻〕，海牙，1974年）

Van Breda, H. L./Taminiaux, J. (Hrsg.), *Husserl et la Pensee Moderne/Husserl und das Denken der Neuzeit* (Den Haag 1959).（H. L.范‧布雷達／J.塔米諾〔編〕：《胡塞爾與近代思維》，海牙，1959年）

Van Breda, H. L./Taminiaux, J. (Hrsg.), *Edmund Husserl 1859-1959* (Den Haag 1959).

Waldenfels, B., *Das Zwischenreich des Dialogs. Sozialphilosophische Untersuchungen in Anschluß an Edmund Husserl*, Den Haag 1974.（瓦爾登菲爾茲，B.：《對話的間域。與胡塞爾相銜接的社會哲學研究》，海牙，1974年）

——*In den Netzen der Lebenswelt*, Frankfurt/Main 1985.（《在生活世界的網中》，法蘭克福／美茵，1985年）

——*Einführung in die Phänomenologie*, München 1992.（《現象學引論》，慕尼黑，1992年）

Waldenfels, B./Broekmann, Jan M./Pazanin, A. (Hrsg.), *Phänomenologie und Marxismus*, 4 Bde. Frankfurt/Main 1977-1979.（瓦爾登菲爾茲等〔編〕：《現象學與馬克思主義》四卷本，法蘭克福／美茵，1977—1979年）

Waelhens, De A., "Die phänomenologische Idee der Intentionalität", in *Husserl et la Pensee Moderne*.（瓦倫士，De A.：「現象學的意向性觀念」，載於《胡塞爾與近代思維》）

Hugo, O., "Edmund Husserl und die Universität Freiburg", in *Husserl und die Phänomenologische Bewegung.*（雨果，O.：〈胡塞爾與弗萊堡大學〉，載於《胡塞爾與現象學運動》）

Yorck, *Bewußtseinseinstellung und Geschichte*, Tübingen 1956.（約爾克，《意識態度與歷史》，圖賓根，1956年）

出版後記

撰寫這部著作的最早準備工作可以追溯到1987年，當時我正在德國弗萊堡大學胡塞爾文庫爲我的博士論文研究課題《E.胡塞爾現象學中的存在信仰問題——與胡塞爾一同進行的嘗試》準備資料。在研究胡塞爾現象學的過程中，我不斷地接觸到當代德國哲學各個代表人物與胡塞爾的關係問題，它促使我在做博士研究的同時，也開始考慮與「現象學及其效應」相關的研究方向。

中國的胡塞爾現象學研究較之於亞洲的日本要起步晚，甚至比韓國也要晚幾十年，這是一個事實。雖然自八十年代以來，中國哲學界對胡塞爾現象學的研究興趣不斷增長，研究水準也有了較快的提高，但促成這種情況出現的原因，主要在於中國學者們對處在胡塞爾作用圈中的整個當代德國哲學研究逐步深入。換言之，中國學者對胡塞爾的興趣，並不是來自胡塞爾研究本身，而主要是間接地透過它在其他西方哲學流派中產生的持久效應所引起。

鑒於這兩方面的考慮，完成博士學位回中國後，我擱下了將自己博士論文譯成中文出版的計畫，首先考慮《現象學及其效應》的撰寫。初稿以「現象學研究」爲題在南京大學哲學系向研究生講授，1991／92年冬季學期和1992／93年冬季學期各講一次，因而這部書的初稿實際上是講座稿，這在形式上很符合德國學院哲學家的著述風格和習慣，內容上是否也能符合，則要由讀者來評說了。願其中所學所借、所評所議、所思所悟，能得到同仁的評判與指點。

呂祥博士對此書的內容、結構、風格提出了許多有益的建議，藉此鳴謝！

此外還要感謝比利時魯汶大學胡塞爾文庫慷慨地允許我引用胡塞爾未發表的手稿！

最後要感謝我仕國外的各位現象學界朋友和同仁！瑞士現象學家耿寧

博士和E.馬爾巴赫博士、德國現象學家H.-R.塞普博士和U.梅勒博士等等，他們在我寫作此書的過程中，不斷地為我提供有關的資料，使我在回中國後，仍然能及時掌握德國現象學研究的最新研究動向和成果。

倪梁康

1993年5月於南京

修訂版後記

　　古人說，每一本書都有自己的命運；舍勒又說，書的命運是由作者的責任和理解的偶然摻雜而成的，筆者對此都深信無疑。本書發表後，有幸受到各方學人的關注，在中國經過三刷（可惜沒有得到機會修訂）。一部學術書在如今這個時代能有如此多的讀者，可以說命運之神待它不薄了。

　　算起來，《現象學及其效應》是筆者用中文發表的第一部專著。自完成它的撰寫以來，已有十多年的時光過去，筆者的心情也由忐忑不安轉為略感欣慰。這並不是因為在筆者與此期間所能看到的評論中，讚譽多於批評，而是因為這些評論均在嚴肅的學術討論中進行，從而使筆者獲益良多。更令筆者感動的，是一些前輩學者以各種方式對筆者本人以及本書的關心和支持。這裡的研究能在1991年獲得中國國家社會科學基金青年項目的資助，並在1999年獲得中國國家首屆社會科學研究基金成果獎，說明學界對筆者的努力有一定程度的認可。無論如何，經過本書的撰寫以及此後與本書各類讀者的各種方式之交流對話，筆者在學術研究道路上所獲得的幫助與啟示是難以言盡的，是故特別在此向關心此書的諸多學長和學友深表謝意！

　　應當說，時隔十多年，筆者不僅對此書所闡述的一些問題已經有了新的認識，而且對自己的整體學術研究內容和研究方式也有了進一步的領會。儘管如此，毋寧說，正因如此，作者的此次修訂，沒有在內容上對本書做出根本性的改動，很顯然，這樣的改動無疑意味著重寫，而對哲學文獻史的回顧表明，這類重寫往往是得不償失的。因此，與筆者已經出版的研究文集《意識的向度——以胡塞爾為軸心的現象學問題研究》（北京：北京大學出版社，2007年）相似，筆者沒有對以往的研究內容和研究方式進行改造，而只是在文字上做了必要的修正，其中包括對文字錯誤、印刷錯誤等等方面的訂正，以及對外文人名和概念翻譯方面的統一。這裡特別要感謝一些讀者來函對本書所含各類錯誤的指正！希望並相信這次的修訂

版能夠爲讀者提供一個錯誤較少的版本。

撰寫這部著作的原委，原先在初版的〈後記〉中有所說明，但它在初次發表時被刪去了，或者也有可能被遺漏了，其後幾次重印也未能加入，爲此一直覺得這是本書的一個缺憾，甚至還隱隱地認爲該書尚未最終完成。此次借修訂的機會，將它作爲〈初版後記〉發表出來，算是爲本書畫上個句號。

借此次修訂之際，筆者本應還增加至少兩三個附錄：其一是〈胡塞爾與海德格的存在問題〉；其二是〈從胡塞爾到舍勒的感受現象學之發展〉。它們的討論內容與本書的研究課題一致，屬於筆者對胡塞爾現象學與其他各類現象學關係問題的繼續關注和討論，亦即屬於這本書的問題域，但這兩篇文字在此期間已在不久前出版的《現象學的始基——胡塞爾《邏輯研究》釋要》（北京：中國人民大學出版社，2009年）中分別作爲〈第六章：第五邏輯研究：感受現象學究竟意味著什麼〉和〈第十二章：胡塞爾與海德格的存在問題（對第七章的展開）〉發表，因而這裡便不再重複。

以此方式，筆者這些年來關於現象學及其效應的研究，算是有了一個大致的總結。

倪梁康

2001年4月初稿於南京
2005年2月二稿於廣州
2011年6月三稿於廣州

國家圖書館出版品預行編目資料

現象學及其效應：胡塞爾與當代德國哲學／
倪梁康著. －－初版. －－臺北市：五南
圖書出版股份有限公司，2021.05
面；　公分
ISBN 978-986-522-610-7（平裝）

1.胡塞爾(Husserl, Edmund, 1859-1938)
2.學術思想　3.現象學

147.71　　　　　　　　　110004254

1B1J

現象學及其效應——
胡塞爾與當代德國哲學

作　　者－倪梁康

發 行 人－楊榮川

總 經 理－楊士清

總 編 輯－楊秀麗

主　　編－蔡宗沂

責任編輯－蔡宗沂

封面設計－王麗娟

出 版 者－五南圖書出版股份有限公司

地　　址：106台北市大安區和平東路二段339號

電　　話：(02)2705-5066　　傳　真：(02)2706-

網　　址：https://www.wunan.com.tw

電子郵件：wunan@wunan.com.tw

劃撥帳號：01068953

戶　　名：五南圖書出版股份有限公司

法律顧問　林勝安律師事務所　林勝安律師

出版日期　2021年5月初版一刷

定　　價　新臺幣440元

本書由商務印書館有限公司授權（臺灣）五南圖書出
份有限公司出版發行繁體字版本。